Sybille Werner

Wortschatz und Textproduktion

Wie lassen sich Schreibkompetenzen von Hauptschülern fördern?

Sybille Werner

WORTSCHATZ UND TEXTPRODUKTION

Wie lassen sich Schreibkompetenzen von Hauptschülern fördern?

ibidem-Verlag
Stuttgart

Bibliografische Information der Deutschen Nationalbibliothek
Die Deutsche Nationalbibliothek verzeichnet diese Publikation in der Deutschen Nationalbibliografie; detaillierte bibliografische Daten sind im Internet über http://dnb.d-nb.de abrufbar.

Bibliographic information published by the Deutsche Nationalbibliothek
Die Deutsche Nationalbibliothek lists this publication in the Deutsche Nationalbibliografie; detailed bibliographic data are available in the Internet at http://dnb.d-nb.de.

∞
Gedruckt auf alterungsbeständigem, säurefreien Papier
Printed on acid-free paper

ISBN-13: 978-3-8382-0556-4

© *ibidem*-Verlag
Stuttgart 2014

Alle Rechte vorbehalten

Das Werk einschließlich aller seiner Teile ist urheberrechtlich geschützt. Jede Verwertung außerhalb der engen Grenzen des Urheberrechtsgesetzes ist ohne Zustimmung des Verlages unzulässig und strafbar. Dies gilt insbesondere für Vervielfältigungen, Übersetzungen, Mikroverfilmungen und elektronische Speicherformen sowie die Einspeicherung und Verarbeitung in elektronischen Systemen.

All rights reserved. No part of this publication may be reproduced, stored in or introduced into a retrieval system, or transmitted, in any form, or by any means (electronic, mechanical, photocopying, recording or otherwise) without the prior written permission of the publisher. Any person who does any unauthorized act in relation to this publication may be liable to criminal prosecution and civil claims for damages.

Printed in Germany

Inhalt

Abbildungsverzeichnis **11**
Danksagung **17**
Einleitung und Überblick **19**

Erster Teil

Theoretische Grundlagen

1 Schreiben 25
   1.1 Merkmale von Schriftlichkeit 25
   1.2 Schreiben als Problemlöseprozess 26
   1.3 Modelle zum Schreibprozess 28
       1.3.1 Das Schreibprozessmodell von Flower und Hayes 28
       1.3.2 Das Schreibprozessmodell von de Beaugrande 30
2 Arbeitsgedächtnis 31
   2.1 Modell zum Arbeitsgedächtnis 31
   2.2 Modell zum Arbeitsgedächtnis für das Schreiben 33
3 Schreiben und Arbeitsgedächtnisbelastungen 34
   3.1 Empirische Daten aus der Schreibdidaktik 34
       3.1.1 Überlasten beim Verfassen von Phantasieerzählungen ... 34
       3.1.2 Überlasten durch schreibmotorische Prozesse 35
   3.2 Empirische Daten zu kognitiven Belastungen beim Schreiben ... 36
       3.2.1 Deutscher Sprachraum 36
       3.2.2 Internationale Forschung 37
4 Proreduralisierungen 39
   4.1 Was sind Proreduralisierungen? 39
   4.2 Die Bedeutung von Prozeduren für den Lernprozess 41
       4.2.1 Theorie der repräsentationalen Redeskription 41
       4.2.2 Empirische Daten für die Bedeutung von Prozeduren für den Lernprozess ... 42

Zusammenfassung und Leitthesenformulierung **45**

Zweiter Teil

Didaktisches Modell

Vorstellung und Zusammenführung der wissenschaftlichen Disziplinen

- 5 Bedienungsanleitungen 49
  - 5.1 Komplexität als Merkmal für die Erstellung von Bedienungsanleitungen 50
  - 5.2 Textart Bedienungsanleitung 52
    - 5.2.1 Begriffsbestimmung Bedienungsanleitung 52
    - 5.2.2 Elemente der Bedienungsanleitung 53
  - 5.3 Welche kommunikativen Bedingungen stellen Bedienungsanleitung? 55
  - 5.4 Schreibentwicklung in der Textart Bedienungsanleitung 58
- 6 Wörter und Wortschatzarbeit 61
  - 6.1 Welche Relevanz hat der schulische Wortschatzerwerb? 62
    - 6.1.1 Wortschatz und Lesen 63
    - 6.1.2 Wortschatz und Texte schreiben 65
    - 6.1.3 Wortschatz und Orthographie 67
    - 6.1.4 Wortschatz und Wissen 67
  - 6.2 Wörter und ihre mentale Verarbeitung 71
    - 6.2.1 Was ist ein Wort? 72
      - 6.2.1.1 Lemma und Lexem 73
    - 6.2.2 Wie werden Wörter mental verarbeitet? 75
      - 6.2.2.1 Wie werden Wörter beim Sprechen und Schreiben abgerufen? 78
  - 6.3 Spracherwerb 79
    - 6.3.1 Lexikalische Entwicklung (Wortbedeutungserwerb) 82
    - 6.3.2 Wortschatzentwicklung bei Deutsch als Zweitsprache-Lernern (DaZ) ...85
- 7 Orthographie 86
  - 7.1 Orthographiesystem 89
    - 7.1.1 Der Aufbau der Orthographie 89
    - 7.1.2 Das alphabetische Prinzip 90
    - 7.1.3 Funktionen von graphischen Zeichen 91
  - 7.2 Orthographiedidaktik 94
    - 7.2.1 Erwerb der Orthographie 94
      - 7.2.1.1 Wissensbasierter Orthographieerwerb 97
      - 7.2.1.2 Logogenmodell 99

      7.2.2   Verschiedene Lernweisen 100

      7.2.3   Förderung der Orthographie in der weiterführenden Schule 105

            7.2.3.1   Rechtschreibung am Ende der Primarstufe und in der Sekundarstufe I 105

            7.2.3.2   Grundwortschätze 107

7.3 Silbe 112

      7.3.1   Strukturen die den Aufbau von Orthographie befördern 112

      7.3.2   Die Eignung der Silbe für den Aufbau der Orthographie 115

      7.3.3   Die Silbe in der Fachdidaktik 117

      7.3.4   Unterschiedliche bestehende Silbenkonzepte 120

      7.3.5   Das Silbenkonzept der Arbeit 124

            7.3.5.1   Vokale 126

            7.3.5.2   Verletzungen des Silbenschemas und der Sonoritätsbeschränkung 127

                    7.3.5.2.1   Anlaut 127

                    7.3.5.2.2   Auslaut 127

                    7.3.5.2.3   Epenthese 128

            7.3.5.3   Phonologische Wörter 129

            7.3.5.4   Silbifizierungsalgorhitmus 130

Dritter Teil

Empirische Untersuchung

8   Wortschatz, Rechtschreibung und Textverfassen: Vorüberlegungen zur Konzeption 131

   8.1 Wortschatz 133

       8.1.1   Warum eine Wortschatzarbeit zur Unterstützung der Leistungen im Texteverfassen? 133

       8.1.2   Aufgabenformate zum Wortschatz 133

   8.2 Rechtschreibung 136

       8.2.1   Warum Rechtschreibübungen zur Unterstützung der Leistungen im Texteverfassen? 136

       8.2.2   Warum die Rechtschreibung über eine Wortschatzarbeit unterstützen? 137

       8.2.3   Aufgabenformate zur Rechtschreibung 139

9 Konzeption der Wortschatzarbeit 140
   9.1 Durchführung 140
      9.1.1 Einführung in die Intervention und Ablauf 141
      9.1.2 Vorstellung des Lernmaterials 142
   9.2. Thematische Inhalte der Wortschatzarbeit 143
      9.2.1 Textarbeit 143
      9.2.2 Orthographie 144
      9.2.3 Zusammenstellung des Wortkorpus 145

10 Daten der Untersuchung 147
   10.1 Fragestellung 147
   10.2 Vorstellung der Stichprobe 148

11 Methodisches Vorgehen 149
   11.1 Operationalisierung der forschungsleitenden Fragen 150
   11.2 Kriteriensatz und Methodik der Auswertung 154
      11.2.1 Vorstellung des Kriteriensatzes zur Textauswertung 154
         11.2.1.1 Methodisches Vorgehen bei der Textauswertung 162
      11.2.2 Vorstellung des Testinstrumentes: Hamburger Schreib Probe (HSP) 163
         4.2.2.1 Methodisches Vorgehen bei der HSP-Auswertung 165

12 Ergebnisse 165
   12.1 Gesamtergebnis 167
   12.2 Ergebnisse Klassen 5 171
      12.2.1 Beantwortung Frage 1 171
      12.2.2 Veränderungen durch die Intervention? 175
         12.2.2.1 Beschreibung der Leserorientierung 177
      12.2.3 Hamburger-Schreib-Probe 184
      12.2.4 Tabellarische Gesamtauswertung Klasse 5 184
   12.3 Ergebnisse Klassen 6 189
      12.3.1 Beantwortung Frage 1 189
      12.3.2 Veränderungen durch die Intervention? 194
         12.3.2.1 Beschreibung der Leserorientierung 196
      12.3.3 Hamburger-Schreib-Probe 205
      12.3.4 Tabellarische Gesamtauswertung Klasse 6 205

Vierter Teil
Diskussion und Didaktische Konsequenzen

13 Allgemeine Beobachtungen zu den Texten 211

    13.1 Hinweise zum Untersuchungsmaterial 211

    13.2 Vergleich des Untersuchungsmaterials mit den Texten aus Becker-Mrotzek (1997) 213

14 Diskussion der Zugewinne im Untersuchungsmaterial 215

15 Textverfassen und Arbeitsgedächtniskapazitäten 217

16 Didaktische Konsequenzen 224

Literatur **227**

Abbildungsverzeichnis

Abb. 1:	Schreibprozessmodell Hayes/Flower (1980)	29
Abb. 2:	Modell des Arbeitsgedächtnisses nach Gathercole & Baddeley (1993)	32
Abb. 3:	Modell des Schreibarbeitsgedächtnisses von Kellogg nach Levy und Marek (1999)	33
Abb. 4:	Modell der Struktur eines Bedienungsanleitungstextes vgl. Becker-Mrotzek (1997:149)	54
Abb. 5:	DESI-Ausführungen zu den Bereichen der Bildungsstandards vgl. Nold et al. (2007:31); Tabelle gekürzt	64
Abb. 6:	Darstellung der Anforderungen auf den verschiedenen Kompetenzniveaus in den DESI-Schreibaufgaben vgl. Harsch et al. (2007: 57)	66
Abb. 7:	Modell der Sprachproduktion und -Rezeption nach Levelt, Abbildung aus Keller & Leuninger (2004:238)	75
Abb. 8:	Phasen der lexikalischen Entwicklung, vgl. Grimm (1998:53)	85
Abb. 9:	Aufbau der deutschen Orthographie, vgl. Ossner (1996)	93
Abb. 10:	Beispiel für Namensschreibungen eines Kindes in der logographemischen Phase, vgl. Twiehaus (1979:150) nach Günther (1986)	95
Abb. 11:	Zwei Wege des Rechtschreibens, vgl. Weingarten (2001a)	99
Abb. 12:	Logogenmodell, vgl. Morton (1979)	99
Abb. 13:	Fortschritte im Lesen bei einem silbenbasierten Training, vgl. Fischer (2012)	104
Abb. 14:	Aufbau einer Silbe	122
Abb. 15:	Silbenstruktur in der CV-Phonologie, vgl. Prinz/Wiese (1991)	124
Abb. 16:	Beispiele für ein zu Grunde liegendes CCVCC Silbenschema im Deutschen, vgl. Wiese (1988)	125
Abb. 17:	Die Silbenstruktur bei Affrikaten, vgl. Prinz/Wiese (1991)	126
Abb. 18:	Sonoritätshierarchie für das Deutsche, vgl. Eisenberg (1989:61)	127
Abb. 19:	Schwa-Epenthese, vgl. Ramers, Vater (1995:104)	128
Abb. 20:	Silbifizierung auf der Grundlage von phonologischen Wörtern, vgl. Ossner (1996:373ff.)	129
Abb. 21:	Silbifizierungsalgorithmus, vgl. Ossner (1996)	130
Abb. 22:	Korrelation zwischen den HSP-Ergebnissen und dem Textverfassen, May (2001b:77)	136

Abb. 23:	Zusammensetzung der Stichprobe	148
Abb. 24:	Textmerkmal auf denen die Beantwortung der Fragekomplexe beruht	151
Abb. 25:	Spezifizierung des Konstrukts stärkere Leserorientierung	154
Abb. 26:	Kodierung der sprachsystematischen Richtigkeit in der Studie	157
Abb. 27:	Kodierung der inhaltlichen Angemessenheit in der Studie	158
Abb. 28:	Kodierung der funktionalen und ästhetischen Angemessenheit in der Studie	162
Abb. 29:	Beispielabbildungen von den Textprodukten	166
Abb. 30:	Zusammensetzung der Textprodukte	167
Abb. 31:	Tabellarische Beantwortung von Frage 1	167
Abb. 32:	Zusammensetzung der Veränderungen der Texte zum zweiten Erhebungszeitpunkt (absolute Zahlen)	168
Abb. 33:	Tabellarische Zusammensetzung der Indikatoren zur Beantwortung von Frage 2	168
Abb. 34:	Gewichtung der Zusammensetzung der Indikatoren zur Beantwortung von Frage 2 (absolute Zahlen)	169
Abb. 35:	Zusammensetzung der Indikatoren zur Beantwortung von Frage 2 nach Jahrgangsstufen	169
Abb. 36:	Ergebnisse Frage 3	170
Abb. 37:	Zusammensetzung der Veränderungen in der HSP (absolute Zahlen)	170
Abb. 38:	Textbeispiel aus Kategorie 1	171
Abb. 39:	Textbeispiel aus Kategorie 1 mit falschen Bedienaktionen	172
Abb. 40:	Textbeispiel aus Kategorie 2, Textfragmente	172
Abb. 41:	Textbeispiel aus Kategorie 3, Textrudimente	173
Abb. 42:	Verteilung der Texte auf die vier Kategorien der inhaltlichen Angemessenheit zum ersten Erhebungszeitpunkt	173
Abb. 43:	Textbeispiele aus Kategorie 3, Textrudimente, Beispiel oben und Kategorie 4, bedienlogischen Anleitungskernen, Beispiel unten.	174
Abb. 44:	Verteilung der Texte auf die vier Kategorien zum zweiten Erhebungszeitpunkt	175
Abb. 45:	Vergleich der Verteilung der Texte auf die vier Kategorien erster und zweiter Erhebungszeitpunkt	175
Abb. 46:	Veränderung in der Qualität der Texte in der inhaltlichen Angemessenheit von T1 zu T2	175

Abb. 47:	Veränderungen bei den Schreibungen des Doppelkonsonanten in Stopp, aus Klasse 5 zu T2	176
Abb. 48:	Veränderungen bei den Schreibungen des Doppelkonsonanten bei einstellen, aus Klasse 5 zu T2	176
Abb. 49:	Textbeispiele für Texte aus Klasse 5 zu T1	178
Abb. 50:	Textbeispiele für Texte aus Klasse 5 zu T2 mit neuer Textstruktur	179
Abb. 51:	Textbeispiele für Texte aus Klasse 5 zu T2 mit stichwortartigem Satzbau und Strukturierung über Absätze	180
Abb. 52:	Textbeispiele für Texte aus Klasse 5 zu T2 mit Beschriftung der Abbildung	181
Abb. 53:	Textbeispiele für sprachsystematische Fehlerhaftigkeit, aus Klasse 5 zu T2	182
Abb. 54:	Textbeispiele für sprachsystematische Fehlerhaftigkeit im Bereich Syntax, aus Klasse 5 zu T2	182
Abb. 55:	Textbeispiel für sprachsystematische Fehlerhaftigkeit in der Grammatik, aus Klasse 5 zu T2	183
Abb. 56:	Textbeispiel für fehlende Verben, aus Klasse 5 zu T2	183
Abb. 57:	Zusammensetzung der Veränderung der Ergebnisse in der HSP aus Klasse 5 zu T2	184
Abb. 58:	Tabellarische Darstellung der Ergebnisse von Frage 1, Jahrgangsstufe 5	185
Abb. 59:	Tabellarische Darstellung der Verbesserung der Textprodukte, Jahrgangsstufe 5	186
Abb. 60:	Tabellarische Darstellung der Ergebnisse von Frage 2, zu Wortschatz und Rechtschreibung, Jahrgangsstufe 5	186
Abb. 61:	Tabellarische Darstellung des Zugewinns in der Rechtschreibung ab einem Zuwachs von mehr als 1,5 Fehler pro Wort, Jahrgangsstufe 5	187
Abb. 62:	Tabellarische Darstellung der Veränderungen in der Leserorientierung, Jahrgangsstufe 5	188
Abb. 63:	Tabellarische Darstellung der Leistungen in den Hamburger-Schreib-Proben, Jahrgangsstufe 5	189
Abb. 64:	Textbeispiel aus Kategorie 1 aus Klasse 6 zu T1	190
Abb. 65:	Textbeispiele für Texte aus Klasse 6 zu T1 mit sprachsystematischer Fehlerhaftigkeit und fehlenden Bedienaktionen	190
Abb. 66:	Textbeispiel aus Kategorie 2, Textfragmente	191
Abb. 67:	Textbeispiel für Sprachsystematik im Bereich Syntax, aus Klasse 6 zu T1	192

Abb. 68:	Verteilung der Texte auf die vier Kategorien zum ersten Erhebungszeitpunkt	192
Abb. 69:	Textbeispiele aus Kategorie 3, Textrudimente, Beispiel oben und Kategorie 4, bedienlogischen Anleitungskernen, Beispiel unten	193
Abb. 70:	Verteilung der Texte auf die vier Kategorien der inhaltlichen Angemessenheit zum zweiten Erhebungszeitpunkt	194
Abb. 71:	Veränderung in der Qualität der Texte in der inhaltlichen Angemessenheit von T1 zu T2, tabellarisch	194
Abb. 72:	Veränderung in der Qualität der Texte in der inhaltlichen Angemessenheit von T1 zu T2	194
Abb. 73:	Veränderungen bei den Schreibungen des Doppelkonsonanten in Stoppuhr, aus Klasse6 zu T2	195
Abb. 74:	Textbeispiel für Strukturierung des Textes über die Tasten der Uhr aus Klasse 6.2 zu T1	196
Abb. 75:	Textbeispiel aus Klasse 6.1 mit abwechslungsreichem Syntax aber Schwierigkeiten in der Sprachsystematik	197
Abb. 76:	Textbeispiele für Leseranrede in Form von Grußbotschaften aus Klasse 6.1 zu T1	198
Abb. 77:	Textbeispiel für eine Beschriftung der Abbildung, aus Klasse 6 zu T1	198
Abb. 78:	Textbeispiel für eine Erklärung des Modeknopfes, aus Klasse 6.1 zu T1	199
Abb. 79:	Textbeispiel für werbende Elemente, aus Klasse 6.1 zu T2	199
Abb. 80:	Textbeispiel für werbende Elemente, aus Klasse 6.2 zu T2	200
Abb. 81:	Textbeispiel für Bedienziele, aus Klasse 6.1 zu T2	200
Abb. 82:	Textbeispiel für kohärenteren Textaufbau zwischen T1 (oben) und T2 (unten)	201
Abb. 83:	Textbeispiele für stärkere Leserorientierung, aus Klasse 6 zu T2	202
Abb. 84:	Textbeispiel für veränderte Satzkonstruktionen mit um zu Formen, aus Klasse 6 zu T2	203
Abb. 85:	Textbeispiel für Zwischenüberschriften, aus Klasse 6 zu T2	204
Abb. 86:	Zusammensetzung der Veränderung der Ergebnisse in der HSP aus Klasse 6 zu T2	205
Abb. 87:	Tabellarische Darstellung der Ergebnisse von Frage 1, Jahrgangsstufe 6	206
Abb. 88:	Tabellarische Darstellung der Verbesserung der Textprodukte, Jahrgangsstufe 6	207
Abb. 89:	Tabellarische Darstellung der Ergebnisse von Frage 2, zu Wortschatz und Rechtschreibung, Jahrgangsstufe 6	207

Abb. 90:	Tabellarische Darstellung des Zugewinns in der Rechtschreibung ab einem Zuwachs von mehr als 1,5 Fehler pro Wort, Jahrgangsstufe 6	208
Abb. 91:	Tabellarische Darstellung der Veränderungen in der Leserorientierung, Jahrgangsstufen 6	209
Abb. 92:	Tabellarische Darstellung der Leistungen in den Hamburger-Schreib-Proben, Jahrgangsstufen 6	210
Abb. 93:	Textbeispiel für einen chaotischen Satzbau und fehlende Wörter	220
Abb. 94:	Textbeispiel für Veränderungen im Schriftbild	221
Abb. 95:	Textbeispiel für nachträgliche Veränderungen im Textaufbau I	222
Abb. 96:	Textbeispiel für nachträgliche Veränderungen im Textaufbau II	222

Danksagung

Das Schreiben einer Doktorarbeit lässt sich gut mit einem Marathon vergleichen: Eines Tages erwacht in einem der Gedanke, dass man einen Marathon laufen könnte und fängt zaghaft an zu trainieren. Nach zögerlichen Anfängen folgen die selbstbewussteren Läufe, deren Hochgefühl schnell von der Anstrengung der langen Trainingsläufe abgelöst wird. Etliche Kilometer später hat man den Verdacht, dass die Schinderei des Trainings nur ein schwacher Ausblick auf die finale Kraftanstrengung des Wettkampfs sein wird, die wohl mit nichts außer Geduld und der Hoffnung, dass man das Ziel erreichen kann, auszuhalten sein wird.

Dass ich die Kraftanstrengung einer Doktorarbeit bewältigt habe, ist vielen Menschen zu verdanken, die an mich geglaubt und mich immer wieder ermutigt haben. Zu allererst Christoph Bräuer, ohne den ich nie zu "trainieren" angefangen hätte. Den Weg über all die kleinen Krisen und großen Katastrophen haben Martin Böhnisch und Ute Fischer mit mir überstanden, wofür ich ihnen ganz herzlich danke!
Mein Dank gilt darüber hinaus den Lehrerinnen, die bereit waren, die Wortschatzarbeit durchzuführen, ganz besonders Barbara Schupp und Elke Treichel.

Werner Knapp als meinem Doktorvater möchte ich für sein Fördern und Fordern danken, ihm und seiner Analyse von Schülertexten ist es zu verdanken, dass diese Studie entstand.
Ohne einen Lehrer wie Jakob Ossner wäre niemals die Leidenschaft für die Sprachdidaktik in mir geweckt worden! Er hat es, wie kein anderer, verstanden, mich zu immer neuen Leistungen zu motivieren und mich zu vielen Überarbeitungen der Arbeit anzuspornen.

Viele sind Teile des Weges mit mir gegangen und haben mich vor dem Straucheln bewahrt. Stellvertretend möchte ich Daniel Gilgen, Oliver Stengl, Bea Vomhof und Jens Zielke erwähnen und mich bei ihnen bedanken! Großer Dank gebührt auch meinen Eltern, die mir dies alles ermöglicht haben.

Einleitung und Überblick

Beobachtet man Schüler[1] beim Verfassen von Texten, so fällt einem eine große Heterogenität in den Arbeitsweisen auf. Während manche noch unentschlossen auf ihrem Stift kauen oder in ihrem Mäppchen kramen, schreiben andere schon an ihrem Text. Wieder andere lenken noch den Sitznachbarn ab, währenddessen die nächsten den Text schon fast fertig auf das Papier gebracht haben. Eine Möglichkeit zu finden, diesen Differenzen angemessen gegenüber zu treten und alle Schüler beim Verfassen von Texten zu unterstützen und zu entlasten, ist das Ziel der vorliegenden Arbeit.

Texte zu verfassen kann ein beschwerlicher Vorgang sein. Der Schreibprozess, aus dem ein Text hervorgeht, fordert einiges vom Verfasser. Das bedingt sich durch das Wesen des Prozesses. Nach Krings (1992:47) werden unter Schreibprozessen "alle mentalen Prozesse und die dazu gehörigen materiellen Handlungen (verstanden), die ein Schreibprodukt, also einen wie auch immer gearteten Text, erst entstehen lassen. Der Schreibprozess beginnt mit der Wahrnehmung der Aufgabenstellung oder dem Bewusstwerden einer selbstgestellten Aufgabe und endet mit der Verabschiedung des Textproduktes durch den Produzenten".

Die vorliegende Arbeit befasst sich mit Textprodukten und ihrem Entstehungsprozess und ist dabei besonders an den Schwierigkeiten von schulischen Schreibprozessen und den dabei zu vollziehenden "mentalen Prozessen und … materiellen Handlungen" (Weinhold 2000:36) interessiert, denn "die Reflexion über den gesamten Schreibvorgang ermöglicht eine neue Perspektive auf Texte: Sie lässt Struktureigenschaften von Texten als welche erkennen, die sich aus spezifischen Bedingungen des 'schreibenden' Formulierens erklären lassen" (Weinhold 2000:36).

Schreiben ist ein komplexer Produktionsprozess, welcher sich aus verschiedenen kognitiven Prozessen zusammensetzt, die parallel ablaufen (vgl. Flower/Hayes 1980, Eigler 1985 & 1990, Ludwig 1983, Molitor 1984 und Molitor-Lübbert 2003), so dass das Bild des Textverfassers als Jongleur, der mehrere Handlungen parallel ausführen muss, als Metapher für den Schreibprozess aufgekommen ist. Versteht man das Textverfassen jedoch als Technik, die zur Teilhabe an der Schriftkultur dient, so wird es – wie jede Technik – erlernbar, sofern man die mentalen Prozesse aufspürt und betrachtet, die beim Schreiben stattfinden. Denn auch diese können auf technische Verfahren reduziert werden. Wichtig ist es dabei, nicht die Parallelität der auszuführenden Prozesse aus dem Blick zu verlieren und gerade auf Abläufe zu achten, die sich gegebenenfalls

---

[1] Aus Gründen der Lesbarkeit werden im Text die Wörter Schüler, Schreiber, Lehrer jeweils in der männlichen Form verwendet. Dieses Vorgehen möchte dabei keineswegs die jeweils weiblichen Schülerinnen, Schreiberinnen und Lehrerinnen ausschließen, sondern inkludiert sie.

gegenseitig bedingen oder blockieren, so dass es zu Engpässen in der Aufmerksamkeitsverteilung kommen kann (vgl. de Beaugrande 1984).

Die Tätigkeit des Niederschreibens, welche häufig für den Schreibprozess gehalten wird, ist somit nur ein Element unter weiteren. Während der Schreiber die motorische Handlung der Niederschrift vollzieht, überlegt er das nächste Wort, den nächsten Satz, den nächsten Absatz, gleichzeitig behält er den bereits geschriebenen Text als mentale Repräsentation im Gedächtnis und denkt über Grammatik, Stilistik und Orthographie nach (vgl. de Beaugrande 1984). Häufig kommt noch die Suche nach den entsprechenden Ausdrücken oder einfach nur nach passenden Wörtern dazu, um hier nur einen kleinen Ausschnitt an Teilhandlungen anzuführen, die alle im Prozess auftreten und ihn so deutlich bedingen, dass sich die Herausforderungen, die der Entstehungsprozess an den Schreiber stellt, als Spur in den Schreibprodukten finden lässt. Eine Spur, die die Anstrengungen, die dem Schreiber abverlangt werden, wenn er einen Text produziert, widerspiegelt. Diese Anstrengungen schlagen sich, wenn die Engpässe in der Aufmerksamkeitsverteilung des Schreibers zu groß werden, als Fehler im Text nieder (vgl. Hasert 1998a). Dabei ist die Qualität des Produktes keineswegs von der Länge des entstandenen Textes abhängig, denn auch ein sehr kurzer Text kann kognitiv aufwendig sein, sondern vielmehr von der Höhe der kognitiven Anforderungen, die der Text stellt, und den Möglichkeiten, wie der Schreiber mit den an ihn gestellten Anforderungen umgeht.

Die Fehler in den Textprodukten, die auf Engpässe in der Aufmerksamkeitsverteilung zurückgeführt werden können, sind nur schwer zu vermeiden und man kann ihnen didaktisch nur aufwändig begegnen. Entlastung entsteht dadurch, dass die kognitiven Anforderungen des Schreibprozesses reduziert werden, jedoch nicht allein indem der Schreibprozess künstlich in verschiedene Teile zergliedert wird, wie eine Planungsphase, eine Schreibphase und eine Überarbeitungsphase. Zwar ist die hinter dieser gängigen Methode stehende Idee auch die der Entlastung, jedoch führt sie schlussendlich nicht sicher zum Ziel, denn in der Schreibphase begegnet der Schreiber erneut den Herausforderungen des Prozesses und seiner parallel ablaufenden Handlungen (vgl. Fix 2006:56). Auf der Grundlage verschiedener, theoretischer Überlegungen könnte ein Weg, die Schwierigkeiten zu meistern, in der Minimierung der während des Prozess auftretenden Belastungen liegen, so dass mehr Raum für höherrangige Denkprozesse zur Verfügung steht, was sich in der Qualität der Schreibprodukte niederschlägt. Dazu müsste Teilen des Schreibprozesses die kognitive Belastung genommen werden, indem sie prozeduralisiert werden. Sie werden dann automatisch ausgeführt und bedienen sich keiner Arbeitsgedächtniskapazitäten mehr (vgl. Spada 1988, Wender 1990, Mandl et al. 1986, 1988, 1993).

Zu diesen Theorien eine Hypothese aufzustellen, die empirisch überprüfbar ist, gestaltet sich schwierig. Dazu müsste es ebenso gelingen, das Auftreten von Prozeduralisierungen nachzuweisen, als auch die Auswirkungen von Proceduralisierungen auf Arbeitsgedächtniskapazitäten zu überprüfen, was die vorliegende Arbeit nicht leisten kann. Sie kann allerdings einen kleinen Beitrag zu dieser Frage erbringen und explorativ Zusammenhänge zwischen einer Einheit, die den Wortschatz und die Orthographie trainiert, und dem Textverfassen untersuchen. Die Ergebnisse können Hinweise auf mögliche Zusammenhänge zwischen Proceduralisierungen und Arbeitsgedächtniskapazitäten bieten, die am Ende der Arbeit in Thesen formuliert werden.

Um einen empirischen Zugang zu dem beschriebenen Anliegen zu gewinnen, ist die vorliegende Untersuchung als Intervention konzipiert, in deren Kern eine 15-wöchige Wortschatzarbeit stattfindet, durch die sowohl der Wortschatz der Schüler erweitert als auch die Orthographie verbessert werden kann. In der empirischen Untersuchung wird kontrolliert, ob Veränderungen in den Textprodukten und in der Orthographie vorliegen, die aus der Wortschatzarbeit resultieren.

Der Untersuchungsansatz der Arbeit realisiert alle Momente des Schreibprozesses sowohl als eine Bedingung als auch eine Herausforderung des Herstellungsprozesses. Dennoch wird keine Prozessforschung betrieben, sondern es werden Textprodukte im empirischen Teil für die Untersuchung herangezogen. Damit folgt die Arbeit einem kognitiven Forschungsansatz, der bereits in früheren Arbeiten in der Sprachdidaktik beschritten wurde, beispielsweise in Weinhold (2000). Der Text wird neben und bedingt durch den Textproduzenten und den Akt der Textproduktion gestellt, so dass ein Ge- oder Misslingen eines Textes im Ort der Texterstellung zu suchen ist (vgl. Antos 1989:6). "Aufschlüsse über Texte sind darüber zu erlangen, dass das schreibende Subjekt in den Blick genommen wird als eines, das in einer Kommunikationssituation steht und den vielfältigen Anforderungen daraus in seiner Schreibhandlung gerecht werden muss. Aufschlüsse über Texte sind auch darüber zu gewinnen, dass man sie als Resultat der Anforderungen und Bedingungen des Schreibens betrachtet und würdigt" (Weinhold 2000:36).

Da die Studie an der PH Weingarten im Rahmen eines Forschungsprojektes zu den Lese- und Schreibfähigkeiten von Hauptschülern entstanden ist, bilden Sachtexte von Hauptschülern aus Klasse 5 und 6 die Textsorte des Untersuchungsgegenstandes. Insbesondere im Zusammenhang mit der Diskussion um mangelnde Ausbildungsfähigkeit ist der Vorwurf laut geworden, Schüler und Auszubildende könnten keine Texte mehr verfassen und ihre Orthographie sei stark fehlerhaft (vgl. Knapp, Pfaff, Werner 2007).

Entsprechend den hier vorgestellten Überlegungen ist die vorliegende Arbeit wie folgt gegliedert:

Über der Niederschrift liegt eine Makrostruktur, die den Inhalt in vier Teile gliedert. Der erste Teil gibt einen Forschungsüberblick zu den theoretischen Grundlagen, auf denen die Untersuchung aufbaut. Die Arbeit beruht auf Theorien aus der Philosophie, den Sozial- und Sprachwissenschaften. Sie vereint die aus den verschiedenen Disziplinen gewonnen Einsichten und gibt ihnen einen Anwendungsbezug in der Fachdidaktik. Diese Hintergründe werden im ersten Teil beleuchtet. Es werden zwei verschiedene Modelle zum Schreibprozess vorgestellt, die darstellen, dass Schreiben eine komplexe Problemlösung ist. Anschließend werden Modelle zum Schreibarbeitsgedächtnis als Ort der kognitiven Belastungen eingeführt. Die am Modell diskutierten Theorien werden in empirischen Untersuchungen bestätigt, bevor sich das abschließende Kapitel dem Wesen von Proceduralisierungen, ihrem Erwerb und ihren Kennzeichen widmet.

Im zweiten Teil der Niederschrift wird das didaktische Modell der Arbeit entwickelt. Es werden die theoretischen Hintergründe aus den einzelnen wissenschaftlichen Disziplinen vorgestellt, die an der Intervention beteiligt sind. Die didaktische Perspektive dient dabei als Rückkopplung, um die gewonnenen Einsichten zu reflektieren und methodische Ansätze zu ihrer Vermittlung zu ermöglichen.
Bedienungsanleitungen sind Sachtexte und unterliegen damit einem zielgerichteten Produktionsprozess. Unter den Sachtexten nehmen sie jedoch eine besondere Stellung ein, da ihre Produktion von besonderer Komplexität gekennzeichnet ist und spezieller Versprachlichungsstrategien bedarf. Da im Prä- und Posttest der Intervention neben einer Hamburger-Schreib-Probe (HSP, vgl. May 1994) eine Bedienungsanleitung zu einer Stoppuhr angefertigt werden, werden die Besonderheiten der Textart, ihr Aufbau und ihre Schreibentwicklung im ersten Kapitel des zweiten Teils vorgestellt.
Kapitel 6 und 7 geben einen Forschungsüberblick über die beiden Ausrichtungen, auf denen die Intervention aufgebaut ist. Dabei befasst sich Kapitel 6 mit dem Wortschatz und Kapitel 7 mit der Orthographie.
In Kapitel 6 wird zuerst die Relevanz des Wortschatzes für die Schule und das tägliche Leben beleuchtet, um die Bedeutung von Wortschatzarbeit in der Schule hervorzuheben und zu zeigen, dass Wortschatzarbeit Wissenserwerb ist. Anschließend wird der kognitive Aspekt erklärt und dargestellt, wie Wörter mental gespeichert und verarbeitet werden und wie beim Sprechen und Schreiben darauf zugegriffen wird, um mit diesen Erkenntnissen die Methoden, die in der Intervention eingesetzt werden, begründen zu können. Ebenfalls werden der Erstspracherwerb und der gesteuerte Spracherwerb in der Schule in den Blick genommen. Auch hier dienen die Daten aus der Literatur dazu, geeignete Methoden und Strategien vorzustellen, die in der eigenen Studie eingesetzt werden.
Kapitel 7 behandelt die Orthographie. Nach einem kurzen Überblick über die Beschaffenheit der Orthographie und dem Wesen von Alphabetschriften wird der Orthogra-

phieerwerb am Modell und in empirischen Studien erörtert, um daran zu zeigen, wie Orthographie erworben wird und welche mentalen Prozesse beim Rechtschreiben auch noch nach dem Anfangsunterricht ablaufen. Anschließend werden verschiedene Lernweisen vorgestellt und mit empirischen Daten kritisch gewürdigt. Des Weiteren werden Fehlerschwerpunkte in der Sekundarstufe I betrachtet und die Methode der Lernwortschätze erläutert, als Möglichkeit den weiteren Orthographieerwerb zu unterstützen. Diese wird ausführlich diskutiert, da die Methode in der Studie eingesetzt wurde. Der in der Wortschatzarbeit zugrunde gelegte Wortschatz ist silbisch gegliedert, so dass im Folgenden die Silbe als unterstützende Größe des Orthographieerwerbs dargestellt und besprochen wird.

Der dritte Teil der Abfassung erklärt die empirische Untersuchung. Einführend wird die Wortschatzarbeit in Theorie und Praxis vorgestellt, bevor die Anlage meiner empirischen Untersuchung im dritten Kapitel entfaltet wird. Hier wird die Fragestellung dargelegt und die Stichprobe beschrieben. Mit methodischen Fragen beschäftigt sich Kapitel 11. Zuerst wird der Aufbau des Kriteriensatzes, mit dem die Texte ausgewertet werden, theoretisch begründet und anschließend die Auswertungsschritte vorgestellt, bevor der Einsatz der Hamburger-Schreib-Probe substantiiert und ihre Auswertung präsentiert wird. Die Ergebnisse meiner Untersuchung werden in Kapitel 12 dargestellt.

Der vierte und abschließende Teil der Niederschrift diskutiert und interpretiert die Ergebnisse als Bestandsaufnahme dessen, was als Erkenntnis aus der Untersuchung gezogen werden kann, um in didaktischen Schlussfolgerungen zu münden.

Erster Teil

Theoretische Grundlagen

Im folgenden ersten Teil der Arbeit wird der Hintergrund der Studie beleuchtet und damit einführend dargestellt, auf welchen Theorien die Forschungsarbeit basiert. Die theoretischen Grundlagen werden kurz einleitend erläutern, warum Schreiben kognitiv aufwendiger als Sprechen ist, und den Schreibprozess durch Erkenntnisse der Psychologie als einen komplexen Prozess vorstellen. Anhand zweier Modelle aus der Literatur, die direkt die Abläufe beim Textverfassen wiedergeben, wird anschließend ein Einblick in den Schreibprozess gegeben, an den anknüpfend festgemacht wird, dass es beim Schreiben zu parallel ablaufenden Handlungen kommt, die durch ihre (fast) simultane Ausführung gegenseitig in Konkurrenz zueinander treten. Diese Konkurrenzen entstehen im Arbeitsgedächtnis, dem Gedächtnisteil, der für die Aufrechterhaltung und Durchführung von zeitlich eng miteinander verknüpften Prozessen verantwortlich ist. Das Arbeitsgedächtnis im Modell wird im folgenden Text vorgestellt, bevor die bisher nur im Modell angegebenen Daten durch empirische Untersuchungen bestätigt werden. Den Abschluss der theoretischen Grundlagen bildet die Darstellung der Lösungsmöglichkeit, nämlich Proceduralisierungen stattfinden zu lassen, um dadurch die Belastungen möglichst gering zu halten. Es wird erklärt, was im Rahmen der Studie unter Proceduralisierungen verstanden wird, wie sie aufgebaut und ausgebildet werden. Der erste Teil schließt mit einer Übersicht über empirische Daten zu Proceduralisierungen, bevor die dargestellten Einsichten in der Formulierung von Leitthesen zusammengefasst werden, die den Weg der empirischen Untersuchung vorgeben.

1 Schreiben

1.1 Merkmale von Schriftlichkeit

Das Erstellen von selbst verfassten Texten ist eine komplexe Tätigkeit auf verschiedenen Ebenen. Im Gegensatz zum Sprecher ist der Schreiber einsam. Beim Schreiben gibt es keinen Interaktionsraum, in dem eine direkte Rückmeldung stattfindet, so dass erkannt werden kann, ob eine Äußerung richtig verstanden wurde. Schreiben ist Sprache auf Distanz. Texte sind situations- und handlungsentbunden, sie sind öffentlich und fixieren ein Thema (vgl. Koch/Österreicher 1994:588). Das bedeutet, geschriebene Texte sind nicht die mediale Umsetzung eines gesprochenen Textes, sondern konzeptionell schriftliche Texte können durchaus auch mündlich vorgetragen werden. Vielmehr ist ein Zeichen der Konzeptionalität, dass Äußerungen aus der Einmaligkeit ihrer Sprechsituation entbunden und in eine Endgültigkeit überführt werden (vgl. Koch/Österreicher 1994:589). "Generell zeichnet sich Schriftlichkeit durch einen nahezu ausschließlich mit sprachlichen Mitteln hergestellten Typ von Textkohärenz aus [...], der eine durchstrukturierte semantische Progression und eine explizite Verkettung zwischen Sequenzen im Text erfordert" (Koch/Österreicher 1994:590).

Marshall Mc Luhan (1964/1994:19) sagt "The medium is the message"[2] und meint damit, dass jede Transformation eines Textes in ein anderes Medium auch seine Inhalte verändert. Geschriebene Sprache erfährt eine raumzeitliche Trennung zwischen Schreiber und Leser, sie entspringt einer zerdehnten Kommunikationssituation (Ehlich 1994). Durch die Schrift wird die Flüchtigkeit der Sprechhandlung überwunden. Das geschriebene Produkt wird zu einem Objekt, welches aufbewahrt werden kann, dadurch gewinnt es eine spezifische Formalität mit der ein Standardisierungs- und Normierungsprozess einhergeht. Die Sprechsituation zerfällt in zwei Teile, in denen jeweils ein anderer Aktant im Mittelpunkt steht, zuerst der Schreiber und schließlich der Leser (vgl. Ehlich 1994:19, vgl. auch Dehn 1999, Vygotskij 2002:224ff., Ong 1986: 84 ff.). Das Resultat der sprachlichen Handlung, der Text, wird durch die mediale Transposition gegen seine Produktion sowie gegen die Rezeption isoliert. Dadurch entstehen eine Reihe von Veränderungen des sprachlichen Handelns. Die Merkmale der geschriebenen Sprache präsentieren sich als komplexes Bedingungsgefüge, das im Schreiben realisiert werden muss (vgl. Ehlich 1994:21ff.). Auf Seite des Schreibers ist deswegen ein hohes Maß an Aufmerksamkeit nötig. Er muss eine Reihe von Aufgaben bewältigen. "Beim Schreiben werden reflexive und produktive Teilfähigkeiten auf der sprachlich – kognitiven Ebene aktiviert, die nicht immer unmittelbar zu beobachten sind. Diese werden wiederum von Fertigkeiten der Formulierung und der sprachlichen Gestaltung überlagert" (Harsch et al. 2007:48).

1.2 Schreiben als Problemlöseprozess

Das hier nur kurz vorgestellte Wesen von Schriftlichkeit zeigt, dass das Verfassen von geschriebenen Texten schon aus konzeptionellen Gründen aufwendiger ist als Sprechen. Bei der oben gegebenen Darstellung wird nur ein Aspekt des Schreibens hervorgehoben, jedoch umfasst der Schreibprozess weit mehr als nur die konzeptionelle Anlage. Beim Textverfassen gibt es unterschiedliche Probleme zu lösen. Da verschiedene Teilprozesse koordiniert und zielgerichtete Handlungen zur Lösung eines Schreib-

---

[2] "In a culture like ours, long accustomed to splitting and dividing all things as a means of control, it is sometimes a bit of a shock to be reminded that, in operational and practical fact, the medium is he messages."

problems eingesetzt werden müssen[3], werden Schreibprozesse in der Literatur sogar als Problemlöseprozesse verstanden (vgl. Dörner 1976), vergleichbar mit psychologischen Prozessen, die ablaufen, wenn Menschen gezwungen sind, in kurzer Zeit eine umfassende Entscheidung zu treffen. Umfassende Entscheidungssituationen sind gekennzeichnet durch Komplexität, Intransparenz und Dynamik (vgl. Dörner 1989). Sie stellen hohe Anforderungen an das Planungs- und Entscheidungsvermögen von Personen. Finden sie in einem begrenzten Zeitrahmen statt, so belasten sie elementar die Gedächtniskapazität. Häufig ergibt sich durch die Belastungen des Gedächtnisses, die durch die spezifischen Anforderungen einer komplexen Situation zwangsläufig entstehen, ein Fehlverhalten.

Der Schreibprozess beinhaltet die drei genannten Merkmale, es liegt also eine umfassende Entscheidungssituation vor. Er ist komplex, da es ein Prozess ist, bei dem viele Variablen existieren, die sich gegenseitig beeinflussen. Indem man das eine tut, erzeugt man andere Ergebnisse mit, so dass "die Beeinflussung einer Variable nicht isoliert bleibt, sondern Neben- und Fernwirkungen hat" (Dörner 1989:61). Auf Grund der Vielzahl an Variablen übersieht man manchmal eine Nebenwirkung und schon verändert sich der ganze Prozess.

Der Schreibprozess ist intransparent, da der Schreiber in der Regel nicht alles sieht, was er sehen sollte. Der Schreiber muss Entscheidungen fällen, zum Beispiel über die Struktur des Textes oder über Formulierungen, von denen er nur weiß, wie sie sich augenblicklich in sein "System" einpassen. Damit beeinflusst er aber auch kommende Formulierungen, die für ihn bislang nur schemenhaft vorliegen und noch verwaschen sind. Die Intransparenz führt zu einer Unbestimmtheit des Systems und sie erschwert das Planen.

Letztendlich zeichnet sich der Schreibprozess auch noch durch seine Dynamik aus. Der entstandene Text ist nicht passiv, sondern in gewissem Maße aktiv, da er Auswirkungen auf den entstehenden Text hat. Es scheint zwar auf den ersten Blick seltsam, dass ein Text, den der Schreiber entwickelt, sich aktiv verhält, es ist aber ein Phänomen, von dem bekannte Autoren häufig berichten, wenn sie Einblicke in ihren Schreibprozess geben. So erzählt L. Tolstoi von Puschkin, dass dieser eines Tages einem Freund über eine Romanfigur berichtete: "Stell dir vor, welchen Streich mir Tatjana spielte. Sie hat sich doch wahrhaftig verheiratet. Das hätte ich nicht von ihr erwartet." Tolstoi merkt in diesem Zusammenhang an, "daß auch seine Heldinnen und Helden ihm zuweilen solche Streiche spielen, wie er sie durchaus nicht wünsche" (Rubinstein 1973: 215 f).

---

[3] Diesen Theorien liegt das von Miller, Galanter und Pribram (1963) entworfene Test-Operate-Test-Exit (TOTE)-Modell zu Grunde. Es geht als Problemlösemodell unter handlungstheoretischen Gesichtspunkten davon aus, dass bis zur Zielerreichung (Exit), eine oder mehrere Phasen des Prüfens (Test) und Handelns (Operate) kombiniert werden müssen.

Da die aus der Psychologie gewonnen Merkmale auf das Textverfassen zutreffen, liegt eine komplexe Entscheidungssituation vor, bei der es durch ihre spezifischen Anforderungen und Belastungen des Arbeitsgedächtnisses zu einem Fehlverhalten kommen kann.

Damit dies nicht eintritt, wird in der Literatur vorgeschlagen, die komplexe Situation zu lösen, indem "Superzeichen" (Dörner 1989:63) gebildet werden. Diese Superzeichen bestehen aus vielen kleinen Teilhandlungen mit eigenem kognitivem Anspruch, die miteinander verschmolzen werden, so dass sich die Anforderungen extrem reduzieren, wenn sie nicht sogar ganz verschwinden. Dörner verweist darauf, dass nicht für jeden alles gleich schwer ist. "Komplex ist ein System mithin immer im Hinblick auf einen Akteur mit seinem Superzeichenvorrat" (Dörner 1989:62).

Die Entstehung von Superzeichen erfolgt durch das Generieren von Automatisierungsprozessen. Wenn wir einmal gelernt haben, verschiedene Handlungen auszuführen, und in einer raschen Folge zu kombinieren, so haben wir ein Superzeichen.

1.3 Modelle zum Schreibprozess

Im weiteren Text wollen wir in den Blick nehmen, ob der Vorschlag "Superzeichen" zu bilden auch als Lösung für die Komplexität von Schreibprozessen eingesetzt werden kann. Dazu wird zuerst der Prozess des Schreibens anhand zweier Modelle vorgestellt, um daran die Vielzahl der Handlungen darzustellen, die alle beim Schreiben aktiv sind und den Prozess beeinflussen und belasten.

1.3.1 Das Schreibprozessmodell von Flower und Hayes

Das sogenannte "Urmodell" des Schreibens (vgl. Ossner 2006) stammt aus den USA von Linda Flower und John Hayes. Es ist ein analytisches Modell, das durch Untersuchungen an Studenten des Faches Composing entstanden ist, die einen expositorischen Text schrieben. Die Methode, mit der die Wissenschaftler arbeiten, sind thinking-aloud-Protokolle, Protokolle des lauten Denkens. Die Schreiber verbalisieren alle Gedanken, die sie während des Schreibens haben. Damit wählen Flower/Hayes als erste Forscher einen kognitionspsychologischen Zugang zur Erforschung des Schreibprozesses. Aus ihren Daten erstellen sie ein Modell.

Der Schreibprozess besteht nach Flower/Hayes (1980) aus einer Planungsphase, einer Übersetzungsphase und einer Überarbeitungsphase, die zusammen den Schreibprozess ausmachen. Die Planungsphase untergliedert sich dabei in Ideen Generieren, Organisieren und Ziele setzen, die Überarbeitungsphase in Lesen und Herausgeben. Auf den Teilbereich der Ideen-Generierung in der Planungsphase wirkt unmittelbar das Aufgabenumfeld mit dem Schreibauftrag, Thema (topic), Leser (Audience) und dem Schreibanlass ein. Die Ideensammlung bedient sich der Informationen, die im Langzeitgedächtnis gesammelt sind. Von dort werden Weltwissen, Wissen zum Thema, Kenntnis über die Leser /Hörer, Schreibpläne oder Textsortenkenntnisse abgerufen.

Sobald Ziele aufgestellt werden, beginnt der rekursive Schreibprozess – angedeutet durch den Kasten text produced so far (bisher produzierter Text), der im Überarbeiten endet. Der Ablauf des Prozesses wird vom Monitor überwacht, einer kognitiven Instanz, die alle Prozesse aufruft, sie steuert und einen ständigen Ist-Soll-Abgleich stattfinden lässt, in dem überprüft wird, ob der geschriebene Text noch den Zielen entspricht.

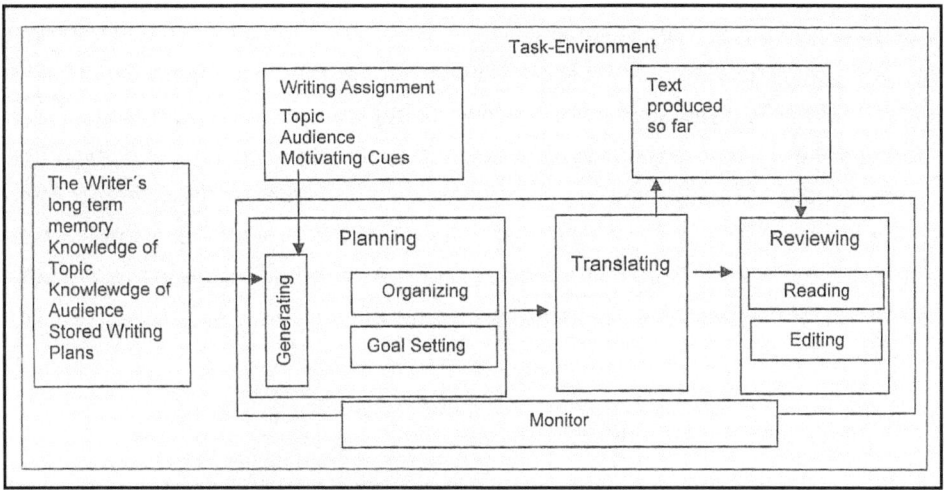

Abb. 1:   Schreibprozessmodell Hayes/Flower (1980)

In der Folge des Schreibprozessmodells von Flower/Hayes (1980) entstanden viele weitere Modelle, die mit dem Modell in dem Punkt übereinstimmen, dass Schreiben eine Form des Problemlösens ist (vgl. Eigler 1985 & 1990, Ludwig 1983, Molitor 1984 und Molitor -Lübbert 2003). Das Modell wird auch in viele neuere didaktische Arbeiten übernommen (z. B. Fix 2006, Merz-Grötsch 2000, Ossner 2008, Weinhold 2000). Ebenso bauen neuere Kompetenzmodelle zum Schreiben, wie beispielsweise das von DESI, auf den Überlegungen eines Schreibprozesses, wie von Flower & Hayes vorgestellt, auf, obgleich in der DESI-Studie ausschließlich Textprodukte ausgewertet werden (vgl. Harsch et al. 2007).

Bei der Rezeption des Modelles ist zu beachten, dass das Modell auf Grundlage des Schreibprozesses erwachsener Schreiber entstanden ist. Somit handelt es sich nicht um ein Modell des Schreibprozesses von Novizen. Zudem ist das Modell stark an Problemlöseprozessen und damit an einer Zielführung orientiert. Die Produktion von Sachtexten kann durchaus stark an einem operationalisierbarem Ziel orientiert sein. Bei literarischen Texten stellt sich jedoch die Frage, wie deutlich die Schreibziele zu Beginn des Schreibprozesses dem Schreiber bekannt sind. Zu bedenken ist auch, dass Ziele hier erst mit und durch die Entfaltung des Textes entstehen (vgl. den Heurismus zur dialektischen Problemlösung Dörner 1976:92). Kritik trägt insbesondere Ortner vor, wenn er der Schreibprozessforschung vorwirft, sie stünde ganz im "Zweck-Mittel-Schema" (Ortner 2000:97).

Die Forscher heben mit ihrem Modell zwar die kognitiven Anforderungen hervor, denen ein Schreiber während des Textverfassens ausgesetzt ist, an manchen Stellen sind diese Anforderungen aber noch nicht umfassend dargestellt. Der Akt des Niederschreibens wird bei den Forschern unter Translating behandelt. Hier werden Gedanken in geschriebene Worte übersetzt. Diese Teilhandlung allein ist schon äußerst komplex, denn Gedanken müssen zuerst vorliegen, sie müssen zum Thema passen und geordnet sein, bevor man sie aufschreiben kann. Darüber hinaus muss ein Thema beibehalten werden und der Text muss sprachlich dem vorangegangenen Teil entsprechen. Kohärenz und Kohäsion müssen ebenso wie Lexik und Syntax stimmen, aber eben nicht nur das: Parallel dazu überlegen insbesondere novizenhafte Schreiber die orthographisch richtige Schreibweise eines Wortes und schreiben Text nieder, es findet also auch eine motorische Ausführung statt. Die Steuerung und Ausführung all dieser Teilprozesse braucht ein großes Maß an Aufmerksamkeit und bindet damit eine Menge an Gedächtniskapazitäten.

1.3.2 Das Schreibprozessmodell von de Beaugrande

Auf die parallel ablaufenden Tätigkeiten während des Schreibprozesses und damit einhergehenden Engpässen in der Aufmerksamkeitsverteilung hat besonders de Beaugrande (1984) in seinem Modell des Schreibprozesses hingewiesen. Er hat sich bei der Erstellung seines Modells stark an der Linguistik orientiert, weshalb das Modell nur wenig Beachtung in der Fachdidaktik erfahren hat.

Um die Interaktivität des Schreibens und damit einhergehend auch die kognitive Belastung hervorzuheben, ist das Modell um parallele Stadien aufgebaut, auf denen die unterschiedlichen Phasen (Zielplanung, Ideenfindung, konzeptuale Entwicklung, Versprachlichung, Satzbildung, Buchstabenbildung) analog ablaufen können. Dabei kann in jeder Phase auf eine höhere oder tiefere Ebene gewechselt werden.

In der Phase Zielplanung werden die Ziele fixiert, bei der Ideenfindung werden Ideen und Gedanken für das gesteckte Ziel gesucht, in der konzeptualen Entwicklung wird der Text detailliert entwickelt und weiterbearbeitet. Die Weiterbearbeitung vollzieht sich in der Phase Versprachlichung und die Konfiguration des endgültigen Textes durch die Satz- und Buchstabenbildung.

Die Darstellung der parallelen Stadien ermöglicht es, die verschiedenen Engpässe (in seiner Terminologie bottle necks) in der Aufmerksamkeitsverteilung während der Textproduktion zu erfassen.

Sein Modell weist damit auf die zentrale Funktion des Gedächtnisses bei der Textproduktion hin. Die Gedächtniskapazität ist elementar für das Textverfassen, da das Gedächtnis einerseits Wissen zur Verfügung stellt, andererseits aber auch, weil es der Ort ist, an dem während des Schreibprozesses der größte Teil des bereits produzierten Textes gespeichert ist. Vom geschriebenen Text wird immer nur ein kleiner Ausschnitt wahrgenommen, der Teil, an dem gerade geschrieben wird. Deswegen sind sensorisches Kurzzeitgedächtnis, Arbeitsgedächtnis, Kurzzeitgedächtnis und Langzeitgedächtnis beim Schreiben belastet. Der größere Teil des Textes besteht für den Schreiber aus Erinnerungen und aus Vorstellungen dessen, was das Ziel sein soll. Die Höhe der kognitiven Anforderungen hängt demnach davon ab, wie gut (oder schlecht) der Schreiber mit rückwärts und vorwärts blickenden Textrepräsentationen umgehen kann. Für einen gelingenden Schreibprozess muss er seine Aufmerksamkeit ständig abwechselnd auf die eine oder andere Prozessebene richten, was dadurch erschwert wird, dass die Prozesse parallel ablaufen, so zum Beispiel zwischen Planung der Inhalte für den nächsten Abschnitt und Formulierung eines Teilsatzes. Eine Trennung in klar abgrenzbare Teilaufgaben ist analytisch möglich, im Schreibprozess aber nicht gegeben.

2 Arbeitsgedächtnis

2.1 Modell zum Arbeitsgedächtnis

Die zuvor dargestellten Modelle gewähren uns einen Einblick in die Komplexität des Schreibprozesses und die unterschiedlichen Teilhandlungen, die alle neben- und durcheinander ausgeführt werden. Durch die Parallelität der ablaufenden Handlungen geraten diese in Konkurrenz zueinander, die im Arbeitsgedächtnis entsteht. Durch begrenzte Arbeitsgedächtniskapazitäten können nicht alle Prozesse mit gleicher Sorgfalt überwacht und durchgeführt werden. Vielmehr kommt es zwischen den Teilprozessen zu Konkurrenzsituationen um die Gedächtniskapazitäten, was dazu führt, dass manche Prozesse keine ausreichenden Ressourcen erhalten und somit zum Stillstand kommen. Das Arbeitsgedächtnis wird im Modell nun vorgestellt.
Das Arbeitsgedächtnis ist ein Gedächtnisteil, der die zur Durchführung und Bewältigung einer Absicht erforderlichen Teile des Langzeitgedächtnisses aktiv hält. Der Begriff des Arbeitsgedächtnis (working memory) entstand aus einer Computermetapher, die besagt, dass die gerade gebrauchten Informationen des Langzeitgedächtnisses in einen besonderen Speicher überführt werden. Wegen seiner Kurzzeitspeicherfunktion ist das Arbeitsgedächtnis besonders dafür geeignet, zeitlich aufeinander folgende Ereignisse miteinander in Verbindung zu setzen. Insofern ist das Wahrnehmen und Einhalten einer zeitlichen Ordnung eine zentrale Funktion des Arbeitsgedächtnisses. Seine Speicherkapazität wird mit 7 +/- 2 Informationseinheiten angegeben (vgl. Miller 1956),

wobei die Größe einer Informationseinheit nicht festliegt, da sie sich verändern kann (vgl. Dörner 1989, Bildung von Superzeichen).

Die theoretische Modellierung eines Arbeitsgedächtnisses ist aus Untersuchung von Baddeley und Hitch (1976) entstanden, die entdeckt haben, dass es kognitive Handlungen gibt, die parallel ausgeführt werden können, andere jedoch nicht. Die beiden Forscher arbeiten mit einer Dual-task-Methode, bei der jeweils zwei Vorgänge parallel ausgeführt werden, und erkennen, welche Vorgänge sich gegenseitig beeinflussen. Ihre Untersuchungen ergeben ein Modell des Arbeitsgedächtnisses, das aus verschiedenen Subsystemen besteht. Den Mittelpunkt des Modells bildet die Central Executive (zentrale Ausführungseinheit), ein Ausführungsprogramm, das verantwortlich für die Koordination und Regulation der Handlungen des limitiert kapazitären Arbeitsgedächtnisses ist und seine Einheiten an ein Response System (Rückantwort System) abgibt. Die zentrale Exekutive liefert zwei Untersystemen, dem Visuo-spatial sketchpad (räumlich – visuellem Notizblock) und der Phonological loop (phonologischen Schleife), Input, und erhält ihrerseits Informationen aus dem Langzeitgedächtnis (long term memory LTM) und von den Sinneseindrücken (senses).

Die phonologische Schleife kann sowohl als Speicher wie auch als Prozessausführer dienen. Die Speicherkomponente hält phonologische Informationen im phonological short-term store wach, die in einer artikulatorischen Schleife (subvocal rehearsal) immer wieder durchlaufen werden können. Diese phonologischen Informationen können sowohl sprachlich (speech inputs) als auch visuell dargeboten werden (non-speech inputs). Der räumlich – visuelle Notizblock (Visuo-spatial sketchpad), das zweite Subsystem, ist auf Prozesse der Speicherung und Freigabe von visuellen dargebotenen Informationen spezialisiert.

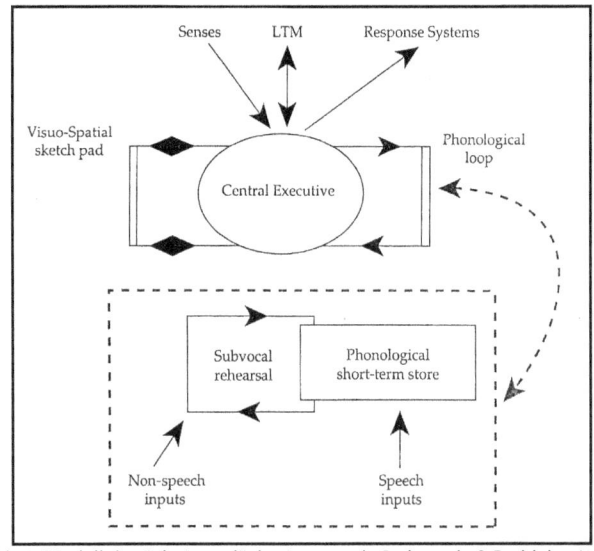

Abb. 2: Modell des Arbeitsgedächtnisses nach Gathercole & Baddeley (1993)

2.2 Modell zum Arbeitsgedächtnis für das Schreiben

In Zusammenhang mit den Arbeiten zum Arbeitsgedächtnis entwickelt Kellogg (1996) ein Modell des Schreibarbeitsgedächtnisses. Die hier vorgestellte Version seines Modells stammt von Levy und Marek (1999) und stellt eine Summe verschiedener Fassungen des ursprünglichen Modells dar. Kellogg nimmt drei grundlegende Bereiche an, die während des Schreibprozesses Zugang zum Arbeitsgedächtnis[4] haben, weil sie kognitive Anforderungen stellen: die Erarbeitung und Formulierung (Formulation), die Anwendung und Ausführung (Execution) sowie die Kontroll- und Überwachungseinheit (Monitoring). Aufgrund ihrer unterschiedlichen Charaktere und zum Teil auch Modalitäten stellen die Bereiche verschiedene Anforderungen an das Arbeitsgedächtnis.

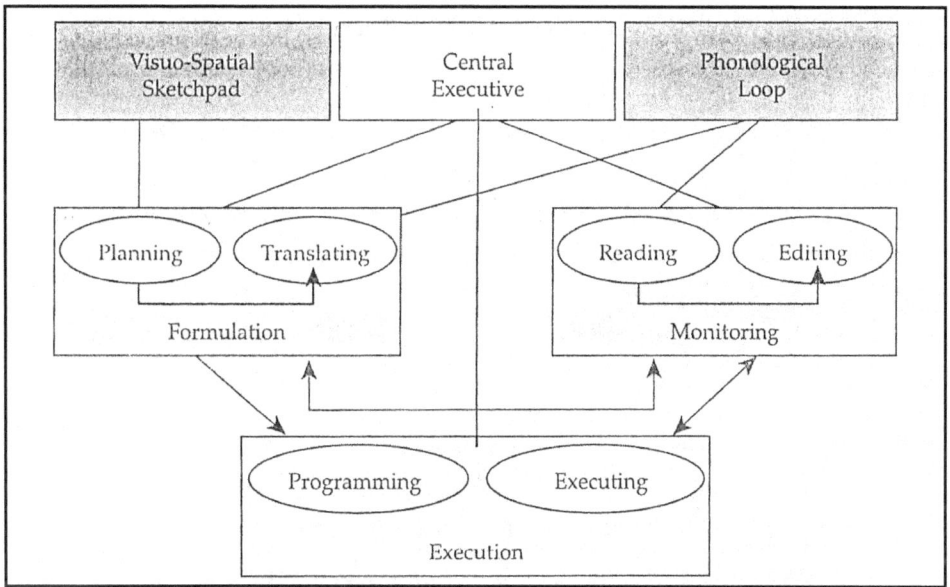

Abb. 3: Modell des Schreibarbeitsgedächtnisses von Kellogg nach Levy und Marek (1999)

Der Bereich der Erarbeitung und Formulierung beinhaltet neben dem Planen auch das Organisieren des Schreibprozesses und das Umsetzen von Gedanken in geschriebene Sprache. Außerdem beinhaltet er die Umsetzung der Pläne. Dazu wird sowohl auf den räumlich-visuellen Notizblock (visuo-spatial Sketchpad) als auch auf die phonologische Schleife (phonological loop) zurückgegriffen. Der räumlich-visuelle Notizblock überwacht, dass der Planungsprozess verfolgt wird, währenddessen das Übersetzen von Gedanken in geschriebene Sprache in der phonologischen Schleife stattfindet.

Der Bereich Anwendung und Ausführung führt alle Programme zur mentalen wie motorischen Ausführung (executing) sowie ihrer Überwachung (programming) aus. Auch

---

[4] Das Arbeitsgedächtnis besteht in der Abbildung des Modells aus den schon oben vorgestellten Teilen des visuo-spatial sketchpads, der central executive und der phonological loop.

die motorische Ausführung greift auf Ressourcen des Arbeitsgedächtnisses zurück, die jedoch mit zunehmender Proceduralisierung von Handschrift immer geringer werden. Die Kontroll- und Überwachungseinheit beinhaltet das Lesen (Reading), um Wörter wiederzuerkennen oder ihre Anschlussmöglichkeit an den Text festzustellen, und das Bearbeiten des Textes, falls die Wörter so nicht in den bisher erstellten Text passen. Gleichzeitig wird durch das Lesen auch der Punkt erreicht, an dem der Schreiber seinen Text als fertig ansieht und ihn herausgeben will (Editing). Ebenso wie die bisher vorgestellten Bereiche schöpft auch das Überarbeiten aus Kapazitäten des Arbeitsgedächtnisses. Es braucht die Teilhandlungen der phonologischen Schleife ebenso wie der zentralen Exekutive.

3 Schreiben und Arbeitsgedächtnisbelastungen

Die bisher nur im Modell angegebenen Daten werden durch empirische Untersuchungen bestätigt. So liefern die empirischen Forschungen von Levy und Marek (1999) Evidenz für Kelloggs Arbeitsgedächtnismodell. Einführend möchte ich jedoch die bisher nur theoretisch entwickelte These, dass Schreibprozesse komplexe Problemlösungsprozesse sind, die an ihrer eigenen Komplexität scheitern können, durch empirische Forschungen untermauern. Dazu liefern uns unterschiedliche Arbeiten Hinweise. Zunächst werden empirische Untersuchungen aus der Schreibdidaktik wiedergegeben, bevor ich mich der nationalen und internationalen Schreibforschung zuwende.

3.1 Empirische Daten aus der Schreibdidaktik

3.1.1 Überlasten beim Verfassen von Phantasieerzählungen

Knapp (1997) untersucht schriftliche Erzählungen von Kindern aus der 5. und 6. Klasse. Die Kinder sollen zu einem Bildimpuls eine Phantasieerzählung schreiben. Dabei fällt ihm auf, dass fast ein Drittel der Texte (15 von 48) unausgewogen aufgebaut sind. Auf eine elaborierte Orientierung folgt ein schmaler Hauptteil mit nur einer kurzen Episode, meistens ist diese auch nicht weiter sprachlich ausgeführt, es fehlt eine Komplikation, eine Auflösung oder eine Evaluation. Ebenfalls fehlt vielen Geschichten ein Schluss. Interessant daran ist, dass die Orientierung der Phantasieerzählung in den meisten Texten allen formalen Bedingungen entspricht. Sie enthält Informationen über Ort, Zeit und Protagonist, es gibt ein Motiv und eine Hinführung zum Thema. Auch vom Wortumfang liegen die Orientierungstexte im Bereich des Üblichen. Dennoch hören sie nach der Orientierung abrupt auf oder enthalten nur noch einen schmalen, sprachlich nur schwach ausgestalteten Hauptteil. Knapp gibt als Vermutung zu diesem Phänomen an: "Ich habe den Eindruck, dass die Kraft oder Energie nicht mehr ausreicht, um auf begonnenem Niveau beziehungsweise überhaupt weiterzuschreiben. Der erwartete Textumfang oder die Komplexität der Aufgabe scheinen die Verfasser/innen zu überfordern oder zu lähmen" (Knapp 1997:144).

Die Störungen und Textabbrüche kann man als systemimmanent begreifen. Sie spiegeln die Belastungen und Schwierigkeiten im Produktionsprozess wider, die durch parallele Ausführungen und die Koordination der Teile entstehen.

3.1.2 Überlasten durch schreibmotorische Prozesse

Weitere Evidenz dafür, dass Überlastungen im Arbeitsgedächtnis sich hinderlich auf Texte von Schülern auswirken, zeigen die Untersuchungen von Hasert (1998). Er untersucht die schreibmotorischen Prozesse von 8-10 jährigen Grundschülern mit dem Ziel, motorisch bedingte Schreibphänomene zu zeigen, die sich als Komplikationsstellen im Schreibprozess niederschlagen. Hasert argumentiert dabei auch über das Arbeitsgedächtnis, indem er sagt: "Die Bearbeitung und Korrektur von Verschreibern, die aus den Schwierigkeiten resultieren, erfordern Zeit und einen erhöhten Arbeitsaufwand. Diese Inanspruchnahme der Aufmerksamkeit droht damit vom eigentlichen Sinnherstellungsprozess abzulenken. Sie benötigen und belegen Arbeitskapazität, die dringlicher auf höheren Ebenen des Schreibprozesses eingesetzt werden sollte" (Hasert 1998:47).

Seine Ergebnisse sprechen für eine Konkurrenz zwischen schreibmotorischen und konzeptuellen Komplikationen. Die Versuchspersonen zeigen in ihren schreibmotorischen Ausführungen Hinweise auf Komplikationen zwischen der motorischen Ausführung und der konzeptionellen Überlegung, die sich unterschiedlich niederschlagen. Ein Schreiber neigt zu einer großen Anzahl an Pausen, die als ein Indiz für Reflexion des Textes gewertet werden können. Die Versuchsperson pausiert insbesondere an Äußerungsgrenzen und nach einem Wort, so dass längere Überlegungen oder Kontrollausführungen ohne gleichzeitige Belastung durch motorische Prozesse möglich sind. Die Pausen zeigen den Wechsel zwischen den Ebenen Inhalt und motorische Ausführung an. Hingegen schreibt eine andere Versuchsperson wesentlich schneller und pausiert häufig innerhalb eines Wortes, sobald ein Buchstabe falsch geschrieben wurde. Es kommt zu ständigen Unterbrechungen im Schreibfluss, mit vorwärts- und rückwärtsgerichteten Überarbeitungen, die einen hohen Korrekturaufwand andeuten. Ständig muss der Schreibfluss unterbrochen werden um die Realisationen zu überarbeiten. Dabei entstehen Engpässe in der Verarbeitungskapazität, die sich auf Formulierungen der aktuellen Äußerungen beziehen, die wiederum zu Fehlern führen.

Für junge Schreiber stellt es eine große Herausforderung dar, mit den gleichzeitig auftretenden Problemen des Schreibprozesses umzugehen und parallele Tätigkeiten auszuführen. So führt die Fokussierung eines Problems im Schreibprozess häufig dazu, ein weiteres Problem zu vernachlässigen, wie Hasert (1998a) zeigen kann. Die Versuchsperson bekommt Schwierigkeiten durch die parallele Ausführung von propositionalen

Ideen, Linearisierungselementen und motorischen Umsetzungen. Sie muss sich an einer Komplikationsstelle zwischen einem orthographischen Problem und verschiedenen Formulierungsalternativen entscheiden. Die Lösung des Problems wird von der Versuchsperson jedoch nur an der Oberfläche betrieben, indem sie auf das orthographische Problem fokussiert. Dies zeigt sich durch verschiedene Schreibbewegungen, die innerhalb weniger Sekunden auf und über dem Papier an der orthographischen Problemstelle stattfinden. Ein Wechsel der Aufmerksamkeit auf eine Sprachproduktionsebene und damit auf die Lösung der Formulierungsalternativen findet nicht statt. Die Aufmerksamkeit ist gerichtet und bleibt es auch bei nochmaligem Durchlesen. Die motorischen Ausführungen verdecken das eigentliche Problem. Solche Stellen bezeichnet Hasert als Fehlermaskierungen. "Solche Maskierungen verhindern potentiell die Korrektur von anderen Fehlern oder Mängeln in der Umgebung eines Komplikationskomplexes, auf den sich der Schreiber konzentriert" (Hasert 1998a:46). Er folgert daraus, dass für Schreibnovizen Entlastungsaspekte gefunden werden müssen, die aber nicht dazu verleiten, Schreiben auf Einzelaspekte zu reduzieren.

3.2   Empirische Daten zu kognitiven Belastungen beim Schreiben

3.2.1   Deutscher Sprachraum

Die Vorgabe, dass es beim Schreiben zu verschiedenen kognitiven Belastungen kommt, wird durch eine Reihe von Untersuchungen bestätigt, von denen im Folgenden nur ausgewählte vorgestellt werden.
Im deutschen Sprachraum haben insbesondere Wrobel (1995), Keseling (1995), U. Günther (1993) und Weingarten (1995) die Komplexität in Schreibprozessen anhand von Pausendauer und -orten in der schriftlichen Sprachproduktion untersucht.
Ihre Ergebnisse zeigen, dass Schreibprozesse keine serielle Ordnung haben, vielmehr sind sie ein zeitlich aufwändiger und diskontinuierlicher Prozess (Wrobel 1995), wobei Pausen Hinweise auf Planungsprozesse geben (Kesseling 1995). Ihre Länge hängt sowohl auf der Satz- als auch auf der Phrasenebene von der semantischen Komplexität des folgenden Satzes beziehungsweise der folgenden Texteinheit ab. Die Länge der Pausen spiegelt dabei den Grad der kognitiven Belastung durch den Produzenten wider. Insbesondere bei Nominal-, Präpositional- und Verbalphrasengenerierung treten die verlängerten Pausen zu Beginn und die verkürzten Pausen zum Ende des Satzes hin auf (Günther 1993, für die anglo-amerikanische Forschung vgl. Fayol 1999).
Auch Weingarten (1995) kommt zu dem Schluss, "dass das Schreiben im Unterschied zum Sprechen ein Prozess ist, der kognitiv sehr viel aufwendiger ist" (Weingarten 1995:235).

Zu ähnlichen Ergebnissen kommt er auch in einer Studie zu Pausenzeiten bei der Einzelwortschreibung unter Single- und Dual-task[5] Bedingungen (Weingarten 2001): Unter Single-task Bedingungen bedarf die schriftliche Produktion mehr Zeit als die mündliche, was auf größere kognitive Belastung beim Schreiben schließen lässt.

Unter Dual-task Bedingungen erhöht sich der zeitliche Aufwand um ein Vielfaches, sobald auf einen Reiz ein Wort sowohl gesprochen als auch geschrieben werden soll.

Dies interpretiert Weingarten mit einem Konflikt um gemeinsame kognitive Ressourcen (vgl. Weingarten 2001).

Für das schulische Schreiben hat Baurmann (1987) mit der Aufnahme des Schreibprozesses eines Schreibers aus der vierten Klasse dargestellt, dass auch der kindliche Schreibprozess ein diskontinuierlicher Prozess mit einer Reihe von Sprüngen, Pausen und Überarbeitungen ist, selbst bei einem Schüler, der als guter Schreiber eingestuft wird. An unterschiedlichen Stellen im Text des Schülers kommt es zu Pausen, die durchaus auch mitten in einem Wort liegen können. Zusätzlich finden im gesamten Text Verlangsamungen in der Textproduktion statt und der Junge führt eine Reihe von Überarbeitungen aus.

3.2.2 Internationale Forschung

Ein Blick auf die internationale Forschung bestätigt die Annahme von unterschiedlichen, parallel ablaufenden Prozessen, die während des Schreibens stattfinden, und sich in Pausendauer und Verlangsamung des Schreibprozesses widerspiegeln. Torrance und Jeffrey (1999) weisen auf den Grund für die Verzögerungen hin: Schreiber müssen gleichzeitig verschiedene Handlungen ausführen, die alle kognitive Ressourcen beanspruchen und um Kapazitäten des Gedächtnisses konkurrieren. Um die Qualität von Textprodukten zu gewährleisten muss im Prozess aufgepasst werden, dass nicht niedrigere kognitive Prozesse die Leistung von höheren kognitiven Prozessen schmälern.

Bourdin & Fayol, (1994 & 1996) oder Mc Cutchen (1996) können anhand von Experimenten mit jüngeren Kindern und Erwachsenen zeigen, dass alleine die graphomotorische Umsetzung das Arbeitsgedächtnis belastet, denn jüngeren Kindern fällt mündlicher Output leichter als Handschrift. Bei Schreibnovizen ist diese Belastung immens. Hingegen verringert sich die Belastung elementar, wenn die entsprechenden Teilhandlungen des graphomotorischen Schreibens proceduralisiert sind. Erwachsene, elaborierte Schreiber zeigen die Belastungen nicht. Auch Graham, Beringer, Abbott und Whittacker (1997) stellen in einer Studie mit 600 Probanden der ersten Klassenstufen fest, dass sich zunehmende handschriftliche Fähigkeiten positiv auf die Qualität des Textes auswirken.

---

[5] Single-task Bedingungen liegen vor, wenn der Proband eine Handlung ausführt, die überwacht wird. Im Gegensatz dazu werden unter Dual-task Bedingungen parallel zwei Handlungen ausgeführt, beispielsweise Wörter memorieren und einen Text schreiben.

Fayol, Largy und Lemaire (1994) bemerken, dass Schreibern im Französischen Kongruenzfehler (zwischen Subjekt und Verb) unterlaufen, wenn sie, bei gleichzeitiger Memorierung von fünf willkürlichen Wörtern, gesprochene Sprache niederschreiben sollen. Im Französischen unterscheidet sich die Verbendung zwischen 3. Person Plural und Singular akustisch nicht. Die Probanden setzen in der Niederschrift das Verb fälschlicherweise in den Plural, wenn das dem Verb nahestehende Objekt eine Präpositionalphrase im Plural ist, während das im Satz weiter entfernt stehende Subjektnomen den Singular fordert. Dies spricht für eine Konkurrenz um die freien Ressourcen des Arbeitsgedächtnisses zwischen den verbal dargebotenen fünf Wörtern und der Niederschrift der Sätze.

In einer Folgeuntersuchung widmen sich Largy, Chanqoy und Dedeyan (2004) der Frage, wann Grund- und Sekundarstufenschüler sowie erwachsene Schreiber anfangen, Subjekt-Verb-Kongruenz automatisch auszuführen, also ohne sich darauf zu konzentrieren. Sie führen dazu zwei unterschiedliche Tests durch, in denen sowohl Kongruenzfehler in einem Text korrigiert als auch freie Texte produziert werden müssen. Die Ergebnisse zeigen, dass es den Grundschülern zuerst leichter fällt, einen Kongruenzfehler zu finden, als korrekt zu schreiben (2. und 3. Klasse). Ab der 4. Klasse wendet sich das Bild jedoch.

Bei der expliziten Suche nach Fehlern wenden jüngere Schüler eine Regel an, die viel deklaratives Wissen beinhaltet, in dem Sinne, dass die Schüler die Regel aufsagen können und dann mit ihrer Hilfe jedes Verb überprüfen. Diese Regel könnte wie folgt lauten: "Wenn das zu behandelnde Wort ein Verb ist und das Bezugswort ein Subjekt im Plural, muss das Verb eine –ent Endung bekommen." Die Regel wird wie ein Algorhithmus bei jedem Verb angewendet, was zwar zum Finden der Fehler führt, jedoch kognitiv sehr aufwändig ist, so dass die Regel kaum fehlerfrei benutzt werden kann, wenn weitere kognitive Belastungen vorliegen, wie das Verfassen und Schreiben eines Textes. Dass sich ab der 4. Klasse die Ergebnisse ändern und nun zunehmend weniger Kongruenzfehler produziert werden, wenn Schüler freie Texte produzieren, als bei der Korrektur von Fehlern, interpretiert die Forschergruppe dahingehend, dass eine Prozeduralisierung stattgefunden hat. Nun werden die richtigen Dritte Person-Singular- oder Plural(-e/-ent)-Endungen direkt an das Verb angehängt, ohne dass der Algorithmus noch durchlaufen werden muss. Dadurch wird es andererseits jedoch zunehmend schwieriger, den Algorithmus zum Verbessern aufzusagen und danach auszuführen. Dieser Prozess setzt sich bis zur 7. Klasse fort, wo die Forscher einen Deckeneffekt feststellen konnten, woraufhin sich die Ergebnisse beider Handlungen stark angleichen.

Piolat, Roussey, Olive und Amada (2004) untersuchen die Subprozesse des Teilbereichs Überarbeiten hinsichtlich der Höhe ihrer kognitiven Anforderungen. Der Untersuchungsaufbau sieht wie folgt aus: Während die Probanden einen Text überarbeiten, der ihnen entweder akustisch oder visuell vorliegt, müssen sie auf ein akustisches Signal hin, die Maustaste drücken. Anhand der unterschiedlichen Reaktionszeiten kann man erkennen, wie hoch die kognitiven Anforderungen sind, denen die Probanden jeweils gegenüberstehen. Die Schwankungen in der Reaktionszeit zeigen, dass nicht jede Überarbeitung für die Probanden gleich schwierig ist. Beispielsweise ist das Erkennen von Versprechern leichter als das Finden von Syntax- oder sogar Kohärenzfehlern. Dabei hängt die Höhe der kognitiven Anforderung nicht von der Menge der Fehler im Text ab, sondern allein von der Art der Fehler.

Ein weiteres Ergebnis ist, dass Probanden mit einer hohen Gedächtniskapazität, die durch einen Lesespannentest festgestellt wird, insgesamt mehr Fehler identifizieren können als Probanden mit einer geringeren Gedächtnisspanne. Dennoch ist die kognitive Belastung für Probanden mit einer hohen Gedächtnisspanne ebenso groß wie für Probanden mit einer niedrigeren Gedächtnisspanne.

4 Prozeduralisierungen

Den bisherigen Text resümierend möchte ich festhalten, dass es theoretische und empirische Evidenz für die These gibt, dass Schreibprozesse – und hier besonders schulische Schreibprozesse – an ihrer Komplexität scheitern, da viele Teilhandlungen parallel stattfinden, die alle auf die gleichen Gedächtnisressourcen zurückgreifen und diese dadurch überfordern. Das Ergebnis ist, dass der entstandene Text deutliche Spuren der Komplexität seines Prozesses trägt, die sich in Fehlern oder Textabbrüchen ausdrücken. Um diesen Schwierigkeiten zu begegnen, wird in der Arbeit der schon weiter oben von Dörner angeführte Weg eingeschlagen, die Komplexität durch Bildung von Superzeichen zu verringern. Den Abschluss des ersten Teils bildet die Vorstellung dieser Lösungsmöglichkeit, nämlich Prozeduralisierungen stattfinden zu lassen, um dadurch die Belastungen möglichst gering zu halten. Im Folgenden wird erklärt, was im Rahmen der Studie unter Prozeduralisierungen verstanden wird, wie sie aufgebaut sind und ausgebildet werden.

4.1 Was sind Prozeduralisierungen?

Prozeduralisierungen sind Fertigkeiten, die die Realisierung einer Prozedur darstellen, also einen in der Zeit aktuell ablaufenden Vorgang. Es ist ein Wissen, welches einem Prozess zu Grunde liegt, der aus einer komplexen Folge von Handlungen bestand, die durch Kompilation und Verkürzung der Handlungen immer stärker automatisiert werden. Dadurch erfordert die Ausführung der Handlung letztlich weniger bis keine Aufmerksamkeit mehr, wird jedoch schnell und sehr verlässlich ausgeführt (vgl. Spada 1988, Wender 1990). Durch Bildung von mentalen Prozeduren wird das Arbeitsgedächtnis entlastet, so dass neue Ressourcen für andere Denkprozesse frei werden und die produralisierten Handlungen nicht mehr mit den anderen auszuführenden Teilprozessen in einer Konkurrenzsituation um Gedächtniskapazitäten stehen.

Nach Mandl et al. (1986, 1988, 1993) werden Fertigkeiten in den drei folgenden Stufen erworben: Prozedurales Wissen wird durch die Vermittlung von deklarativem Wissen erworben. Durch das gespeicherte deklarative Wissen wird eine Art mentales Handlungsgerüst erstellt. In dieser Phase wird eine Handlung anhand eines erstellten Algorithmus ausgeführt. Bei weiterer Übung wird auf einer darauffolgenden Stufe eine spezielle Prozedur ausgebildet, indem der Algorithmus in eine prozedurale Form gebracht wird. Dies ist dadurch gekennzeichnet, dass die Fertigkeitsausführung flüssiger wird und sich der Lerner die Regel nicht mehr ständig vergegenwärtigen muss. Unterstützend beim Fertigkeitenaufbau ist es, wenn der Lerner ein Feedback über die Art der auftretenden Fehler bekommt. Diese Rückmeldung sollte immer so erfolgen, dass der Lerner sofortige und genaue Informationen über seinen Erfolg und seine Fehler erhält, also unmittelbar nach der Fertigkeitsausführung, weil dann die kognitiven Komponenten noch aktiv sind und er einen besseren Zugriff auf sie hat. Korrigiert werden sollten dabei aber nicht alle kleinen Fehler, sondern nur die sich ständig wiederholenden Fehler, denen evtl. eine falsche Regelmäßigkeit zu Grunde liegt. Schließlich werden auf einer dritten Stufe Prozeduren ausgebildet. Die der Prozedur zu Grunde liegende Handlung wird selbstverständlich ausgeführt. Auf dieser Stufe ist der Lerner meist nicht mehr in der Lage, sein Wissen zu verbalisieren (vgl. Mandl et al. 1988, 1993:173ff., Wender 1990:45ff.).

Auch Neuweg (2006) spricht über den Aufbau von Prozeduren, die sich in einem Können äußern, in seinem Fall aber durch "Meisterlehre" aufgebaut werden, indem durch Betrachten und Mitmachen einer Tätigkeit, die von einem Meister gezeigt wird, die Handlung prozeduralisiert wird. Bei der Meisterlehre spielt die verbale Darbietung und das deklarative Wissen über die auszuführende Tätigkeit keine besondere Rolle.

Welche Handlungen des Schreibprozesses können prozeduralisiert werden?
Schreiben besteht aus einer Vielzahl von Handlungen, von denen die prominentesten sind: Ideen finden, Ideen miteinander verbinden, Niederschreiben (motorische Ausführungen), Beachtung von sprachsystematischen Richtigkeiten: Syntax (Kasus, Flexion, Plural) und Orthographie, Beachtung einer funktionalen Angemessenheit: Wird eine angemessene Gliederung beibehalten, entfaltet sich der Text entsprechend, sind die Sätze entsprechend aufeinander aufgebaut, stimmen die Verweise und Verknüpfungen untereinander, Beachtung der ästhetische Angemessenheit: Wird das richtige Sprachregister gewählt, werden treffende Wörter gefunden, muss der eigene Standpunkt erklärt werden.

Nicht alle diese Handlungen können prozeduralisiert werden. Im Gegensatz zum Vorhandensein von geeigneten Ideen für den Text und der Beachtung der funktionalen und ästhetischen Angemessenheit können Handlungen wie die motorische Ausführung ebenso wie die sprachsystematische Richtigkeit – und hier besonders die Orthographie – prozeduralisiert werden. Wichtig ist dabei ein fortlaufendes Üben, welches dazu beiträgt, dass die motorischen oder mentalen Prozesse kompiliert werden. Dörner (1989) gibt als Beispiel für eine Prozedur das Autofahren an. In der Fahrschule lernt der Fahrschüler die Bedienung des Autos in verschiedene Teilhandlungen gegliedert, beispielsweise lenkt er den Wagen zuerst nur und kuppelt erst in den darauffolgenden Stunden, jedoch ist der Fahrschüler mit der Handlung des Lenkens völlig ausgefüllt und es würde ihm zunächst schwer fallen, gleichzeitig weitere Handlungen auszuführen. Durch permanentes Üben jedoch wird aus ihm ein Schüler, der gleichzeitig, lenken, kuppeln, bremsen und blinken kann, wobei er aber jeden dieser Prozesse langsam und mit Bedacht ausführt und noch nicht im Stande wäre, beispielsweise Informationen aus dem Radio aufzunehmen oder eine Unterhaltung zu führen. Eines Tages schließlich fährt er Auto und lenkt, kuppelt und bremst automatisch, während er sich auf das anregende Gespräch mit dem Beifahrer konzentriert. Die Handlungen des Autofahrens laufen parallel ab, sie finden aber automatisch statt, ohne dass der Fahrer sich erinnern kann, wann und ob er gekuppelt, gebremst oder beschleunigt hat. Ebenso verhält es sich mit Teilhandlungen des Schreibens. Wird beispielsweise automatisch richtig geschrieben, so wird das Produkt sowohl weitestgehend fehlerfrei sein, als auch während des Prozesses genügend Arbeitsgedächtniskapazitäten vorhanden sein, die der Schreiber aufwenden kann, um die funktionale und ästhetische Angemessenheit während der Textherstellung zu beeinflussen und zu überwachen.

Wissen wird häufig ausschließlich als Folge von Lernprozessen gesehen. Wesentlich seltener wird erkannt, dass Wissen häufig auch eine Voraussetzung für Lernprozesse ist. Dieses Wissen erwirbt der Lerner aber nicht von allein. In der empirischen Forschung hat sich gezeigt, dass Schüler, die über bestimmte Kenntnisse verfügen, diese nicht automatisch ausführen können. "Das prozedurale Wissen, also die Fähigkeit, Verarbeitungsprozesse in effektiver Weise zu benutzen, entwickelt sich offenbar nicht simultan mit den entsprechenden Wissensstrukturen" (Schwarz 1992:127). Vielmehr ist Automatizität eine unabhängige Leistung, die gesondert gespeichert und gesondert abgerufen wird. Infolgedessen muss Automatizität auch unabhängig erworben werden, indem die Handlung fortlaufend wiederholt, also geübt wird (vgl. Spelke et al. 1976).

4.2 Die Bedeutung von Prozeduren für den Lernprozess

4.2.1 Theorie der repräsentationalen Redeskription

Evidenzen für den Aufbau von Prozeduren im Lernprozess erhalten wir aus der Entwicklungspsychologie von Karmiloff-Smith. Sie sieht den Aufbau von Können als ein System an, bei dem der Mensch sowohl als tabula rasa auf Informationen aus der Umwelt angewiesen ist, als auch auf interne Wissensrepräsentationen zurückgreifen kann, die er durch Umstrukturierungen ausbaut. Diese beiden Forderungen vereint sie in ihrem Modell der repräsentationalen Redeskription (RR-Modell) (vgl. 1993:9). Sie geht in dem Modell davon aus, dass der Mensch sein Können dadurch erweitert, dass er bereits gesammelte und verstaute Informationen kognitiv umarbeitet. Die Informationen werden intern ausgebeutet, indem ihre mentalen Repräsentationen überschrieben (redescriptive processes 1993:18) werden, dabei entsteht eine neue Form des Wissens: "Explicit theory change, which involves conscious construction and exploration of analogies, thought experiments and real experiments, typical of older children and adults. But I will argue, that this more obvious characteristic of human cognition is possible only on the basis of prior representational redescription, which turns implicit information into explicit knowledge" (1993:16).

Das Modell der repräsentationalen Redeskription ist ein Phasenmodell, das jederzeit stattfinden kann. Die Redeskription findet in drei rekurrenten Phasen statt. Die Umstrukturierung der internen Informationen kann man als den Aufbau von Prozeduren verstehen.

Interessant ist in diesem Zusammenhang Karmiloff-Smiths Feststellung, dass Stufe zwei der internen Umstrukturierung mit einer Verschlechterung in den explizit auszuführenden Handlungen einhergeht, so dass der explizite Entwicklungsverlauf einer Kurve in U-Form ähnelt, während die implizite Umstrukturierung stetig zunimmt.

Auch die Expertiseforschung bietet uns Evidenz für den Aufbau von Prozeduren im Lernprozess. Auch sie unterscheidet drei Phasen, die in Automatisierung gipfeln (vgl. Anderson 2001:282).

4.2.2 Empirische Daten für die Bedeutung von Prozeduren für den Lernprozess

Der Zusammenhang zwischen der Ausbildung einer Prozedur und dem daraus folgenden Können kann in einer Reihe von empirischen Studien nachgewiesen werden. Der Aufbau von Fertigkeiten trägt in vielen Lernsituationen dazu bei, dass schnell und sicher handlungsleitendes Wissen abgerufen wird und gleichzeitig noch Ressourcen für höherrangiges Wissen bereitstehen. Im Folgenden werden überwiegend Studien aus dem Bereich Grammatik vorgestellt, da es bisher insbesondere hier Studien gibt, die die Bedeutung von Prozeduren hervorheben. Da Sprachbewusstsein aber ebenso wie Rechtschreibung, die zentral für die vorliegende Studie ist, zu den Prozessen zählt, die schnell und sicher beim Schreiben ausgeführt werden müssen, ohne zusätzliche Kapazitäten zu beanspruchen, kann auf die Studien rekurriert werden.

Afflerbach (1997) kann in einer Studie zur Genese der Kommasetzungsfähigkeit zeigen, dass die Fähigkeit, Kommata richtig zu setzen, einen Prozeduralisierungsprozess bedarf.

In ihrer Längsschnittuntersuchung zeigt sich, dass das Aufsagen von Kommaregeln bei Schülern nicht bedeutet, dass Kommata richtig gesetzt werden. Bei richtig gesetztem Komma hingegen kann selten die entsprechende Regel angegeben werden.

Kommata werden offensichtlich aus anderen Gründen gesetzt als dem deklarativen Wissen über eine Regel. Schüler verfügen, sobald sie Kommata richtig setzen, über ein Können, für das es keine rhetorische Grundlage mehr gibt.

Weitere Evidenz dafür, dass es eine Unterscheidung zwischen delarativem (Regel-)Wissen und Können gibt, kommt von Weingarten (2003). Er kann in einer Untersuchung von Kinderschreibungen zeigen, dass Grundschüler über Rechtschreibung anders sprechen, als sie Wörter schreiben. Die Regeln, die die Schüler verbal zum Schreiben eines Wortes angeben, werden in einer direkt anschließenden Schreibung des Wortes nicht angewandt, was häufig dazu führt, dass Wörter schlussendlich richtig geschrieben werden. Auf die Frage angesprochen, ob man das Wort *Flugreise* groß oder klein schreibe, antworten viele Probanden, "klein, denn man mache ja etwas", schreiben das Wort dann aber groß (vgl. Weingarten 2003). Auch dies spricht für prozedurales Wissen. Die Kinder haben eine interne Struktur zum Schreiben von Wörtern aufgebaut, die ihnen nicht mehr bewusst zugänglich ist. Das Wissen zum Schreiben einiger Wörter liegt bereits prozeduralisiert vor, es kann schlecht verbalisiert, aber trotzdem direkt und richtig darauf zugegriffen werden. Ähnlich dem Komma in der Längsschnittuntersuchung von Afflerbach ist auch hier das (deklarative) Wissen, wie ein Wort geschrieben wird, wenig handlungstragend. Es kann aber durch ein Können ersetzt werden, welches bei fortlaufendem Üben in ein flexibles Wissen überführt wird, bei dem in diesem Beispiel sowohl die Regel für die Schreibung richtig angegeben werden kann als auch das Wort richtig geschrieben wird.

Auf die Bedeutung von Prozeduren hat auch Funke (2000) im Rahmen der Frage hingewiesen, wann grammatisches Wissen in Funktion ist? Er spricht sich gegen ein ausschließlich deklarativ dargebotenes Wissen sowie falsche Formen der Prozeduralisierungen aus. Für seine Argumentation zieht er den Vergleich mit Kindern heran, die, um rechts und links zu unterscheiden, ein Band an das rechte Handgelenk gebunden bekommen. Dieses Band unterstützt zwar, wenn es um das Finden der rechten Hand geht, es ist aber offenkundig nicht das gleiche Wissen, welches Kinder haben, die ohne Band ihre rechte Hand erkennen, da erstere erst eine Merkmalsprüfung durchführen müssen. Wenn es hingegen darauf ankommt, Wissen in einer Funktion zu haben für eine schnelle Orientierung, wie etwa im Straßenverkehr nötig, steht das Wissen um die rechte Seite nicht zuverlässig zur Verfügung, und auf eine Automatisierung durch das Band zu hoffen, ist riskant. Genauso verhält es sich mit grammatischem Wissen, welches sich in

Funktion befindet. Auch dieses darf nicht das Ergebnis von Merkmalsprüfungen darstellen, die als eigene Instanz für sich auftreten. "Es nutzt stattdessen Informationen, die durch den Prozess, in dem es benötigt wird, selbst erzeugt werden. Die Aufmerksamkeit für diese Information ist es, die habitualisiert werden muss, damit Wissen in Funktion kommt" (2000:66).

Welches grammatische Wissen bei Haupt- und Realschülern der Klasse 5, 6 und 7 vorliegt, erhebt Funke (2005). Er unterscheidet explizites und implizites Wortartenwissen um herauszufinden, welches Wissen bei Schülern handlungsleitend ist. Seine Ergebnisse zeigen ebenfalls, dass es den Schülern zwar auf der Grundlage von deklarativem Wissen gelingt, grammatische Terminologien zu ermitteln, dieses Wissen aber in der Anwendung deutlich defizitär ist. Hingegen fallen die auf der Grundlage von implizitem Wissen ermittelten Lösungen besser aus.

"Man muss (...) annehmen, dass der Einfluss, den er [der Grammatikunterricht; Einfügung: S.W.] möglicherweise hat, eher indirekt als direkt ist. Er beruht also – soweit er überhaupt besteht – nicht darauf, dass im Unterricht Lerninhalte vermittelt werden, sondern darauf, dass Schülerinnen und Schüler auf die Auseinandersetzung mit syntaktischen Strukturierungen, zu der sie (unter anderem) der Grammatikunterricht veranlasst, mit eigenständigen, weiterführenden Entwicklungen auf der Ebene impliziter Kenntnis reagieren" (Funke 2005:224).

Zu ähnlichen Ergebnissen bezüglich der Bedeutsamkeit von Prozeduren kommt auch Simmel (2007). In einer Folgeuntersuchung hat er den Test, den auch Funke in seiner Untersuchung eingesetzt hat, in leicht modifizierter Form Haupt- und Realschülern der 5. und 8. Klasse am Bildschirm vorgelegt. Diesmal sollen die Schüler paarweise die richtige Lösung finden und anklicken. Das Lösungsgespräch wird auf Video aufgezeichnet und zeigt, wie sich Schüler über grammatische Erscheinungen unterhalten, wenn sie sich informell wähnen und keine grammatischen Termini nutzen müssen.

Die Gespräche zwischen den Probanden zeigen eine Form von Grammatikalisierung, die nicht auf deklarativem Wissen beruht. Die Schüler erklären die Sachverhalte in eigenen Worten, auch dann noch, wenn ihnen die Termini gebräuchlich sind. Dadurch wird der Prozess deutlich, wie sich Schüler grammatische Phänomene erschließen. Die Lösungsgespräche sprechen für eine Form der Grammatikalisierung von unten ("bottom-up" vgl. Belke 2007), vergleichbar mit Redeskriptionsprozessen. Deswegen fordert Simmel (2007:79): "Um den individuellen Lernvoraussetzungen der Schülerinnen und Schülern gerecht zu werden, sollte folglich auch im regulären Grammatikunterricht der impliziten Verstehensebene dringend mehr Beachtung geschenkt werden."

Zusammenfassung und Leitthesenformulierung

Im bisherigen Teil der Arbeit wurde ein weiter Bogen gespannt, der die theoretischen Hintergründe der Arbeit darstellt. Vorgestellt wurden neben Theorien aus der Sprach- und Schreibdidaktik auch Theorien aus den Sozialwissenschaften. Bei einem so weiten Spektrum gerät man schnell in Gefahr, nicht alle Aspekte ausführlich darzustellen und wichtige Bereiche aus den Augen zu verlieren. Deswegen werden an dieser Stelle Leitthesen formuliert, die auf den Theorieteil rekurrieren und den Weg auf den zweiten und dritten Teil der Niederschrift, also die Zusammenführung der Disziplinen und Vorstellung des didaktischen Modells sowie die daraus resultierende empirische Untersuchung, weisen.

1. Das Verfassen von Texten ist ein komplexer Prozess, vergleichbar mit Problemlöseprozessen.
2. Die Komplexität ergibt sich aus der Parallelität der Teilhandlungen, die beim Schreibprozess stattfinden, die alle auf die Ressourcen des Arbeitsgedächtnisses rekurrieren.
3. Es gibt empirische Evidenz dafür, dass Fehler in Textprodukten oder gar Textabbrüche an einer Überbelastung des Arbeitsgedächtnisses liegen.
4. Die Überbelastungen lassen sich durch Automatisierungsprozesse verringern.

In der Arbeit wird deswegen untersucht, ob man auf die Qualität von schulischen Textprodukten einwirken kann, indem durch eine Wortschatzarbeit sowohl Wörter zum Anfertigen eines Textes angeboten werden als auch die Orthographie verbessert wird. Die Ergebnisse der Untersuchung werden als Hypothesen für den Zusammenhang von Arbeitsgedächtniskapazitäten und Entlastungen des Arbeitsgedächtnisses formuliert.

Empirisch wird dies durch eine Intervention in Form einer Wortschatzarbeit geschehen. Die Intervention bietet einen Wortschatz an, der die Voraussetzung für das Verfassen von Texten bildet und trägt zum Fertigkeitenaufbau im Bereich der Orthographie bei. Beide Teilbereiche, sowohl die Suche nach geeigneten Wörtern als auch die Überlegungen, wie ein Wort geschrieben wird, sind kognitiv sehr aufwändig. Die Verbindung aus Wortschatz und Orthographie geschieht dabei aus folgenden Gründen und wird entsprechend in den Kapiteln des zweiten Teils vorgestellt:

1.) Orthographie wird, wie in Kapitel drei des zweiten Teils ausführlich dargestellt, über die Bildung von Prozeduren erworben. Rechtschreiberwerb vollzieht sich eigenaktiv auf der Basis von charakteristischen Stufen, die Gegenstand sprachbewusster Tätigkeit sind. "Zunächst drängen Einzelbeobachtungen, Einzelerfahrungen ins Bewusstsein und verfestigen sich zu Einzelkonnexionen. Diese werden dann zu inneren Regeln, die auf mehrere Fälle angewendet werden können, generalisiert, gegebenenfalls auch übergeneralisiert. Sie können sich schließlich zu Strategiehypothesen und Strategien für den jeweiligen Phänomenkomplex verfestigen" (Eichler 2004:183). Rechtschreiberwerb bedeutet Einsicht in grammatische Strukturen gewinnen, denn "die Kunst des Verschriftens zu erwerben heißt, in grammatischen Strukturen schreiben zu lernen" (Küttel 2006:380). Der Rechtschreiberwerb "wird angeregt durch die Datensammlung beim Lesen und Schreiben und kann vor allem als Tätigkeit der Normierung durch Analogie, Assoziation und Schlussfolgerungen vermutet werden" (Eichler 1991:34).

Orthographieerwerb stellt sich also als ein (individuelles) Finden von Strukturen dar; er wird durch die Einsicht in Formen, Normierungen und Analogien unserer Schreibungen erworben und durch fortlaufendes Ausführen und damit Üben kompiliert sowie mental transferiert, so dass schließlich Prozeduren[6] ausgebildet werden.

Die Bedeutung von Prozeduren für den Orthographieerwerb zeigen Beispielschreibungen von Grundschülern, die Wörter in freien Texten falsch schreiben, die sie im Diktat schon sicher beherrschen, da es beim Verfassen von freien Texten zu einer erhöhten kognitiven Belastung kommt und infolgedessen nicht mehr genug Kapazitäten für die orthographisch richtige Schreibung zur Verfügung stehen.

Der Prozess läuft jedoch – nicht nur bei Grundschülern – auch andersherum ab und die Überlegungen über die richtigen Schreibungen rauben kognitive Kapazitäten für höherrangige Denkprozesse, die sich positiv auf konzeptionelle Teile des entstehenden Textes auswirken könnten.

2.) Texte, die orthographisch fehlerfrei sind, müssen noch keine guten Texte sein. Wesentlich zur Qualität eines Textes tragen seine Konzeption, seine Kohärenz und Kohäsion bei. Entscheidend für die Qualität eines Textes ist es, so explizit wie nötig und dabei so implizit wie möglich zu bleiben, um den Leser nicht zu langweilen und ihm dennoch die Möglichkeit der Sinnerfassung aus dem Text zu gewähren. Auf einer untersten Stufe ist die Voraussetzung dafür, geeignetes Wortmaterial zur Verfügung zu haben, um Handlungen und Zusammenhänge treffend darstellen zu können. Dass der "Kompetenzrückstand beim Wortschatz 'dramatisch' ist" (Knapp 2006), insbesondere für Jugendliche mit nicht-deutscher Erstsprache, zeigen allerdings die Ergebnisse der DESI-Studie (Deutsch-Englisch-Schülerleistungen-International 2006). Sie untersuchte im Auftrag der KMK (Kultusministerkonferenz die sprachlichen Leistungen von Neuntkläss-

---

[6] Eichler spricht in seinen Veröffentlichungen von der Bedeutung von "inneren Regeln", "eigenaktiven Regeln" oder von "Eigenregeln" für den Erwerb der Orthographie, neuere didaktische Modelle sprechen davon, dass sich der Lerner ein mentales Modell des Lerngegenstandes aufbaut, welches er zunehmend ausdifferenziert. Auf die Rechtschreibung übertragen möchte ich von der Ausbildung von Prozeduren sprechen, um den Begriff der "eigenaktiven *Regel*" nicht übernehmen zu müssen, da die mit dem Wort *Regel* verbundene Normvorstellung im Gegensatz zu dem Weg steht, den ein Lerner beschreitet, wenn er mental Wissen umstrukturiert.

lern in Deutsch und Englisch. Ihre Ergebnisse zeigen, dass über 67% der untersuchten Schüler im Wortschatz in Klasse neun auf oder unter Niveau eins liegen. Die Schüler haben nur einfache Basiswörter zur Verfügung. Dabei zählt der Wortschatz zu den wenigen Bereichen, bei denen im Allgemeinen der Vorsprung der Mädchen im Gegensatz zu den Jungen gering ist. Alarmierend ist auch der Befund, dass Schüler mit Migrationshintergrund im Wortschatz auch noch am Ende der neunten Klasse besonderen Förderbedarf haben (vgl. DESI 2006:25ff, Klieme 2006). Die Ergebnisse sprechen dafür, dass eine Förderung des Textverfassens, wenn sie dem hier beschriebenen Weg folgt, in Kombination mit einer Wortschatzarbeit besonders sinnvoll ist.

3.) Orthographie wird über das eigenaktive Finden von Regelmäßigkeiten erworben. Diese Strukturen muss sich der Lerner jedoch zuerst erschließen – aus geschriebenem Wortmaterial. Die Aufgabe des Unterrichts dabei ist, eine Lernumgebung zu gestalten, die die Aufmerksamkeit des Lerners auf das sachstrukturell Wichtige richtet und ihn auffordert, Beobachtungen über die Schrift zu tätigen und mit seinem bisherigen kognitiven Schema zu verbinden (vgl. Augst/Dehn 2002:203). Dies geschieht am Besten auf der Grundlage von geschriebenem Wortmaterial. Untersuchungen zum Schriftspracherwerb zeigen, dass Schüler, die mit einem Fibellehrgang arbeiten, durchschnittlich bessere Rechtschreiber werden als Schüler, die mit einer Eigenfibel oder mit der Lesen-durch-Schreiben-Methode das Schreiben erlernt haben (vgl. Hüttis-Graff, Wiedemann 1996). Die angebotenen Wörter unterstützen den Schriftspracherwerb wesentlich stärker, da sich Kinder später nicht nur an Sprechweisen, sondern auch an Schreibweisen orientieren können. Sie erkennen orthographische Elemente und bauen an ihnen ihr kognitives Schema aus. Beim Schreiben adaptieren Kinder das Gelernte nicht einfach, sondern beginnen eigenaktiv in produktiver Weise zu experimentieren (vgl. Scheerer - Neumann 1987).

Eine Kombination aus Wortschatzarbeit und Orthographieerwerb bietet sich demnach an. Beide Bereiche werden über die Ausbildung von Fertigkeiten erworben, wobei Orthographieerwerb an die Auseinandersetzung mit geschriebenem Wortmaterial gebunden ist[7].

Im Rahmen dieser Arbeit werden die verschiedenen vorgestellten Wissenschaftsbereiche verzahnt und zu einer gemeinsamen Anwendung geführt. Mit der Erstellung der

---

[7] Zwar ist die Auseinandersetzung mit geschriebenem Wortmaterial eine notwendige Voraussetzung für den Orthographieerwerb, dennoch ist sie noch nicht hinreichend. Wichtig für den Aufbau von kognitiven Strukturen ist es, dass der Lerner Regelmäßigkeiten in den Schreibungen finden kann, auf deren Basis er Analogien ausbildet. Deswegen ist eine kumulative Einführung von Wörtern elementar, so dass Lerner Wörter gruppieren und klassifizieren können. Ebenso müssen die kognitiven Ressourcen der Lerner beachtet werden. Bei einer Arbeitsgedächtniskapazität von 7 +/- 2 Einheiten überschreiten Wörter schnell die Verarbeitungsgrößen von Schreiblernern. Hilfreich ist es, mit einer Einheit zu arbeiten, die klein genug ist, um verarbeitet werden zu können und dabei der Erfahrungswelt von Schülern entspringt. Zu denken ist an die Silbe. Beide Punkte sind in die Erstellung der Wortschatzarbeit eingeflossen.

Wortschatzarbeit wird ein didaktisches Modell konstituiert, welches die theoretischen Ansätze aufgreift und integrativ-funktional miteinander verknüpft, um sie in konkrete Handlungen und Übungen umzusetzen, aus denen die Schüler wahrnehmbare Ergebnisse ziehen können. Die Vorstellung der Wortschatzarbeit, ihr Entwurf und die dazugehörigen theoretischen Hintergründe sowie ihre empirische Überprüfung stehen deshalb im Mittelpunkt der folgenden Abschnitte der Arbeit.

Zweiter Teil

Didaktisches Modell

Vorstellung und Zusammenführung der wissenschaftlichen Disziplinen

Im zweiten Teil der Arbeit werden die Anwendungsgrundlagen zur Wortschatzarbeit gelegt. Dazu wird in die einzelnen wissenschaftlichen Disziplinen, aus denen sich das Wissen und der Aufbau der Wortschatzarbeit zusammensetzt, eingeführt. Jeder Teilbereich wird mit seinen theoretischen Hintergründen beleuchtet, die notwendig sind, um daraus im Weiteren eine konkrete Anwendung zu erstellen. Als Ziel gilt die Erstellung der Wortschatzarbeit, die im dritten Teil der Niederschrift vorgestellt wird.

Der zweite Teil geht dabei wie folgt vor:
Zuerst werden Bedienungsanleitungen besprochen, da diese zu beiden Erhebungszeitpunkte (vor und nach der Intervention) angefertigt werden. Die Textart und ihre Besonderheiten werden vorgestellt, um damit die Auswahl der Textart für die Testbatterien der Studie zu begründen. Da nun die Überprüfungsmethoden der Intervention feststehen, wird im weiteren Text dargelegt, wie auf die Verbesserung eines Bedienungsanleitungstextes eingewirkt wird. Die beiden folgenden Abschnitte, Kapitel sechs und sieben, führen deswegen in die theoretischen Hintergründe der beiden Schwerpunkte ein, die zentral für die Wortschatzarbeit sind. Dabei gibt Kapitel sechs einen Forschungsüberblick zu Rezeption und Produktion von Wörtern und Kapitel sieben widmet sich der Orthographie.

5   Bedienungsanleitungen

Bedienungsanleitungen sind Sachtexte; ihre Erstellung ist deswegen von Beginn des Prozesses an bedingt durch die Erreichung eines besonderen Zweckes, ihr Produktionsprozess ist zielgerichtet (vgl. Hayes/Flower 1980). Unter den Sachtexten nehmen sie jedoch eine besondere Stellung ein, da ihre Produktion von spezieller Komplexität gekennzeichnet ist und besonderer Versprachlichungsstrategien bedarf. Obwohl Bedienungsanleitungen zumeist technische Texte sind, sind sie – im Rahmen der Vorgangsbeschreibung – Gegenstand der 6. Klasse. Gleichzeitig ist das Anfertigen von Vorgangsbeschreibungen eine der wenigen Textsorten, die in größerem Umfang während der betrieblichen Ausbildung erstellt werden und auch ihre Rezeption ist basal für eine Ausbildung im Handwerk (vgl. Knapp, Pfaff, Werner 2007). Bestimmte Fähigkeiten im Hinblick auf eine zu erwerbende Ausbildungsreife müssen Schüler demnach schon in der Unterstufe erwerben. Dies hat mich veranlasst, in den Testbatterien der Interventionsstudie eine Bedienungsanleitung produzieren zu lassen. Im Prä- und Posttest wurde jeweils neben einer Hamburger-Schreib-Probe (HSP, vgl. May 1994) eine Bedienungsanleitung zu einer Stoppuhr angefertigt.

Das folgende Kapitel widmet sich der Textart. Einleitend wird die oben aufgestellte These anhand von Daten aus der Literatur gestützt, dass die Texterstellung eines technischen Instruktionstextes auf verschiedenen Ebenen komplex ist. Dadurch kann sich bei ihrer Produktion eine Belastung des Arbeitsgedächtnisses einstellen, womit die Auswahl der Textart für die Testbatterien der Studie begründet wird. Im Weiteren werden die Textart und ihre charakteristischen Elemente sowie ihre kommunikativen Bedingungen näher vorgestellt. Im Anschluss wird ein Blick auf die Schreibentwicklung bei Bedienungsanleitungen geworfen, um darzustellen, welche Qualität die Texte der Schüler maximal haben können.

5.1 Komplexität als Merkmal für die Erstellung von Bedienungsanleitungen

Anleitungen können auf verschiedene Weisen gegeben werden. Einerseits existieren außersprachliche Anweisungen durch Demonstrationen oder durch zeichnerisch-symbolische und bildliche Abbildungen und andererseits werden Anweisungen über Sprache mündlich oder schriftlich vermittelt. Im Alltag sind meistens verschiedene Kombinationen von außer- und innersprachlichen Anweisungen aufzufinden. Bei den technischen Bedienungsanleitungen herrscht allerdings der schriftliche Sprachgebrauch mit Abbildungen vor. Diese begegnen uns im Alltag als produktbegleitende Instruktionstexte, die uns zum sachgerechten Verwenden eines Produktes anleiten.

Technische Bedienungsanleitungen tragen alle Merkmale der konzeptionellen Schriftlichkeit. Darüber hinaus ist für sie ein Neben- und Ineinander von verschiedenen Textteilen charakteristisch: Beschreibende, erläuternde, anleitende, vorschreibende und empfehlende Elemente finden sich in Anleitungen. Somit unterliegt ihre Produktion den Kennzeichen einer komplexen Problemlösung und eine Reihe von Schwierigkeiten müssen bei ihrer Erstellung überwunden werden. Deswegen erfolgt die Herstellung eines Bedienungsanleitungstextes in der Regel in (betriebs-)eigenständigen Abteilungen durch technische Redakteure, die in verschiedenen Arbeitsschritten die Instruktion entwerfen. Durch Untersuchungen von Becker-Mrotzek (1994) erlangen wir Einblicke in den professionellen Produktionsprozess von Bedienungsanleitungen. Er untersucht empirisch den Entstehungsprozess eines Handbuches zu einem Computerprogramm. Sein Fokus ist dabei auf die Schwierigkeiten gerichtet, mit denen sich der Verfasser einer Bedienungsanleitung auseinander setzen muss. Aus den Ergebnissen lassen sich folgende mentalen Prozesse beim Formulieren einer Bedienungsanleitung ableiten: In einem ersten Produktionsschritt dominiert die Suche nach geeigneten schriftsprachlichen Handlungen, sprachlichen Mitteln sowie die Antizipation von Leserwissen. Später liegt der Fokus eher auf einem flüssigen Niederschreiben, wobei die Aufmerksamkeit mehr auf die inhaltliche Richtigkeit und die Vollständigkeit bezogen ist. Ein letzter Produktionsschritt schließlich ist die Konzentration auf die formale Richtigkeit (Orthographie).

Folgende drei Ursachen, die auch in der empirischen Studie relevant sind, bedingen die Komplexität in der Erstellung eines Bedienungsanleitungstextes und tragen dazu bei, dass selbst geübte Schreiber Bedienungsanleitungen in mehreren Produktionsschritten verfassen:

1.) Für die Produktion eines Textes, der einen fremden Leser anleiten soll, Handlungen auszuführen, muss der Schreiber den Gegenstand verstanden haben.

2.) Daran anschließend muss der Schreiber die vom Leser auszuführenden Handlungsschritte in eine Sprache bringen, die dem Leser eine Vorstellung über den Gegenstand und die Phänomene seiner Bedienung ermöglicht. Das heißt, der Schreiber muss sich eines differenzierten Begriffsinventars bedienen. Dabei sind (Vor-)Wissenselemente des Rezipienten wie des Produzenten des Textes wichtig.

3.) Verstanden werden kann die Bedienungsanleitung jedoch nur, wenn der Text einer Tiefenstruktur[8] folgt und der Leser die gedankliche Ordnung des Textes und seine Struktur nachvollziehen kann. Bauen Leser und Schreiber die gleichen frames auf, gelingt es dem Leser nach der Lektüre des Textes Bedienhandlungen auszuführen.

Das heißt, als schriftliche Texte müssen Bedienungsanleitungen eine Form von Akzeptabilität zwischen Leser und Schreiber schaffen (vgl. Christmann & Groeben 2001:182), die sich schon für literarische Texte als schwierig gestaltet. Zunehmend komplexer stellt sich diese Aufgabe in Bedienungsanleitungen dar, da für den Produzenten das Wissen des Rezipienten schwer einschätzbar ist.

Dennoch werden Bedienungsanleitungen, wie oben erwähnt, auch im schulischen Kontext – hier meist in einem Arbeitsschritt – erstellt und bereits Schüler in der 4. Klasse können einfache, fragmentarische Bedienungsanleitungen produzieren, wie Becker-Mrotzek (1997) erhebt.

Einerseits ist die Textherstellung also auf verschiedenen Ebenen komplex, so dass sich eine Belastung des Arbeitsgedächtnisses einstellen kann, andererseits sind Schüler ab Klasse 4 in der Lage, anweisende Texte zu produzieren. Dies macht Bedienungsanleitungen zu einer geeigneten Textart für das Erkenntnisinteresse der Studie, da in der

---

[8] Die Tiefenstruktur ist die Kohärenz des Textes das "Gewebe" des Textes (lat. textus – der Faden, das Gewebe; cohaerre – zusammenhängend). Der Text soll zusammenhängend sein, einen roten Faden haben und er soll eine durchgängige inhaltlich semantische Seite haben, die eine bestimmte mentale Repräsentation erschafft (Vater 2001:54).

Untersuchung nicht die absolute Qualität der Textprodukte bewertet wird, sondern eine Perspektive zu den Texten eingenommen wird, welche sie als Produkte darstellen, die Momente der Komplikationen im Handlungsprozess wiedergeben.

5.2 Textart Bedienungsanleitung

5.2.1 Begriffsbestimmung Bedienungsanleitung

Zirngibl definiert technische Bedienungsanleitungen als "schriftliche Texte, die einem (technischen) Produkt in der Verkaufsverpackung beiliegen. Sie informieren den Benutzer oder die Benutzerin darüber, wie das Produkt vollständig und korrekt in Betrieb genommen und über sämtliche Funktionen verfügt werden kann, die den Produktnutzen ausmachen" (2003:58). Der Aufbau von Anweisungen ist nach DIN 8418 geregelt und grob in folgende Bereiche gegliedert:

- Angaben über das Erzeugnis
- Anforderungen an den Aufstellort
- Hinweise für den Transport, Aufbau und Anbau
- Betrieb/Verwendung
- Instandhaltung (vgl. DIN 8418, 1974)

Bedienungsanleitungen gehören zu den Gebrauchstextsorten, für die es eine deutliche Abgrenzung zu den literarischen Textsorten gibt. Dimters (1981:35) definiert eine Gebrauchstextsorte als eine solche, an die kein besonderer ästhetisch-literarischer Anspruch gebunden ist. Rolf (1993:314) präzisiert: "Mit der Realisierung einer Gebrauchstextsorte wird ein praktischer Zweck, ein in der Praxis auftauchendes Problem angegangen. Da von literarischen Texten anzunehmen ist, dass sie einen solchen Problembezug nicht aufweisen, sind sie nicht zu den Gebrauchstextsorten zu rechnen." Bedienungsanleitungen haben also im Gegensatz zu literarischen Texten das Merkmal des "Sich–Verbauchens" (Zirngibl 2003:54). Eine Anleitung zu einem Gerät, welches längst ausgemustert ist, verliert seine kommunikative Bedeutung.

Verwendet man den Begriff Bedienungsanleitung als Oberbegriff für eine (schulische) Textsorte, so steht er für schriftliche Instruktionen. Schulische Vorgangsbeschreibungen zählen zu den informierenden sprachlichen Handlungsformen, die die Funktion haben, ein Wissensdefizit beim Leser zu beseitigen. "Bei allen informierenden Texten steht die Orientierung auf den Adressaten im Vordergrund. (…) Bei beschreibenden Texten geht es um Informationen, die sich auf die Beschreibung von Zuständlichem oder allgemeinen Handlungsabläufen beziehen. (…) Die Schwierigkeit beim Beschreiben von Gegenständlichem liegt in der Versprachlichung selbst" (Ziesenis 1990:230). Dabei unterscheiden sich Bedienungsanleitungen von anderen anleitenden Texten durch ihren Bezug auf Werkzeuge. Werkzeuge werden verstanden als Wissen zur Bedienung eines Gegenstandes (vgl. Becker-Mrotzek 1997).

5.2.2 Elemente der Bedienungsanleitung

Pelka (1982) ermittelt aus 50 Bedienungsanleitungen verschiedener technischer Bereiche die charakteristischen Textelemente von Gebrauchsanweisungen und vergleicht die Texte hinsichtlich ihrer Textfunktion, Gestaltung sowie ihrer sprachlichen Mittel.

Er kommt zu dem Ergebnis, dass es ein vielfältiges Begriffsinventar gibt, das die gleiche Textart bezeichnet: Bedienungsanleitung, Gebrauchsanleitung, Betriebsanleitung oder Bedienungsanweisung, Gebrauchsanweisung, Betriebsanweisung. Die unterschiedlichen Textbezeichnungen gehen aber nicht mit einer Funktionsdifferenzierung einher. Neben dem Titel finden sich häufig noch sprachliche Hinweise auf die Textfunktion, wie: *Bitte, vor Inbetriebnahme lesen, Bitte durchlesen und aufbewahren, Bitte vor Gebrauch vollständig durchlesen.*

Allen untersuchten Texten ist gemein, dass sie neben anleitenden oder anweisenden Textteilen auch – mehr oder weniger ausführliche – Beschreibungen und Gegenstands- oder Vorgangsdarstellungen enthalten. Charakteristisch für die Textgestaltung ist darüber hinaus, dass sie sich aus aufeinander bezogenen sprachlichen und außersprachlichen Kommunikationsmitteln zusammensetzt.

Pelka kann zeigen, dass Bedienungsanleitungen in hohem Maße durchgegliederte Texte sind, die deswegen eine Nähe zu Lehrbuchtexten zeigen. Je höher die Anwendungsbreite der Texte ist, desto elaborierter ist ihre Gliederungsstruktur.

Bedienungsanleitungen sind eher arm an sprachlichen Mitteln. In ihnen kommen nur sachbezogene Formen vor, diese jedoch im Einzelnen fein abgestuft, so dass hier die Skala der Ausdrucksformen vom imperativisch gebrauchten Konjunktiv I bis zur passivischen Vorgangsbeschreibung in anweisender Funktion vorhanden sein können.

Der Textaufbau in Bedienungsanleitungen folgt einer komplexen Makrostruktur (vgl. Becker-Mrotzek 1997), die aus verschiedenen Textelementen (1) besteht, wie dem Inhaltsverzeichnis, der Eröffnung, der Kernanleitung und dem Schluss. In diesen Teilen lassen sich Verstehenselemente wiederfinden, die auch in anderen Textsorten auftreten. Die Elemente aus dem Anleitungskern sind hingegen typisch für Gebrauchsanweisungen. Sie werden als komplexe Anweisungen in verschiedenen Sprechhandlungsfolgen (2) analysiert und weiter in einzelne Sprechhandlungen (3) ausdifferenziert, wie das Anweisen, Optionen angeben, Beschreiben, Erklären. Jede einzelne Sprechhandlung hat eine andere Implikation und damit einhergehend eine andere Satzkonstruktion. Becker-Mrotzek nennt diese Sprechhandlungen Prozeduren (4) und meint damit sprachliche Einheiten unterhalb von Sprechhandlungen, die bestimmte Funktionen in der Sprechhandlung übernehmen. Im Rahmen dieser Arbeit wird der Begriff der Prozedur allerdings anders belegt.

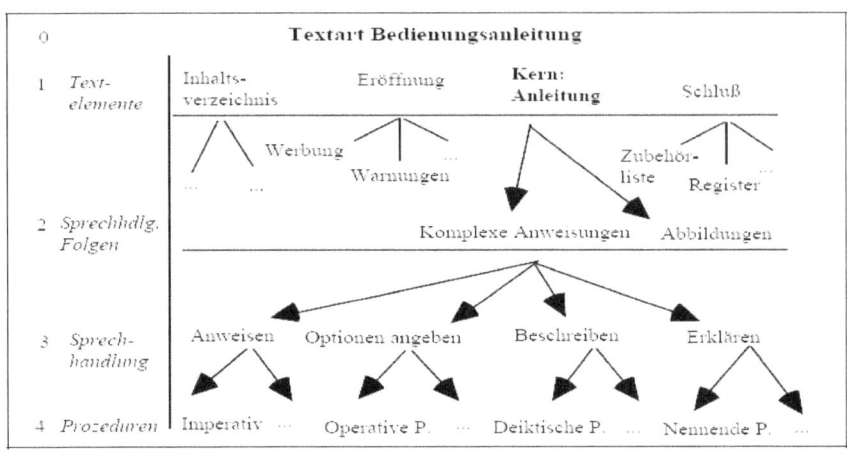

Abb. 4: Modell der Struktur eines Bedienungsanleitungstextes vgl. Becker-Mrotzek (1997:149)

Die Analysen von Küster (1982) bestätigen, dass Bedienungsanweisungen einer komplexen Makrostruktur folgen, die aus verschiedenen Elementen besteht. Er hat die sprachlichen und kommunikativen Funktionen einer Anweisung zu einem Automobil (Volkswagen) herausgearbeitet. In seinem Datensatz treten verstärkt erklärende Sprechhandlungen im Infinitiv, gefolgt von zweigliedrigen Passivkonstruktionen (*Mit diesem Schlüssel wird auch die Heckklappe geöffnet*) auf. Daneben gibt es Sätze ohne explizites Agens und fehlende infinite oder finite Verbform (*Sicherungsknopf nach oben – auf*). Pelka (1982) bestätigt, dass Anweisungen in Bedienungsanleitungen häufig als elliptische Satzkonstruktion vollzogen werden (*Gerät betreiben, Netzstecker ziehen, Frischwasserbehälter füllen*) oder Präpositionalgefüge verwandt werden (*während des Betriebs, vor der Zubereitung, beim Entkalken*). Zudem erscheinen viele sprachliche Einheiten als Passivkonstruktionen (*Der Verschiebungsschlag lässt sich so einstellen, dass; Die Hubgeschwindigkeit kann nunmehr…*).

Den Aufbau von Bedienungsanleitungen und ihre historische Entwicklung hat Zirngibl (2003) untersucht und er kann zeigen, wie sich die Komplexität in den Texten zwischen 1900 und 1999 verändert. Dazu wertet sie 100 Bedienungsanweisungen zu Fotokameras aus, die sich von 1900 bis 1999 auf dem Markt befanden. Mit ihrer Untersuchung bestätigt Zirngibl die Makrostruktur, die Becker-Mrotzek (1997) angibt, auch für Fotokameras. Die von ihr untersuchten Texte weisen ein textinternes Profil auf, bestehend aus:
Einleitung /Vorwort
Inhaltsverzeichnis
Sicherheitshinweise
Produktvorstellung und -beschreibung

Produktbedienung
Zubehör
Fehlersuche
Technische Daten
Garantiebestimmungen

In den Textelementen Produktvorstellung, -beschreibung und -bedienung findet auch sie unterschiedliche Sprechhandlungen, die sie mit 1. anleiten, 2. informieren, 3. empfehlen, 4. verbieten und 5. warnen klassifiziert.
Nebenaspekte der Bedienungsanleitung sind Werbefunktionen entweder für weitere Produkte oder im Sinne von Glückwünschen zum Erwerb des Gerätes.

Charakteristisch für moderne Bedienungsanleitungen ist das Nebeneinander von Text und Bild. Der Anteil von Abbildungen im Text hat sich von ca. 25% (fünfziger Jahre) auf ca. 40% Bildanteil gesteigert. Besonders ikonische Zeichen und Abbildungen der Geräte spielen heute eine große Rolle. Dabei sind Text und Bild in der Regel redundant, der Text wiederholt die Inhalte des Bildes und umgekehrt.
Auch die Satzlänge hat sich im Laufe der Zeit von über 20 Wörter pro Satz auf aktuell unter 10 Wörter im Satz verringert, dafür ist der Anteil an Fachwörtern im Satz signifikant gestiegen (vgl. Zirngibl 2003). Pelka (1982) bestätigt die Angaben zum Anteil an Fachwörtern im Text und stellt fest, dass Komposita einen großen Anteil daran einnehmen, da sie Gegenstände und Handlungen genauer bezeichnen (Überlaufrohr, Brühschiene, Saugbesen, Signallampe, Warmhalteplatte, Kettenleitmutter, Dunstabzugshaube, Frischwasserbehälterdeckel, Supergefrierschalter). Im adjektivischen und partizipial-adjektivischen Bereich finden sich ebenfalls Zusammensetzungen (betriebsbereit, betriebswarm, wassersparsam, energiesparsam, sekundengenau, rollenbeweglich, störstrahlensicher, hitzefest). Verben hingegen werden – wie schon erwähnt – häufig im Infinitiv gebraucht, was an den vermehrt vorkommenden Passiv- und Infinitivkonstruktionen liegt (Gerät einschalten, wird weichgespült). Dies führt zu substantivierten Verbformen in den Sätzen, die im allgemeinen Sprachgebrauch eher selten sind (Ankochen, Einschalten, Absenken, Schlagbohren, Schonschleudern, Heißluftgrillen).
Der metasprachliche Aufwand, also die verständnissichernden Maßnahmen für die fachliche Lexik, ist laut Zirngibl (2003) im Verhältnis gesunken. Auch Küster (1982) schätzt in seiner Untersuchung das häufig vorkommende Fachvokabular eher als Kommunikationssperre denn als Vermittlungsvokabular ein.

5.3 Welche kommunikativen Bedingungen stellen Bedienungsanleitung?

Die Produktion einer Bedienungsanleitung ist komplex, Schwierigkeiten bereitet häufig aber auch schon die Rezeption eines instruierenden Textes. Pelka (1982) gibt als Gründe für die häufig anzutreffende Schwerverständlichkeit der Texte eine unübersichtliche Textgliederung, die Komplexität technischer Zeichnungen und schwer verständliche Fachwörter sowie die uneinheitliche Zuordnung von Texten und Bildern an.

Im Folgenden werden die Textelemente, die zu einer erschwerten Rezeption beitragen, erläutert, um daran zu zeigen, welche kommunikativen Bedingungen beim Verfassen einer Bedienungsanleitung zu erfüllen sind. Für das Verständnis einer Bedienungsanleitung sind Versprachlichungsstrategien elementar, wie der weitere Text darstellen wird. Voraussetzung dazu ist jedoch gerade im schulischen Kontext, spezifische Wörter zu kennen, weswegen eine Wortschatzarbeit in Verbindung mit dem Erstellen einer Bedienungsanleitung die Produktion auf sinnvolle Weise unterstützt und damit eine besondere Zielrichtung einnimmt.

In der mündlichen Kommunikation kann der Instrukteur den Instruierten Handlungen vormachen, welche dieser wiederholt nachmacht. Durch die Demonstration von Handlung und Zweck wird die Ausführung deutlich, so dass eine vollständige Verbalisierung der Aktion nicht nötig ist. In der schriftlichen Anleitung ist dieses Verfahren nicht möglich. Es besteht keine Möglichkeit die Handlungen praktisch zu zeigen und sie nachmachen zu lassen. Auszuführende Handlungen lassen sich höchstens durch Symbole darstellen. Alle Handlungselemente müssen versprachlicht werden, auch komplizierte Geräteteile, die in der mündlichen Anleitung einfach gezeigt werden könnten.

Fickermann (1994) untersucht den Unterschied zwischen mündlicher und schriftlicher Instruktion am Beispiel von Bedienungsanleitung zu einer Nähmaschine, um aus den Unterschieden Vorschläge für die Optimierung schriftlicher Bedienungsanleitungen zu gewinnen. Ihre Ergebnisse beweisen die Schwierigkeiten, die die Versprachlichung mit sich bringt. In den mündlichen Anleitungssituationen sollten Probanden, die nähen können, aber keine Fachkräfte sind, anderen Probanden eine Nähmaschine erklären. Hier zeigt sich in den Erklärungen ein seltener Gebrauch von Nomen und eine falsche Verwendung von Verben; statt des Nominalbereichs bedienen sich die Nichtexperten stark der Deixis (Personal- und Demonstrativpronomen) und den Determinatoren (Artikeln). Trotzdem verstehen die Anzuleitenden die Nähmaschine und können Handlungen daran ausführen. Die professionellen schriftlichen Anleitungen zeigen dagegen ein starkes Übergewicht im Nominalbereich und die Verwendung von Verben, Adjektiven und Adverbien. Durch diese Wortarten sollen die Leser handlungsrelevante Teile der Maschine identifizieren können und in die Lage zur Handlungsausführung gesetzt werden. Da genau dies aber den Lesern schwerfällt, schließt sie aus den Ergebnissen, dass das Nichtverstehen von schriftlichen Anleitungen weniger an den Fachausdrücken als solchen liegt, sondern, dass es eher die fehlende Einbindung der Ausdrücke in den Text ist, wodurch die Rezeption erschwert wird. Fehlendes semiotisches Zeigen in Texten hat die gleiche Wirkung wie fehlende Zeigegesten in mündlichen Situationen: Beziehungen können nicht hergestellt und deswegen Ausführungen nicht verstanden werden.

Ehlich (1994) geht ebenfalls nicht davon aus, dass die Unverständlichkeit von Bedienungsanleitungen an den Fachwörtern liegt, sondern er gibt als Grund die fehlende Bestimmtheit der Nomen an, da für die gleiche Sache unterschiedliche Begriffe verwendet werden (Maschine, System, Gerät, Grundgerät etc.). Als Stilkriterium für gute Texte gilt zwar ein abwechslungsreicher Wortschatz, Bedienungsanleitungen werden in der Regel aber unsystematisch gelesen und durch die Unbestimmtheit der verwendeten Wörter wird dann die Rezeption erschwert. Auch seiner Meinung nach gilt für Bedienungsanleitungen nur eingeschränkt, was für literarische Texte gilt, nämlich, dass Worte der offenen Klasse (Nomen) die Wissensvermittler im Text sind. In Bedienungsanleitungen leisten Wörter aus der geschlossenen Klasse einen großen Beitrag für die Verständlichkeit, da diese auf die (Fach-)Wörter hinweisen. Im Besonderen sind das neben der Deixis die Determinatoren. Beide gehören zum Zeigefeld der Sprache, der Sprecher benutzt sie in der gesprochenen Sprache, um die Aufmerksamkeit des Hörers auf etwas zu richten. Das Hinweisen ist auch für schriftliche Bedienungsanleitungen wichtig, kann hier aber nur über semiotisches Zeigen erreicht werden, wenn das Objekt des Zeigens als Zeichnung präsentiert wird. Schriftliche Texte haben häufig das Problem, dass sie deiktische Ausdrücke nur für Verweise im Textraum benutzen können, außerdem sind deiktische Ausdrücke oft äußerst abstrakt, da der Gegenstand, auf den sie hinweisen, keine einzelne Sache ist, sondern eine ganze Wissensstruktur[9]. Zudem kann der Instruierte bei einer schriftlichen Anleitung nicht gleich praktisch tätig werden, er muss zunächst ein ausreichendes Wissen über die Bedienung des Gerätes haben, bevor er handelnd tätig wird. Dadurch wird das zeitliche Verhältnis umgekehrt, es muss zunächst eine Wissensbildung stattfinden und erst darauf folgt die Ausführung.

Relevant für die schriftliche Anleitung ist der Abstraktionsgrad der Wissensvermittlung. Die Instruktionen, die der Produzent gibt, sind Handlungsanweisungen, die in einem abstrakten sprachlichen Grad erfolgen müssen, da der Instruierte nicht durch direktes Rückfragen oder durch Gestik und Mimik Wissenslücken offenbaren kann. Hier spielt das Gleichgewicht zwischen Explizitheit und Implizitheit eine besondere Rolle. Durch die zerdehnte Kommunikationssituation ist der Produzent in einem starken Maß gezwungen, die Handlungsanweisungen so zu geben, dass möglichst viele Rezipienten dem Text folgen können. "Dieser Verlust stellt im Produktionsproceß, und zwar gerade während der Schreibentwicklung, ein erhebliches Problem dar. In der mündlichen In-

---

[9] Ein Beispiel dafür ist: Kennzeichnung des Espressos ist sein charakteristischer Geschmack. **Dies** setzt die Verwendung von echten, gut gerösteten Espresso-Bohnen voraus....
Dies verweist auf etwas, was im Text gar nicht vorkommt, nämlich, dass der charakteristische Geschmack des Espressos entstehen kann.

struktion ist es der Instruierte, der mit seinen Fragen und Verstehensschwierigkeiten wesentlich zur Konstitution des Handlungsrahmens beiträgt. In der schriftlichen Anleitung muß der Schreiber diesen Rahmen selbst schaffen; dazu muß er das Vorwissen und die Bedürfnisse des Lesers/Benutzers zunächst einmal antizipieren. Des weiteren muß er die Wissensvermittlung so organisieren, dass dem Leser ein Wissensaufbau ermöglicht wird" (Becker-Mrotzeck 1997:147).

Erschwerend kommt der oftmals mehrdimensionale und komplexe Aufbau des Gerätes hinzu, der ein außerordentliches Maß an Kontextualisierung erzwingt. Dies erfordert komplexe Denkprozesse, die zwar einerseits durch konzeptionelle Schriftlichkeit vorangetrieben werden (vgl. Ossner 1995), andererseits aber auch Voraussetzungen zum Verfassen eines komplexen, konzeptionell schriftlichen Textes sind.

Grundsätzlich entsteht durch die Zerdehnung der Sprechsituation beim Anfertigen eines schriftlichen Textes eine verlangsamte Form der Äußerungsproduktion. Dies erleichtert und erschwert zugleich den Sinnherstellungsvorgang. Erleichtert wird der Sinnherstellungsvorgang durch die schriftliche Produktion, weil der Text nicht mehr flüchtig ist und an jeder Stelle auf den bereits produzierten Text zurückgegriffen werden kann. Andererseits geht durch die Einsamkeit des Schreibens der entlastende Mechanismus des Diskurses zwischen Produzent und Rezipient verloren.

5.4 Schreibentwicklung in der Textart Bedienungsanleitung

Zur schulischen Schreibentwicklung existieren verschiedene Modelle, die den Fragen nachgehen, ob die Entwicklung altersabhängig ist oder in Bezug zu Textsorten gesehen werden muss, ob sie stufenweise oder kontinuierlich verläuft.[10] Eine besondere Form der Schreibentwicklung, die sich nur auf die Textsorte Bedienungsanleitungen bezieht, ermittelt Becker-Mrotzeck (1997). Er hat von Schülern der 4., 6., 7. 10. und 12. Klasse des Gymnasiums, Studierenden und technischen Redakteuren Bedienungsanleitungen zu Stoppuhren erstellen lassen und ein Korpus von 164 Texten erhalten. Die Probanden erhielten alle eine Stoppuhr, um sich mit der Verwendung der Uhr vertraut zu machen und wurden vom Versuchsleiter über den Gebrauch der Uhr informiert. Im Rahmen einer Doppelstunde (bzw. 90 Minuten bei den Studenten und technischen

---

[10] Als Pionier der kognitiven Schreibentwicklungsforschung nimmt Bereiter (1980) eine Schreibentwicklung an, die nicht mit der kognitiven Entwicklung einhergeht. Für ihn ist Schreibentwicklung gekennzeichnet durch verschiedene, im Individuum nach vorne tretende Phasen, die zunehmend ausdifferenziert werden und schließlich ein bestimmtes Automatisierungsniveau erreichen, was zu einer Entlastung der Informationsverarbeitung führt, so dass sich der Schreiber nun auf andere Teilfertigkeiten konzentrieren kann.
Eine andere Perspektive nimmt die Siegener Forschungsgruppe um Augst, Faigel und Feilke ein. Sie verstehen unter Schreibentwicklung eine Entwicklung, die durch die Auseinandersetzung mit geschriebenen Texten entsteht und damit ein genuin sprachlicher Lernprozess ist. Schreibentwicklung realisiert sich in den Texten durch eine zunehmende Strukturbildung (vgl. Feilke/Augst 1989:317ff.).

Redakteuren) sollten die Probanden nun eine Anleitung schreiben, zu der sie als Hilfsmittel Abbildungen der Uhr bekamen, die ausgeschnitten und aufgeklebt werden konnten.

Die Ergebnisse präsentieren eine über vier Stufen verlaufende Schreibentwicklung, bei komplexen sprachlichen Handlungsanweisungen, wie sie die Bedienungsanleitung darstellt. Der Fortschritt in die jeweils höhere Stufe zeigt sich in zunehmender Abstraktion und Leserorientierung (vgl. Becker-Mrotzek 1997: 208ff.).

Die Texte aus Klasse 4 und teilweise Klasse 6 zählen zur Kategorie nicht-anleitende Scheintexte (Entwicklungsniveau 0), nach Texten auf diesem Niveau ist die Bedienung eines Gerätes nicht möglich. Da die Texte, die im Rahmen meiner Studie erhoben werden, erwartungsgemäß dem Entwicklungsniveau 0 und 1 zuzurechnen sind, werden diese beiden Stufen im Folgenden ausführlicher erklärt.

Die nicht-anleitenden Scheintexte erfüllen den Zweck der Bedienungsanleitung nicht. Die Texte enthalten für einen mit der Stoppuhr unvertrauten Leser keine ausreichenden Informationen. Es werden nur einzelne Sachverhalte (teilweise ansatzweise) beschrieben, aber der Text weist keine erkennbare Struktur auf und es gibt keine Hinweise im Text, dass der Schreibprozess geplant wurde. Innerhalb des Niveaus 0 lässt sich in zwei Qualitäten differenzieren: in Textfragmente und Textrudimente.

- Textfragmente

Textfragmente bestehen aus einzelnen Versatzstücken, die isoliert einzelne (meist periphere) Bedienungstätigkeiten inhaltlich richtig beschreiben, jedoch sprachlich unvollständig sind.

- 0.2 Textrudimente

Textrudimente beschreiben einzelne Bedienhandlungen aus dem Kernbereich des Gerätes, sie enthalten die wichtigsten Aktionen und Resultate, es fehlen jedoch relevante Informationen, die für das Gesamtverständnis und den Betrieb notwendig sind.

Ab der zweiten Hälfte von Klasse 6 steht in den Texten die Anleitung in einem zentralen Handlungsbereich des Gerätes beziehungsweise die Anweisungen als Kette von beschreibenden Elementen im Vordergrund. Becker-Mrotzek nennt diese Stufe bedienlogische Anleitungskerne (Entwicklungsniveau 1). Ein zentrales Kennzeichen dieser Texte ist es, dass sich ihr Inhalt weitgehend auf den Anleitungskern beschränkt. Es fehlen sämtliche weitere Textelemente – mit Ausnahme von Überschriften. Die Texte werden weder formal eröffnet, noch gibt es Angaben über Ziele der Bedienung und Aufgaben der Anleitung. Die Texte werden nach der Bedienlogik bestimmt, was sich in der inhaltlichen Auswahl der behandelten Textelemente und in der sprachlichen Verknüpfung zeigt. Nicht thematisiert werden mentale Elemente wie Absichten und Zwecke der Anleitung. Mit den Texten ist aber dennoch eine Bedienung des Gerätes möglich. Die

Texte sind gewissermaßen Vorstufen, die schon den Mindestansprüchen einer Bedienungsanleitung gerecht werden.

Die Bedienungshandlungen werden als Folge von elementaren Bedienakten und sichtbaren Zustandsänderungen der Uhr gesehen. Der Sachverhalt erscheint im Text aus der eigenen Perspektive, aus der Sicht des "Ich". Die Anweisungen werden mit einem niedrigen Abstraktionsgrad gegeben, komplexe Zwischenergebnisse werden umschrieben. Bei den Sprechhandlungstypen liegt ein Schwerpunkt auf dem Beschreiben von ausgewählten Sachverhalten.

Auch innerhalb des Entwicklungsniveaus 1 liegt eine Binnendifferenzierung vor in 1. Beschränkungen auf den Anweisungskern und 2. – meist bei Texten aus der zweiten Hälfte des 6. Schuljahres – beschreibende Anweisungsketten.

- Beschränkung auf den Anleitungskern

Diese Texte sind fast ausschließlich konkrete Anweisungen. Es existieren keine direkten Leseranreden, keine werbenden Elemente und keine Inhaltsübersichten.

- 1.2 Beschreibende Anweisungsketten

Die Texte, die zu den beschreibenden Anweisungsketten gezählt werden, beschreiben die Handlungsabläufe stärker. Jedoch besitzen auch sie noch keine direkte Leseranrede, (fast) keine werbenden Elemente und die Inhaltsübersicht fehlt ebenfalls.

Zwischen Klasse 7 und 10 liegt die Schreibentwicklungsstufe der leserorientierten Anweisungen, bei denen die (nicht nur graphische) Textstruktur und Bedienlogik auf einen Rezipienten abgestimmt wird (vgl. Becker-Mrotzek 1997:244ff.). Die Texte zeichnen sich durch werbende Elemente, Überschriften, Zwischenüberschriften und zum Gebrauch hinführende Zwischentexte aus. In Stadium 2 erscheint der Sachverhalt jetzt als bewusste Handlung eines Aktanten und nicht mehr als Ereignisfolge, deswegen werden auch nicht sichtbare Ereignisse thematisiert, wenn diese das Verständnis der Bedienung erleichtern. Sprachlich-prozedural führt dies zu einem Anstieg begründeter Anleitungen bei einem Wegfall von beschreibenden Elementen, die Infinitivkonstruktionen erreichen ihren höchsten Stand: Um die Uhr zu stoppen, …

In Folge dessen verändert sich der syntaktische Textaufbau, weg von einer und-dann- beziehungsweise wenn-dann-Struktur hin zu einer um-zu-Struktur.

Die Oberstufenschüler, Studenten und technische Redakteure produzieren Texte, die rein zweckorientierte Anleitungen sind. Dies ist bei Bedienungsanleitungen der Höhepunkt der Schreibentwicklung. Hier wird die Bedienung der Uhr nicht mehr zur Erreichung individueller Ziele gesehen, sondern in Form eines "gesellschaftlich entwickeltem Werkzeug" (Becker-Mrotzek 1997:298).

Um eine Handlung zu begründen tritt syntaktisch an Stelle des erweiterten Infinitivs der nicht eingebettete Infinitiv, teilweise ergänzt durch präpositionales Adverb (Zum Starten Knopf A drücken). Die Anweisungen werden dadurch zugleich anweisend und wissensbildend.

Die Reihenfolge der Sprechhandlungen orientiert sich auf Niveau 3 nicht an der Bedienlogik, sondern an der Darstellungsökonomie und dem Aufbau des Leserwissens. Der Schreibprozess ist auf dieser Stufe gezielt geplant.

6 Wörter und Wortschatzarbeit

Eine einführende Begründung, warum in der vorliegenden Studie Wortschatzlernen und Orthographieerwerb verbunden wird, wurde bereits an anderer Stelle im Text gegeben und wird im dritten Teil der Niederschrift weiter ausdifferenziert. Außer diesem Aspekt liegen vier weitere, wichtige Gründe vor, weshalb im Kern der Intervention eine Wortschatzarbeit durchgeführt wird. Das Verfügen über Wörter ist elementar, jedoch zeigen

1.) die Ergebnisse der DESI-Studie (Deutsch-Englisch-Schülerleistungen-International 2006), dass viele Schüler nur einfache Basiswörter zur Verfügung haben.

2.) Nach einer Untersuchung von Krings (1992:58) sind allein ca. 50% aller Produktionsprobleme in der schriftlichen Sprachproduktion lexikalisch motiviert. Dieser Befund legt eine Wortschatzübung für die schriftliche Sprache und damit einhergehend für die Qualität von Texten nahe. Gerade für die Produktion von Bedienungsanleitungen wird die besondere Bedeutung von Wörtern offenkundig, wie Kapitel 2 darlegt.

3.) Die Rezeption und Produktion von Wörtern ist nicht nur für das Sprechen und Schreiben wichtig. Die Beherrschung eines differenzierten Wortschatzes ist für alle Bereiche des Deutschunterrichts elementar und darüber hinaus auch in den Sachfächern bedeutend.

4.) Wörter sind nicht nur Bauteile unserer Sprache, ein Verfügen über Wörter hängt eng mit Wissenserwerb und Kognition zusammen.

Kapitel zwei stellt ausgehend von den Ergebnissen der DESI Studie die oben gegebenen Gründe ausführlich vor. Einführend wird dazu die Relevanz für Wortschatzarbeit in der Schule dargestellt und gezeigt, inwieweit Wörter in allen Bereichen des Deutschunterrichts und den Sachfächern Bedeutung haben, um anschließend den Aspekt der Verbindung von Wortschatzerwerb als Wissenserwerb zu betrachten. Damit begründet das Kapitel ausführlich das Gewicht von Wortschatzarbeiten. Da im Kapitel über Wörter gesprochen wird, wird im Anschluss eine mögliche Definition des Begriffs Wort gegeben, bevor das Kapitel eine kognitive Perspektive einnimmt. Hier wird dargestellt, wie Wörter mental gespeichert und verarbeitet werden und wie beim Sprechen und Schreiben auf sie zugegriffen wird, um mit diesen Erkenntnissen die im dritten Teil der

Arbeit dargestellten Inhalte und Methoden der Wortschatzarbeit begründen zu können. Ebenfalls werden der Erstspracherwerb und der gesteuerte Spracherwerb in der Schule in den Blick gerückt. Auch hier dienen die Daten aus der Literatur dazu, geeignete Methoden und Strategien vorzustellen, um daraus eine im dritten Teil der Arbeit vorgestellte Auswahl an Methoden, die in der eigenen Studie eingesetzt werden, begründen zu können.

6.1 Welche Relevanz hat der schulische Wortschatzerwerb?

Das Forschungsprojekt DESI testete in den Jahren 2001-2006 den Deutschunterricht in allen Aspekten. Untersucht wurden 10.500 Jugendliche am Anfang und am Ende der 9. Klasse. Die Schülerleistungsstudie untersucht im Deutschunterricht die Bereiche Lesen, Schreiben, Argumentation, Sprachbewusstheit, Wortschatz und Rechtschreibung.

Für das Schreiben werden Briefe untersucht, für deren Anfertigung Kompetenzstufen erstellt werden, deren empirische Bestimmung einerseits zurück geht auf Aufsatzmerkmale und andererseits auf Merkmale, die generell Texte schwer machen. Zur Erstellung des Testkonstrukts werden unterschiedliche sprachliche Teilfähigkeiten identifiziert, aus denen Textproduktion besteht[11]. Hierbei zeigen "übergreifende Mehrebenenstrukturanalysen (…), dass sich für die individuelle Gesamtleistung in Deutsch zwei latent dahinterliegende Teilfähigkeiten identifizieren lassen: eine rezeptive (Wortschatz, Lesen, Argumentation und Sprachbewusstheit) und eine produktive (Rechtschreibung und Textproduktion)" (Neumann 2007:78). Die Teilfähigkeiten der Textproduktion weisen eine mittlere Korrelation untereinander aus, so korreliert der Wortschatz – in Zahlen ausgedrückt – mit .20 mit dem Bereich Semantik/Pragmatik und .17 mit der Sprachsystematik. Damit erhält der Wortschatz unter den Teilfähigkeiten des Deutschunterrichts einen bedeutenden Einfluss, der für die Leistungen im Deutschunterricht nicht unterschätzt werden darf, auch wenn er gegenwärtig zu den vernachlässigten Gebieten in der Sprachdidaktik gehört, wie die Ergebnisse des DESI- Wortschatztests zeigen (vgl. Willenberg 2007). Hier liegen über 67% der Schüler auf Niveau 1 oder darunter (unter Niveau 1: 38,2%, auf Niveau 1: 29,4%), 14,2% der Schüler liegen auf Niveau 2 und Niveau 3 erlangen 17,9% der Probanden (vgl. Willenberg 2007:151)[12].

---

[11] Die Testaufgaben und die dahinterstehende Teilmodule werden an einer anderen Stelle beschrieben.

[12] Zur Erhebung des Wortschatzes entwickelt DESI drei unterschiedliche Niveaustufen, auf denen die Wortschatzfähigkeiten der Probanden ermittelt wird.
Niveau 1: Basiswörter: Ofen, sich kühl anfühlen, meinen
Niveau 2: Konkreta/Abstrakta auf der Basisebene: Standuhr, chartern, defensiv
Niveau 3: Seltene Fachwörter (Komposita)/Fremdwörter/Redensarten: Matrosenanzug, Stellwerk, ein trojanisches Pferd (Willenberg 2007:151)
Ermittelt wird der Wortschatz über verschiedene Tests, in denen 1.) Wortfelder aktiv zu ergänzen sind, 2.) in Sachfelder, die über Bildsammlungen angeboten werden, (Fach-)Wörter eingefügt werden müssen, 3.) Satzkontexte angeboten werden, in die genau nuancierte Wörter eingefüllt werden müssen, und 4.) Bedeutungsmerkmale erkannt werden müssen, wobei hier die Lösung indirekt über eine multiple choice

Die Bedeutung des Wortschatzes für alle Bereiche des Deutschunterrichts wird im Folgenden vorgestellt und ausdifferenziert.

6.1.1 Wortschatz und Lesen

Bei der Ermittlung von Schwierigkeitsgraden in Lesetexten zeigt sich der Wortschatz als einzige Kategorie, die eindeutig mit der Komplexität der Texte steigt und somit als Leitgröße für Komplexität beim Lesen dienen kann (vgl. Willenberg 2005).

Ein Schwierigkeitskriterium in Texten ist die Ebene der Lexik. Zur Ermittlung, wie schwierig Texte sind, wird unterschieden, aus welcher Kategorie der Wortschatz im Text hauptsächlich stammt und aus welcher Kategorie die Wörter stammen, die eine Schlüsselrolle im Text einnehmen. Beinhaltet ein Text hauptsächlich einfache Basiswörter oder enthält er mehr Abstrakta oder sogar Fachwörter? Ebenso spielt die Ebene der Lexik im Bereich der Kohärenz in Texten basierend auf Schlüsselwörtern eine Rolle (Isotopienetze). Schlüsselwörter für die Bildung von Kohärenz sind dabei diejenigen Wörter, die am Anfang eines Absatzes stehen und auf die im Absatz am meisten Bezug genommen wird (vgl. Willenberg, 2007c:109). Auch hier treten die oben genannten Ebenen der Lexik in Kraft.

Da man nach dem Wortschatz eines Textes bestimmen kann, wie schwierig der Text für Leser ist, wird er im DESI-Lesekompetenztest bei der Auswahl der Texte berücksichtigt (vgl. Willenberg 2007d).

Die Testkonzeption Lesen von DESI bezieht sich auf die gemeinsamen Bildungsstandards im Fach Deutsch, welche die Kultusministerkonferenz 2003 herausgegeben hat. Die Testaufgaben orientieren sich sowohl an den Lehrplänen der Länder als auch am Konzept der Lesefähigkeit, wie es die Bildungsstandards vorsehen. Schaut man sich die DESI-Ausführungen zu den verschiedenen Bereichen der Bildungsstandards näher an, erkennt man, dass auch hier der Wortschatz eine zentrale Rolle spielt:

Aufgabe erhoben wird, bei denen Wörter auf verschiedenen Wortebenen dekodiert werden müssen (Willenberg 2007a:136).

Thematik der Bildungsstandards	DESI-Ausführung
Verschiedene Lesetechniken beherrschen	- Flüssig lesen, sinnbezogen lesen
Strategien zum Leseverstehen kennen und anwenden	- Wortbedeutungen klären - Textaufbau erfassen - Textstrukturierung - Textaufnahme
Texte verstehen und nutzen	- Wesentliche Elemente - Fachbegriffe kennen: sprachliche Bilder, Metaphern - Wertung und Komik erfragt - Eigene Deutungen entwickeln - Analytische Methoden
Sach- und Gebrauchstexte verstehen	- Handlungen und Motive bewerten - Intentionen erkennen, Schlussfolgerungen ziehen.

Abb. 5: DESI-Ausführungen zu den Bereichen der Bildungsstandards vgl. Nold et al. (2007:31); Tabelle gekürzt

In fast allen obigen Ausführungen ist der Wortschatz explizit oder implizit bedeutsam. Sei es, dass er explizit benannt wird (bspw. Texte verstehen und nutzen: Fachbegriffe kennen) oder dass er eine Voraussetzung darstellt, um die geforderten Tätigkeiten ausführen zu können (bspw. Sach- und Gebrauchstexte: Handlungen und Motive bewerten).

Da sich die Ausführungen an den Bildungsstandards orientieren, ist es kein Spezifikum der Schülerleistungsstudie, Wortschatz als Kriterium für die Rezeptionsfähigkeit von Texten anzusehen.

1984 untersuchen Bamberger & Vanecek empirisch, was Lesetexte schwer macht. Ziel ihrer Untersuchung ist es, die Lesbarkeit oder die Schwierigkeitsstufen von Texten in deutscher Sprache festzustellen. Die Autoren bedienen sich der Methode des Cloze- oder Lückentests, bei dem sie jedes fünfte Wort in einem Lesetext durch eine Lücke ersetzen. Anhand der Genauigkeit, mit der die Probanden, die den Text lesen, das fehlende Wort erkennen und in die Lücken einfüllen können, ermitteln die beiden Forscher, wie schwer Texte für Schüler sind.

Die Ergebnisse zeigen, dass die Länge von Wörtern die wichtigste Rolle für die Lesbarkeit von Texten spielt. Ein anderes Kriterium für die Lesbarkeit eines Textes ist der Anteil an Funktionswörtern. Je größer der Anteil an Funktionswörtern in einem Satz ist, umso verständlicher ist er, was aber nur bedeutet, dass ein gut verständlicher Satz nicht lang ist. Er häuft keine Fakten oder Begriffe an, sondern er verteilt sie auf verschiedene Sätze.

Zudem sind Texte mit bekannten Wörtern leichter zu verstehen, jedoch hängt der Bekanntheitsgrad eines Wortes von der Umwelt und der Erfahrung des Lesers ab. Prinzipiell sind Texte mit Konkreta leichter verständlich. Konkreta sind nicht nur allgemein verständlicher sondern auch bekannter als Abstrakta.

Über additive Messverfahren mit den verschiedenen Variablen ermitteln die Autoren anschließend ein Sprachprofil für diverse Fibeln und Schulbücher, welches den Schwierigkeitsgrad der Texte angibt. Sie kommen zu dem Ergebnis: "Die Textschwierigkeit der meisten Lehrbücher – besonders in der Hauptschule – liegt in den meisten Fällen um einige Schulstufen höher als deren praktische Verwendung" (1984:112). Die Schüler werden durch den Text überfordert, sie kennen zu wenige Wörter aus dem Text, um selbstständig weiterlernen zu können.

Der Wortschatz von zehn- bis vierzehnjährigen Schülern, die viel lesen, wächst jährlich um ca. 3000 Wörter. Hingegen wächst der Wortschatz von Schülern, die wenig lesen, nur um ca. 1000 Wörter. Zusätzlich handelt es sich dabei um Wörter aus der Umgangssprache, die auch in literarischen Jugendbüchern vorkommen könnten. In Schulbüchern aus dem Sachbereich werden den Schülern ca. 2000 Fachausdrücke zugemutet, die nicht in den Wortschatzbereich gehören, der sich automatisch bei den Schülern erweitert. Da Wortschatz aber nur wächst, weil Schüler die Wörter häufig hören und in verschiedenen Situationen mit ihnen konfrontiert werden, wird es schwer für Schüler, Fachwörter zu erwerben. Da Fachwörter nicht hochfrequent sind, verlangt ihr Erwerb "eine genaue Auseinandersetzung mit den Begriffsinhalten" (Bamberger & Vanecek 1984:114).

Auch Klicpera und Gasteiger Klicpera (1995:335) geben an, dass Kinder mit schwachen Lese-Rechtschreibleistungen sehr häufig einen geringen Wortschatz haben. Die Kinder können infolge dessen kritische Wörter beim Lesen nicht erkennen oder sie brauchen sehr lange, um ihnen eine Bedeutung zuzuordnen. Meistens sind die Konzepte, die die Kinder zu den Wörtern aufgebaut haben, mangelhaft oder zu wenig differenziert. Dies führt dazu, dass die Bedeutung des Wortes nicht in allen Kontexten verstanden werden kann. Die Autoren schlagen deswegen ein systematisches Wortschatztraining für die Kinder mit großen Schwierigkeiten im Lesen vor. Dabei ist wichtig, dass viele Wörter im Training verwendet werden und dass die Wortschatzerweiterung auch außerhalb des Klassenzimmers fortgeführt wird. Für den Erfolg des Trainings ist besonders die Wiederholungshäufigkeit der trainierten Wörter ausschlaggebend.

6.1.2 Wortschatz und Texte schreiben

Wortschatz ist nicht nur rezeptiv wichtig, um gelesene oder gehörte Texte zu verstehen; ihm kommt auch eine große Bedeutung in der Produktion von geschriebenen oder gesprochenen Texten zu. Bei der Konzeptualisierung der DESI-Testaufgaben im sprachlichen Bereich lassen die Wissenschaftler zur Ermittlung der Schreibfähigkeiten im Fach Deutsch einen Brief anfertigen. Die Schreibaufgabe entstand ebenfalls aus umfangreichen Curriculums-Analysen. Sie untergliedert sich in zwei Bereiche (formeller und privater Bereich) mit je zwei Aufgaben, so dass insgesamt vier Schreibaufgaben entstehen: Im formellen Bereich die Reklamation eines fehlerhaft gelieferten PCs oder ein Beschwerdeschreiben an den Gemeinderat über die Schließung eines Jugendclubs, im privaten Bereich soll eines der beiden Ereignisse einer Freundin/einem Freund geschildert werden. Die Kriterien, die zur Beschreibung der Kompetenzniveaus (KN) hinsichtlich der textsortenspezifischen Aufgabenlösung und Sprachsystematik angelegt werden, zeigen die Bedeutung des Wortschatzes für die erfolgreiche Lösung der Aufgabe und damit die Bedeutung des Wortschatzes für die Produktion eines Textes.

	Textsortenspezifische Aufgabenlösung	Sprachsystematik
KN A	<ul><li>Briefform und Gegenstand des Schreibens erkennbar</li><li>stilistische Anforderungen nicht berücksichtigt</li><li>Kommunikationspartner eher abgeschreckt</li></ul>	<ul><li>einf. sprachl. Anforderungen auf sprachsyst. Ebene erfüllt</li><li>Kommunikation aufgrund sprachl. Qualität stark eingeschränkt</li></ul>
KN B	<ul><li>Briefform und Kommunikationsziel erkennbar</li><li>stilistische Anforderungen erkennbar</li><li>sprachlicher Ausdruck im Wesentlichen angemessen</li></ul>	<ul><li>sprachliche Anforderungen auf sprachsyst. Ebene weitestgehend erfüllt</li><li>wegen sprachl. Qualität Kommunikation nicht belastet</li></ul>
KN C	<ul><li>formal korrekter Brief mit annähernd vollständiger inhaltlicher Ausführung</li><li>stilistische Anforderungen beherrscht und abwechslungsreich angewandt</li><li>gelegentliche Inkonsistenzen</li></ul>	<ul><li>meist fehlerfreier Text in korrektem Satzbau: die sprachl. Anforderungen erfüllt</li><li>gelegentliche Inkonsistenzen</li></ul>

Abb. 6: Darstellung der Anforderungen auf den verschiedenen Kompetenzniveaus in den DESI-Schreibaufgaben vgl. Harsch et al. (2007: 57)

Ein elaborierter Wortschatz ist für eine erfolgreiche Lösung der Schreibaufgabe elementar wichtig. In fast allen Beschreibungen des Kompetenzniveaus sowohl bei der

Textsortenspezifität als auch in der Sprachsystematik hilft ein umfassender Wortschatz, um das richtige sprachliche Register für die Sache und den Adressaten zu treffen. Dabei sollen Wörter vielfältig zur Verfügung stehen, so dass sie abwechslungsreich angewendet werden können.

Auch außerhalb der Schülerleistungsstudie DESI finden wir Hinweise auf die Bedeutung des Wortschatzes für die Produktion von Texten. Sein Einfluss auf die Bewertung und Beurteilung von Aufsätzen ist schon lange bekannt. Wortschatz ist als ein Aspekt in eine Reihe von Kriteriensätzen zur Textbeurteilung mit eingeflossen. Exemplarisch sei hier auf den Kriteriensatz von Grzesik & Fischer (1984), das Züricher Textanalyseraster (vgl. Nussbaumer 1996) oder Fix/Melenk (2002) verwiesen.

6.1.3   Wortschatz und Orthographie

Auch für die Beherrschung der Orthographie stellt der Wortschatz ein zentrales Moment dar[13]. 1980 hat Schneider Fehler in Diktaten untersucht. Es zeigt sich, dass die Wortauswahl eine entscheidende Bedeutung für die Fehleranzahl hat. Als einzige Variable in seinem Setting zeigt der Wortschatz einen eindeutigen Einfluss auf die Rechtschreibleistungen der Probanden aus zweiten und vierten Klassen, denn insbesondere unbekannte und lange Wörter sind vermehrt fehleranfällig.

6.1.4   Wortschatz und Wissen

Einen großen Wortschatz zu besitzen, bedeutet aber nicht nur, viele Wörter zur Verfügung zu haben, um sich differenziert ausdrücken zu können. Vielmehr umfassen semantische Qualifikationen sowohl kognitive als auch emotive Strukturen und sind damit eine Voraussetzung für mentale Prozesse (vgl. Ehlich 2005). Wortschatzerwerb geht eng mit Wissenserwerb einher, da Wörter nicht nur als Wort, sondern auch als Bedeutung in unserem mentalen Lexikon[14], einem inneren Wortspeicher, vorliegen. Je mehr Wörter ein Mensch kennt, umso leichter fällt es ihm, diese beim Lesen, Schreiben (Denken) und Sprechen einzusetzen. Dabei bilden die Bedeutung eines Wortes und sein Name kein naturgegebenes Band, vielmehr ist ihre Verbindung arbiträr. Bedeutungen können mental ohne das Wort existieren, beispielsweise dann, wenn uns ein Wort auf der Zunge liegt. Manchmal kann man das Wort nicht finden, es aber umschreiben, wie im folgenden Beispiel: "Brain-half, but I can´t think of it´s proper name." Gesucht wurde das Wort cerebral hemisphere (Beispiel aus Aitichson 1997:291). Weitere Evidenz für die Trennung von Wort und Bedeutung liefert die Aphasieforschung, da es

---

[13] An dieser Stelle soll dazu nur kurz eine exemplarische Studie angeführt werden. Vertieft wird die Rolle des Wortschatzes für die Orthographie im folgenden Kapitel.
[14] Der Terminus *mentales Lexikon* wird im Weiteren ausdifferenziert und erklärt.

Patienten gibt, die Wörter lesen können, aber dazu keine Bedeutungen mehr assoziieren (vgl. Leuninger 1986).

Spracherwerb ist komplexer Wissenserwerb, denn durch den Spracherwerb wird mehr erworben als (nur) die Kenntnisse über die phonologischen Wortformen. Vielmehr werden Bedeutungen, Weltbilder aufgebaut. Durch Sprache entsteht kognitive Entwicklung, die cognitive academic language proficiency (CALP) (vgl. Cummins 1978:397). Krashen (1981:66) sagt "understanding is a prerequisition to acquisition" und meint damit, dass ein Lerner das neue Wort nicht nur (phonologisch) verstehen muss, um es sich anzueignen, sondern dass er dem neuen Wort eine Bedeutung zuordnen können muss, damit er es erwerben kann.

Bei Kindern mit Migrationshintergrund, die Unterricht unter Submersionsbedingungen[15] erfahren, stellt sich die Verbindung zwischen Sprache und Wissen als besonders prekär dar. Solange sie den schulischen sprachlichen Input nicht verstehen, kommt es auch nicht zu einem Intake, einer Aufnahme der Wörter. Die Kinder lernen dann weder die Sprache noch das Wissen und die Bedeutung, die mit Sprache insgesamt vermittelt werden. Die mit der Erstsprache verbundene kognitive Entwicklung der Kinder stagniert. "Es besteht die Gefahr, dass die Fähigkeit beeinträchtigt wird, Sprache aktiv zu nutzen, und dass es dadurch zu Störungen in der gesamten sprachlichen und kognitiven Entwicklung kommt" (Belke 1999:26).

CALP sind eine Basisqualifikation, egal in welcher Sprache. Sie kommen in intellektuell anspruchsvollen Situationen zum Einsatz, in denen Sprache zum Werkzeug von gedanklichen Problemlösungen wird, da nur Sprache und keine kontextuellen Informationen eine Botschaft trägt. CALP wird durch Sprache erworben, jedoch nur durch Sprache, die neben einem Input auch einen Intake zulässt (vgl. Cummins 1978:397).

Bedeutungen zu erwerben ist unterschiedlich schwer, bei Konkreta stellt sich ein Lerneffekt leichter ein als bei Abstrakta. Aber auch bei Begriffen, die nicht dinglich vorliegen, müssen Bedeutungen zu einem Wort aufgebaut werden, um das Wort erwerben zu können. Wobei Konkreta Gegenstände zu einer Wortform abgespeichert werden können, muss der Bedeutungserwerb bei Abstrakta über Sprache verlaufen. Am Beispiel des Erwerbs eines Begriffes wie Gemeinde werden die Schwierigkeiten, die mit dem Erwerb eines Abstrakta für einen (Zweit-)Sprachlerner eintreten können, deutlich. Einerseits hat der Lerner eventuell schon eine Bedeutung zu dem Wort mental vorliegen, diese könnte jedoch kulturell geprägt stark von unserer Bedeutung abweichen,

---

[15] Bei Unterricht unter Submersionsbedingungen wird das Kind in der Schule aufgefordert, die Binnensprache zu sprechen, selbst wenn es nur geringe Kenntnisse der Sprache besitzt. Die Muttersprache des Kindes hingegen wird nur innerhalb der Familie gesprochen, so dass sich diese häufig nicht weiter entwickelt.

andererseits – wenn er keine Vorstellung dazu hat – so kann das fehlende Wissen ihm nur sprachlich angeboten werden, wodurch der Lerner erneut in Konfliktsituationen geraten kann. Zudem wird ein Begriff wie Gemeinde von unzähligen Menschen anders definiert, jeder wird andere Assoziationen zu dem Wort haben und ad hoc andere Vorstellungen dazu abrufen, die von Kirchengemeinden bis hin zur Gemeinschaft unter Freunden geht, um nur einen kleinen Ausschnitt der Bedeutungsbandbreite des Wortes darzustellen.

Lernprozesse des mentalen Lexikons verlaufen in Abhängigkeit von den bereits gespeicherten Wissensstrukturen. Hierbei gilt: Je strukturierter und je größer ein Bereich ist, desto leichter kann neues Wissen in diesem Bereich angesiedelt werden. Der semantische Aufbau des Lexikons nimmt deswegen längere Zeit in Anspruch als der Grammatikerwerb, der mit ca. sechs Jahren vollständig abgeschlossen ist. Jedoch leistet er auch mehr, da der Aufbau von Semantik in enger Interaktion mit der kognitiven Ontogenese steht.

Die Herstellung einer Bedeutung von Wörtern beruht auf mit Wörtern verbundenen Bedeutungen oder mentalen Repräsentationen im semantischen Lexikon. Jedoch aktivieren Wörter dort keine direkten Reize auf unser Wissen, sondern nur auf Wissen, welches durch Lernprozesse mit dem Reiz verbunden ist. Das heißt, dass die Bedeutung von Wörtern die mentale Repräsentation ist, die wir mit dem Wort erlernt haben (vgl. Engelkamp & Rummer 1999, Klix 1992, zur Form der mentalen Repräsentationen vgl. Engelkamp & Pechmann 1993). Offenbar kann man von einer unabhängigen Wortform, und Bildmarke ausgehen, (vgl. Engelkamp und Rummer (1999:160) sprechen hier von Wortmarke und einer Bildform), die unterschiedlich voneinander gespeichert und mental repräsentiert sind.

Untersuchungen zum semantischen Priming[16] bestätigen die Dichotomie in Wortmarke und Bildmarke, da die Entscheidung, ob ein Wort vorliegt oder nicht, bei semantisch ähnlichen Wörtern schneller gelingt als bei formal verwandten Wörtern. Semantische Primingeffekte konnten selbst dann noch beobachtet werden, wenn der Proband das Primewort nicht bewusst erfasst hat (vgl. Rolke 2003). Keine Primingeffekte lassen sich hingegen bei bloßer Formähnlichkeit zwischen Prime- und Targetreiz feststellen. Die Erklärung dafür ist, dass ein Primewort ein mentales Konzept aktiviert, welches wiederum auf assoziierte Konzepte ausstrahlt. Deshalb ist ein semantisch verwandtes Wort bereits voraktiviert und es kann schneller auf seine Existenz geschlossen werden. Hin-

---

[16] Für Priming gibt es keine gelungene deutsche Übersetzung. Am ehesten trifft eine Metapher den Inhalt eines Primingversuches, die besagt, dass so wie man einen Dieselmotor vor dem Starten vorglühen muss, auch Gedankeninhalte voraktiviert werden können. Deswegen wird bei Primingversuchen untersucht, wie lange Probanden brauchen, um nach dem Vorglühen durch einen Primereiz (in unserem Fall ein Wort) auf einen Targetreiz zu reagieren. Die Dauer bis zur Reaktion gibt an, ob der Weg zu einem Reiz bereits eingeschlagen, vorgeglüht wurde oder nicht.

gegen scheinen Formähnlichkeiten keine assoziierten Verbindungen untereinander zu besitzen (vgl. van der Meer und Klix 2003).

Bedeutungen entstehen ontogenetisch unabhängig von der Sprache. Später übernimmt die Sprache dann jedoch eine wichtige Rolle bei der Bildung von Bedeutungen, indem sie Bedeutung nach invarianten Merkmalen strukturiert. Wie die Bedeutung zu einem Begriff entsteht, zeigt ein Experiment von Herrmann (2005). Er gibt Realschul- und Gymnasialklassen Wortlisten, bestehend aus jeweils fünf bedeutungstragenden Wörtern aus dem Bereich der Biologie oder Geographie und jeweils einem Pseudowort, bei denen die Schüler die Bedeutung der einzelnen Wörter kurz beschreiben sollen. Die Liste für den Biologieunterricht beinhaltet: Delphine, Nesseln, Täublinge, Laich, Schuken, Kraken. Die Geographieliste enthält die Wörter: Polarkappen, Afghanen, Friesen, Kirgisen, Schuken, Molukken.

In beiden Listen befindet sich das Pseudowort Schuken, welches je nach Liste (und wahrscheinlich Kontext) anders von den Probanden erklärt wird. Bezeichnet es geographisch einen fremden, wilden Volksstamm, vermuten die Probanden, die das Wort im Rahmen der Biologieliste erhalten haben, dahinter ein kleines Seetier.

Das Experiment bestätigt sowohl, dass Begriffe und Bedeutung unterschiedlich voneinander repräsentiert sind, denn sonst hätte mit einem Pseudowort keine Bedeutung assoziiert werden können, als auch, dass der Kontext und die Sprache dazu beiträgt, (vermeintliche) Bedeutungen aufzubauen.

Da Sprache auch Wissenserwerb ist, fordert Knapp (2003), dass – nicht nur in Klassen mit einem hohen Anteil an Schülern mit Migrationshintergrund – Deutsch Unterrichtsfach und Unterrichtsprinzip sein solle. Die Vermittlung von sprachlichen Fähigkeiten, Wortschatz, Fachwortschatz und damit einhergehend auch von Bedeutungen sind zu zentral, um sie allein dem Deutschunterricht zu überlassen. In vielen Fächern spielt die Sprache eine unterschätzte Rolle. Manche Aufgaben in Sachfächern können nicht gelöst werden, nicht deshalb, weil sie Schüler kognitiv überfordern, sondern weil die Aufgabe sprachlich nicht verstanden wird. Dabei kann es sogar dazu kommen, dass die Aufgabe als solche die Schüler kognitiv unterfordert, die Aufgabe aber dennoch nicht gelöst werden kann, da sie nicht verstanden wird (vgl. Bamberger & Vanecek 1984:112). Selbst im Mathematikunterricht, der häufig als Unterrichtsfach angesehen wird, in dem die Sprache weniger Gewicht hat, setzen neuere didaktische Angebote darauf, Mathematikaufgaben zu verbalisieren. Stellvertretend für viele Angebote ist dabei an die erfolgreiche Implementierung eines Reisetagebuchs in den Mathematikunterricht im Sinne von Ruf & Gallin (1999) zu denken (vgl. auch die Vorschläge von Baireuther 1990 und zu einer aktiven Rolle der Schüler bei Auseinandersetzungen mit Textaufgaben Schupp 2003 oder zu didaktischen Vorschlägen für einen fächerverbindenden Unterricht von Mathematik und Deutsch Paule 2002, 2002a, 2003, Knapp & Pfaff 2008; Knapp, Pfaff, Werner 2009).

Aber auch aus sprachwissenschaftlicher Sicht lassen sich Zusammenhänge zwischen mathematischen Leistungen und Sprache erkennen. Dass es zu Similaritäten zwischen Spracherwerbsdefiziten und mathematischen Leistungen kommt, kann beispielsweise Penner (1998) in einer empirischen Studie an Grundschulkindern aus der Schweiz nachweisen. Seine Ergebnisse zeigen, dass es Verstehensdefizite in der Nominalphrase an der Syntax-Semantik-Schnittstelle sind, die den Kindern das Lösen der Textaufgaben erschweren.

Donlan et al. (2007) finden heraus, dass dysgrammatische Kinder auch in anderen Bereichen deutliche Schwierigkeiten aufweisen, die ihre Fähigkeiten in Mathematik erheblich einschränken. So fällt ihren achtjährigen Probanden zum Beispiel nicht nur die sprachliche Produktion von Zahlwörtern schwer, sie sind auch beim Lösen von einfachen Rechenleistungen eingeschränkt (vgl. Donlan et al. 2007). Dennoch verstehen die dysgrammatischen Probanden arithmetische Prinzipien gleich gut wie ihre altersgleiche Kontrollgruppe.

6.2 Wörter und ihre mentale Verarbeitung

Die bisherigen Ausführungen demonstrieren das Gewicht von Wortschatzarbeit. Wörter sind die Bauteile unserer Sprache, semantische Qualifikationen umfassen einerseits kognitive als auch andererseits emotive Strukturen und sind damit eine Voraussetzung für mentale Prozesse (vgl. Ehlich 2005). Zusätzlich erleichtern Wörter die Produktion von gesprochenen und geschriebenen Texten, aber was ist ein Wort und wie werden Wörter beim Sprechen und Schreiben mental verarbeitet? Da ich bei der Erstellung des Interventionsteils aus der Beantwortung dieser Fragen Erkenntnisse abgeleitet habe, die die Gestaltung und den Aufbau der Wortschatzarbeit nachhaltig beeinflussen (siehe dritter Teil), wird der folgende Text diese Fragen beantworten Es wird sich zeigen, dass Wörter mental in netzartigen Strukturen vorliegen und Wortschatzerweiterung überall dort stattfindet, wo neue Wörter in schon vorhandene Netzstrukturen eingegliedert werden können. Wörter oder besser die Lemma- (Inhalts-) und Lexemseite (Ausdrucksseite)[17] eines Wortes sind zudem modular in verschiedenste Aspekte gegliedert und damit isoliert gespeichert. Lexeme, also phonologische Wortformen, bestehen neben und unabhängig von den Inhalten oder Bedeutungen eines Wortes. Grundsätzlich muss jedes Lernkonzept der Modularität und dem Aufbau des mentalen Lexikons Rechnung tragen, wenn es erfolgreich sein soll.

---

[17] Im bisherigen Text war anstelle von Inhalts- und Ausdrucksseite eines Wortes von Bild- und Wortmarke die Rede. Dabei ist die Inhaltsseite, das Lemma, die Bildmarke, die Ausdrucksseite, das Lexem, die Wortmarke.

6.2.1 Was ist ein Wort?

Die Frage, was ein Wort ist, mag für einen literalisierten Menschen banal klingen. Irgendwie legt er intuitiv fest, was ein Wort ist. Diese Einheit ist aber nicht so eindeutig, wie es scheinen mag: Allein im Rundfunk Nachrichten in einer unbekannten Sprache zu hören, bringt uns schnell an die Grenzen der Festlegbarkeit dessen, was als ein Wort intoniert wurde.

Eine Antwort auf die Frage, was ein Wort ist, liefert uns Miller (1993:18): "Wörter sind Konstruktionselemente unserer Sprache. " Wurzel (2000:36) definiert Wörter als "solche grammatischen Einheiten, die nicht durch lexikalisches Material unterbrechbar sind." Nach einem semantischen Ansatz ist ein Wort die kleinste Einheit, die Bedeutung trägt (vgl. Lyons 1968:200, Miller 2001:44, Singleton 2000:8). Syntaktisch betrachtet ist ein Wort die kleinste Einheit, die im Satz verschieb- oder ersetzbar ist. Formal-orthographisch gesehen sind Wörter Ketten aus Buchstaben, vor und nach denen eine Leerstelle steht (vgl. Miller 2001:43 oder Singleton 2000:8).

So gut diese Definitionen auch klingen mögen, selbst in der geschriebenen Sprache können Zweifel auftauchen. Um wie viele Wörter handelt es sich bei den Konjunktions- und Flektionsformen: *Haus, Hauses, Häuser* oder *gehe, gehst, geht*. Liegen hier eine oder mehrere bedeutungstragende Einheiten und somit ein Wort mit drei verschiedenen Formen oder drei Wörter vor? Klären könnte man dieses Problem, indem man nicht von bedeutungstragenden Einheiten, sondern von Konzepten spricht. Jedes Konzept stellt ein Wort dar. Jedoch schließt sich hier die Frage an: Was ist ein Konzept? Ist nun der *amerikanische Präsident* ein Konzept und damit ein Wort? Auch die syntaktische Definition hat Grenzen, denn es gibt durchaus Einheiten, die innerhalb eines Satzes nur gemeinsam verschoben werden können, die aber aus mehr als einem Wort bestehen, beispielsweise *klipp und klar*. Auch die Definition über Leerstellen lässt Fragen offen. Wie ist es mit intransitiven Verben, wie zum Beispiel *anrufen (Ich rufe dich an)*. Auch Partikelverben sind eine Herausforderung: *Aufmachen (Ich mache die Tür auf)*. Und was ist bei Fällen wie: *Lesenlernen – Ich lerne Lesen*; oder *Fahrradfahren – (Ich fahre Fahrrad)*?

Hier schließt sich indirekt die Frage nach den Wortgrenzen an. Wo liegen die Grenzen zwischen Wörtern? Einige Beispiele sollen das verdeutlichen: *Him- und Brombeermarmelade, Maler- und Lackiererarbeiten, Sonn- und Feiertage*; aber nicht *zorn- und hitzig sein oder ein *Berat- und Besprechungsgespräch führen. Obwohl wir *Him* an sich keine Bedeutung geben, würden wir eine Einheit wie *Him- und Brombeermarmelade* als wohlgeformt gelten lassen. Hingegen können wir *zorn* als bedeutungstragend erkennen, würden aber *zorn- und hitzig sein* als nicht wohlgeformt verwerfen (vgl. Keller & Leuninger 2004:67).

Die zuletzt gegebenen Beispiele verweisen auf die Unterscheidung von freien und gebundenen Morphemen und verdeutlichen damit die Schwierigkeit, feststellen zu können, wo Grenzen zwischen Wörtern liegen und was ein Wort ist.

Erschwerend für eine Definition des Wortes kommen Homonyme dazu. Ist der *Bauer* (Landwirt) und der *Bauer* (Vogelkäfig) ein Wort oder sind es zwei Wörter (vgl. Ulrich 2001)[18]?

Statt von einem Wort zu reden, spricht man präziser von einem Lexem. Ein Lexem ist die Grundeinheit, aus der unser mentales Lexikon besteht. Nicht jedes Lexem steht direkt zur Verfügung, auf manche kann nur passiv zugegriffen werden, sie gehören dem passiven Wortschatz an.

6.2.1.1 Lemma und Lexem

Levelt schlägt auf der Grundlage von Beobachtungsprotokollen der Sprachproduktion vor, das Lexem im Lexikon in zwei unterschiedliche Seiten zu spezifizieren: die phonologisch/morphologische Lexemseite (Ausdrucksseite) und die syntaktisch/semantische Lemmaseite (Inhaltsseite) (vgl. 1989:282). Das Lemma beinhaltet die formal semantischen und syntaktischen Eigenschaften eines Wortes, es speichert die Zugehörigkeit zu einer syntaktischen Kategorie, die Subkategorisierung und die thematische Struktur. Das Lemma – und nicht die Wortform (Lexem) – macht die grammatische Information zugänglich, die für die Verwendung im Satz relevant ist. Es ist die Schnittstelle, welche die Bedeutung mit einer Wortform verbindet. Das Lexem hingegen ist eine Formadresse, die die morphologische und phonologische Information spezifiziert. Beide Seiten existieren unabhängig, ihre endgültige Verbindung wird nach dem Sprachproduktionsmodell von Levelt im lexical pointer hergestellt (vgl. Levelt 1989). Das Modell ist funktional orientiert, es stellt den Prozess der Sprachproduktion und Rezeption dar

---

[18] Wie kann man feststellen, was ein Wort ist?
In der Phonologie und der Morphologie existieren folgende Möglichkeiten:
Das Deutsche hat (in der Regel) ein trochäisches Betonungsmuster. Der Akzent eines Wortes fällt somit auf die vorletzte Silbe, wobei die Silbenzahl von rechts gezählt wird, da das Deutsche eine linksverzweigende Sprache ist. Derivations- oder Flexionsmorpheme ändern am Wortakzent nichts, mit Ausnahme der Präfigierung von miss- oder un-. Enthält eine Äußerung mehr als einen Akzent, so muss es sich um mehr als ein Wort handeln. Dieses Kriterium hilft jedoch nicht dabei, eine Wortgrenze festzustellen (vgl. Singleton 2000:8, Lyons 1968: 205, Keller & Leuninger 2004:103).
Ein anderes Kriterium, um eine Wortgrenze zu finden, stammt ebenfalls aus der Phonologie. Im Deutschen gibt es eine Beschränkung, nach der bestimmte Lautfolgen nicht innerhalb einer Silbe vorkommen können. Diese Beschränkungen liegen in der Sonoranz (Schallfülle vgl. Vennemann 1982:283) begründet. Anhand der Beschränkungen lassen sich Silben – und damit auch Wortgrenzen – finden.
Der syntaktischen Stellungsfreiheit eines Wortes im Satz steht eine morphologische Stellungsfixierung gegenüber. Die Morpheme, die in der Wortbildung bei der Derivation und Flexion eintreten, sind geordnet. Ihre Reihenfolge ist unveränderlich. Da die Reihenfolge der Morpheme also nicht variabel ist, zeigen Umstellungs- und Distributionstests, ob ein Wort vorliegt oder eine syntaktische Verbindung (vgl. Keller & Leuninger 2004: 104).

(den Prozess der Sprachrezeption hat Levelt 1993 hinzugefügt vgl. Levelt 2001 zur Sprachproduktion)[19].

Jede sprachliche Botschaft ist eine Form von Übersetzung: Eine Botschaft wird in eine phonetische Form übersetzt. Dazu muss zuerst die Botschaft vorliegen und sie muss zu dem passen, was bereits gesagt wurde. Dazu werden notwendige Informationen aus dem Langzeitgedächtnis ausgewählt und in eine Anordnung gebracht. Dies bezeichnet Levelt als Konzeptualisieren. Es geschieht im Konzeptualisierer. Der Sprecher braucht neben deklarativem Wissen über Inhalte, die er weitergeben möchte, auch prozedurales Wissen, welches den Ablauf der Vorgänge steuert. Aus dem Konzeptualisierer geht eine präverbale Botschaft hervor, die aus einer konzeptuellen Struktur besteht.

Der Formulator übersetzt die präverbale Botschaft in eine sprachliche Struktur. Dazu werden zwei Stadien durchlaufen: 1.) Die präverbale Botschaft muss grammatisch enkodiert werden, dazu greift der Formulator auf die Lemmaseite des mentalen Lexikons zurück und entnimmt die dort gespeicherten Einträge. Hieraus formt er eine syntaktische Struktur, die einem Teil der präverbalen Struktur entspricht. Jetzt ist eine Syntax aufgebaut, die eine Oberflächenstruktur bildet. Außerdem muss um 2.) die Lemmata zu äußern ein phonetisch-artikulatorischer Plan aufgestellt werden. Die Quelle dafür ist die Lexemseite des mentalen Lexikons. Hier sind die phonologischen und morphologischen Informationen lexikalischer Einheiten gespeichert. Durch die phonologische Enkodierung entsteht ein phonetischer Plan, der ebenfalls eine interne Repräsentation ist.

Der Artikulator sorgt für die Ausführung des phonetischen Plans. Er setzt die Muskeln im Sprechsystem in Kraft.

Die Rede wird von Selbstkontrollprozessen überwacht. Jede Person hört sich selbst reden und hat so Zugang zum Endprodukt und gleichzeitig zu den Vorstufen dazu. Beides wird über das Sprachverstehenssystem (Speech Comprehension System) geleistet. Auch hier ist wieder ein Zugang zur Lexem- und Lemmaseite des mentalen Lexikons gegeben, so dass jede Äußerung ebenso phonetisch-phonologisch wie auch syntaktisch-grammatisch dekodiert wird. Hier werden Lexeme erkannt und ihre Bedeutung abgerufen (Lemmata) (vgl. Ender 2007).

---

[19] Prinzipiell fällt uns die Sprachrezeption leichter als die Sprachproduktion. Es müssen zwar sowohl die gehörten Wörter verarbeitet (lexikalische Analyse, Strukturierung etc.), als auch nach ihrem semantischen Gehalt verstanden werden, jedoch wird das Verstehen einer Äußerung meist über zusätzliche (visuelle) Informationen erleichtert, durch die der Sprecher seine Sprechabsicht verdeutlicht (vgl. Keller & Leuninger 2004:213). Bei der Sprachproduktion müssen Gedanken in eine sprachliche Ausdrucksform gebracht werden. Wie schwierig das sein kann, zeigt sich schon an den manchmal auftretenden Schwierigkeiten, ein Wort zu finden. Die sogenannten "Es-liegt-mir-auf-der-Zunge-Phänomenen", bei denen ein Sprecher ergebnislos nach einem besonderen Wort sucht, auf welches er aber gerade nicht zugreifen kann, obwohl er es prinzipiell in seinem aktiven Wortschatz hat, kennt jeder. Solche Schwierigkeiten treten bei der Sprachwahrnehmung nicht auf. Hier versteht der Hörer die Wörter ad hoc, oder gar nicht, jedoch nie über die Verzögerung, des Auf-der-Zunge-Liegens.

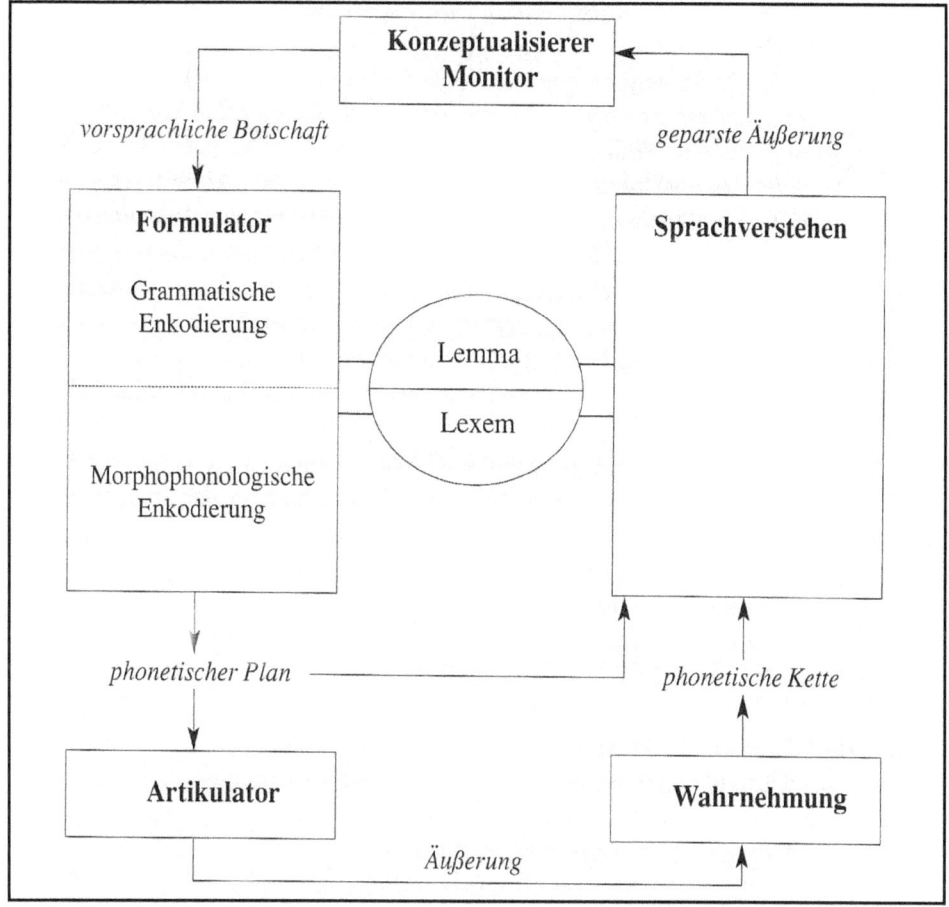

Abb. 7: Modell der Sprachproduktion und -Rezeption nach Levelt, Abbildung aus Keller & Leuninger (2004:238)

6.2.2 Wie werden Wörter mental verarbeitet?

Das mentale Lexikon gilt als ein Teil des Langzeitgedächtnisses. In ihm sind die Wörter einer Sprache in Form von Lexikoneinträgen mental repräsentiert. Im Gegensatz zu einem Wörterbuch sind die Einträge im mentalen Lexikon jedoch nicht alphabetisch, sondern nach semantischen, phonologischen und orthographischen Aspekten in besonderen Feldern geordnet (vgl. Wengener 2007, Craik 1943). Zudem enthält es wesentlich mehr Einträge als ein Wörterbuch oder auch ein digitales Wörterbuch auf einer DVD aufnehmen könnte. Das mentale Lexikon muss man sich entsprechend den konnektionistischen Modellen als ein Netzwerk vorstellen[20]. Es besteht aus miteinander verknüpften Einträgen.

---

[20] Jeder Eintrag ist durch seine Relation zu anderen Einträgen definiert, wodurch die lexikalischen Einheiten als organisierte Zusammenhänge gespeichert werden und das Lexikon zu einem strukturierten System wird. Ein mentaler Lexikoneintrag ist also einerseits davon abhängig, welche semantischen Merkmale

Zu untersuchen, wie das mentale Lexikon strukturiert ist und welche Lexeme und Lemmata in ihm gespeichert sind, gestaltet sich schwierig. Für die Untersuchungen müssten Sprecher experimentell kontrollierbare Daten in spontansprachlichen Situationen produzieren, ohne dies bewusst zu tun und damit auf die Daten einzuwirken. Folgt man jedoch dem Paradigma, Fehler als Fenster zu den dahinterliegenden Prozessen zu sehen, können spontansprachliche Daten gefunden werden, aus denen Rückschlüsse auf die Sprachproduktion und die Struktur des mentalen Lexikons gezogen werden können. Jeder sprachlichen Abweichung oder "Störung" liegen regelhafte Mechanismen zu Grunde, also die gleichen, die auch beim ungestörten Ablauf zum Tragen kommen. Versprecher liefern sprachliche Abweichungen, die sich so untersuchen lassen. Sie zeigen sich als selektive Störung, während der übrige Prozessor normal weiterläuft. Zudem sind es natürliche, unbewusst hervorgebrachte Daten, die häufig auftreten.

Das Besondere an Versprechern ist, dass sie keine willkürlichen Wörter entstehen lassen, sondern dass man die unterschiedlichen Versprecherarten klassifizieren kann (vgl. Klein & Leuninger 1990). Die bei Versprechern ersetzten Einheiten stehen entweder in einer formalen oder einer semantischen oder phonologischen Relation zueinander, so dass Versprecher nur zwischen semantisch ähnlichen Wörtern oder zwischen formal gleichen Wörtern auftreten. Aus dieser Erkenntnis kann man auf einen doppelten Speicher des Lexikons schließen: einem nach inhaltlichen (semantischen) Kriterien (Lemmalexikon bei Levelt) und einem nach formalen Kriterien (Lexemlexikon bei Levelt) (vgl. Schwarz 1992, Levelt 1989:87, Aitichson 1997: 108f.). Das mentale Lexikon scheint demnach ein nach semantischen, lexikalischen und phonologischen Einheiten geordnetes System zu sein.

Wortassoziationstests zeigen, welche Bedeutungen (Lemmata) zusammen abgerufen werden und demnach im mentalen Lexikon semantisch miteinander verbunden sind. Nach Aitichson (1997: 108f.) gibt es vier (Haupt-)Typen der Strukturierung:

A) Koordination: Wörter auf der gleichen Gliederungsebene, die eine Gruppe oder ein Gegensatzpaar bilden, wie: Salz – Pfeffer oder Äpfel – Birnen.

B) nach Kollokation: Wörter, die bei zusammenhängender Rede zusammen geäußert werden.

C) Über- oder Unterordnungen: Begriffe, die unter einen anderen Begriff geordnet werden. Beispielsweise sind im semantischen Feld OBST Äpfel und Ananas zwei Unterbegriffe zu dem Oberbegriff OBST. In den einzelnen Wortfeldern scheint es dabei eine Subgliederung zu geben, so dass es typischere und weniger typische Ausprägungen eines Wortfeldes gibt. Wir nennen das Prototypensemantik. Prototypen sind bei der

---

(Lemmaseite) er aufweist, andererseits aber auch von seinen Beziehungen zu anderen Lexemen. Dabei sind die Grundeinheiten im Lexikon, die Lexeme und Lemmata, in unterschiedlichen Netzen angeordnet, das Lexikon ist somit der Schnittpunkt zwischen formaler und inhaltlicher Struktur.

Sprachverarbeitung schneller zugänglich. Häufig sind es Basiskonzepte, die einen mittleren Abstraktionsgrad haben. Beim schnellen Aufzählen aller Vögel würde man sicher nicht sofort den Pinguin erwähnen, ebenso wie wir eher auf das Wort Katze als auf den höher liegenden Begriff des Säugetiers referieren würden, wenn wir unseren Alltag strukturieren.

Die Vorstellung eines nach Ober- und Unterbegriffen geordneten mentalen Lexikons ist schon relativ alt. Ein Beispiel dafür liefert das hierarchisch angeordnete Modell nach Collins/Quillan (1969).

Das Lexemlexikon ist nach lexikalischen und syntaktischen Elementen gruppiert. Dies zeigen Beispiele aus der Versprecherforschung.

a) Bei Wortvertauschungen werden immer Wörter der gleichen syntaktischen Kategorie vertauscht, (ich werde nun zur Abschreitung der Anträge – Abstimmung; der Mann hat schon viel hinter sich gemacht – gebracht; die Abende sind dann schon kurz – lang; Beispiele aus Keller & Leuninger (2004:230)).

b) Lautvertauschungen zeigen, dass nicht jeder Laut im Wort vertauscht wird, sondern nur Laute an einer bestimmten Silbenposition gegen Laute in der gleichen Position (*du Saukramer – du Grausamer*).

c) Bei Verschmelzungen entstehen stets wohlgeformte Wörter und die neue Einheit hat ebenso viele Silben wie die alte (*Verbrecher – Versprecher; Ich habe gestern einen tollen Auspuff geprägt – Ausdruck*; Beispiele aus Keller & Leuninger (2004:233)).

Insgesamt kann man sagen, lexikalische Elemente, die viele Gemeinsamkeiten haben, geraten eher in Fehlplanungen, als lexikalische Elemente, die nur wenige Übereinstimmungen besitzen, womit ebenfalls bestätigt wird, dass hiermit ein Ordnungsprinzip des Lexikons zu Grunde liegt und dass die Einheiten im mentalen Lexikon miteinander verbunden sind.

Evidenz für die Struktur und Speichermöglichkeiten des mentalen Lexikons stammen auch aus der Aphasieforschung. Untersuchungen an Aphasiepatienten bestätigen den modularen Aufbau des mentalen Lexikons. Zusätzlich belegen sie, dass das mentale Lexikon semantische und formale Einheiten getrennt speichert. Bei semantischen Informationen spielen – wie eben dargelegt – semantische Kriterien der Wissensspeicherung eine Rolle. Informationen werden in bestehenden Netzen über-, unter- und nebengeordnet. Bei den formalen Informationen spielen Silben, Morpheme und syntaktische Kriterien eine Rolle, wie man zum Beispiel an Versprechern nachweisen kann. Weiterhin liefern Aphasiepatienten Evidenz für eine isolierte Speicherung von formalen, orthographischen Informationen, da es Patienten mit Wortbenennungsschwierigkeiten gibt, die keine Schwierigkeiten damit haben, die betreffenden Wörter zu schreiben (vgl.

Blanken 1991:288). Wenn bei einem gestörten Zugang zur phonologisch repräsentierten Wortform ein Wort dennoch korrekt geschrieben werden kann, so spricht das dafür, dass die phonologische Verarbeitung eines Wortes keine notwendige Voraussetzung für das Schreiben bildet. Stattdessen kann auf die Existenz eines separaten orthographischen Wissens und einer direkten Verbindung zwischen dem semantischen Wissen und dem orthographischen geschlossen werden.

6.2.2.1   Wie werden Wörter beim Sprechen und Schreiben abgerufen?

Die Verarbeitung von Wörtern beim Lesen oder Hören erfolgt online. Automatisch, ohne Kontrolle durch das Bewusstsein, wird direkt durch das Hören eines Wortes mit einem Suchprozess begonnen, der die Wortbedeutung ermittelt. Bereits 200 Millisekunden nach der Aufnahme beginnt das Gedächtnis mögliche Bedeutungen zu identifizieren. Um sich schließlich auf eine Bedeutung festzulegen, wird das Bewusstsein stärker einbezogen und auch der Satzkontext beachtet. Der Prozess dauert insgesamt etwa 250 Millisekunden (vgl. Ulrich 2007).

Zu der Frage, wie auf das mentale Lexikon zugegriffen wird, existieren verschiedene Modelle. Aktive, direkte Modelle stehen passiven, indirekten Modellen gegenüber (vgl. Ender 2007, Grimm et al. 1981: 245).

Die aktiven/direkten Modelle suchen durch Abscannen aller Einträge nach den Charakteristika, die mit denen einer gewünschten lexikalischen Einheit übereinstimmen und wählen danach das entsprechende Wort aus. Da das mentale Lexikon aber ca. 30.000 Wörter und ihre dazugehörigen Einträge umfasst, scheint diese Lösung nicht mit der Schnelligkeit der Verarbeitung übereinzustimmen.

Passive/indirekte Modelle erklären den Zugriff über bestimmte Charakteristika, die in einem bestimmten Maße stimuliert werden müssen, damit die Einheit, die zu diesen Charakteristikum gehören, aktiviert wird. So wird nicht das gesamte Lexikon abgescannt, sondern über Aktivierung von Charakteristika direkt auf das Richtige zugegriffen. Ein Beispiel hierfür liefert das Logogenmodell von Morton (vgl. Morton 1979). Das Logogensystem hat Informationen über Wörter repräsentiert und eröffnet darüber den Zugang zum mentalen Lexikon. Die entsprechenden Knoten, die Sammelpunkte des neuronalen Netzes, die für Konzepte stehen, aktivieren in einem Primingreiz bestimmte Kanten weiter, entsprechend der Energie, die bei ihnen ankommt. Hier erhalten die zentralen Knoten mehr Energie als periphere, so dass es zu einer Ausbreitung in einem bestimmten Gebiet kommt, in dem nach Einträgen gesucht wird. Wortfelder öffnen sich somit auf ein Stichwort hin. Dabei werden häufige Wörter umso leichter gefunden. Der Prozess funktioniert auch andersherum: Ein Wort ist immer dann schwer zu finden, wenn es für den Schreiber und Sprecher selten ist (Vgl. Lyons1983). Die Erklärung dafür hängt mit den Speicher- und Abrufmöglichkeiten zusammen. Je häufiger ein Wort verwendet wird, umso schneller erfolgt ein spreading in seine Richtung, da die entsprechenden Wege dorthin voraktiviert sind, außerdem gibt es auch mehr Wege zu dem Eintrag, da ein häufiges Wort mit mehr Knoten und Kanten an andere Einträge geknüpft ist.

6.3 Spracherwerb

Nachdem wir gesehen haben, was ein Wort ist und wie Wörter mental verarbeitet werden, soll im folgenden Teil vorgestellt werden, wie Sprache und Wortbedeutung im Erstspracherwerb erworben werden. Daran lässt sich erkennen, wie kompliziert der Wortschatzerwerb ist und welchen Kriterien die Wörter, die schließlich in die Wortschatzarbeit eingehen, folgen müssen. Auch hier dienen die Daten aus der Literatur dazu, geeignete Methoden und Strategien vorzustellen, um die in Teil drei vorgestellte Auswahl begründen zu können.

Bereits kurz nach der Geburt kann das Kind aufgrund der Intonation verschiedene Sprachen voneinander unterscheiden. Dies ist vor allem für das Erkennen der Wortstellungsregeln von Bedeutung. Mit etwa vier Monaten erkennt ein Kind seinen Namen im Redefluss ebenso wie die Ausdrücke "Mami" und "Papi".
Im Alter von sechs Monaten können Kinder mit Hilfe von prosodisch-rhythmischen Eigenschaften von Äußerungen, wie zum Beispiel der Intonation, der Betonung, der Vokallänge und Pausen, Satzgrenzen bestimmen.
Mit sieben bis acht Monaten können Kinder Wortgrenzen identifizieren und Äußerungen in einzelne Wörter zerlegen. Durch diese Entwicklung wird eine schnelle Zunahme des Wortverstehens ermöglicht. Auch unbetonte Wörter, wie Artikel und andere Wörter mit grammatischer Funktion, können jetzt erkannt werden.
Mit neun bis zwölf Monaten benutzt das Kind nicht mehr nur die rein rhythmischen Segmentierungsstrategie zur Worterkennung, sondern auch lautliche Strukturen zur Worterkennung (vgl. Penner et al. 1999:23f.).
Die Arbeiten von Höhle et al. (2000) bestätigen, dass Kinder bereits sehr früh prosodische Informationen, die sie aus dem sprachlichen Input erhalten, nutzen, um die Wortstellungsregeln der Zielsprache zu bestimmen. Die Ergebnisse dieser Untersuchung zeigen, dass bereits 18-21 Monate alte Kinder bei Objektsätzen empfindlich auf Abweichungen der Wortstellung reagieren. Die Probanden befinden sich bezogen auf ihre Sprachproduktion in der Einwortphase, die Ergebnisse werden durch eine Blickpräferenzmethode ermittelt. Bei grammatischen Objektsätzen wie: Bert sagt, dass Lisa Oma hilft, blicken die Kinder länger in die Richtung, aus der das akustische Signal kommt, als bei ungrammatischen Objektsätzen, wie: Bert sagt, Lisa hilft Oma. (vgl. Höhle, Weisenborn, Schmitz und Ischebeck 2000).
Mit zwölf Monaten verfügen Kinder über einen passiven Wortschatz von ca. 50 Wörter, mit 18 Monaten umfasst er schon 100-200 Wörter und steigert sich bis zum Alter von 6

sechs Jahren auf 9.000-14.000 Wörter. Erwachsene Sprecher kennen ca. 60.000-80.000 Wörter.

Die frühe Sprachproduktion verläuft in folgenden Phasen:
Bis zum sechsten Monat befindet sich der Säugling in der Schreientwicklung. In den ersten Wochen fangen Säuglinge an zu schreien und bilden immer kompliziertere Melodienbögen. Daran anschließend setzt die Vorlallphase ein. Kinder lallen mit nichtsprachlichen Lauten.
Das eigentliche Lallen setzt zwischen dem sechsten und zwölften Monat ein. Es umfasst zwei Stadien: das reduplizierende Lallen (da-da) und darauf folgend die Bildung mehrsilbiger Lautketten mit unterschiedlichen Konsonanten (da-ba).
Zu Beginn des zweiten Lebensjahres (ab ca. dem zwölften Monat) setzt der Wortschatzerwerb ein, jedoch unterscheidet sich der frühkindliche Wortschatz noch stark von dem eines Erwachsenen. Das Kind erwirbt zunächst Substantive, von denen es den prominentesten Bestandteil des Wortes, die betonte Silbe, produziert. So wird aus Elefant -fant. Die Wortstruktur wird durch systematische Erweiterung der betonten Silbe ausgebaut.
Auch die Verben werden mit Hilfe des Prominenzprinzips erworben. Dies bezieht sich jetzt nicht mehr auf die Lautstruktur, sondern auf die Bedeutungsstruktur. Beim Erwerb der ersten Verben geht das Kind von einer Hierachie der Ereignisstruktur aus; es realisiert zuerst die Komponenten des Verbs, die den Akzent tragen und damit dessen prominentestes Teilereignis ausdrücken (beispielsweise *auf* – im Verb *aufmachen; auf* trägt den Akzent und das Öffnen, nicht das Machen, ist das für das Kind wichtigste Ereignis. Im Gegensatz zu *enteignen*, wo die zweite Silbe den Akzent trägt.) die untergeordneten Teilereignisse werden erst im zweiten Schritt erworben (vgl. Penner, Weisenborn, Wymann 2000). Zudem ist der Status der frühen Wörter weniger ausdifferenziert und stark kontextgebunden.
Zwischen dem 10.-14. Monat mündet die phonologische Entwicklung in der Produktion erster Worte. Dabei handelt es sich durchgängig um Begriffe auf der Basisebene[21]. Meistens bezeichnen Kinder sichtbare Gegenstände und benutzen die Wörter nur in klar umschriebenen Zusammenhängen und ganz bestimmten Situationen, beispielsweise Wörter für Familienmitglieder, Spielsachen oder Tiere, wenn die Objekte gesehen werden. Kinder bilden aus den Aktionen, die fortwährend um sie herum ablaufen, kognitive Strukturen und schließlich für ein bestimmtes Ereignis einen holistischen Ausdruck. "Auf dem Weg zum Wortsymbol löst das Kind die holistische Ereignisrepräsentation in Teilrepräsentationen auf. Das führt im Laufe des zweiten Lebensjahres dann zu

---

[21] Nach Untersuchungen von E. Rosch (1978) ist die Basisebene die Ebene, auf der Wörter, wie Apfel, Schuh, Sessel, angesiedelt sind. Diese Worte sind Worten wie Obst, Kleidung, Möbel untergeordnet und Worten wie Boskop, Sandale und Ottomane übergeordnet.

einem plötzlichen Anstieg von Konzepten, auf denen neue Wörter abgebildet werden können" (Rothweiler & Meibauer 1999:13). Verschiedene Studien geben hier jedoch eine unterschiedliche Zusammensetzung des frühen Vokabulars an. Während Szagun (2002:315) davon spricht, dass die frühen Wörter zum überwiegenden Teil aus Nomen bestehen und Verben, Adjektive und Funktionswörter nur einen kleinen Anteil ausmachen, sprechen Studien von Bates (vgl. Bates et al. 1994:97) davon, dass Konkreta während der ersten 50 Wörter nur ungefähr 30% des Wortschatzes ausmachen und später ihr Umfang auf ca. 55% steigt. Dies spräche schon für einen relationalen Gebrauch einiger Wörter. Daneben gibt es relationale Wörter, die das Vorhandensein oder Nicht-Vorhandensein von Objekten bezeichnen (vgl. Szagun 1996).

Der Schwellenwert für die Entwicklung des Wortschatzes wird ca. mit 18 Monaten erreicht. Nun sollte ein Kind ca. 50 Wörter erworben haben. Daraufhin vergrößert sich der Wortschatz sehr schnell, so dass auch von "Wortschatzspurt" (vgl. Grimm 1999:34) die Rede ist. Durch die Explosion des Wortschatzes wird er auch differenziert in Inhalts- und Funktionswörter, so dass die Bildung von Sätzen ermöglicht wird. Der Wortschatzspurt bereitet den Boden für den Grammatikerwerb.
Was den Wortschatzspurt auslöst, ist nicht vollständig geklärt. Einerseits ist es das Freisetzen von Konzepten, jedoch reicht dies allein nicht aus für den sprunghaften Anstieg von Wörtern. Eventuell gibt es zusätzlich einen kritischen Punkt, bei dem die Symbolfunktion von Wörtern erkannt wird. Andererseits entdecken Kinder außerdem das syntaktische Prinzip, so dass sie beginnen, Äußerungen zu kombinieren, wozu eine Reihe von neuen Wörtern benötigt werden.

Hat das Kind in den ersten 18 Monaten im Durchschnitt alle 2-3 Tage ein Wort gelernt, so wird der folgende Wortschatz sehr schnell erworben, so dass mit 24 Monaten der aktive Wortschatz zwischen 50-500 Wörtern liegt. Zwischen 1;9-3;0 (vgl. Wode 1988:144) beginnt das Kind Tätigkeiten und Vorgänge zu benennen, also alles, was mit und durch Gegenstände passiert (vgl. Augst 1977:25). Der Wortschatz erfährt einen Anstieg bei Verben (Bates 1994:67, auch Szagun 2002:317). In dieser Phase findet eine sprunghafte Ausweitung des Vokabulars statt, das Kind lernt ca. fünf bis zehn Wörter täglich. Neben den basic-level-Begriffen tauchen jetzt auch Oberbegriffe auf. Ab dem dritten Lebensjahr werden Kompositions- und Derivationsprozesse zur Wortbildung genutzt. Mit dem Ende des vierten Lebensjahrs ebbt diese Phase allmählich ab. In der Phase von 3; 0-12; 0 erfolgt die lexikalische Strukturierung in Wortfelder, das Kind beginnt Relationen zwischen Gegenständen herzustellen (vgl. Augst 1977:25). Hier ist ein Anstieg von Funktionswörtern der geschlossenen Klasse festzustellen (Kauschke 1999). Bates (1994) erklärt die Erwerbsreihenfolge des Wortschatzes von Wörtern mit Benennungsfunktion zu Wörtern mit relationaler Bedeutung (Verben, Adjektive, Adverben) als eine Bedingung des Grammatikerwerbs. Sie identifiziert daraufhin drei Wellen der Umstrukturierung des kindlichen Lexikons. Die ersten hundert Wörter haben einen proportionalen Überhang an Nomen, der sich schließlich ins Gegenteil verkehrt. Verben hingegen werden langsam, aber kontinuierlich erworben. Die meisten Fortschritte im Erwerb von Verben und anderen Prädikaten werden zwischen dem 100. und dem 400. Wort gemacht. Hier setzt schließlich der Funktionsworterwerb ein. Bis zum 400. Wort wurden nur vereinzelt Funktionswörter erworben, dafür steigt ihr Anteil am kindlichen Lexikon zwischen dem 400-680 Wort stark an (vgl. auch Rothweiler & Meibauer 1999:19).

Zur Einschulung verfügen Kinder über etwa 5.000 Wörter (vgl. Aitchison 1994). Mit dem Schriftspracherwerb erfolgt ein Wachstumsschub im Wortschatz, der über die gesamte Schulzeit anhält. Enzyklopädisches und Sprachwissen bedingen sich gegenseitig, so dass jeder viele Wörter kennt, der viel weiß. Im Laufe des Lebens findet im Wortschatzerwerb eine Verschiebung statt: von der Erweiterung zur Vertiefung, so dass Wortschatzerwerb ein Prozess zunehmender differenzierter Konzeptualisierung und Welterfahrung (vgl. Kauschke 2000:1).

Mit Ende der Pflichtschulzeit (16 Jahren) liegt ein Grundwortschatz von 60.000 Wörtern vor (vgl. Miller 2001; diese Zahl ist sehr hoch, andere Veröffentlichungen setzen die Wortmenge geringer an, vgl. bspw. Klann-Delius 1999 mit 20-00-50.000 Wörtern). Der Wortschatzerwerb ist in der Regel mit dem zwölften Lebensjahr in wesentlichen Zügen abgeschlossen, allerdings werden auch nach diesem Alter immer noch Wörter hinzugelernt und ein Erwachsener hat einen aktiven Wortschatz von 20.000-50.000 Wörtern (vgl. Klann-Delius 1999). Die inhaltliche Gliederung des Lexikons weist je nach Geschlechtszugehörigkeit einen Unterschied auf. So haben nach Klann-Delius (1980:67) und Jessner (1992) Mädchen und Jungen ein unterschiedlich differenziertes Vokabular in Teilbereichen.

6.3.1   Lexikalische Entwicklung (Wortbedeutungserwerb)

Die Bedeutung eines Wortes ist ein Begriff, der verbal enkodiert ist. Dabei sind Begriffe mentale Strukturen, die durch Klassen von Objekten oder Ereignissen, welche aufgrund ihrer Ähnlichkeiten als zusammengehörig erkannt und gruppiert werden, entstehen. Mit dem Erwerb der Symbolfunktion der Sprache, der ungefähr mit dem zweiten Lebensjahr einsetzt, beginnt der eigentliche Bedeutungserwerb. Erst wenn Wörter durchgängig als Symbol gebraucht werden, können sie eine feste Bedeutung tragen. "Der Bedeutungserwerb ist dynamisch, lang andauernd und verläuft verdeckt, und er basiert auf der komplexen Interaktion zweier sich entwickelnder Systeme, des kognitiven Systems und des linguistischen Systems" (Rothweiler & Meibauer 1999:18). Dies zeigt sich daran, dass Kinder zuerst den Geltungsbereich eines Wortes stark beschränken oder dass sie ihn stark ausdehnen, so dass Kinder auch ein Wort für unterschiedliche Objekte verwenden, die jeweils eine eigene Bezeichnung haben. Die ersten Wörter, die Kinder gebrauchen, werden gerne über- oder unterdiskriminiert. Grimm (1998) berichtet von einem Kind, das das Wort Auto nur angesichts eines speziellen roten Autos benutzte oder andersherum von Kindern, die das Wort Wawa neben den Hunden der Familie auch für alle weiteren kleinen Tiere nutzten (vgl. Szagun 1996). Ebenso lässt sich der Weg von einer Unter- zur Überdiskriminierung zeigen: Villiers und Villiers (1992:352) zeigen, dass Adam mit zwölf Monaten das Wort "duck" nur für seine drei gelben Enten in der Badewanne anwandte. Nach einigen Wochen benutzte er "duck" auch für andere Spielzeugenten, nicht aber für richtige Enten. Fünf Monate später übergeneralisierte er das Wort und bezeichnete damit alle Wasservögel und auch Abbildungen von Wachteln.

Über- und Untergeneralisierungen werden vorgenommen, wenn das Kind noch keine vollständige mentale Bedeutungsrepräsentation zu dem Wort aufgebaut hat.

Kindern weisen neue Wörter schnell einer semantischen Klasse zu (z. B. ein Farbname), wesentlich länger dauert es jedoch, die Wörter einer semantischen Klasse zu differenzieren. Bis Unterschiede erkannt und Beziehungen zwischen den Begriffen hergestellt werden, so dass ein Wort verwandt werden kann, vergeht noch etwas Zeit, wie das Beispiel aus Miller (2001) zeigt: Erzieherinnen im Kindergarten haben festgestellt, dass ihre Kinder noch nicht die Farbe Oliv kannten. Daraufhin lackierten sie zwei Tabletts, eines in der Farbe Oliv und eines in Blau und benannten das olivfarbene Tablett *chromern*. In der folgenden Zeit wiesen sie die Kinder häufig an, das chromernfarbene Tablett zu holen. Bei einem folgenden Test konnten die Kinder zwar noch nicht die Farbe dem Begriff zuordnen, sie wussten aber schon, dass das Tablett nicht blau, grün, gelb oder rot war. Erst später benutzten die Kinder das Wort *Chromern* für die Farbe Oliv.

Um ein neues Wort zu erwerben, müssen sowohl seine Bedeutung identifiziert als auch mögliche Wortformen erkannt werden. Schon nach zweimaligem Hören oder Sehen übernehmen Kinder neue Wörter in das mentale Lexikon auf. Dort wird es in den passiven Speicher überführt, ohne dass genaue Aussagen über das Wort gegeben werden können. Dennoch fängt das Kind an, Hypothesen über die gesamte Wortbedeutung sowie über mögliche Wortformen zu bilden. Jedes weitere Hören oder Sehen des Wortes trägt nun dazu bei, dass auf dieses Fundament zurückgegriffen werden kann und die Hypothesen über Bedeutung und Form des Wortes erweitert oder eingeschränkt werden. Die ersten Informationen sind in der Regel zu ungenau, deswegen wird das Wort noch nicht in der Produktion von Sätzen benutzt. Diese erste Phase des Kennenlernens eines Wortes nennt Crais (1992) fast mapping. Die erste Speicherung ist meistens noch sehr fragil und verblasst rasch, wenn keine Wiederholungen auftreten. Erst

nach einer länger andauernden Phase, in der der Begriff graduell ausdifferenziert wird, wird er auch in den aktiven Wortspeicher übernommen und in Produktionen benutzt.
Aber wie lernen Kinder überhaupt Wörter, also beziehen bestimmte Lautfolgen auf Objekte? Nach der philosophischen Argumentation von Quine (1960) besteht eine unendlich große Möglichkeit, wie ein Wort den Verhältnissen in der Welt zugeordnet werden kann. Damit es Kindern gelingt, Gegenständen Wörter zuzuordnen, müssen einschränkende Hypothesen zu Grunde liegen. Markmann (1990) formuliert drei solcher Einschränkungen (constraints):

1. Ganzheitsannahme, ein neues Wort wird auf das ganze Objekt bezogen.
2. Taxonomieannahme, Wörter werden ebenfalls auf Gegenstände gleicher Art bezogen.

Diese beiden Beschränkungen besagen, dass das Wort Kaninchen auf das Tier und nicht nur die Ohren oder das Fell bezogen wird, ebenso für alle Tiere gleichen Aussehens.

- Disjunktannahme, die besagt, dass ein Objekt nur eine Bedeutung hat. Das Wort Fell kann sich im Zusammenhang mit einem Kaninchen, für das schon das Wort bekannt ist, nicht auf das Tier beziehen, sondern nur auf Objektteile.

Markmann (1989) hat eine Reihe von Untersuchungen durchgeführt, die zeigen, dass Kinder benannte Objekte taxonomisch, unbenannte Objekte thematisch ordnen. Schon vierjährige Kinder entscheiden auf Grund einer Kategoriezugehörigkeit eines Wortes über Merkmale und Eigenschaften der Wortbedeutung, als auf Grund einer perzeptuellen Ähnlichkeit. Gelmann/Markmann (1986) haben Kindern Abbildungen einer Fledermaus, einem Flamingo und einer Amsel gezeigt und den Flamingo und die Amsel als Vogel, die Fledermaus als Fledermaus bezeichnet. Die Abbildungen zeigten aber eine perzeptuelle Ähnlichkeit zwischen der Amsel und der Fledermaus, da beide mit ausgebreiteten Flügeln abgebildet waren. Anschließend bekamen die Kinder Informationen zum Flamingo (er füttere seine Kinder mit Brei) und der Fledermaus (sie füttere ihre Kinder mit Milch). Die Probanden sollten daraufhin entscheiden, wie die Amsel ihre Kinder füttere. Durch die Zugehörigkeit zur gleichen Objektkategorie entschieden sich die Kinder für Brei als Futter für Amselkinder.

Neben Substantiven benutzen Kinder auch schon Verben und Adjektive, deren Bedeutung sie sich nicht aus der Umwelt, sondern nur aus grammatischen Kategorien entnehmen können. Die Nutzung prosodischer Informationen trägt zum Grammatikerwerb bei und hat eine "bootstrapping-Funktion" für den Bedeutungserwerb. Nach Untersuchungen von Weisenborn (2000) können Kinder bereits mit 0;7 unbetonte Funktionswörter (Artikel, Pronomina, Präpositionen) in einem Text wahrnehmen und analysieren diese mit 0;10 als eigenständige Einheit. Im Alter von 2;0 verstehen die Kinder Sätze mit grammatikalisch korrekt verwendeten Funktionswörtern besser als Sätze mit fehlenden oder falsch verwendeten Funktionswörtern.

Die Syntax spielt eine Rolle beim Erwerb aller Wortarten, da die Bedeutung mancher Wörter demselben Ereignistyp zuzurechnen ist, es sich aber um unterschiedliche Perspektiven handelt, wie zum Beispiel bei "*jagen*" und "*fliehen*". Außerdem gibt es Verben, deren Bedeutung man nicht sehen kann (*wissen, denken*). Kinder erschließen hier aus dem Satzrahmen, in dem das Wort vorkommt, die Bedeutung.

Nach Grimm (1998:53, vgl. auch Menyuk 1998) gibt es drei Phasen der lexikalischen Entwicklung:

Phase	Merkmale	Theoretische Erklärung
Früher Worterwerb ab dem 10. Lebensmonat	Pragmatischer Gebrauch: soziale Wörter, spezifische Benennungen	Assoziative Verknüpfungen im sozial-interaktiven Kontext
Benennungsexplosion schnelles Wortlernen ab dem 18. Monat	Übergeneralisierungen Überdiskriminierungen	Ganzheits-, Taxonomie- und Disjunktionsconstraints
Schnelles Wortlernen für Verben und andere relationale Wörter ab dem 30. Lebensmonat	Verwechslungen wie zwischen "geben" und "nehmen"	Syntaktische Merkmale als Steigbügelhalter (Bootstrapping)

Abb. 8: Phasen der lexikalischen Entwicklung, vgl. Grimm (1998:53)

"Die zunehmende Erweiterung und Verfeinerung des lexikalisch-semantischen Systems führt zur Erschließung vielfältiger Sinnbereiche und Wortfelder. Lexikalische Taxonomien werden differenzierter, semantische Kategorien und Bedeutungsrelationen werden besser erfasst" (Kauschke 2000:35).

6.3.2 Wortschatzentwicklung bei Deutsch als Zweitsprache-Lernern (DaZ)

Die Wortschatzentwicklung von frühen L2[22] Sprechern verläuft ähnlich der Entwicklung monolingualer Kinder, wie eine Untersuchung von Jeuk (2003) zeigt: Untersucht werden neun Probanden mit Türkisch L1, die ein Jahr lang wöchentlich im Kindergarten besucht und ihre Spontansprache aufgenommen wurde. Sie erwerben zwischen 6-262 types (drei Kinder erwerben mehr als 200 types, sechs weniger als 120). Ihr Wortschatzerwerb und ihre Komposition sind mit monolingualen Sprechern vergleichbar. Die

---

[22] L2 steht für Language 2, also die Sprache, die ungesteuert nach einer Erstsprache erworben wird.

Kinder, die einen Zugewinn von mehr als 200 types haben, verwenden unterschiedlichere semantische Ausdrucksweisen, als die mit weniger Zugewinn. Ersetzungen, Korrekturen und Mischungen finden auch bei den schnellen Lernern mehr Verwendung.

Auch bei der Wortschatzentwicklung von Deutsch als Zweitsprache-Lernern, kann man eine Erwerbshierarchie erkennen, die dem Erwerb in der L1 ähnlich ist. Zudem bauen Lerner eigenaktiv Wortschatz auf durch und mit produktiven Regeln, was an den gemachten Fehlern erkennbar wird.

Ott (1997) führt eine empirische Längsschnittuntersuchung zum Wortschatzerwerb in Deutsch als Zweitsprache durch, bei der vier Probanden, die sich erst kurze Zeit in Deutschland aufhalten und vorher kein Deutsch gelernt hatten, beobachtet werden. In ihrem Treatment werden die Probanden aufgefordert, eine Geschichte zu Situationsbildern und/oder Bildergeschichten zu erzählen. Dies geschieht in entspannter Atmosphäre und ohne Zeitdruck. Die Äußerungen der Probanden werden auf Band aufgenommen und transkribiert. Nach einer Pause von drei bis vier Monaten findet eine erneute Aufnahme unter gleichen Bedingungen statt. Die Untersuchung kommt zu folgenden Ergebnissen: Zuerst werden Substantive, darauf Verben und im Anschluss die restlichen SAVA-types,[23] also Adjektive und Adverbien erworben. Neue Wortformen werden gemäß produktiven Wortbildungsregeln produziert (flektierte Formen, Kompositabildung), die Wörter werden als Komponenten in anderen lexikalischen Zusammenhängen verwandt und finden Verwendung in weiteren kontextuellen Bezügen. Dies spricht also nicht für einen ausschließlich von außen gesteuerten Aufbau des Lernlexikons, sondern für eine eigenaktive, regelgeleitete Sprachproduktion. Dass solche Strategien existieren, wird in lexikalischen Fehlproduktionen erkennbar. Übergeneralisierungen spielen anders als im Erstspracherwerb kaum eine Rolle, die Probanden haben also schon eine mentale Repräsentation des Wortes in ihrer Erstsprache.

7 Orthographie

Kapitel sieben behandelt die Orthographie, die sowohl an der Oberfläche als auch in ihren Tiefenstrukturen von zentraler Bedeutung für das Textverfassen ist und deswegen großen Raum im Interventionsteil der Studie einnimmt.

Als Oberflächenphänomen gilt sie als ein (vermeintlich) objektives Kriterium und wird deswegen häufig zur Beurteilung der Gesamtqualität eines Textes genutzt. So bewerten beispielsweise die meisten Handwerksmeister aus einer Erhebung von Knapp, Pfaff, Werner (2007) die Leistungen ihrer Auszubildenden im Textverfassen als schlecht. Da-

---

[23] SAVA, in der Benutzung von Augst (1984) steht für Substantive, Adjektive, Verben, Adverbien, types sind die Menge der vorkommenden Wortformen, die zu einem bestimmten Lexem gehören.

bei begründen sie ihr Urteil nur über eine fehlerhafte Orthographie, kein Meister spricht über die tatsächlichen konzeptionellen Qualitäten der Auszubildenden beim Schreiben.

Richtig schreiben zu können, gehört zu den Indikatoren, nach denen der Nationale Pakt für Ausbildung und Fachkräftenachwuchs in Deutschland Ausbildungsfähigkeit beurteilt (vgl. Bundesagentur für Arbeit 2006). Zu den Kompetenzen, die für eine erfolgreiche Ausbildungsfähigkeit sprechen, zählt der Bereich (Recht-)Schreiben. Entsprechende Anzeigen des Merkmals Rechtschreibung sind, dass die Grundregeln der Rechtschreibung und Zeichensetzung gekannt und angewendet werden. Ebenso müssen häufig vorkommende Wörter richtig geschrieben werden können (vgl. Bundesagentur für Arbeit 2006:23).

Die Rechtschreibung stellt aber auch schon früher ein Bewertungskriterium für Schülerleistungen dar. Beispielweise ist das Rechtschreiben die wichtigste Prädiktorvariable beim Übergang in eine weiterführende Schule (vgl. Roeder & Schmitz 1993).

Die Muttersprache mündlich und schriftlich beherrschen zu können ist nach einer Umfrage des Allensbacher Institut für Demoskopie (vgl. Piel 1999:22) mit Abstand der wichtigste Gesichtspunkt, den die Bevölkerung auf die Frage, was Kinder in der Schule unbedingt lernen sollten, angibt. Der Bereich *sehr gute Deutschkenntnisse, gute Rechtschreibung* enthält bundesweit 73% Zustimmung, gefolgt von 53% Zustimmung dafür, dass die Schule moderne Sprachen wie Englisch, Französisch und Spanisch vermitteln soll.

"Die vollständige Beherrschung der für den schriftlichen Sprachgebrauch geltenden Normen (sind) nach dem Verständnis der Öffentlichkeit, einschließlich der meisten Lehrer, grundlegendes Merkmal der Zugehörigkeit zur bildungstragenden Schicht geblieben" (Eisenberg, Spitta, Voigt 1994:14).

Orthographie ist andererseits als Tiefenphänomen von zentraler Bedeutung für das Textverfassen. Beim Verfassen von Texten stellt sich der Schreiber parallel zum Niederschreiben auch – mehr oder weniger bewusst – die Frage, ob die geschriebenen Wörter orthographisch richtig sind. Damit wird Orthographie zu einem potentiellen Mitkonkurrent um Arbeitsgedächtniskapazitäten. Studien aus Frankreich von Fayol, Largy und Lemaire (1994) oder Largy, Chanqoy und Dedeyan (2004) bestätigen, dass es Schülern Schwierigkeiten bereiten kann, neben dem Niederschreiben von Texten, Wörtern oder Sätzen auf Orthographie zu achten. Wie wichtig Automatisierungsprozesse im Orthographieerwerb sind, zeigen auch Beispielschreibungen von Grundschülern, die Wörter in freien Texten falsch schreiben, die sie im Diktat schon sicher beherrschen. Durch die erhöhte kognitive Belastung beim Verfassen eigener Texte, wird das Arbeitsgedächtnis überfordert und es stehen nicht mehr genug Kapazitäten für die orthographisch richtige Schreibung zur Verfügung.

Der Prozess läuft jedoch – nicht nur bei Grundschülern – auch andersherum ab und die Überlegungen über die richtigen Schreibungen rauben kognitive Kapazitäten für höherrangige Denkprozesse, die sich positiv auf konzeptionelle Teile des entstehenden Textes auswirken könnten. Auch May (2001:76) vertritt diese Ansicht. Nach seinen Untersuchungen fällt es schwachen Rechtschreibern schwerer, einen guten Text zu verfassen, da sie viel Energie auf die Orthographie verwenden, die für den Textherstellungsprozess verloren geht.

Wie das Kapitel zeigen wird, stellt sich der Orthographieerwerb als ein (individuelles) Finden von Strukturen dar; er wird durch die Einsicht in Formen, Normierungen und Analogien unserer Schreibungen erworben und durch fortlaufendes Ausführen und somit Üben kompiliert und mental transferiert, so dass schließlich Prozeduren[24] ausgebildet werden, weswegen sich ein kombiniertes Verfahren mit Wortschatzarbeit und Orthographie, wie in der Studie angewendet, sehr gut eignet. Die Intervention ist so aufgebaut, dass Wörter erworben werden, und da dies schriftlich geschieht, wird zusätzlich über eine besondere Systematik in der Einführung und Progression der Wörter ein positiver Einfluss auf die Rechtschreibung genommen. Das folgende Kapitel stellt dies ausführlich vor. Begonnen wird mit einem kurzen, einführenden Überblick über die Beschaffenheit von orthographischen Regeln, wobei eine Haltung eingenommen wird, die den Regeln, die im bestehenden orthographischen Regelwerk formuliert sind, einen "Status Quo" (vgl. Ossner 2009:6) unterstellt. Insbesondere für den Erwerb der Orthographie, der zentral in diesem Kapitel behandelt wird, ist es wichtig, sowohl dem Charakter von orthographischen Regeln analytisch zu begegnen als auch das Wesen und den Aufbau der Schrift zu kennen, um darauf aufbauend entsprechende Lernwege zu entwickeln. Das Kapitel wendet sich dementsprechend zuerst der analytischen Seite des Schriftsystems zu, bevor der didaktische Blickwinkel eingenommen wird und gefragt wird, wie Kinder lernen, orthographisch richtig zu schreiben und auf welcher kognitiven Basis Rechtschreibung nach dem Anfangsunterricht stattfindet. Auf Grundlage dieser Einsichten wird sich das Kapitel im Weiteren den verschiedenen Lernweisen widmen, die für die Rechtschreibung förderlich sind und empirische Evidenz für die aufgestellten Thesen liefern.

---

[24] Wie schon an anderer Stelle erwähnt, spricht Eichler in seinen Veröffentlichungen von der Bedeutung der "inneren Regeln", "eigenaktiven Regeln" oder von "Eigenregeln" für den Erwerb der Orthographie, neuere didaktische Modelle sprechen davon, dass sich der Lerner ein mentales Modell des Lerngegenstandes aufbaut, welches er zunehmend ausdifferenziert. Auf die Rechtschreibung übertragen möchte ich von der Ausbildung von Prozeduren sprechen, um den Begriff der "eigenaktiven *Regel*" nicht übernehmen zu müssen, da die mit dem Wort *Regel* verbundene Normvorstellung im Gegensatz zu dem Weg steht, den ein Lerner beschreitet, wenn er mental Wissen umstrukturiert. Diese Wissensumstrukturierungen, die wir auch als Lernen bezeichnen, sind ein individueller Prozess, der am ehesten vergleichbar ist mit der Art und Weise, wie man das Autofahren gelernt hat. Auch hier würde niemand sagen, dass er nach *Eigenregeln* Autofährt.

Im Folgenden werden durch theoretische und empirische Daten Schwierigkeiten und Fehlerschwerpunkte in der Rechtschreibung in der Sekundarstufe I in den Blick genommen und die Arbeit mit einem Grundwortschatz als eine Methode vorgestellt, die Rechtschreibung auch noch in der Sekundarstufe I zu verbessern, da in der empirischen Studie mit einem Grundwortschatz gearbeitet wurde.

Da sich eine Förderung der Orthographie als besonders effektiv erweist, wenn sie einer Systematik folgt, sind die Wörter des Grundwortschatzes, der die Basis für die Wortschatzarbeit ist, in Silben gegliedert. Deswegen wird im weiteren Text die Bedeutung, die der Silbe für den Auf- und Ausbau der Orthographie zukommt, näher beleuchtet und dargestellt, welche unterstützende Wirkungen eine in Silben gegliederte Wortschatzarbeit für den Orthographieerwerb haben kann. Dazu wird zuerst anhand der Literatur Evidenz dafür erbracht, dass die Silbe eine sprachliche Verarbeitungseinheit ist, auf deren Grundlage Schreibungen ausgeführt werden. Nachdem durch empirische Untersuchungen bestätigt wird, dass Schüler einen Zugang zur Silbe haben, werden didaktische Konzepte, die auf der Silbe basieren, vorgestellt. Anschließend wird der Silbenbegriff erläutert, der Grundlage meiner Untersuchung ist, zuerst wird jedoch auch kurz auf andere Silbenbegriffe hingewiesen.

7.1 Orthographiesystem

7.1.1 Der Aufbau der Orthographie

Die Notwendigkeit, Mitteilungen über größere Räume hinweg zu übermitteln, macht die schriftliche Fixierung von Gedanken nötig. Die Entwicklung der Schrift stellt dabei einen Prozess dar, der über viele Jahrtausende hinweg stattfand und äußerst facettenreich ist. Obwohl Nerius (1987) unsere heutige Orthographie als Konventionen angibt, die auf kodifizierten Normen basieren, möchte ich die Orthographie als ein System beleuchten, das auf Konventionen beruht. Darüber hinaus fließen aber auch Sprachwissen als Schematismen und Vorschriften in die Beschreibung der Orthographie mit ein (vgl. Ossner 1996). Dies lässt sich anhand unterschiedlicher Wortschreibungen darstellen.[25] Solch eine Unterscheidung zu treffen ist besonders für den Erwerb der Ortho-

---

[25] Die ausführliche Beschreibung verschiedener Falldarstellungen findet sich in Ossner (2010:83). Er unterscheidet sieben Fälle, die zeigen, dass wir nicht nur auf der Basis von Konventionen sondern auch Vorschriften, Schematismen und Regelmäßigkeiten schreiben. Unsere Schrift basiert sowohl auf einer alphabetischen Basis, die eine weitestgehend geregelte Zuordnungen von Phonemen zu Graphemen hat. Wir halten als Dienst für den Leser Wortverwandtschaften konstant *(Wald-Wälder)*, auch hier existieren keine glaubhaften Alternativen, so dass keine Konvention vorliegt, sondern wir auf der Basis von Sprachwissen schreiben. Ebenfalls kann bei Schreibungen wie *brandschatzen* aus dem genannten Grund keine Konvention vorliegen. Anders verhält es sich mit Schreibungen wie *Eltern, Vieh* oder *Lohn.* Diese sind Konventionen, da es alternative Schreibungen gäbe, die wir aber nicht benutzen. Hingegen ist eine Graphie wie *Eis laufen* oder *des Weiteren,* wie sie in der neuen Regelung festgelegt wurde, eher eine Vorschrift denn eine Konvention, da die Gemeinschaft eher *eislaufen* schreiben würde.

graphie wichtig, da Regularitäten und Schematismen, die auf Sprachwissen beruhen, anders gelernt werden können als Konventionen oder Vorschriften. Wohingegen es bei einem Schematismus darauf ankommt, dem Lerner die Regelmäßigkeit und das dahinter stehende Sprachwissen vorzuführen und ihn an ausgewähltem, geschriebenem Wortmaterial Analogien ausbilden zu lassen, auf denen er im Weiteren schreibt, ist es für den Erwerb einer Konvention vorteilhafter, wenn die Gründe aufgezeigt werden können, die zur Einführung der Konvention geführt haben. Vorschriften hingegen sind Einzelfälle und müssen deswegen auswendig gelernt werden. "Wie jedes historisch gewachsene Gebilde kann auch die Orthographie nicht stringent aus einem Guss beschrieben werden, sondern als System mit Ideosynkratien (Ausnahmen). Für das Lernen bedeutet dies, dass scharf zwischen dem Teil, der systematisch erworben werden kann, und dem, der fallweise erworben werden muss, unterschieden werden sollte, da beide verschiedene Lernweisen nach sich ziehen" (Ossner 2010:8).

Im folgenden Kapitel sollen deswegen zuerst kurz die Systematik der Orthographie und ihre Grenzen aufgezeigt werden, um daran anschließend den Erwerb der Orthographie und verschiedene Lernweisen darzustellen. Im Anschluss wird der für die Wortschatzarbeit gewählte Lernweg ausführlich dargelegt und erläutert.

7.1.2 Das alphabetische Prinzip

Zu den Eigenschaften verschrifteter Sprachen zählt es, dass ihre Einheiten eine phonologische und eine graphemische Formseite haben, wie der Ausdruck "verschriftete Sprache" schon besagt. In semiasographischen Schriftsystemen, in denen Tonsprachen schriftlich fixiert werden, bilden die Zeichen häufig noch in einer bestimmten Form die Gegenstände ab, die sie benennen. Die Formen sind sinntragend, ein Schriftzeichen steht in der Regel für ein Wort, für eine Bedeutung. Um ein semiasographisches Schriftsystem zu schreiben, müssen die einzelnen Zeichen reproduziert werden, wozu eine Voraussetzung ist, dass möglichst viele Formen behalten werden. Damit ist die schriftliche Fixierung eines semiasographischen Schriftsystems eine Herausforderung an die Gedächtnisleistung und unbekannte Wörter und Pseudowörter können nicht geschrieben werden.

Bei Alphabetschriften hingegen kommt der graphischen Gestalt, den Buchstaben, keine eigene Bedeutung zu; sie stellen lediglich einen mehr oder weniger eindeutigen Lautwert dar, der durch die Zuordnung von Phonemen zu Graphemen gebildet wird (vgl. Bierwisch 1972). Dadurch wird die Aufzeichnung wesentlich erleichtert. Gelernt werden müssen nur die ca. 25-30 Zeichen, die das jeweilige Alphabet ausmachen und die Zuordnung der Laute zu den Buchstaben. Hier gibt es Unterschiede: Sprachen, die eine relativ direkte Zuordnung von Phonemen zu Graphemen haben (flache Systeme, wie beispielsweise das Spanische), und Sprachen, bei denen die Zuordnung nicht direkt erfolgen kann, da sie durch morphologische und silbische Einflüsse überformt sind (vgl. Eisenberg 1994, Friedrich 1994). Das Deutsche stellt so eine Sprache dar. Die Zuordnung von Lauten zu Buchstaben erfolgt nicht eindeutig, wie beispielsweise aus der Übersicht über die Zuordnung der Phoneme zu den Graphemen von Nerius (1987:85 ff.) deutlich wird. Es existieren mehr Laute als Buchstaben. Bei einer Auszählung der Lauttreue der deutschen Orthographie gemessen an Wörtern, die im Kaeding Corpus (1898) eine hohe Textfrequenz erzielen, ermittelt Naumann (1989a), dass die deutsche Lauttreue bei Konsonanten 81% beträgt. Bei Vokalen stellt sich die Messung nicht so eindeutig dar: Naumann kommt zu einem gewichteten Mittel von 73% bei Konsonanten- und Vokalverschriftung bei strenger Definition (Naumann 1989a:97ff). "Man kann im strengen Sinne des Wortes nicht schreiben, wie man spricht" (Eisenberg 1994:25).

7.1.3 Funktionen von graphischen Zeichen

Die Schreibung als graphische Form erfüllt verschiedene Funktionen. Einerseits möchte man Inhalte durch graphische Formen aufzeichnen und andererseits möchte man diese Inhalte auch wieder aus den graphischen Formen entnehmen, also erfassen können. An die graphische Form sind dadurch zwei grundsätzlich unterschiedliche Anforderungen gestellt, je nachdem, ob man sich den Formen als Schreiber oder Leser bedient. Für den Schreiber steht die Aufzeichnungsfunktion der Schrift im Vordergrund. Sein Interesse ist darauf gerichtet, dass Schreibungen aus möglichst einfachen und nachvollziehbaren Strukturen bestehen, die leicht beherrsch- und erlernbar sind. Er wünscht sich also zum Beispiel möglichst eindeutige Zuordnungen von Phonemen zu Graphemen.

Der Leser hingegen möchte schnell Informationen aus den graphischen Zeichen entnehmen können. Damit hierzu nicht das laute Vorlesen nötig wird, werden Wortformen in der geschriebenen Sprache konstant gehalten, auch wenn diese an der sprachlichen Oberfläche (durch Auslautverhärtung, Umlaut, Spirantisierung, silbische Variation etc) anders realisiert werden. Durch die Schrift werden silbische, grammatische und morphematische Formen erfasst, denn nur durch die konstante Erhaltung des Wortstammes kann das Wortbild verwandt bleiben und dadurch leichter auf die Wortfamilie geschlossen werden (Beispiel: *will* mit <ll> wegen *wollen* und *Berg* mit <g> wegen *Berge*). Teilweise werden zur Unterscheidung des Wortstammes zusätzliche graphische Auszeichnungen von besonderen Positionen in manchen Wörtern nötig (Bsp. mahlen-malen, Seite-Saite) (vgl. Weinhold 2005, Nerius 1987:22).

Als weitere Unterstützung für das schnelle Lesen (vgl. Bock 1989) werden Substantive groß geschrieben und syntaktische Strukturen und propositionale Gliederungen schließlich durch Punktion und Interpunktion angezeigt (vgl. Ossner 2006:147).

Zusammenfassend kann man festhalten, dass die deutsche Orthographie die Bedürfnisse des Schreibers und Lesers bedient, die teilweise historischen Ursprungs sind. Dabei wird ihr die Aufgabe gestellt, sowohl die Aufzeichnungs- als auch die Erfassungsfunktion optimal zu vereinen. Unsere Schreibungen spiegeln im alphabetischen Prinzip die Anforderungen der Aufzeichnungsfunktion wieder, jedoch wird dieses durch unterschiedliche Prinzipien überformt, die gemeinsam der Erfassungsfunktion angehören. Die orthographischen Regelungen sind somit die Festlegung der Graphie in einem bestimmten Sinne, gebunden an die Randbedingungen der Optimierungsaufgabe, das Erlesen von Texten zu ermöglichen (vgl. Maas 1992:9). Da sie grammatische Strukturen auf der Laut-, Morphem-, Satz- und Textebene abbildet, ist unsere Orthographie nach Maas (1992) grammatisch fundiert.

Den Aufbau der Orthographie kann man mit Ossner (1996) in Form einer Pyramide darstellen. Das Format eignet sich gut für didaktische Zwecke. Eine andere Darstellungsform, die ebenfalls für die Schule gefunden wurde, wählt Naumann (2004). Er stellt den Aufbau der Orthographie in Form eines Hauses dar, wobei jedoch manche Geschosse des Hauses nur über Umwege zu erreichen sind, wodurch die Übersichtlichkeit erschwert wird.

> Ein Text wird optimiert: →Worttrennung
> am Zeilenende.

> Ein Text wird gegliedert in Sätze, Sätze in Teile. Die
> Interpunktion setzt Zeichen.
> → Meine Tante, meine Oma
> und ich fuhren an die Ostsee,
> nachdem wir uns...

> Die wichtigsten Wörter für das schnelle Lesen eines Textes werden
> groß geschrieben,
> → die Substantive: Meine Eltern
> freuen sich auf unseren Besuch.

> Was eine Bedeutung ausmacht, wird als ein Wort geschrieben:
> Haus + Tür = Haustür

> Unser Sprachwissen wird berücksichtigt. Wir halten Formen von Wörtern konstant;
> was sprachlich verwandt ist, erscheint im Wortbild verwandt:
> se<u>h</u>en → sie<u>h</u>st; wo<u>ll</u>en → wi<u>ll</u>, W<u>a</u>ld, W<u>ä</u>lder

> Alphabetische Schrift:
> Es gibt eine irgendwie geartete Zuordnung von Buchstaben (Graphemen) zu Lauten
> (Phonemen)

Abb. 9: Aufbau der deutschen Orthographie, vgl. Ossner (1996)

Andere Autoren, die sich weniger an schulischen Kontexten orientieren, geben den Aufbau der Orthographie in anderen Terminologien wieder. Im Kern finden sich jedoch nur wenig Abweichungen zum oben gegebenen Modell. So wählt beispielsweise Eisenberg den Ausdruck Prinzipien, denen die deutsche Graphemkombinatorik folgt, und unterscheidet dabei zwischen einem Kern- und einem Peripheriebereich. Im Kernbereich beschränkt er sich auf vier Prinzipien: das phonographische, das silbische, das morphologische und das wortübergreifende Prinzip (vgl. Butt & Eisenberg 1990). Das phonographische Prinzip ist basal, denn es regelt die Laut-Buchstaben-Zuordnung, worauf sich das silbische Prinzip aufbaut, da Eisenberg die Orthographie silbisch fundiert. Des Weiteren halten wir beim Schreiben Wortformen konstant, um das Wort einer Wortfamilie zuordnen zu können (z. B.: *mahlst-* wegen *mahlen*), dies wird im morphologischen Prinzip geregelt, was den Ansprüchen der Erfassungfunktion der Schrift nachkommt. Mit dem wortübergreifenden Prinzip werden, wie der Name schon sagt, alle Formen geregelt, die über ein Wort hinausgehen, wie beispielsweise die Getrennt- und Zusammenschreibung (vgl. Eisenberg 1995:60 ff.).

7.2 Orthographiedidaktik

Das folgende Kapitel beantwortet die Fragen: Wie erlernen Kinder orthographisch richtig zu schreiben? Welche Wege beschreiten sie dazu und welche mentalen Verknüpfungen bilden sie aus[26]? Auf der Grundlage dieser Einsichten wird sich das Kapitel den verschiedenen Lernweisen widmen, die für die Rechtschreibung förderlich sind und diese auch empirische belegen.

7.2.1 Erwerb der Orthographie

Kinder beginnen häufig schon vor Schuleintritt Wörter zu "erlesen". Sie erkennen markante Details eines Wortes oder Schriftzuges und lassen sich sagen, was dort steht. In der Folge memorieren sie diesen Schriftzug oder seine markanten Details und schließen aus diesem auf das Wort, welches die Kinder nennen, wenn sie das (Wort-)bild sehen. Die Kinder befinden sich in der logographemischen Phase, bei der eine Umrissform für ein Wort steht. Später, wenn das Wortbild als Ganzes gespeichert wurde, kann es auch als Abbild aus dem Gedächtnis gemalt werden. Der Prozess, der dabei abläuft, ist dem Malen ähnlich, da die Kinder Striche und Linien zeichnen, sich aber nicht bewusst darüber sind, dass es sich um einzelne Buchstaben handelt und diese einen Lautwert darstellen. So existieren für Heike, wie das Beispiel aus Twiehaus (1979) zeigt, verschiedene Bilder, die ihrer Ansicht nach alle ihren Namen darstellen.

---

[26] In der Forschung wird die Entwicklung im Lesen und Schreiben getrennt voneinander untersucht und beschrieben, da Lesen nicht die Reversierung des Schreibprozesses ist (vgl. Thomé 2006). In der folgenden Vorstellung des Rechtschreiberwerbs wird der Leseerwerb aber gestreift, da er sich aus der Diskussion von Entwicklungsmodellen, wie dem hier vorgestellten von Uta Frith (1985) ergibt. Heute liegen zahlreiche Schriftspracherwerbsmodelle vor, die sich alle auf das Modell von Frith beziehen, es erweitern, manchmal in einigen Stellen verkürzen oder die Phasen anders benennen und untergliedern. Damit ist das Modell von Frith zwar das älteste Modell, es stellt aber nach wie vor eine umfassende Basis für den Erwerbsverlauf dar (zu weiteren Schriftspracherwerbsmodellen vgl. Brügelmann 1984; Balhorn 1985; Dehn 1978, 1983; Günther 1995; May 1990; Thomé 2006).

Abb. 10: Beispiel für Namensschreibungen eines Kindes in der logographemischen Phase, vgl. Twiehaus (1979:150) nach Günther (1986)

Logographemisches Schreiben bedeutet, dass eine Vielzahl von Zeichen und ihre Kombinationen im Gedächtnis gespeichert werden und abrufbar sind. Für ein Kind hat ein Wort noch keine in sich gegliederte Gestalt, es stellt vielmehr eine abstrakte Form dar, die gemalt wird und als Ganzes eine Bedeutung trägt. Da diese Form des "Schreibens" sehr aufwändig und zudem reichlich fehleranfällig ist, entwickeln Schulkinder – auch durch schulische Unterweisung – eine innere Gesetzmäßigkeit über die Schrift und damit über das Verhältnis zwischen Lauten und Buchstaben, nämlich, dass Buchstaben für Laute stehen. Dies ist der "Dreh- und Angelpunkt des Rechtschreiberwerbs " (Eichler 2004:181) bei einer alphabetischen Schrift. Kinder bilden Einsichten über die Zuordnungen von Lauten zu Buchstaben, die ihnen prozedural zur Verfügung stehen, aber nicht explizit verbalisiert werden können. Anhand der Schreibfehler sind die neu gewonnenen Einsichten jedoch zu erkennen. Das Kind verhält sich analytisch gegenüber der Lautseite der Sprache und unternimmt bewusste Handlungen, um Zuordnungen zu Buchstabenformen zu finden. Diese Phase nennt man alphabetische Phase. Der entscheidende Übergang im Schriftspracherwerb von einer protoalphabetischen zu einer alphabetischen Phase wird im Aufbau von mentalen Repräsentationen gesehen, in denen Lautform und Bedeutung getrennt sind (vgl. Günther 1995). Das Kind lernt Form und Bedeutung einer Sache analytisch zu trennen, was sowohl die Vorbedingung als auch das Ergebnis eines erfolgreichen Schriftspracherwerbs darstellt. In der alphabetischen Phase erfahren Schreiblerner das phonologische Prinzip unserer Orthographie. Durch Schrift werden Inhalte aufgezeichnet, in einer für den Schreiber optimalen Form, nämlich phonographisch.

Das Sequenzprinzip, das beim Schreiben erworben und vertieft wird, überträgt sich schließlich auf das Lesen, was zum Lesestottern führt. Wörter, die bisher flüssig gelesen werden konnten, werden nun in einzelne Buchstaben-Laut-Korrespondenzen zerlegt und mosaikartig gelesen (vgl. Ossner 2001). Im Lesen beginnen Kinder schließlich größere Einheiten zu erkennen und als Ganzes zu erlesen. Nachdem diese größeren Einheiten häufiger beim Lesen erkannt wurden, werden sie gespeichert und schließlich beim Schreiben angewandt. Auch hier werden keine bewussten Regeln durch den Schreiber erworben, sondern durch eine innere Analyse über wiederkehrende Fehler Regeln ausgebildet. Diese inneren Regeln können nicht ausgesprochen werden und sind erneut nur über das Verhalten des Schreibers, über seine Fehler, erkennbar. Aus Schreibungen wie beispielsweise Hund mit <d> am Ende, obwohl man /t/hört, entsteht eine innere Regel, die heißen könnte: "Wenn man /p/, /t/und /k/am Wortende hört, wird <b>, <d> und <g> geschrieben." Solche gefundenen Gesetzmäßigkeiten werden häufig ähnlich wie beim Erstspracherwerb überdehnt, das heißt, sie werden auch auf Fälle angewendet, in denen keine Auslautverhärtung stattfindet (beispielsweise: kalt => kald, Halt => Hald). Mit dem Eintritt in die orthographische Phase werden Prinzipien unserer Schrift, die durch die dominante Erfassungsfunktion der Schrift an Schreibungen gestellt werden, erkannt und zunehmend beispielsweise als implizit erkanntes Gesetz aus dem Lesen von Texten in Schreibungen übernommen.

Rechtschreiberwerb ist also das Finden von inneren Gesetzmäßigkeiten, die sich in mentalen Repräsentationen niederschlagen. Er beginnt mit dem Abmalen von (mentalen) Wortbildern und verläuft über das alphabetische Prinzip, welches die Basis unserer Schreibung darstellt, aber dennoch nicht der Endpunkt des Erwerbs ist, da alphabetisches Schreiben neben der hohen Fehlerhaftigkeit auch alles andere als prozedural ausgeführt werden kann. Vielmehr ist es der Schritt, erste analytische Einsichten in die Schreibungen zu gewinnen, die noch überformt werden müssen durch orthographische Gesetzmäßigkeiten. Mit dem Eintritt in die orthographische Phase werden schließlich größere lexikalische Einheiten memoriert und beim Schreiben aus einem mentalen Lexikon abgerufen. Die Wörter werden nun nicht mehr ausschließlich durch G-P-K konstruiert, sondern sie können als eine abstrakte Graphemfolge aus dem orthographischen Lexikon abgerufen werden (vgl. Günther 1998). Wie später noch ausführlich beschrieben wird, existieren bei einem geübten Schreiber zwei Wege, wie ein Wort geschrieben werden kann. Neben dem indirekten Weg über die Erzeugung von Graphem-Phonem-Korrespondenzen steht der direkte Weg, bei dem größere gespeicherte graphische Einheiten direkt hingeschrieben werden. Der Erwerb des direkten Weges setzt in der orthographischen Phase ein. Welche und wie viel Einheiten die gespeicherten Graphemfolgen umfassen, ist allerdings in der Wissenschaft umstritten: Werden Wörter (August 1983, Blanken 1991) oder graphemische Teilstrukturen wie Morpheme, Signalgruppen und Silben (vgl. Friedrich 1994; Weingarten 2001a) gespeichert? Auch der Speicherort wird diskursiv gesehen. Hier stehen sich Aussagen zu einem orthographischen Gedächtnis als Speicherstelle (vgl. Friedrich 1994) oder dem mentalen Lexikon (vgl. Blanken 1991) gegenüber. Geht man jedoch von einem modular organisierten, mentalen Lexikon aus, so ist es naheliegend, dass beide Aussagen zutreffen und das orthographische Lexikon ein (Teil-)modul des mentalen Lexikons ist[27].

7.2.1.1   Wissensbasierter Orthographieerwerb

Dass Kinder Rechtschreibung in verschiedenen Phasen erwerben, die sich in Auseinandersetzung mit der Schrift entwickeln und in mentalen Repräsentationen münden, war nicht immer bekannt. Die ältere didaktische Forschung setzte beim Rechtschreiberwerb auf das Einprägen von Wortbildern. Erst seit den Untersuchungen von Stetter (1974) wird Orthographie als ein System gesehen, welchem Regelmäßigkeiten zu Grunde liegen. Heute wissen wir, dass Orthographie weder über das Einprägen von Regeln noch von Wortbildern erworben wird, sondern dass der Orthographieerwerb ein "wissensbasierter" (vgl. Maas 1992) Prozess ist. Dieser Weg konnte in den achtziger Jahren im Zuge der kognitiven Wende durch Untersuchungen von Eichler, Ballhorn und Brügelmann vorbereitet werden. In den Veröffentlichungen der Autoren wurden Fehler im Rechtschreiben als "Fenster" zu den dahinter stehenden Lernprozessen interpretiert. Der Rechtschreiberwerb wurde erstmals als eine zunehmende Ausbildung von "Eigenregeln" (Eichler 1985) und kognitiven Strukturen angesehen. Er war keine unmittelbare Folge des Unterrichts mehr, sondern ein Ergebnis der geistigen Aktivität des Lerners. Dieser Sicht folgt auch die neuere Forschung. Der Schreiber sammelt beim Lesen und Schreiben Informationen, welche später durch Analogien, Assoziationen und Schlussfolgerungen ausgeweitet werden und konstruiert dadurch Systematiken, die er seinem inneren orthographischen System zufügt (vgl. Balhorn 1985a, Brügelmann 1984, Ossner 1998). Schon Kinder im Schriftspracherwerb glauben an Gesetzmäßigkeiten in der Schreibung und suchen nach Regelmäßigkeiten (vgl. Scheerer Neumann 1987).

Evidenz für diese Sichtweise stammt aus Beobachtungen von Schülern, die – auch ohne Eltern- oder Lehrerhilfe – orthographische Systematiken entwickeln. Hinweise dafür bieten:
1. Die kontinuierliche, manchmal aber auch sprunghafte Annäherung an die richtige Schreibung
2. Übergeneralisierungen
3. Verschiedene Schreibungen desselben Wortes (vgl. Eichler 1992, 1985)

Auch Pseudowortschreibungen von kompetenten Schreibern beweisen, dass sie auf der Basis eines inneren orthographischen Systems ausgebracht werden. Kompetente Schreiber wenden bei der Pseudowortschreibung orthographische Regeln an, die we-

---

[27] Evidenz für ein modular aufgebautes, mentales Lexikon, mit getrennten Modulen für die Sprach- und Schriftverarbeitung liefern Aphasiker mit Wortbenennungsschwierigkeiten. Es gibt Patienten, die Wörter nicht benennen, aber schreiben können (vgl. Blanken 1991).

sentlich differenzierter sind, als eine einfache Phonem-Graphem-Zuordnung (vgl. Weingarten 2001).

Dass Rechtschreiben über Analogiebildungen und Assoziationen abläuft, bestätigt auch eine Untersuchung von Löffler (2004). Sie lässt Studenten der Sprachbehindertenpädagogik und Primarlehrerinnen Pseudowörter schreiben, die jeweils in einen Satzzusammenhang eingebettet sind und wertet die Schreibungen und die Begründungen für die Schreibungen aus. Ihre Ergebnisse zeigen: Die Studenten und die (Deutsch-)Lehrerinnen schreiben weitestgehend regelkonform, können ihre Schreibungen aber nur vage begründen. Die Pseudowortschreibungen entstehen auf der Basis von Analogiebildungen, die von den Lehrkräften häufig Reimen genannt wird. Des Weiteren entscheiden viele Lehrkräfte aus der Stichprobe darüber, ob ein Pseudowort richtig geschrieben ist oder nicht, auf der Basis des Wortbildes. Die Probanden schreiben die Wörter also größtenteils auf der Grundlage von implizitem Wissen, welches sie nicht verbalisieren können. Bekannt sind "Hauptregeln" wie zum Beispiel Verdoppelung nach Kurzvokal oder die Schreibungen von typischen Prä- und Suffixen wie <ver->, <ent-> oder <-ung>.

Unabhängig von der Frage, über wie viel explizites Regelwissen (Deutsch-)Lehrkräfte verfügen sollten, um einen sinnvollen Unterricht halten zu können, werden Analogiebildungen und Assoziationen offenbar in jedem Alter und mit jeder Professionalität als tragende Struktur zur Schreibung von Wörtern eingesetzt.

Die Ausbildung von Eigenregeln trägt – wie oben schon angesprochen – zur Speicherung von größeren graphischen Einheiten bei, auf die beim Schreiben direkt zugegriffen werden kann. Der Orthographieerwerb wird damit als ein mehrdimensionaler Prozess angesehen, der sich in zwei Wegen niederschlägt (vgl. Augst 1983, 1989, 1994; Eisenberg 1988, Blanken 1991, Augst/Dehn 2002, Weingarten 2001a, Will 2001a):

1) die Schreibung des Wortes wird indirekt aus der Zuordnung von Lauten zu Buchstaben aufgebaut oder
2) auf das Wort – oder zumindest auf Teile seiner Graphemfolge – wird direkt zugegriffen. Das heißt, es wird hingeschrieben, ohne dass vorher der Umweg einer Laut-Buchstaben-Zuordnung erfolgen muss. Dies spricht dafür, dass das Wort in einer abstrakten Graphemfolge vorher mental gespeichert wurde. Insbesondere bei hochfrequenten Wörtern kann die orthographische Information so direkt bereitgestellt werden.

Indirekter Weg:	Lexikon -> phonologisches Output Lexikon -> orthographisches Output Lexikon -> graphemischer Output Buffer
Direkter Weg:	Lexikon -> orthographisches Output Lexikon -> graphemischer Output Buffer

Abb. 11: Zwei Wege des Rechtschreibens, vgl. Weingarten (2001a)

Die beiden angesprochenen sprachlichen Verarbeitungswege wurden erstmalig für die Sprachproduktion im Logogenmodell von Morton (1979) dargestellt und später auch für die Verarbeitung von Schriftsprache weiterentwickelt.

7.2.1.2   Logogenmodell

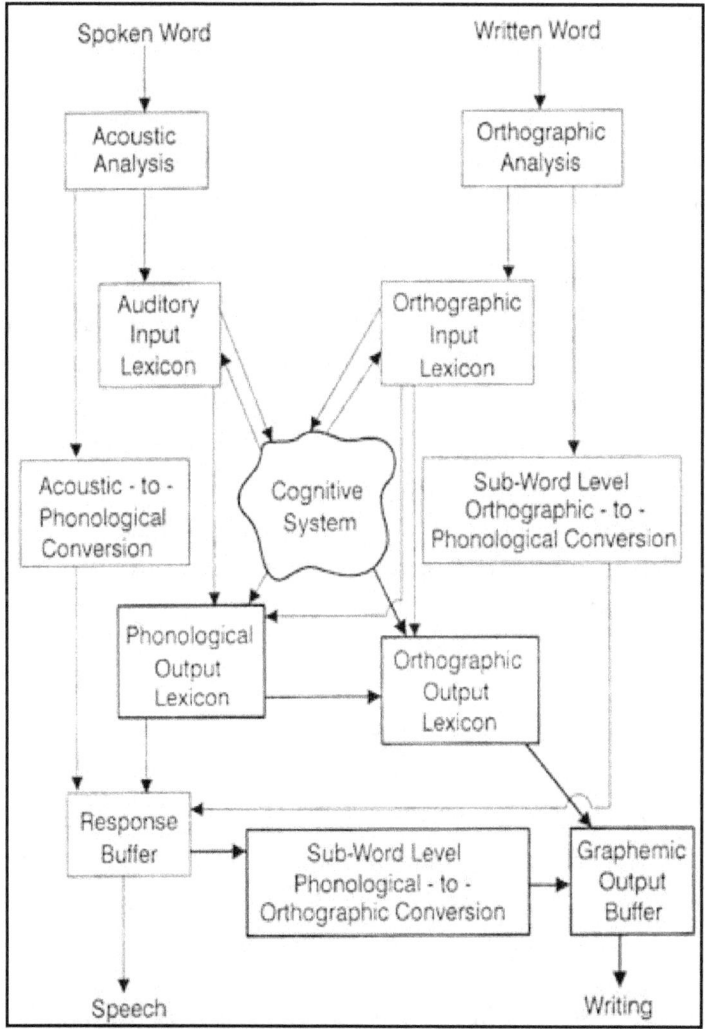

Abb. 12:   Logogenmodell, vgl. Morton (1979)

Der direkte Weg (rote Pfeile) ist die lexikalische Route, hier werden graphemische Informationen in einem Output-Buffer zwischengespeichert, bevor der allographische Konversationsmechanismus die Grapheme in Buchstabenformen übersetzt. Dabei werden graphemische Informationen ohne phonologischen Zugriff aus dem Lexikon entnommen. Untersuchungen an Aphasikern beweisen, dass der direkte Weg autonom ist.

Anders der nicht lexikalische Weg, der über die Lautung zur Schreibung führt. Hier wird ein phonologisches Wort in einem Phonem-Graphem-Konversionssystem, nach einer phonologischen Sequenzierung in eine entsprechende Graphemfolge übertragen (blaue Pfeile).

Zu Beginn des Orthographieerwerbs scheint es eine entwicklungsbedingte Präferenz für den indirekten Weg zu geben, sobald Kinder in das alphabetische Prinzip der Schrift einsteigen und versuchen, erste Laute in Buchstaben abzubilden. Im Verlauf des Orthographieerwerbs verschiebt sich der Aufbau von Schreibungen hin zu dem direkten Weg. Nur wenn direkt auf ein Wort oder eine Graphemfolge zugegriffen werden kann und der Prozess automatisch abläuft, kann mental ökonomisch richtig geschrieben werden. Dennoch bleibt der indirekte Weg erhalten. Er wird für die Schreibung von Wörtern benutzt, die seltener geschrieben werden oder schwierig sind.

In einer Studie zum Aufbau des orthographischen Lexikons hat Scheerer-Neumann (2004) Schüler der fünften und sechsten Klasse befragt, wie sie sich die Schreibung von schwierigen Wörtern merken. Ihre Ergebnisse zeigen, dass beide oben beschriebenen Wege aktiv bleiben[28]. Die am häufigsten genannte Kategorie ist eine Gliederung des Wortes in Morpheme sowie die Verlängerung der einzelnen Teile eines Wortes. Mit 21,7% ist die zweithäufigste Kategorie eine alphabetische Strategie eine Pilot- oder Rechtschreibsprache, bei der im Kopf so geredet wird, wie man das Wort schreibt. Weiterer Strategien sind das Einprägen von schwierigen Stellen, Einprägen und wiederholtes Lesen des ganzen Wortes (vgl. Scheerer-Neumann 2004).

7.2.2 Verschiedene Lernweisen

Nachdem bisher die Entwicklungsverläufe des Orthographieerwerbs und die Wege zum Schreiben eines Wortes vorgestellt wurden, wird sich diese Arbeit nun den verschiedenen Lernweisen widmen, die für eine Rechtschreibung, die den angegebenen Wegen folgt, förderlich sind. Die Relevanz der Wege wird im Anschluss über empirische Studien untermauert.

---

[28] An dieser Stelle soll darauf hingewiesen werden, dass die Untersuchungsmethode kritisch zu bewerten ist. Die Autorin räumt dies auch im Rahmen der Studie ein, da Schüler nur über ihr explizites Wissen sprechen können, die Strategien, die zum Schreiben tatsächlich angewandt werden, sind implizit und damit häufig der Verbalisierung nicht zugänglich.

Für die Orthographie ist es elementar, dass sie als Fertigkeit vorliegt, denn nur so kann schnell und richtig geschrieben werden, ohne Belastungen des Arbeitsgedächtnisses. Dabei sind die Regeln, nach denen wir schreiben, nicht aus einem Guss. Vielmehr muss – wie schon erwähnt – zwischen Schematismen, die auf Sprachwissen beruhen, Konventionen und Vorschriften unterschieden werden und entsprechend müssen für die einzelnen Bereiche unterschiedliche Lernweisen herangezogen werden.

Konventionen profitieren beim Lernen davon, dass ihre Schreibungen mit viel Hintergrundinformationen angereichert werden, denn durch dieses zusätzliche Wissen werden die Gründe, die zur Schreibung des Wortes geführt haben, für den Lerner nachvollziehbarer und damit leichter einprägbar. Zudem können durch die Hintergrundinformationen Verbindungen zu anderen konventionellen Schreibungen geleistet werden, wodurch mehr Wörter richtig geschrieben werden als nur die besprochenen.

Vorschriften hingegen sind präskriptiv und als solche nicht nachvollziehbar, sie müssen also auswendig gelernt werden.

Eine besondere Stellung im Rechtschreiberwerb nehmen die Schematismen ein, deren Schreibung auf Sprachwissen beruht. Hier ist es am lernförderlichsten, wenn der Lerner Einsichten in die Strukturen der Sprache erhält, auf deren Grundlage er Analogien ausbauen kann, die er seinem mentalen Lexikon zuführt und in der Folge über Assoziationen auch viele weitere Wörter richtig schreibt. Wie im weiteren Text anhand empirischer Studien gezeigt wird, sind es besonders die zu findenden Strukturen, die einem Lerner helfen, lexikalische Einheiten richtig zu verarbeiten. Nur wenn der Lerner Regelmäßigkeiten in Wortschreibungen durch geschriebenes Wortmaterial präsentiert bekommt, kann er anfangen, die neuen Erkenntnisse seinen bestehenden mentalen Strukturen zu zuführen und interne Verknüpfungen auszubringen.

Für den weiteren Erwerb von Schematismen ist kumulativer Wissensgewinn bedeutend. Die ersten gefundenen Einsichten über den Zusammenhang von Graphemen zu Phonemen werden (bestenfalls systematisch) durch Sprachwissen erweitert, das einem Lerner hilft, immer mehr Wörter richtig zu schreiben, ohne über die Schreibungen nachzudenken. Wenn die G-P-K-Strukturen mental gefestigt sind, treten beispielsweise Erkenntnisse über Phänomene der Auslautverhärtung und nach und nach über weitere Bereiche, wie zum Beispiel der Dehnungs- und Dopplungsschreibungen, dazu. Der fortgeschrittene Lerner empfindet schließlich die Schreibungen nicht mehr als kompliziert, sondern sogar als einfache Laut-Buchstaben-Zuordnungen. Beispielsweise schreibt er zuerst in einfachen Laut-Buchstaben-Zuordnungen <unt>, erfährt aber durch den Umgang mit der Schrift, dass man <und> mit <d> schreibt, obwohl man /t/hört. Durch interne Umschreibungen (Redeskriptionsprozesse, vgl. Karmiloff-Smith 1993) wird schließlich eines Tages ein Wort wie *und* für den Lerner zu einer absolut regelgeleiteten Zuordnung von Lauten zu Buchstaben, so dass es ihm schließlich schwer fällt zu erkennen, warum Kinder im Schriftspracherwerb zuerst <unt> schreiben. Mittels dieses Beispiels kann man sich den gesamten Rechtschreiberwerb in dem Bereich vorstellen, der auf Ausbildung von Schematismen auf der Grundlage von Sprachwissen beruht. Nachdem erste noch instabile sprachliche Strukturen gefunden werden, die Zusammenhänge wiedergeben, werden diese durch Übernahme aus Schreibungen kumulativ erweitert und zu stabilen mentalen Strukturen umgeschrieben, auf deren Basis wir schreiben. Dabei beruhen die Umschreibungsprozesse auf der Aneignung von Fertigkeiten, sie werden also durch das Erkennen einer Struktur oder Gesetzmäßigkeit und fortlaufendes Üben prozeduralisiert. Deswegen muss beim Orthographieerwerb darauf geachtet werden, dass der Lerner in geschriebenem Wortmaterial Strukturen erkennen kann und diese übernimmt. Dazu müssen einerseits häufige und fortlaufende Wiederholungen und Übungen angeboten werden, damit der Lerner die gefundenen Einsichten prozeduralisieren kann. Der Auf- und Ausbau von sprachlichen Strukturen bedarf manchmal viel Zeit. Nicht alle Schüler bilden gleich schnell Schematismen aus, manche benötigen wesentlich mehr Zeit in der Auseinandersetzung mit und an geschriebenem Wortmaterial, um Erkenntnisse zu erwerben. Andererseits ist es gleichzeitig nicht hilfreich, stundenlang zu üben. Besser sind viele, aber dafür kürzere Lerneinheiten. Dieser hier beschriebene Weg wurde in der Konzeption der Wortschatzarbeit beschritten.

Im Folgenden werden Studien vorgestellt, die das zuvor Erläuterte unterstützen und empirisch zeigen, dass der Rechtschreiberwerb durch ein Aufzeigen von Regularitäten in den Schreibungen gefördert wird. Dabei werden auch Studien zum Lesenlernen herangezogen, da beide Prozesse von den gleichen Fördermöglichkeiten profitieren. Bereitet das Lernmaterial durch seine Strukturierung schon darauf vor, dass der Lerner Schematismen ausbilden kann, so können diese Regelmäßigkeiten schneller memoriert werden.

Forschungsarbeiten von Landerl (1998, 2000) zeigen, dass die Regularität der Orthographie den Erwerb des Lesens erleichtert. Landerl untersucht zwei Gruppen Englisch sprechender Kinder, welche mit unterschiedlichen Methoden unterrichtet werden. Der Vergleich mit einer Gruppe deutschsprachiger Kinder macht deutlich, dass für den Erwerb hoher Lesegenauigkeit zwei Aspekte entscheidend sind: die Methode, mit der Kinder das Lesenlernen und die Regularität der Orthographie. Bei einer unsystematischen Laut-Buchstabenunterweisung haben schwache Schüler größere Schwierigkeiten. In den angloamerikanischen Klassen, in denen die "whole-language" Methode praktiziert wird, beruht der Fortschritt im Lesen und Schreiben eher auf den intellektuellen Fähigkeiten der Kinder (vgl. ebd.).
Die Forschungsarbeiten von Seymour zum Leseerwerbsprozess in verschiedenen europäischen Sprachen bestätigen, dass die Transparenz des Regelsystems einer Schrift-

sprache ihren Erwerb stark beeinflusst (Seymour, Aro & Erskine, 2003, Hutzler, Ziegler, Perry et al., 2004, vgl. auch Schabmann, Klicpera & Gasteiger-Klicpera, 2008). Im Gegensatz zu deutschsprachigen Kindern haben englischsprachige Kinder im Alter von etwa fünf Jahren eine weit größere Buchstabenkenntnis (Mann & Wimmer, 2002). Andererseits jedoch können deutsche Kinder am Ende der ersten Klasse mit einer weit größeren Genauigkeit lesen als englischsprachige. Für diesen Unterschied wird einerseits die durchsichtigere silbische Struktur der deutschen Sprache verantwortlich gemacht und andererseits die größere Regelmäßigkeit der Graphem-Phonem-Korrespondenzen.

Seit dem WS 07/08 wird von Fischer (Fischer 2012) an der PH Weingarten ein Prätest durchgeführt, in dem untersucht wird, ob ein silbisch strukturierter Wortschatz auf der Basis des phonologischen Wortes die Lese- und Rechtschreibfähigkeit rechtschreibschwacher Kinder in Klasse zwei fördert.

Grundlage für die Förderung ist ein silbisch strukturierter Wortschatz, der sich an den Sachthemen des zweiten Schuljahres orientiert. Dieses Wortmaterial wird von den Kindern in unterschiedlichen Zusammenhängen gelesen und geschrieben. Es werden vielfältige Übungsformen angeboten, die Wörter werden abwechselnd sowohl isoliert geübt als auch im Rahmen von kurzen Texten, Sätzen oder Geschichten gelesen und geschrieben.

Die Lesefähigkeiten von 60 Kindern aus vier zweiten Klassen wurden zu Beginn des Schuljahres mit dem SLRT (Landerl, Wimmer, Moser 2006) und dem ELFE 1-6 (Lenhard & Schneider 2006) getestet. Die schwächsten 20 % (11 Kinder) wurden in einem Interventionsstudienverfahren über 16 Wochen in Einzelsitzungen (4-mal pro Woche eine halbe Stunde) gefördert. Sie erhielten also jeweils etwa 32 Stunden Einzelförderung.

Nach der Förderung werden die Kinder getestet und zum Ende des Schuljahres im Juli 2008 wird als Posttest bei allen 60 Kindern erneut der SLRT und ELFE 1-6 eingesetzt. Die Ergebnisse bei 6 Kindern, deren Förderung bereits abgeschlossen ist, zeigen eine deutliche Leistungssteigerung vor allem im Bereich der Wortlesefähigkeit und des Wortverständnisses. So verbesserten sie sich im ELFE 1-6 vor allem beim Wortverständnis in einem Spektrum von durchschnittlich 10 RW Punkten. Im Prozentrang bei den häufigen Wörtern des SLRT zeigte der schwächste Schüler einen Zuwachs in der Lesegeschwindigkeit von PR 4 auf PR 15, der stärkste Schüler in der Förderung von Prozentrang 14 auf 30-21. Im Gesamtergebnis waren alle Kinder im ELFE 1-6 nach der Förderung im Posttest unauffällig.

Auch die Untersuchung von Fischer (2012) bestätigt, dass eine Förderung des Lesens, die auf sprachsystematischen Gesichtspunkten aufbaut, das Erlernen des Lesens deutlich erleichtert. In der Studie wird mit ausgewähltem Wortmaterial gearbeitet, das silbisch strukturiert ist. Untersucht werden 163 Kinder aus acht ersten Klassen. Fünf Klassen (100 Schüler) bilden die Untersuchungsgruppe, drei die Kontrollgruppe. Die Probanden der Untersuchungsgruppe werden über fünf Doppelstunden in der Methode

Stationenarbeit unterrichtet, bei der die Schüler nach ihrem Leistungsstand aus dem Vortest differenziert in fünf Gruppen eingeteilt werden. Die Stationen bestehen aus Übungen zum Identifizieren und Festigen der Buchstaben, Übungen zum Zusammenlauten und phonologischen Rekodieren bis zum Lesen von Wörtern und kurzen Texten. Die Auswahl des verwendeten Wortmaterials wird nach sprachsystematischen Gesichtspunkten unter Nutzung des silbischen Prinzips vorgenommen. Es werden möglichst native Wörter mit optimaler Silbenstruktur (CVC) verwendet und die Silben als Einheit zwischen alphabetischem Erlesen einzelner Laute und lexikalischem Lesen genutzt. Die Probanden befinden sich zum Zeitpunkt des Vortests beim 10. Buchstaben der Tobi-Fibel (Dezember 2006), getestet werden sie mit zwei Testverfahren, die für den Leselehrgang angefertigt wurden, den Tobi-Lese-Test (TLT) I (für den 10. Buchstaben) und II (für den 15. Buchstaben) (Gasteiger-Klicpera & Fischer 2008, Gasteiger-Klicpera & Fischer 2008a). Die Nachhaltigkeit des Trainings wurde in einem Follow-up am Ende der ersten Klasse mit dem Salzburger Lese- und Rechtschreibtest (SLRT) überprüft.

Die Ergebnisse des TLT II zeigen, dass alle Kinder Fortschritte in der Lesegeschwindigkeit und Lesegenauigkeit gemacht haben. Am deutlichsten ist die Verbesserung der Lesegeschwindigkeit von neuen Wörtern.

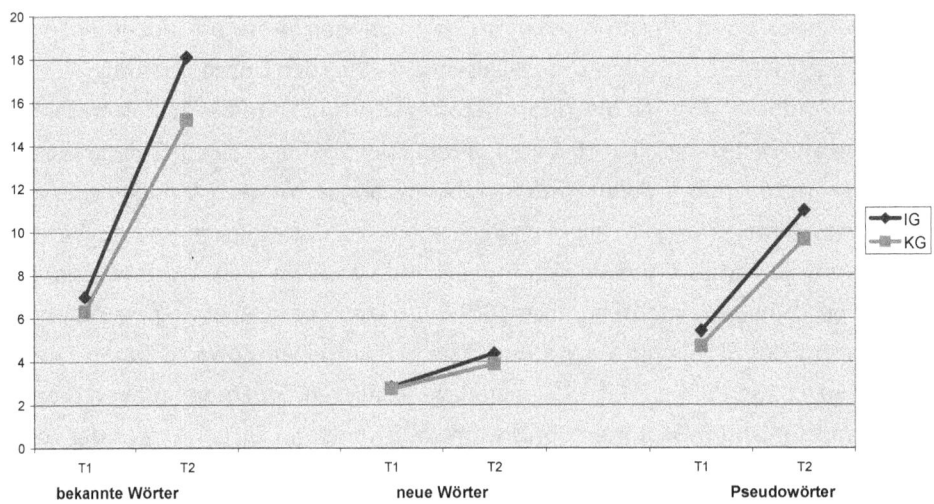

Abb. 13: Fortschritte im Lesen bei einem silbenbasierten Training, vgl. Fischer (2012)

Die Effekte ließen sich jedoch nicht mehr in der Follow-up-Studie am Ende der ersten Klasse nachweisen. Hier stellt sich die Frage, woran dies gelegen haben könnte. Eventuell erweist sich der Interventionszeitrahmen über fünf Doppelstunden als zu gering, um langfristige Effekte zu zeigen, die proceduralisiert vorliegen und so über einen längeren Zeitraum handlungsleitend werden. Jedoch zeigen die Ergebnisse auch, wie hoch die Bedeutung von gut strukturiertem Lernmaterial für den Unterricht ist, da Unterricht, sobald er ohne die Basis von sprachsystematisch-strukturiertem Wortmaterial arbeitet, nicht nur bereits erzielte Effekte nicht aufrechterhalten, sondern diese sogar erneut verwischen kann.

7.2.3 Förderung der Orthographie in der weiterführenden Schule

Während im bisherigen Text vorgestellt wurde, wie wichtig ein wissensbasierter Rechtschreiberwerb ist, der, beginnend mit den ersten Wörtern über die Auswahl der Wörter und ihre Einführung wichtige Strukturen für den Rechtschreiberwerb setzt, möchte ich im Folgenden betrachten, ob es noch Bedarf an einer Förderung der Orthographie ab Klasse 5 gibt. Nach den bisherigen Aussagen sollte man annehmen, dass Rechtschreiberwerb früh beginnt und mit dem Ende der Grundschulzeit abgeschlossen ist. Im Folgenden wird beleuchtet, welche Schwierigkeiten zum Ende der Primarstufe und in der Sekundarstufe I auftreten und damit auf den Weg hingedeutet, die in der Arbeit beschritten wurde, nämlich die Arbeit mit einem Grundwortschatz, die im Weiteren auch ausführlich theoretisch behandelt wird.

7.2.3.1 Rechtschreibung am Ende der Primarstufe und in der Sekundarstufe I

Während der Rechtschreibunterricht in der Grundschule grundlegende Einsichten in die Regularitäten der Schrift aufzeigen muss, besteht die Aufgabe des weiterführenden Rechtschreibunterrichts darin, diese Einsichten systematisch auszubauen und zu trainieren. Obgleich Orthographie eigenaktiv erworben wird, kann man keineswegs darauf schließen, dass die Schüler während der Grundschuljahre alle orthographischen Gesetzmäßigkeiten abschließend erworben haben, weshalb ein Training der Orthographie auch in Klasse 5 und 6 noch sinnvoll ist. Schon ein Blick in die Lehrpläne der Sekundarstufe I zeigt, dass der Rechtschreiberwerb in diesem Alter noch nicht abgeschlossen ist. Denn einen Schwerpunkt in den Lehrplänen in der Rechtschreibung bilden die Groß- und Kleinschreibung (GKS) und die Getrennt und Zusammenschreibung (GZS).

Rechtschreibprobleme im elementaren Bereich kann man bei vielen Schülern noch in der Sekundarstufe I – insbesondere in der Hauptschule – feststellen. Zum Teil haben die Schüler noch Schwierigkeiten mit dem alphabetischen Schreiben, sie kennen noch nicht alle Buchstaben, können Vokale schlecht unterscheiden, stellen falsche Phonem-Graphem-Korrespondenzen im Regelbereich auf oder es fehlt ihnen das Gefühl zur Länge und Kürze eines Vokals.

Neben der Dehnung und Dopplung bereiten den Schülern auch viele orthographische Muster Schwierigkeiten, dazu zählen Lernwortschreibungen, /v/und /f/Verwechslungen und die /s/, /ss/, /ß/Schreibungen (vgl. Weiden 1993). Außerdem sind die Bereiche der stummen h- Schreibung, sowie die i(e)-Schreibungen sehr häufig noch fehlerträchtig (vgl. Naumann 1993).

Unabhängig von den Schwerpunkten im Lehrplan weisen Texterzeugnisse hohe Fehlerzahlen auf. Beispielhaft dafür sind die Texte aus dem empirischen Teil der Untersuchung. Sie stammen aus 5. und 6. Hauptschulklassen und beleuchten die Rechtschreibfähigkeiten von Hauptschülern exemplarisch. Dabei erzielen die Schreiber in der Hamburger Schreibprobe (vgl. May 2000) hohe Graphemtrefferzahlen und befinden sich gemessen an der von May gegebenen, bundesweiten Vergleichsstichprobe im oberen Segment.

Der Rechtschreiberwerb muss weiterhin unterstützt werden mit Methoden, die über die Methoden des Anfangsunterrichts hinausgehen und an sie anknüpfen. Naegele (2000) spricht sich für eine differenzierte Förderung der im Rechtschreiben schwachen Schüler aus. Dies kann durch Wochenplanarbeit oder Projektarbeit geschehen und soll freies Schreiben (zum Beispiel am Computer) ebenso umfassen, wie Lesetechniken und regelmäßiges Üben. Wichtig erscheint ihr neben den Förderphasen auch Arbeits- und Lerntechniken einzuüben, aber auch Gesprächs- und Spielphasen aufzunehmen, um den Stress abzubauen (vgl. Naegele 2000, 2001).

Daten aus der Ergänzungsstudie IGLU-E (2001) ergeben, dass die Ergebnisse des gegenwärtigen Grundschulrechtschreibunterrichts in einem Missverhältnis zum zeitlichen Aufwand stehen. Denn obwohl viel Zeit in den Rechtschreibunterricht investiert wird, beherrscht ein hoher Anteil an Kindern in Klasse 4 die Rechtschreibung nicht adäquat. Dabei erhält die Hälfte aller Viertklässler zweimal die Woche Rechtschreibunterricht, ein Drittel hat sogar drei wöchentliche Unterrichtsstunden (vgl. Valtin, Badel, Löffler, Meyer-Schepers &Voss 2003:242ff). Die Rechtschreibschwierigkeiten reichen so weit, dass die für die Studie erstellten Schülertexte "gravierende Beeinträchtigungen der Lesbarkeit aufgrund von Rechtschreibfehlern" aufweisen (Voss, Blatt, Kowalski 2007:15).

In der zweiten IGLU Studie (2006) erfährt die orthographische Kompetenz der Viertklässler eine größere Bedeutung. Auf Grundlage einer diktierten Naturgeschichte soll die Rechtschreibleistung bestimmt werden, wozu ein Testinstrument entwickelt wird. Die Ergebnisse der Voruntersuchung zeigen (vgl. Voss, Blatt, Kowalski 2007), dass die 112 Wörter der Geschichte nur von zwei der insgesamt 486 Probanden richtig geschrieben wurden. Im Durchschnitt wurden 16,6 Wörter falsch geschrieben. Interessant sind die unterschiedlichen Varianten in der Schreibung bei gleichen dahinter stehenden Aufgabenschwierigkeiten. So wird die Aufgabenschwierigkeit für Kinder höher, wenn das Rechtschreibphänomen in flektierten oder abgeleiteten Wortformen vorkommt (bspw. *kommen-kommt*). Ebenso wird das Rechtschreibphänomen (die Schwierigkeit im Wort) häufiger in bekannten als in unbekannten Wörtern richtig geschrieben. Im Bereich der Groß- und Kleinschreibung werden Konkreta häufiger richtig geschrieben als Abstrakta. Außerdem stellen die Schreibungen von f, v, pf, qu, g, k, s und ß einen sehr hohen Schwierigkeitsgrad dar.

In der IGLU Vorstudie wird ein und dasselbe Rechtschreibphänomen abhängig beispielsweise vom Bekanntheitsgrad eines Wortes richtig oder falsch geschrieben. Daran lesen die Forscher ab, mit welchen Methoden der Grundschulunterricht arbeitet. Offenbar wird im Rechtschreibunterricht viel Wert auf Üben, jedoch nicht auf verstehendes Lernen gelegt. Dadurch fehlt den Schülern Handlungswissen, durch das sie die Schreibung auch von unbekannten Wörtern ermitteln könnten. Rechtschreibung baut sich jedoch über die Einsicht in die Regularitäten der Schrift auf. Erst wenn Kinder Regelhaftigkeiten erworben haben, können sie gewonnene Einsichten transferieren und müssen die Richtigschreibung nicht mehr ausschließlich auf der Basis des Übens erwerben (vgl. Voss, Blatt, Kowalski 2007).

Die Vorstudienergebnisse von IGLU (2006) belegen empirisch die schon vorgestellten Daten aus der Literatur. Diese Ergebnisse sind besonders für die Konzeption der empirischen Studie relevant, da sie einerseits bestätigen, dass ein Rechtschreibtraining auch in Klasse 5 und 6 Hauptschule durchaus noch sinnvoll und nötig ist. Andererseits regen die Daten an, einen Weg in der eigenen Studie zu gehen, der auf verstehendes Lernen setzt. Wichtig hierbei ist, dass der Lerner anhand geschriebenen Wortmaterials Schematismen in der Schreibung entdecken kann und diese in mentale Strukturen überführt.

7.2.3.2 Grundwortschätze

Grundwortschätze stellen eine Methode des Orthographieerwerbs und -ausbaus dar, die, wenn sie richtig verwendet wird, deutlich über das oben kritisierte Üben von Schreibungen hinausgeht, sondern zum verstehenden Lernen eingesetzt werden kann. Grundwortschätze können ein gutes Mittel sein, um zur Analogiebildung und zum Schlussfolgern anzuregen. Da die folgende empirische Untersuchung mit einem Grundwortschatz als Basis für die Zusammenstellung der Wortschatzarbeit gearbeitet hat, sollen hier die Methode und ihre Entwicklung theoretisch beleuchtet werden.

Sprachstatistische Untersuchungen ergeben, dass die 30 häufigsten Wörter rund 30% des Wortbestandes eines Normaltextes abbilden, die 100 häufigsten Wörter 50%, die 1000 häufigsten Wörter 80%, und die 2000 häufigsten Wörter sogar 90% der Wörter eines Textes ausmachen (vgl. Naumann 1985).

Nach Untersuchungen von Augst (1983) existieren ca. 6000 native Lexeme und 3000 nichtnative, 20 grammatische Elemente und 100 Affixe (wie zum Beispiel: ver-, -keit, -

ion). Aus diesen rund 10.000 Elementen ist der ganze Wortschatz von mehr als hunderttausend Wörtern aufgebaut (vgl. August 1983:8).

Ein naheliegender Schritt der Orthographiedidaktik war, die häufigsten Wörter der Deutschen Sprache in Listen zu sammeln und sie im Laufe der Grundschulzeit lernen zu lassen, um damit die Fehlerzahlen zu senken. So haben seit den sechziger Jahren Grundwortschätze Einzug in die Lehrpläne gehalten. Erste Ansätze zu Wortlisten fanden sich sogar schon in der Reformpädagogik. Das Ziel der Arbeit war, mit einem Grundwortschatz den Umfang der zu lernenden Wörter zu verringern, damit den Lerngegenstand Orthographie zahlenmäßig überschaubar zu halten und den Lerner zu motivieren. Gegenwärtig sind Grundwortschätze – mit Ausnahme von Bayern – wieder aus den Lehrplänen verschwunden, da sie mit unterschiedlicher Kritik konfrontiert sind. Einerseits stellt sich die Frage, wie groß der Lernerfolg beim Wörterlernen schließlich sein kann, wenn Rechtschreiblernen ein eigenaktiver Prozess der impliziten Wissens(um)bildung und kein Einprägen von Wortlisten ist (vgl. Friedrich 1994). Andererseits bezieht sich die Kritik auf die Auftretenshäufigkeiten der Wörter, die gleichzeitig die Grundlage der Wortschätze war. Viele sprachsystematische Auszählungen benutzen Quellen, die nicht repräsentativ für Kinderschreibungen sind, oder es werden Wörter ausgewählt, die nicht sorgfältig auf den geschriebenen Wortschatz erwachsener Schreiber hin vorbereiten (vgl. Naumann 1985a). Außerdem ist die Verwendungsfrequenz innerhalb der sprachstatistischen Auszählung nicht linear (vgl. Balhorn 1985, Augst 1987). Vielmehr gibt es einen kleinen Anteil an Wörtern, die sehr häufig in der Deutschen Sprache vorkommen und tatsächlich rund 50% der Kindertexte abdecken. Dabei handelt es sich um bedeutungsleere Funktionswörter (Artikel, Pronomen, Präpositionen). Inhaltswörter hingegen treten wesentlich flexibler auf.

Dass die degressive Struktur der Sprache, bei der die Häufigkeit eines Wortes mit seinem Rangplatz in der deutschen Sprache korreliert, nicht haltbar ist, zeigt eine Untersuchung von Augst (1987). Er sammelt den Wortschatz von 10 Kindern aus der 4. Klasse, anhand der Dokumente, die die Kinder in allen Schulfächern in der Schule erstellten und wertet die Daten aus. Sein Ergebnis bestätigt, dass es einen recht hohen Anteil an Wörtern gibt, die immer wieder in Texten vorkommen und diese Wörter zum Teil 50% der Gesamtwörter des Textes ausmachen. Bei diesen Wörtern handelt es sich aber um Funktionswörter, die sogenannten "kleinen Wörter" (vgl. Niedersteberg 1998). Inhaltswörter, in der Untersuchung bestehend aus Substantiven, Adjektiven, Verben und Adverbien (SAVA-Types[29]) hingegen halten der degressiven Struktur nicht stand. Die 200 häufigsten SAVA-Types vereinen nur 5.9-9,9 % der Gesamtwörterzahl des Textes auf sich (vgl. Augst 1987).

---

[29] Type-Token: Types sind Vorkommensarten, also in unserem Fall ist ein Typ ein Wort. Der Begriff Token verweist auf die unterschiedliche Anzahl mit der ein Type in einem Text vorkommt.

Zu ähnlichen Ergebnissen kommt auch Richter (2000) mit ihrer Untersuchung zum Schreibwortschatz von bayrischen Grundschulkindern aus Klasse 3 und 4. Ihre Datengrundlage bilden selbstverfasste Dokumente der Kinder. Um eine aussagekräftige Wortmenge zu erhalten, schreiben die Probanden, die sich aus je zwölf nach Zufall ermittelten Klassen aus jedem bayrischen Schulamtsbezirk zusammensetzen, entweder einen Brief an eine Person ihrer Wahl oder eine Geschichte zum Thema *Mein Traum*. Auch die Ergebnisse von Richter zeigen die Flexibilität der Inhaltswörter deutlich. So bilden allein die häufigsten Jungenlexeme fast keine Schnittmenge mit den häufigsten Mädchenlexemen. Insgesamt kann Richter 100 Lexeme ermitteln, die 68,71% der Texte ausmachen, die Abdeckungsrate wird danach jedoch immer geringer, so machen die 899 Wörter, die in der Häufigkeit zwischen dem 101 und 1.000 Lexem liegen, nicht mal 25% der Texte aus.

Dennoch sind Grund- oder Klassenwortschätze nicht unaktuell. Dies liegt daran, dass sie ein erreichbares Ziel für den Rechtschreiblerner bieten und eine wichtige Lernhilfe darstellen. Grundwortschätze tragen einerseits zur notwendigen Motivation bei, die für das erfolgreiche Rechtschreiblernen Voraussetzung ist (vgl. Plickat 1984, Naumann 1985a), geben andererseits Lehrenden die Möglichkeit, Schüler beim Wörterschreiben Strukturen erkennen und Eigenregeln bilden zu lassen (vgl. Augst /Dehn 2002, Naumann 1989,1985a, 1993; Naumann, Schindler 1988, Weisgerber 1985). Hier ist ganz besonders die Auswahl der Wörter für einen Grundwortschatz von Bedeutung.
Die Quellen für Grund- oder Klassenwortschätze bilden unterschiedliche sprachsystematische Auszählungen. Die bekanntesten Wortschätze für die Erwachsenensprache sind diejenigen von Kaeding (1898), Wängler (1963), Pfeffer (1964), Ortmann (1975 und 1976), Augst (1989). Bei den pädagogischen Wortschätzen orientiert man sich an Plickat (1984) und Hesse/Wagner (1985). Kindersprache wird in den Korpora von Augst (1984), Pregel/Rickheit (1985) und Balhorn/Vieluff (1984) gesammelt. Gesprochene und geschriebene Erwachsenen- und Kindersprache hat Naumann (1999) zusammengestellt. Daraus verfasste er (2000) eine Wortsammlung von 2000 Wörtern, die für jeden Worteintrag aufschlüsselt, aus welchem Korpus das Wort stammt und wo die schwierigen Stellen im Wort sind (Er gibt für jedes Wort folgende Punkte an: geschriebene oder gesprochene Kinder- und/oder Erwachsenensprache, Häufigkeit in der Sprache, welche Regeln können am Wort behandelt werden, welche schwierigen Stellen beinhaltet das Wort).

Der Aufbau und Inhalt der unzähligen auf dem Markt befindlichen Grundwortschätze ist unterschiedlich. Grundwortschätze der ersten Generation legen den Schwerpunkt auf Wortlisten und beziehen sich dabei auf Auftretenshäufigkeiten. So ist für Kühn (1979:23) ein Grundwortschatz ein "systematisch reduzierter Wortschatz einer Sprache".

Die ab ca. 1983 einsetzende zweite Generation von Grundwortschätzen bezieht sich bei der Auswahl ihrer Wörter neben den sprachstatistischen Motiven auch auf Wörter, die ein induktives Regellernen über das angebotene Wortmaterial ermöglichen oder Wörter mit hoher Fehlererwartbarkeit beinhalten (vgl. Naumann 1985a).

Die Argumente, die generell in der Literatur für Grundwortschätze gegeben werden, beziehen sich auf die Bereiche Auftretenshäufigkeit eines Wortes in der Sprache und Beschränkung der zu lernenden Wörter. So stellt Plickat (1976) den Aspekt der Beschränkung in den Mittelpunkt, um dadurch die Lernbereitschaft zu fördern und die Lernmotivation zu heben, da es den Schülern gelingen kann, die wenigen Wörter zu beherrschen. Dabei setzt er nicht auf unreflektiertes Auswendiglernen eines Wortes, sondern möchte die Wörter in Kontexte einbezogen wissen, um so die Kommunikationsfähigkeit im Allgemeinen zu fördern. Zur Erhöhung der Kommunikationsfähigkeit wird bei der Auswahl der Wörter darauf geachtet, dass sie neben den häufigsten Wörtern im Sprachgebrauch der Schüler auch die häufigsten Wörter in der Erwachsenensprache enthalten (vgl. Finke 1986). Naumann spricht sich darüber hinaus dafür aus, dass die Wörter sowohl aus der gesprochenen und geschriebenen Kindersprache als auch aus der gesprochenen und geschriebenen Erwachsenensprache stammen sollen. Zusätzlich müssen Wörter enthalten sein, die eine hohe Fehlererwartbarkeit haben (vgl. Naumann & Schindler 1988), da es sich bei Grundwortschätzen um Sprachmaterial handelt, welches für die geschriebene Sprache zusammengestellt wird. Außerdem schlägt er eine Individualisierung der Wörter vor, da die Unterschiede in den Lebenswelten der Kinder gegen einen überregional festgelegten Wortschatz sprechen. Er spricht sich auch für eine Ordnung der Wörter aus, so dass die Schüler anhand des Wortmaterials ein Gefühl für Regeln und Methoden, wie zum Beispiel das Verlängern, bekommen (vgl. Naumann 1989).

Das Argument der problematischen Verteilung der Auftretenshäufigkeiten von Wörtern in der Sprache wird mit einem stärker werdenden Plädoyer für die Erstellung und Einführung von klassenbezogenen Grundwortschätzen (Mahlstedt 1985, Niedersteberg 1998) entkräftet.

Klassenwortschätze bestehen aus in der Sprache häufig vorkommenden Wörtern und für die Kinder in der Klasse bedeutende Wörter. Klassenwortschätze erfüllen den subjektiven Zugang zum Gegenstand Orthographie. Sie heben den motivationalen Aspekt der Schüler, da ein wichtiger Aspekt beim Rechtschreiberwerb auch die private Konnotation jedes Wortes ist. Wörter, die Dinge bezeichnen, die dem Schreiber wichtig sind oder ihm gefallen, werden schneller beherrscht als Wörter, die für den Schreiber unbedeutend sind. Dass es oft zu geringen Schnittmengen zwischen den häufigsten Wörtern und den in der Klasse benutzten Wörtern kommt, bestätigt neben den Ergebnissen von Richter (2000) auch eine Auszählung von Mahlstedt (1985). Sie hat die Wörter aus freien Schülertexten, die im Rahmen der Freinet- Pädagogik entstanden sind, ausgezählt und zu einem Klassenwortschatz zusammengestellt, der nur wenig Übereinstimmungen mit den Korpora der bisher genannten Autoren hat.

Gegen das Argument des Auswendiglernens von Wortlisten richten sich Orientierungswortschätze. In ihnen sind neben den häufigen Wörtern Modellwörter enthalten, die auf den impliziten, eigenaktiven Erwerb der Orthographie durch Aufstellung von Mustern setzen. Weisgerber (1985) wählt zur Fundierung der Orthographie in der Grundschule Wörter für einen Wortschatz aus, an denen wichtige Systematiken der Schreibung erworben werden können. Für Balhorn (1985) ist ein Grundwortschatz eine Wortmenge, an der die meisten Regeln der Orthographie (mit-)erworben werden können. Beide ergänzen ihre Wortsammlungen um häufige Wörter. Wichtig ist bei einem Orientierungswortschatz, dass die zu erlernenden Wörter in Gruppen zusammengestellt sind, die jeweils in einem bestimmten Merkmal übereinstimmen. Menzel (1985) ermittelt die häufig fehleranfälligen Wörter in der geschriebenen Schülersprache und ergänzt diese in seinem Orientierungswortschatz mit den häufigsten Wörtern. Dabei stellt sich immer die Frage, in welcher Form die Wörter gelernt werden sollen. Gerade bei fehleranfälligen Wörtern ist es häufig nicht sinnvoll, die Grundform (den Infinitiv oder den Nominativ Singular) des Wortes zu nehmen, da diese in der Regel – im Gegensatz zu den Deklinations- und Flektionsformen – kaum Schwierigkeiten in der Schreibung bereiten (vgl. Plickat 1976, Naumann 1988, 1989, 2000, Menzel 1985).

Auch in neueren rechtschreibdidaktischen Veröffentlichungen treten Grundwortschätze immer noch als Methode des Orthographieerwerbs auf. Augst und Dehn (2002) knüpfen dabei an die bisher genannten Argumente an und setzen auf einen Wortschatz, der sich aus häufigen und modellhaften Wörter zusammensetzt. Insbesondere die Modellhaftigkeit einer Schreibung kann im Unterricht lernwirksam werden, wenn die Wörter des Grundwortschatzes als Modell für andere Wörter genutzt werden und an ihnen Prinzipien verdeutlicht werden (Verlängern: Tag – Tage, Wald – Wälder; Wortverwandtschaften). Außerdem braucht ein Wortschatz Wörter mit Fehlerschwerpunkten und Wörter, die für die Schüler bedeutend sind. So kann ein Grundwortschatz auf der Basis eines überschaubaren Lerninhalts zum Aufbau von Strukturen und impliziten Regeln beitragen, so dass die Schüler schließlich mehr Wörter richtig schreiben können, als nur die im Grundwortschatz angegebenen. Da beim Erwerb der Rechtschreibung Speicherung vor Produktion geht, ist die Auswahl und die Anordnung der Wörter im Wortschatz von großer Bedeutung.

Die Arbeit mit einem Grundwortschatz muss nicht auf die Grundschule begrenzt bleiben. In der Sekundarstufe I haben viele Schüler auch im grundlegenden Bereich noch massive Probleme mit der Orthographie. Auch hier kann eine sinnvolle Unterstützung durch die Arbeit mit einem Grundwortschatz erfolgen, vorausgesetzt, die Wörter im Wortschatz haben Modellcharakter und bieten einen Transfernutzen (vgl. Naumann 1993). Weiden (1993) spricht sich für einen Rechtschreibwortschatz aus, der aus Wörtern besteht, die häufig in der Erwachsenenschriftsprache vorkommen und somit Gegenwarts- und Zukunftsbedeutung für Schüler aufweisen. Darüber hinaus muss der Rechtschreibwortschatz repräsentativ für die Regelungen der Orthographie sein.

7.3 Silbe

7.3.1 Strukturen die den Aufbau von Orthographie befördern

Aus dem bisher Gesagten ergibt sich, dass eine Förderung der Orthographie auf der Basis einer Wortschatzarbeit einem Aufbau folgen muss, der den Orthographieerwerb unterstützt. Neben der Auswahl und Gruppierung der Wörter nach ähnlichen Rechtschreibphänomenen und potentiellen Fehlerstellen kann man auch an eine Darbietungsform der Wörter denken, die zum Aufbau der Orthographie beiträgt. Angesprochen wurde in den Untersuchungen von Fischer schon die Silbe als eine Einheit, die den Aufbau der Orthographie unterstützt. Im weiteren Text soll die Bedeutung, die der Silbe für den Auf- und Ausbau der Orthographie zukommt, näher beleuchtet und gezeigt werden, welche unterstützende Wirkungen eine in Silben gegliederte Wortschatzarbeit – wie im empirischen Teil der Arbeit durchgeführt – für den Orthographieerwerb haben kann. Dazu wird zuerst anhand der Literatur Evidenz dafür erbracht, dass die Silbe eine sprachliche Verarbeitungseinheit ist, auf deren Grundlage Schreibungen ausgeführt werden. Anschließend wird durch empirische Untersuchungen bestätigt, dass auch schon Vor- und Grundschulkinder einen Zugang zur Silbe haben, bevor didaktische Konzepte, die auf der Silbe basieren, vorgestellt werden. Jedoch ist die Silbe – als sprachwissenschaftliche Größe – nicht so eindeutig, wie man meinen mag. Bevor der Silbenbegriff erläutert wird, der Grundlage meiner Untersuchung ist, wird auch kurz auf andere Silbenbegriffe eingegangen.

In einer Studie von Weingarten (2001) zum Informationsaustausch zwischen dem phonologischen und orthographischen Prozess sollen die Probanden Bilder, die sie gezeigt bekommen, entweder gleichzeitig mündlich und schriftlich benennen (Dual-task Bedingungen) oder nur mündlich oder nur schriftlich (Single-task). In der Untersuchung unter Dual-task Bedingungen sind die Stellen in der Wortproduktion von besonderem Interesse, an denen beide Prozesse synchron ablaufen. Das sind die Stellen, bei denen ein zusätzlicher Zeitaufwand in der schriftlichen Produktion besteht. Die Ergebnisse zeigen solche Pausen in der schriftlichen Wortproduktion, die mit der Silbenebene korrelieren. Dabei wird die mündliche Produktion der Geschwindigkeit der Schriftlichen angepasst. Diese Pausen werden als Ausdruck eines Informationsaustausches interpretiert, der unter der Ebene des Wortes und über der Ebene des Segmentes liegt, so dass davon ausgegangen werden kann, dass bei Einzelwortschreibungen nicht das gesamte Wort aus dem Lexikon geladen wird, sondern nur die Silbenebene. Zudem fällt eine deutliche Verzögerung unter Dual-task Bedingungen auf, die dafür spricht, dass die mündliche und schriftliche Sprachproduktion auf mental gleiche Ressourcen zurückgreifen (vgl. Weingarten 2001a).

Dass mündliche Sprachproduktion ähnlichen Organisationsprinzipien folgt wie die schriftliche und dass die Silbe eine wichtige Eingabeeinheit für die schriftliche Sprachproduktion ist, kann in einer weiteren Untersuchung bestätigt werden (vgl. Will et al. 2001). Die Ergebnisse geben an, dass es nicht nur beim Sprechen zu einer postlexikalischen Aufspaltung in eine linguistische Rahmeninformation kommt, die segmental gefüllt wird. Diese Aufspaltung findet auch in der schriftlichen Sprachproduktion statt. Demzufolge handelt es bei mündlicher und schriftlicher Sprachproduktion nicht um unterschiedliche Ordnungsprinzipien. Der Untersuchungsaufbau dazu sieht wie folgt aus: Bei der Untersuchung werden die Probanden aufgefordert, ausgewählte Wörter auf einer Tastatur zu schreiben, wobei die Dauer der einzelnen Tastenanschläge gewertet wird. Aus den Ergebnissen lässt sich entnehmen, dass die Prozesse am Wortanfang am aufwändigsten sind, da hier die längste Pausendauer vorliegt, gefolgt von Prozessen an kombinierten Silben- und Morphemgrenzen, an Silbengrenzen, an der vierten innersilbischen Position. Schließlich am wenigsten aufwändig sind die Prozesse an den übrigen Buchstabenpositionen. Somit stellt die Silbe eine relevante Eingabeeinheit für die schriftliche Wortproduktion dar. Einen weiteren Beweis bildet die initiale Latenz. Ein langes Wort mit vielen Silben benötigt im Gegensatz zu einem kurzen Wort keinen längeren Zeitrahmen, bevor es geschrieben wird. Dies spricht dafür, dass nicht gleich das gesamte Wort geladen wird, sondern eben nur ein (Silben-)Teil (vgl. Will et al. 2001:17).

Weingarten kann in einer früheren Untersuchung zeigen, dass im Verlauf des Schreibens die Silbe als Gliederungseinheit in der schriftlichen Sprachproduktion gegenüber Buchstaben- oder Morphemgrenzen immer mehr an Bedeutung gewinnt. So benutzen vor allem geübte Schreiber die Silbe als ein Gliederungselement ihres Schreibflusses. Anhand seiner Untersuchung (1997) wird deutlich, dass kompetente Schreiber, wenn sie mit der Hand schreiben, ihren Schreibfluss häufiger an Silbengrenzen unterbrechen als an willkürlichen Buchstabengrenzen. Noch einheitlicher wird das Bild beim Schreiben mit der Hand, wenn Silbengrenzen mit Morphemgrenzen zusammenfallen. Für das Schreiben mit der Tastatur (vgl. Nottbusch/Weingarten/Will 1998) liegen eindeutigere Ergebnisse vor. Hier wird besonders häufig an Silbengrenzen pausiert.

Dass die Silbe eine bedeutende Größe für Kinder beim Schuleintritt darstellt, die segmentiert und manipuliert werden kann, zeigt sich an frühen Kinderschreibungen. Die in den Schreibungen fragmentarisch wiedergegebenen Buchstaben spiegeln bestimmte Silbenpositionen wieder. Entweder, wie bei den konsonantischen Skelettschreibungen, liegt das Gewicht auf dem ersten Laut aus jeder Silbe, so dass nur diese schriftlich wiedergegeben werden (/RT/für Reiter) oder es werden die Vokale verschriftet, die den Kern der Silbe ausmachen (/RA/für Reiter).

In Silben gliedern zu können heißt nicht zwangsläufig, dass alle Kinder an den gleichen Stellen eine Silbe beenden und die andere beginnen lassen. Diese Schwierigkeit zeigt sich beispielsweise deutlich bei Wörtern wie *Adler*. Zwar kann schnell erschlossen werden, dass das Wort zwei Silben hat, jedoch stellt sich die Frage, wo die erste Silbe endet beziehungsweise die zweite Silbe beginnt (A-dler oder *Ad-ler). Die Kenntnisse über den richtigen Silbenschnitt sind insbesondere bei Silbengelenken wichtig (z. B. *Löf-fel*), denn hierdurch wird das Erlernen der Doppelungsschreibungen wesentlich erleichtert. Dass Kinder einen intuitiven Zugang zum Silbengelenk haben, kann Huneke (2000) zeigen. Er untersucht mit Unterstützung von technischen Apparaten die Fähigkeit von 32 Kindern, den richtigen Silbenschnitt auszusprechen. Dazu erhebt er zu drei Zeitpunkten Daten: Mai/Juni vor der Einschulung, drei Monate nach der Einschulung und zum Ende des ersten Schuljahres. Die Kinder müssen 17 Testwörter sprechen, die 23 Silbengelenke enthalten. Die Ergebnisse sehen wie folgt aus: Die Kinder "können beim Syllabieren die Silbengelenke in zwei Komponenten aufspalten und zwar unabhängig vom Regiolekt und unabhängig davon, mit welchem Konsonanten ein Silbengelenk besetzt ist oder welcher Vokal vorausgeht" (Huneke 2000: 14). 19 Kinder haben zu allen drei Zeitpunkten das Silbengelenk in zwei Teile gegliedert[30].

Ein in Teilen anderes Ergebnis erhält Risel (2002). Er untersucht Grundschulkinder der dritten und vierten Klasse daraufhin, welche Gruppierungen sie vornehmen, wenn sie Wörter in Silben gliedern. In dieser Untersuchung werden den Probanden Bildkarten gezeigt und sie müssen die Gegenstände auf den Bildkarten in Silben gegliedert aussprechen. Die Aussprache wird auf Tonband aufgenommen und anschließend analysiert. Risels Ergebnisse zeigen, 1.) dass die Schüler eine silbische Gliederung einer morphematischen vorziehen, 2.) dass in Klasse 3 ein Silbenschnitt favorisiert wird, bei dem die Probanden die Pause nach dem kurzen offenen Vokal setzten (De-ckel, Se-ssel) und 3.) dass in Klasse 4 die Probanden die Pause zwischen dem Konsonant, der als Silbenge-

---

[30] Die restlichen Kinder zerlegen das Silbengelenk zu den verschiedenen Zeitpunkten anders. Vier Kinder konnten zum ersten und dritten Zeitpunkt das Silbengelenk sprechen, aber gliedern zum zweiten Zeitpunkt lautierend, fünf Kinder gliedern bei den ersten beiden Zeitpunkten in Silbengelenke und beim dritten Zeitpunkt anders, drei Kinder gliedern zuerst gar nicht silbisch, können dann aber das Silbengelenk in zwei Komponenten unterteilen.
Bei dem Drittel der Probanden, das auch in anderen Formen segmentiert hat, geht Huneke davon aus, "dass diese 'Experimente' einen Reflex auf die vielfältigen sprachanalytischen Aufgaben darstellen, die mit dem Schriftspracherwerb verbunden sind. Die Kinder vermischen Elemente der phonologischen Analyse mit einer silbischen Durchgliederung. Dies führt dann dazu, dass der intervokalische Konsonant nur einmal gefunden wird, denn phonologisch ist er ja nur einmal vorhanden" (Huneke 2002: 98). Insgesamt kommt er zu dem Schluss, "dass eine didaktische Modellierung der Schreibung auf der Basis der Silbe möglich ist" (ebd.).

lenk sowohl zur ersten als auch zur zweiten Silbe gehört (Dek-kel, Ses-sel), setzen (vgl. Risel 1999:77).

Dass seine Ergebnisse leicht von Hunekes Befunden abweichen, beruht auf verschiedenen Sachlagen. Zum einen kann die technische Ausstattung von Risels Untersuchung kritisiert werden, was der Autor (vgl. Risel 2002) selbst anmerkt. Zum anderen kann eine silbische Gliederung für Schüler in Klasse 3 auch deswegen erschwert sein, da die Schüler durch den Schriftspracherwerb den intuitiven Zugang zum Silbengelenk verloren haben. Die Kinder schreiben in der alphabetischen Phase und haben durch schulische Unterweisung gelernt, Laute zu hören und zu schreiben und gliedern deswegen in dieser Zeit auch so. Die zunehmende Fähigkeit der Kinder in Klasse 4 das Silbengelenk zu sprechen, erklärt Risel ebenfalls über Phasen des Schriftspracherwerbs. Hier befinden sich die Schüler überwiegend in der orthographischen Phase und gliedern erneut nach der Schrift. "Doppelungen (werden) wohl erst dann entsprechend aufgegliedert, wenn die Doppelung den Kindern schon bekannt ist – latent, bewusst oder nach Reflexion automatisiert" (Risel 1999:77).

7.3.2 Die Eignung der Silbe für den Aufbau der Orthographie

Wie bei allen Aneignungsprozessen gibt es verschiedene Zugänge und Wege, die den Ablauf unterstützen. Für eine erfolgreiche Aneignung der Schriftsprache werden verschiedene Faktoren des Zugriffs unterschieden (vgl. Scheerer-Neumann 1986): Wortbedeutung, akustisch-artikulatorischer Code, Regelmäßigkeiten und Schreibmuster, visuelle und schreibmotorische Merkmale, morphologischer Aufbau und emotionale Bedeutung. Ossner (2001a) unterscheidet hier in subjekt- und objektbezogene Zugänge. Subjektbezogene Strategien unterstützen das Subjekt, also den Lerner (z. B. Wörter, die er mag), objektbezogene die Sache Orthographie. Didaktisch betrachtet sind subjektbezogene Strategien häufig erfolgreicher als objektbezogene. Dennoch müssen Wege des Orthographieerwerbs gefunden werden, die beide Zugänge vereinen, da nur so der Orthographieerwerb über den Anfangsunterricht hinaus unterstützt werden kann.

Die Silbe ist eine Einheit, die sowohl subjekt- als auch objektbezogene Zugänge ermöglicht. Einerseits ist sie subjektbezogen wichtig, da die Länge von Wörtern Schreibanfängern Schwierigkeiten bereitet und die Silbe eine ausdrucksseitige Einheit ist, über die Kinder durch Rhythmus und Taktgefühl Zugang haben. Andererseits bietet die Silbe einen objektbezogenen Zugang zur Schreibung von Wörtern, der auf einem theoretischen Silbenkonzept beruht. Durch eine silbische Gliederung der zu lernenden Wörter bekommt der Schreiblerner Unterstützung im Orthographieerwerb, der zum Auf- und Ausbau von eigenen Strukturen beiträgt.

Sprecher können beim langsamen Sprechen oder beim Singen eine Äußerung leicht in Silben gliedern; das Zerlegen eines Wortes in Laute ist ungleich schwerer. Schon im Vorschulalter können Kinder lautsprachliche Sequenzen in Silben segmentieren, viele

Kinderreime bauen auf Silben auf. Somit sind Kinder schon vor dem Erwerb von schriftsprachlichen Fähigkeiten in der Lage, mit Silben zu operieren. Die Fähigkeit, lautsprachliche Sequenzen in einzelne Laute zu segmentieren, entwickelt sich jedoch erst mit dem Erwerb der Schriftsprache (Morais 1991, Günther 1993).

Im Schriftspracherwerb wird dann von den Schreiblernern erwartet, dass sie ein gesprochenes Wort in seine Einzellaute segmentieren und jedem Laut ein Zeichen zuordnen können. Auf Seiten der Schreiblerner wird dabei etwas erwartet, was sie erst durch den Umgang mit und die Erfahrung durch die Schrift leisten können: nämlich – neben dem Umlenken der Aufmerksamkeit auf die formale Gestalt –, insbesondere die Isolierung von Lauten. Beim Sprechen äußern wir aber keine diskreten Laute, sondern die Laute werden zu größeren Einheiten, den Silben, verschmolzen (vgl. Höhle, Weissenborn 2000). Beim Sprechen werden nach Silben-, nicht nach Lautgrenzen, Pausen gesetzt. Je nach der Lautumgebung verändert sich der einzelne Laut. Er wird in einer Silbe an den vorhergehenden oder folgenden Laut angeglichen. Diesen Prozess nennt man Koartikulation. Sie tritt in bis zu 90% der Wörter auf (vgl. Maas 1992). Die Kategorie Silbe hingegen ist bei Kindern generell schon im Vorschulalter verfügbar und kann für den Schriftspracherwerb eingesetzt werden.

Beim langsamen Sprechen von in Silben gegliederten Wörtern zieht jede Silbe den Akzent auf sich, so wird jeder Laut in der Silbe deutlicher hörbar. Dies macht die Zuordnung von Phonemen zu Graphemen eindeutiger (vgl. die Zuordnungstabelle in Ossner 2009). Zur zusätzlichen Unterstützung der richtigen Schreibung kann das Silbengliedern mit einer Pilotsprache einhergehen; wobei Pilotsprache als langsame, unbetonte Aussprache eines Wortes, also in Form einer Robotersprache (vgl. Ossner 1996), zu verstehen ist.

Über die Arbeit an in Silben gegliedertem Wortmaterial können Schreiblerner zusätzlich intuitiv Muster und Regelmäßigkeiten aus der Schrift übernehmen, da die betonte Silbe – bei einem Kernbereich der deutschen Wörter – einen immer wiederkehrenden, systematischen Aufbau hat.

Zusätzlich sind Silben kleine Elemente, deren Verarbeitung den Arbeitsspeicher nicht überlastet. Was Rechtschreiben für Kinder so schwer werden lässt, hat Schneider (1980) untersucht. Er kommt in seiner Studie, in der er 500 Kinder aus Klasse 2 und 4 einen Diktattext schreiben lässt, zu dem Ergebnis, dass seltene Wörter häufiger als bekannte Wörter fehleranfällig sind. In Klasse 2 spielt auch die Länge eines Wortes eine signifikante Rolle. Hier enthalten längere Wörter im Gegensatz zu kürzeren vermehrt Fehler.

Für einen Schriftspracherwerb auf der Basis von in Silben gegliedertem Wortmaterial gibt es weitere Evidenz aus psycholinguistischer, psychologischer, phonologischer und graphotaktischer Sicht. Schon in der Sprachentwicklung des Säuglings stellt die Silbenproduktion und später die Reduplikation und Verkettung von Silben einen wichtigen Meilenstein in der Entwicklung dar (vgl. Höhle/Weissenborn 2000).

Prosodische Gliederungseinheiten auf der Ebene der Silbe scheinen das Erkennen von grammatischen Regularitäten zu unterstützen, wie Weinert (1991) mit einem Kunstsprachexperiment nachweisen konnte.

Die Silbe ist zudem eine psychologische Einheit der Sprachverarbeitung, die für die Planung der Artikulation und Rezeption relevant ist (vgl Weingarten 2001, 2002, Will et al. 2001).

Untersuchungen zeigen, dass der prälexikalische Zugriff auf Sprache nicht über das Phonem, sondern über die Silbe verlaufen könnte, da Silben in unterschiedlichen Kontexten viel stärkere akustische Muster aufweisen als Einzellaute. Während der Verarbeitung von gesprochener Sprache werden zunächst silbische Einheiten aus dem sprachlichen Input identifiziert und von diesen aus erst der Zugriff auf das Wortlexikon gestartet (vgl. Höhle/Weissenborn 2000). Mehler/Seguie/Frauenfeld haben bereits 1981 erkannt, dass willkürlich aus einem Wort ausgewählte Konsonanten eine längere Identifizierungszeit benötigen als silbeninitiale Konsonanten.

7.3.3 Die Silbe in der Fachdidaktik

Da die Silbe mit den artikulatorischen Einheiten des Sprechens korrespondiert, kann Silbengliederung ein gutes Mittel sein, um die Sensibilität der Kinder auf die Artikulation und auf die phonetisch-phonologischen Strukturen der Sprache zu richten. Hierbei bieten sich sowohl Bewegungsspiele, Abzählverse als auch die Darstellung von Wörtern durch Silbenbögen an. Diese Funktion der Silbe für das Frühstadium des Schriftspracherwerbs betont Schmid-Barkow (1997). Zu der Einsicht, dass die Silbe die Grundlage der Alphabetschrift sein kann, kommt auch Rigol (1998).

Röber-Siekmeyer benutzt die Silbe im Anfangsunterricht zur Thematisierung der Rechtschreibung. Sie geht davon aus, dass die "Zeichen der Schrift" (Röber-Siekmeyer 2002:141) an einer Standardsprache orientiert sind, von der die Sprache der Kinder abweicht. Um Kindern einen systematischen Laut-Buchstaben-Bezug zu geben, müssen sie die Sprache analysieren (vgl. Röber Siekmeyer 1997). Dazu bedient sie sich eines Häuschen-Modells, welches Kindern durch seine Gestalt die Möglichkeit geben soll, Regularitäten zwischen Lauten und Buchstaben zu entdecken. Das Häuschen stellt den Bau der betonten Silbe dar, es kann entweder drei Räume haben, die die Silbenbestandteile Ansatz, Nukleus und Endrand darstellen oder zwei Zimmer, wobei dann das zweite Zimmer breiter als das erste ist. In diesem Fall handelt es sich um eine offene Silbe, bei der der Vokal lang gesprochen wird. An das Haus wird eine Garage angehängt, die für die unbetonte Silbe steht. Die Garage enthält immer zwei Räume, ungeachtet dessen, wie die Reduktionssilbe gebaut ist. Die Garage steht abseits des Hauses, wenn die zweite Silbe einen losen Anschluss hat, doch sie wird in das Haus gerückt bei festem Anschluss[31]. Für Schreibungen mit Dehnungs-h existieren wiederum andere Häuser. Mit Hilfe der Häuser sollen systematische Laut-Buchstaben-Bezüge hergestellt werden, die für die Kinder sicht- und somit erlernbar werden (vgl. Röber Siekmeyer 1998). Insbesondere für die Schärfungsschreibungen sollen die Häuser nützen, da Röber-Siekmeyer nicht davon ausgeht, dass Kinder im natürlichen Sprechen eine Silbengrenze zwischen den Konsonanten setzen (beispielsweise Mut-ter), sondern dass die Pause nach dem Vokal gemacht wird (Mu-tter). Erst durch die Auseinandersetzung mit Schrift bekämen Kinder einen Zugang zu den doppelten Konsonanten. Gegen diese Ansicht sprechen jedoch die schon vorgestellten Untersuchungen von Huneke (2000) und teilweise auch die Forschung von Risel (1999, 2002). Das Häuschenmodell folgt darüber hinaus einem starren Formalismus und eignet sich nur für ausgewählte Worte. Jedoch verfährt es inkonsequent mit der Aufteilung der Buchstaben auf die Räume des Hauses und der Garage. Neben der strengen Einteilung der Buchstaben in Zimmer der ersten Silbe, findet die Aufteilung der Buchstaben in der Garage äußerst großzügig statt, so dass ein instabiler Mechanismus vermutet werden kann. Zudem geht Röber-Siekmeyer bei der Aufteilung der Buchstaben auf die Zimmer der Häuser gar nicht – wofür sie eigentlich plädiert – vom gesprochenen Wort aus, sondern vom geschriebenen. Denn die Segmentierung eines Wortes in Einzellaute ist an sich schon eine komplexe Leistung für Kinder während des Schriftspracherwerbs. Erschwert wird sie durch die zusätzliche Operation, die gewonnenen Buchstaben auf die Zimmer des Hauses und der Garage zu verteilen und diese richtig anzuordnen. Diese Aufgabe kann nur von den Kindern erbracht werden, die schon von der Schriftsprache her denken.

Eine andere Methode im Umgang mit der Silbe im Schriftspracherwerb verfolgen Füssenich/Löffler (2005:123). Sie arbeiten mit einem Silbenboot zur besonderen Visualisierung des Vokals jeder Silbe, der im Anfangsunterricht bei konsonantischen Skelettschreibungen häufig vergessen wird. Für das Konzept von Füssenich und Löffler spricht, dass es nicht auf einem starren Formalismus aufbaut, sondern flexibel für verschiedene Wörter mit unterschiedlicher Silbenzahl und unterschiedlichem Silbenbau benutzt werden kann. Jedoch unterstützt es nicht in der Findung des Silbenschnittes, der für Schärfungsschreibung so elementar ist. Auch das Bild des Kapitäns für den Vokal einer

---

[31] Loser und fester Anschluss sind Terminologien, die aus der Silbentheorie von Maas (vgl. Maas 1989, 1990, 1992) stammen, auf die sich Röber Siekmeyer schwerpunktmäßig bezieht. Maas sieht keine Unterschiede in den Spannungsverhältnissen der Vokale und argumentiert für die Dopplungsschreibungen über verschiedene Anschlussformen auf einen Vokal (losen und festen Anschluss). Für ihn sitzt die Silbengrenze nicht auf oder zwischen dem Konsonant(graphem), sondern auf dem Vokal. Der folgenden Konsonant kann lose angeschlossen sein, in dem Fall würde der Vokal lang gesprochen und der folgende Konsonant öffnet die kommende Silbe, oder er kann fest angeschlossen sein, dann bremst der Konsonant die Aussprache des Vokals und schließt die Silbe.

Silbe ist meiner Meinung nach eher verwirrend, da man sich einen Kapitän auf einem Boot eher am linken oder rechten Rand des Bootes vorstellt. Der Vokal steht aber immer in der Mitte der Silbe[32].

Innerhalb der schulpsychologischen Beratung entwickelte Buschmann ein Konzept des rhythmisch-syllabierenden Sprechschreibens, was sie als Fördermaßnahme für Kinder mit Lese-Rechtschreibschwäche (LRS) anbietet. Da sie einer psychologischen Tradition folgt, sieht sie das Grundproblem von LRS in einer mangelnden Koordinierung von Wahrnehmungsimpulsen, Denkvorgängen und motorischen Abläufen. Ihr Konzept zielt auf ein synchron zum Schreibprozess verlaufendes Mitsprechen des Wortes, wobei das gesprochene Wort in Silben gegliedert wird. Dieses Vorgehen hilft, Sprechrhythmus und -melodie zu finden, die bei LRS-Schülern – ihrer Meinung nach – hauptsächlich gestört sind und soll somit zu einer Verbesserung der Rechtschreibung beitragen. Das Konzept liegt jedoch nur als Videoschulung vor, so dass wichtige fachwissenschaftliche und linguistische Fundierungen grundsätzlich fehlen. Eine Evaluation des Konzepts von Tacke et al. (1994) spricht dem Training positive Erfolge zu, die jedoch nach einer Analyse von Mannhaupt (1994:130) nur dadurch zu Stande kommen, dass den Kindern Verhaltensregeln beigebracht werden. Eine klare Beziehung zu Schriftsprachaspekten spricht Mannhaupt dem Konzept ab.

Auch Ossner (1998) schlägt vor, die Orthographie didaktisch durch eine silbisch gegliederte Rechtschreibsprache zu modellieren. "Der Grundgedanke ist etwa folgender: Eine Lautkette wird in Silben zerlegt. Die so erhaltenen Einheiten können dann elementweise geschrieben werden, indem Lauten Buchstaben zugeordnet werden" (Ossner 1998:7). Seine These dazu lautet, "daß die deutsche Graphie im Grundsatz silbenbasiert ist in dem Sinn, daß auf der Ebene der Silbe unter Einbeziehung des phonologischen Wortes eine Laut-Buchstaben-Zuordnung erfolgt. Auf dieser Basis bauen dann leseroentierte Optimierungen auf" (1998:11). Rechtschreibsprache bedeutet in diesem Zusammenhang nicht einfach deutlicher zu sprechen, sondern es geht dabei um eine Pilotsprache, die auf sprachanalytischen Operationen aufbaut. Der Silbifizierung liegt immer das phonologische Wort zugrunde, eine Einheit, die Kindern näher ist als das erst zu erlernende orthographische oder lexikalische Wort. Phonologische Wörter umfassen sowohl gapping-fähige Morpheme als auch lexikalische Wörter.

Mittlerweile hat die Silbe auch Einzug in Unterrichtswerke gehalten. So arbeiten die PIRI-Fibel des Klett Verlages und das ABC der Tiere des Mildenberger Verlages mit der Silbe als Größe für den Rechtschreiberwerb. Die Fibeln akzentuieren ihre Texte zweifarbig, entweder, wie bei PIRI, zur Unterscheidung der Betonungsverhältnisse der Silben

---

[32] Das kanonische Modell geht von einem (K)VK(K) Silbenschema aus.

oder, wie im ABC der Tiere, um eine Silbe darzustellen. Zudem wendet PIRI als Methode des Schreibens an: 1. Sprich dir das Wort vor, 2. Schwing es in Silben, 3. Schreib jede Silbe hin, 4. Markier die Vokale jeder Silbe!

Hinney (1997) arbeitet mit der Silbe in der Unterstufe in Klasse 5 und 6. In Ihrer Untersuchung bedient sie sich des Silbenbegriffs von Eisenberg (1995) und erweitert das Konzept von Buschmann (1986) zum Sprechschreiben, um es für den Förderunterricht von acht Kindern in Klasse 6 nutzbar zu machen. Mit ihrem methodischen Aufbau verfolgt sie die Ziele, im Rahmen von 22 Stunden, die über ein Jahr verteilt sind, den Probanden Verfahren zur Aneignung der Geminierungsregel auf der Grundlage des Sprechschreibens und metakognitive Kontrollstrategien zu geben, damit die Probanden die Prozesse zur Richtigschreibung automatisieren. Ihre Ergebnisse zeigen, dass auch in der sechsten Klasse die Silbe noch eine wichtige Rolle für den Erwerb der Orthographie spielt. Alle Probanden konnten einen Zugewinn in ihrer Rechtschreibfähigkeit verbuchen. Der Grad des Zugewinns ist jedoch davon abhängig, inwieweit sich die Kinder auf die Methode eingelassen und diese selbstständig vertieft haben.

Gerade die Tatsache, dass die ausgewählten Probanden auch in Klasse 6 noch einen Zugewinn in der Rechtschreibung über eine Silbenmethode erfahren haben, ist von besonderer Bedeutung für die Auswahl meiner Methode in der empirische Studie, Wörter in Silben gegliedert anzubieten. Zwar bezieht sich Hinney in ihrer Studie auf die Silbe, dennoch möchte ich nicht an Hinneys Methoden anknüpfen, da mir sowohl die von Hinney zu Grunde gelegte Silbentheorie nur bedingt nützlich zu sein scheint, als auch der methodische Aufbau der Untersuchung zweifelhaft ist. Es ist nicht erkennbar, ob wirklich die Methode oder vielmehr die in Kleingruppen organisierte zusätzliche Förderung ausschlaggebend für den Erfolg ist.

7.3.4 Unterschiedliche bestehende Silbenkonzepte

Insgesamt ist die Diskussion zum Silbenbegriff relativ schwer zu überschauen, da verschiedene Disziplinen an ihr beteiligt sind (vgl. Berkemeyer 2007). Einerseits der linguistische Ansatz mit Phonetik/Phonologie, dessen Forschungstradition aus den 1980er Jahren stammt, andererseits aber auch die Graphematik und Orthographietheorie ebenso wie die Rechtschreibdidaktik. Allein in der Linguistik werden verschiedene Silbentheorien vertreten und damit unterschiedliche Ausgangslagen für die Didaktik geboten. Mit Beginn der 1990er Jahre hat die Silbe Einzug in die Didaktik gehalten, da mit ihr als Grundlage die Möglichkeit geschaffen wurde, die große Zahl an Vokal-Phonemen dem kleinen Vokal-Buchstabeninventar systematisch gegenüber zu stellen und somit die Schreibung leichter lernbar zu machen[33]. Anschließend an die Vokalqualitäten lassen sich mit der Silbe zudem die Dehnungs- und Dopplungsschreibungen erfassen.

Eisenberg nimmt mit seinem Beitrag im Grammatik-Duden (1995) den ersten Anlauf, die Silbe – nicht das Wort – als Ausgangspunkt der Phonem-Graphem-Korrespondenzen zu nehmen und die Vokalquantitäten auf dieser Grundlage darzustellen. Jedoch wird dieser Vorschlag sowie die Ausarbeitung von Eisenberg und Augst im Weiteren nicht angenommen (vgl. Eisenberg 1997).

In der Rechtschreibtheorie haben sich neben Eisenberg auch Augst (2006), Ramers (1999), Weingarten (1998, 2004), Maas (1989, 1990, 1992) und Ossner (1996, 1998, 2001, 2001a) der Silbe zugewandt. Andere Autoren, die die Silbe als Verarbeitungseinheit für die Graphematik angeben, sind Wiese (1987, 1989) und Prinz und Wiese (1991). Zwischen dem Silbenbegriff der aus der autosegmentalen Phonologie stammenden Autoren Wiese und Prinz und einem Silbenbegriff, wie er von Eisenberg, Weingarten und Maas vorgeschlagen wird, liegen deutliche Unterschiede. Die deutlichste Diskrepanz zeigt sich in der Frage, wie das Verhältnis von Phonie und Graphie auf der Grundlage der Silbe aussieht und ob man neben der phonischen Silbe auch eine graphische Silbe braucht, eventuell um die Dependenz der beiden Systeme sicherzustellen. Oder reicht als Grundlage für die Graphie ein Silbenbegriff, der sich aus der autosegmentalen Phonologie ergibt (vgl. Ossner 1996)?

Dass sich orthographische Regularitäten aus der Silbe ableiten lassen, ist unbestritten. Kennzeichen jeder Silbe, unabhängig von der dahinter stehenden Theorie, ist der Vokal. Silben gliedern sich in einen konsonantischen Anfangsrand und einen Reim, wobei der Reim sich erneut in den Kern der Silbe, den Vokal und den konsonantischen Endrand aufspaltet.

---

[33] Vokallänge kann im Deutschen unterschiedlich graphisch markiert werden. Neben dem unmarkierten Fall, gibt es Schreibungen mit Dehnungs <h> vor den Sonoranten (l, m, n, r) in 49% der Fälle, langes [i:] wird in 75% der Schreibungen mit <e> markiert. Daneben kann die Vokallänge durch Schreibungen mit Doppelvokalbuchstaben, die in 25% der Wörter auftreten, angegeben werden (vgl. Naumann 1991:114).

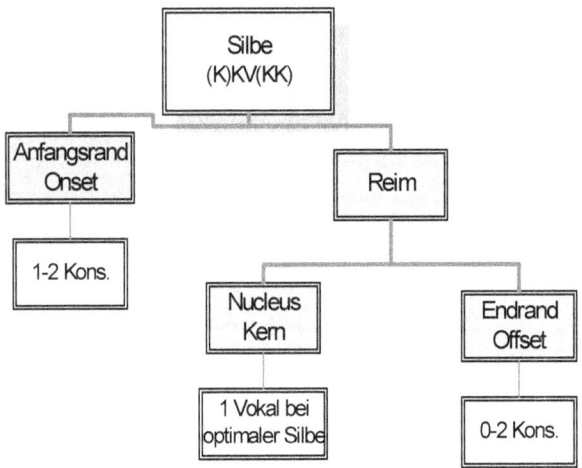

Abb. 14: Aufbau einer Silbe

Wenn in der Forschung sowohl die Positionen des Silben On- und Offset zur Diskussion stehen, so ist man sich einig darüber, dass den Kern jeder Silbe ein Vokal ausmacht, also jede Silbe einen Vokal hat. Das Wissen um den charakteristischen Aufbau der Silbe und den zwangsläufig beinhalteten Vokal kann gerade in den frühen Phasen des Schriftspracherwerbs nutzbar gemacht werden, wenn es darum geht, fragmentarische oder konsonantische Skelettschreibungen zu vermeiden[34]. Der Aufbau der Silben kann auch für die Dopplungs- und – mit einigen weiteren Unterstützungsmaßnahmen – für die Dehnungsschreibung operationalisiert werden. Betonte Silben können entweder als offene oder geschlossene Silben auftreten. Bei einer offenen Silbe ist der Endrand nicht von Konsonanten besetzt, dafür wird der Vokal lang gesprochen (z. B. *Hüte: Hü-te; rate: ra-te*). Eine geschlossene Silbe hat nach einem kurzen Vokal einen mit Konsonanten gefüllten Endrand (z. B. *Hütte: Hüt-te; Ratte: Rat-te*). Der Konsonant bremst sozusagen die Aussprache des Vokals (vgl. das Gesetz von Jochen aus Maas 1992: 285).

Unterschiede sehen die Autoren jedoch – nebem dem Vorhandensein einer Schreibsilbe – in der Beschreibung der Regularitäten auf Silbenbasis. Die größten Diskrepanzen zeigen sich in der Erklärung der Konsonanten(graphem)verdopplung. Lässt sie sich durch die Kürze des vorangehenden Vokals erklären (vgl. Augst, Ramers), durch ein vorliegendes Silbengelenk (vgl. Eisenberg) oder sollte man besser über Schärfungsschreibung argumentieren (vgl. Maas)? Eisenberg erklärt die Dopplungsschreibung: "Steht ein einzelner Konsonant zwischen einem kurzen betonten und einem unbeton-

---

[34] Weiden (1989) bezeichnet Vokale als Königsbuchstaben und stellt sie in Form eines stehenden Männchens dar. Eine Bezeichnung, die sich im Anfangsunterricht gut einführen lässt, da Könige sowohl aus der Erfahrungswelt von Mädchen als auch von Jungen stammen und die besondere Stellung von Vokalen für die Silbe hervorheben.

ten Vokal, so gehört dieser Konsonant gleichzeitig zur vorausgehenden und zur folgenden Silbe. (…) Man nennt solche Konsonanten Silbengelenke" (Eisenberg 1997:332). Da mit dieser Formulierung nur zweisilbige Wörter erfasst werden, bedarf es einer Ergänzung, die besagt, dass die Gemination auch dann erhalten bleibt, wenn der Konsonant kein Silbengelenk ist, womit einsilbige Wörter wie *starr, schlaff* etc. aufgenommen wurden (vgl. ebd.). Ausnahmen ergeben sich bei dieser Formulierung in Wörtern, bei denen auf einen kurzen Vokal nur ein Konsonant folgt (*Damwild, Sperling, Walnuss, Imbiss, Imker*) (vgl. Eisenberg 1997:327) ebenso wie Wortformen, die nicht mehr produktiv sind, wie *Gespinst* trotz *spinnen*, *Brand* trotz *brennen* oder *Geschäft* trotz *schaffen* (vgl. ebd.) ebenso wie bestimmte Suffixe (*Freundin* trotz *Freundinnen*, *Kenntnis* trotz *Kenntnisse*). Zuletzt gelten einsilbige Funktionswörter als Ausnahmen, wie *ab, dran, bis* (vgl. ebd.). Augst hingegen argumentiert über die Vokalquantität und lässt die Silbengrenze unberücksichtigt, indem er sagt, dass ein Konsonantgraphem dann verdoppelt wird, wenn auf einen betonten, ungespannten Vokal nur ein Konsonant folgt. Dieser Ansatz ist dem von Eisenberg in den einsilbigen Formen überlegen. Maas sieht keine Unterschiede in den Spannungsverhältnissen der Vokale und argumentiert für die Dopplungsschreibungen über verschiedene Anschlussformen auf einen Vokal (loser und fester Anschluss). Für ihn sitzt die Silbengrenze nicht auf oder zwischen dem Konsonant-(graphem), sondern auf dem Vokal.

Eisenberg ermittelt das Phoneminventar der deutschen Sprache und stellt ihm das ebenfalls durch Minimalpaaranalyse gewonnenen Grapheminventar des Deutschen gegenüber. Auf diese Weise kommt er zu Unterschieden zwischen einer Sprech- und einer Schreibsilbe, die dazu führen, dass die deutsche Orthographie wiederum von widerstreitenden Prinzipien geleitet scheint. In diesem Zusammenhang stellt sich auch die Frage, was die Grundlage für eine Schreibsilbe darstellt (vgl. Eisenberg 1989). Die Schwere der Buchstaben erscheint eher geringe argumentative Kraft zu besitzen, denn was sollte an einem Buchstaben schwerer sein als an einem anderen? Hingegen lässt sich die Sonoranz, die in diesem Zusammenhang aber nur für die Sprechsilbe benutzt werden kann, gut nachvollziehen, indem man zwei Sprecher an unterschiedlichen Enden eines Raumes platziert, die sich Laute zurufen. Spätestens hier wird deutlich, um wie viel höher die Sonoranz von Vokalen im Gegensatz zu beispielsweise Plosiven ist (vgl. Ossner 1998).

Ob ein Ansatz, der auf Vokalquantität setzt, einem Ansatz vorzuziehen ist, der die Orthographie als silbisch basiert annimmt und daher das Silbengelenk als grundlegend ansieht (Ossner 1996; Eisenberg 1997; Ramers 1999; Augst 2006), kann unter einem didaktischen Erwerbsgesichtspunkt entschieden werden. Unter diesem Blickwinkel ist eine Theorie zu präferieren, die Kinder zur Silbifizierung führt und auf diese Weise "Wortbausteine" erhält, die das Arbeitsgedächtnis aufgrund ihrer Zusammenfassung in größere Einheiten weniger belasten. Dieses Vorgehen ist für Schreiblerner deutlich einfach zu handhaben als ein Ansatz, der auf der Grundlage des ganzen Wortes buchstabenbasiert ist (Ossner 1998).

Auch zu den Bereichen des Dehnung-h und des silbenöffnendem h- existieren unterschiedliche Ansätze, die hier nicht weiter angesprochen werden sollen (vgl. Berkemeyer 2007).

7.3.5 Das Silbenkonzept der Arbeit

Wenn die Silbe kein Oberflächenphänomen sein soll, bei dem die Regelmäßigkeiten zwischen der Lautung von Wörtern in Sprechsilben und der Schreibung von Wörtern in Schreibsilben auseinanderfällt, muss man mit einem Silbenbegriff arbeiten, wie er in der autosegmentalen, nicht linearen, CV-Phonologie benutzt wird.

Die nicht-lineare Phonologie, die sich in metrische und autosegmentale Phonologie unterscheidet, ist dadurch charakterisiert, dass sie die phonologische Struktur von Wörtern nicht einsträngig, sondern hierarchisch aufbaut. In der autosegmentalen Phonologie werden die Merkmalsinformationen mehrdimensional über verschiedene Ebenen (engl. tier) angeordnet. Eine Variante der autosegmentalen Phonologie, die besonders zur Beschreibung von Silbenstrukturen eingesetzt werden kann, ist die CV-Phonologie. Hier wird auf einer Ebene die Silbe als prosodische Einheit präsentiert, neben einer strukturellen Ebene, der CV-Schicht, die die phonotaktischen Regularitäten ausdrückt, und mindestens einer Ebene, die die einzelnen Segmente mit ihren phonologischen Merkmalen bezeichnet, die Segmentschicht.

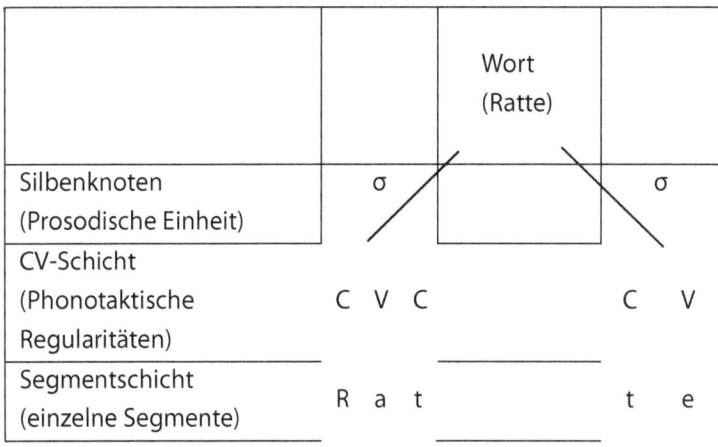

Abb. 15: Silbenstruktur in der CV-Phonologie, vgl. Prinz/Wiese (1991)

Die Positionen C und V auf der CV-Schicht sind dabei abstrakte Positionen. Sie stellen keine Merkmale von Lauten dar, obwohl sie sich an die englische Bezeichnung vowel (Vokal) und consonant (Konsonant) anlehnen. Vielmehr steht C für den weniger sonoranten Teil einer Silbe und V auf den sonoranteren. Diese Positionen sind durch Assoziationslinien, die die artikulatorischen Informationen auf die jeweils nächsthöhere phonologische Ebene projizieren, mit dem Silbenknoten und der Segmentschicht verbunden. Da hier 1:1-Entsprechungen vorliegen müssen, können mehrere Einheiten der CV-Schicht mit einer Einheit der Segmentschicht assoziiert sein oder umgekehrt (vgl. Ramers 1998:77ff). Das CV-Modell ist einem Modell mit einem einfachen, kanonischen Silbenmuster vorzuziehen, das – im Gegensatz zu Konstituentenmodellen der Silbe – mit einer minimalen hierachischen Struktur auskommt (vgl. Wiese 1986:3).

Wenn wir davon ausgehen, dass Grapheme in systematischer und begrenzender Weise auf lautliche Informationen Bezug nehmen, können im CV-Modell die graphemischen Informationen in einer graphemischen Schicht generiert werden, welche aus der CV-Schicht assoziiert werden. Die Grapheme des Deutschen reflektieren somit die strukturellen Positionen des Deutschen, was im Weiteren noch dargestellt wird.

Das meiner Arbeit zu Grunde liegende Silbenschema für das Deutsche möchte ich mit Wiese (1988) mit CCVCC angeben, da man auf der Grundlage dieses Schemas die zentralen Fälle der deutschen Sprache abbilden kann (vgl. Wiese 1988, andere Silbenkonzepte sind zu finden in Eisenberg 1989, Maas 1992: 270[35]).

Beispiele hierfür sind:

(a) Stab, Ziel, Beet,
(b) Traum, Schaum,
(c) Trank, Milch, fern

Abb. 16: Beispiele für ein zu Grunde liegendes CCVCC Silbenschema im Deutschen, vgl. Wiese (1988)

Die Darstellung zeigt, dass ein langer Vokal (a) oder ein Diphthong (b) maximal einen postvokalischen Konsonanten zulässt, auf einen kurzen Vokal jedoch zwei Konsonanten folgen (c). Das bedeutet auch, dass bei betonten Silben die postvokalischen Silbenränder immer maximal angereichert sind.

Der Anfangsrand der Silbe besteht aus maximal 2 C-Positionen. Hier werden die Affrikaten als bisegmental jedoch monopositional gewertet, wodurch alle Anfangsränder mit Affrikaten das Schema nicht verletzen (vgl. Prinz/Wiese 1991).

---

[35] Der Silbenbegriff von Maas erschließt ausgehend vom Einsilber die maximale deutsche Silbe mit einer KKKVKKKK Struktur. Jedoch erwähnt er auch, dass Silben entweder einen komplexen und damit optimal gefüllten Anfangs- oder Endrand haben.

Beispiel: Zweig

Silbenknoten	σ				
CV-Schicht	C	C	V	C	C
Segmentschicht	ts	v	a	I	K

Abb. 17: Die Silbenstruktur bei Affrikaten, vgl. Prinz/Wiese (1991)

7.3.5.1 Vokale

Zwischen dem Vokal in einer Silbe und den postvokalischen Konsonanten besteht eine besondere Interaktion. So folgen nach Kurzvokal mehr Konsonanten im Endrand der Silbe als nach Langvokal (vgl. Eisenberg 1989: 62). Mit Hilfe der CV-Phonologie lässt sich die Silbe nicht nur phonologisch beschreiben, sondern auch die Quantitätsverhältnisse von Vokalen auf der CV-Schicht darstellen. Hier wird ein Langvokal nicht nur mit der V-Position assoziiert, sondern auch mit der darauffolgenden C-Position, ein Kurzvokal hingegen nur mit der V-Position. Deswegen kann bei einem maximalen Silbenschema von CCVCC auf einen Langvokal maximal eine C-Position folgen, auf einen Kurzvokal hingegen zwei. Dass ein Langvokal mit zwei Positionen assoziiert werden kann, einer silbischen und einer nicht-silbischen, lässt sich aus den Diphthongen erklären, da lange Vokale in der gleichen Umgebung wie Diphthonge erscheinen. Diphthonge bestehen aus einem silbischen Teil, der mit der V-Position assoziiert ist und einem nicht-silbischen Teil, einer C – Position (vgl. Wiese 1986).

Dabei werden Silben nach dem "universellen Präferenzgesetz" (vgl. Vennemann 1982: 283) so gebaut, dass die konsonantische Stärke der Laute, also die Schallarmut, im Anfangsrand der Silbe monoton abnimmt, auf dem Kern der Silbe ihr Minimum erreicht hat und dann im Endrand der Silbe wieder zunimmt.

Ein Laut ist ein Sonoritätsminimum, wenn weder der Laut vor ihm noch der Laut nach ihm einer niedrigeren Sonoritätsklasse (inhärente Schallfülle, Gegenteil von konsonantischer Stärke) angehört (vgl. Eisenberg 1989: 63). Hier ist anzumerken, dass die Schallfülle als strukturelle Eigenschaft einer Sprache angesehen werden muss. Sie ist keine unabhängige auditive Größe. Sonorität ist phonologisch nicht ausreichend analysiert und auch phonetisch umstritten. Sie scheint sich eher durch die Öffnungs- und Schließbewegungen beim Sprechen im Verlauf einer Silbe zu ergeben (vgl. Butt und Eisenberg 1990: 40).

Die Sonoritätshierarchie für das Deutsche sieht wie folgt aus:

Zunehmende Sonorität →   abnehmende Sonorität →

Anfangsrand				Silbenkern	Endrand			
Obstruenten		Sonoranten		Vokale	Sonoranten		Obstruenten	
Plosive	Frikative	Nasale	Liquide	Vokale	Liquide	Nasale	Frikative	Plosive
p,b k,g t,d	f,v z,s j,h x,C ʑ,ʒ	m,n	l,r	Vokale	l,r	m,n	f,v z,s j,h x,C ʑ,ʒ	p,b k,g t,d

Abb. 18: Sonoritätshierarchie für das Deutsche, vgl. Eisenberg (1989:61)

Für die Gliederung in Silben gilt also die Bestimmung der Silbenkerne oder Sonoritätsgipfel. Anschließend werden alle links vom Silbenkern stehenden Segmente mit dem Anfangsrand der Silbe assoziiert, alle rechts vom Silbenkern stehenden Segmente mit der Silbenkoda, insofern sie die Präferenzgesetze zum Silbenbau nicht verletzen.

Die Domäne der Silbifizierung ist das (phonologische) Wort. Dadurch wird sichergestellt, dass über Morpheme, die an einen Stamm treten, silbifiziert wird. Die Wortgrenzen in Komposita werden dadurch gleichzeitig zu Silbengrenzen (vgl. Wiese 1986:12).

7.3.5.2 Verletzungen des Silbenschemas und der Sonoritätsbeschränkung

7.3.5.2.1 Anlaut

Bei einer Gruppe von Beispielen wird das obige Silbenschema verletzt. Hier handelt es sich aber um systematische Verstöße, bei denen je eine weitere C-Position vor die V-Position tritt. Die Verletzungen sind vorhersagbar und spielen sich in einem engen Rahmen ab. Sie können deswegen nicht dazu führen, ein anderes Silbenschema anzunehmen. Schon aus Gründen der Einfachheit soll generell von dem obigen Modell ausgegangen werden.

Bei den Verstößen handelt es sich um das Graphem <s>, dass als Laut /s/ vor dem Obstruent /k/ und als Laut /ʃ/ vor den Obstruenten /t/ und /p/ stehen kann. Beispiele: *Strasse, Sprossen, Splint, Skrupel, Sklerose*.

7.3.5.2.2 Auslaut

Der postvokalische Rand der Silbe wird ebenfalls mit zwei C-Positionen angegeben, wobei hier Verletzungen des Silbenschemas in Form eines zusätzlichen Lautes /t/,

/s/der /st/vorliegen können. Diese Verletzungen sind zahlreich, da viele Flexionsformen, beispielsweise der 2. und 3. Person Singular, dazu zählen. Beispiel: hängt, träumt, läuft, Herbst, träumst, läufst. Im Gegensatz zu der beschränkten Distribution der Segmentcluster im Silbenanlaut unterliegen die silben-finalen koronalen Obstruenten keiner Einschränkung. Außerdem stellen sie eine Verletzung des Sonoritätsabfalls zum Rand der Silbe dar und verstoßen gegen die maximale Zahl der postvokalischen C-Positionen. Sie müssen also extrasilbisch gewertet werden, wobei immer nur eine extrasilbische Position zugelassen ist. Das Segment /st/gilt als monopositional aber bisegmental (Prinz/Wiese 1991).[36]

7.3.5.2.3 Epenthese

Das Silbenmodell bildet strukturelle Positionen ab, welche aus Segmentpositionen assoziiert werden. Zur systematischen Silbifizierung der Wörter muss ein Vokal den Silbenkern bilden. Bei einigen Wörtern ist aber im Standarddeutschen eine Aussprache ohne den Vokal akzeptiert, so zum Beispiel: [im tsvaltn doytSn fErnze:n] (Wiese 1988:140). Der Vokal Schwa ist, wie im Beispiel dargestellt, ein "flüchtiger" Vokal. Er wird nicht ausgesprochen, wenn er vor einem sonoranten Konsonanten steht. Silben, in denen er auftritt, sind zudem unbetont. Schwa liegt nicht als zugrundeliegendes Segment vor, sondern es wird durch die Epentheseregel abgeleitet. Es wird im Deutschen gebraucht, um die Wohlgeformtheitsbedingungen der Silbe zu gewährleisten. Dies zeigt sein Vorkommen. In monomorphemischen Wörtern tritt Schwa nur vor die wortfinalen Konsonanten, wenn im Wortstamm ein sonorantes Segment auf ein weniger sonorantes Segment folgt. Da aus Sonoritätsgründen diese wortfinalen Cluster nicht zulässig sind, muss ein Schwa eingefügt werden, damit die Segmentpositionen silbifiziert werden können.

Die folgenden Beispiele verdeutlichen dies:

a) a:tm, ze:gl   b) Atem, Segel   c) Atmung, Segler

Abb. 19: Schwa-Epenthese, vgl. Ramers, Vater (1995:104)

Unter a) sind Stämme angegeben, bei denen die Sonoritätsbeschränkung verletzt sind, deswegen muss zur Silbifizierung der Stämme ein Schwa eingefügt werden (siehe b). Dieses Schwa wird nicht gebraucht, wenn der letzte Konsonant mit dem Suffix silbifi-

---

[36] Maas (1992:270ff.) entgegnet, dass die komplexen Silbenränder wichtige morphologische Markierungen darstellen, so zum Beispiel bei
Einem –t :Kennzeichen für dritte Person Singular beim Verb
Einem –st Kennzeichen für zweite Person Singular beim Verb
Seiner Meinung nach ist nichts gewonnen, wenn man diese morphologischen Markierungen nur distributionell auf der phonologischen Ebene beschrieben werden.

ziert wird, wie unter c). Die Schwa-Epenthese findet im Lexikon auf verschiedenen Ebenen statt, je nachdem um welche Wortform es sich handelt (vgl. Wiese 1988:153).

Die Epenthese tritt häufig auch bei Verben ein, bei denen sie oberflächlich nicht der Silbifizierung geschuldet ist. So zum Beispiel bei der phonologischen Form [ge:n]. Oberflächlich liegt hier eine Silbe vor, die sogar den Wohlgeformtheitsbedingungen für Silben entspricht. Würde man das Verb jedoch nur mit einer Silbe silbifizieren, so würde man den Zusammenhang zum Verbparadigma aufgeben. Mit Ausnahme von *sein* und *tun* treten Verben zweisilbig auf. Bei einer zweisilbigen Silbifizierung wird [n] zum Silbenkern der zweiten Silbe und es muss, wie oben dargestellt, Epenthese eintreten. Wir erhalten [ge-en]. Da aber im Deutschen weder ein Wort noch eine Silbe mit Schwa beginnen kann, wird der silbeninitiale Rand durch h-Epenthese gestützt (vgl. Ossner1996:377).

7.3.5.3 Phonologische Wörter

Da Positionen der CV-Schicht graphemische Informationen repräsentieren, kann nicht die Silbe als Oberflächenerscheinung die Eingabeeinheit für die Silbifizierung sein. Dies lässt sich an Beispielen verdeutlichen. Wenn wir uns die Silbifizierung oberflächlich nur nach den Regeln der Sonorität von Wörtern anschauen, würden Wörter wie *entrümpeln*, *Pädagogik* oder *menschlich* zergliedert in:

en$ trym $ peln , pe$ da$ go$ gik,   men$ schlich

Abb. 20:   Silbifizierung auf der Grundlage von phonologischen Wörtern, vgl. Ossner (1996:373ff.)

Die Gliederung von *Pädagogik* können wir mit unserem Sprachgefühl vereinbaren, hingegen ist die Gliederung von *entrümpeln* und *menschlich* kontraintuitiv. Bei *Pädagogik* als Fremdwort fehlt uns in der Regel der morphologische Zugang, dass es sich hier um die Führung von Kindern handelt, *entrümpeln* und *menschlich* würden wir aber morphemsensitiv in ent$ rym $ peln und mensch $ lich gliedern. Da die deutsche Graphie ein morphologisch tiefes System ist (vgl. Eisenberg 1994), hängt die Silbifizierung nicht nur von den allgemeinen Sonoritätsbedingungen ab, sondern teilweise auch von morphematischen Strukturen. Um eine "saubere" Silbifizierung gewährleisten zu können, schlägt Yu (1992:23) vor, dass die Silbifizierung "gegenüber der morphologischen Struktur der betreffenden Segmentkette sensitiv" sein soll. Deswegen macht er den Vorschlag, dass die "Domäne der Silbifizierung" das phonologische Wort (ω) ist. Als eigenes phonologisches Wort können "Präfixe oder Suffixe mit initialem Konsonant identifiziert werden (können). Suffixe mit initialem Vokal oder Suffixe, die aus nur Konsonanten bestehen, bilden dagegen nicht ihr eigenes ω. Zu letzteren gehören alle Flexions- und Derivationssuffixe, die das Schwa enthalten" (ebd. 1992:34). "Präfixe werden im Deutschen grundsätzlich als ‚Vorsilbe' behandelt. Umgekehrtes gilt für die Suffixe nicht. Sie werden nicht als ‚Nachsilben' behandelt, sondern, sofern sie vokalisch beginnen, an den Stamm integriert, (...). Das bedeutet, daß im Gegensatz zum Präfix auf das Suffix als Suffix bei der Silbifizierung offenbar keine Rücksicht genommen werden muß" (vgl. Ossner 1996:280).

7.3.5.4 Silbifizierungsalgorhitmus

Nach dem bisher Aufgeführten findet Silbifizierung nach folgendem Algorhitmus statt, der zuerst auf der Ermittlung der richtigen Domäne, nämlich dem phonologischen Wort basiert, und diese schließlich in Silben gliedert. Der Silbifizierungsalgorhitmus geht auf Ossner (1996) zurück:

1. Bestimme die phonologischen Wörter:
Jeder Stamm ist ein phonologisches Wort
Jedes Präfix ist ein phonologisches Wort
Alle Suffixe, die nicht mit einem Konsonanten beginnen oder nur aus Konsonanten bestehen, werden mit dem linken phonologischen Wort verknüpft.
-> Phonologische Wörter
2. Silbifiziere nach folgendem Algorithmus:
1.1 Bestimme die paradigmatischen Sonoritätsgipfel als Silbenkerne.
1.1.1 Sind Konsonanten Sonoritätsgipfel, erfolgt Schwa-Epenthese.
1.1.2 Schwa als Silbenkern ohne Anfangsrand wird mit /h/ gestützt.
1.2 Bestimme die Sonoritätsgipfel der so erhaltenen Formen neu als Silbenkerne.
1.3 Bilde gemäß der Sonoritätshierachie, soweit es möglich ist, den Anfangsrand zu jedem Silbenkern.
1.4 Bilde gemäß der Sonoritätshierachie, soweit es möglich ist, den Endrand zu jedem Silbenkern.
1.4.1 Kurze, offene Tonsilben werden durch Kopie des die folgende Silbe eröffnenden Konsonanten geschlossen.
1.5 Setze zwischen Anfangs- und Endrand das Silbenfugenzeichen $.
1.6 Füge /?/ nach den Glottalisierungsregeln ein.
1.7 Ersetze alle Zeichen für phonologische Wörter durch Silbenfugenzeichen.
1.8 Vereinfache $$ zu $.

Abb. 21: Silbifizierungsalgorithmus, vgl. Ossner (1996)

Dritter Teil

Empirische Untersuchung

Die bisher dargestellten Erkenntnisse beruhen auf theoretischen Überlegungen, die nun im nachstehenden dritten Teil der Arbeit in einem konkreten didaktischen Konzept münden, der Wortschatzarbeit, welche empirisch überprüft wird.
Im Folgenden werden dazu zuerst die Hintergründe der Wortschatzarbeit vorgestellt, das didaktische Vorgehen sowie die Wahl der Methode beleuchtet und theoretisch untermauert. Daran anschließend wird in Kapitel 9 die Wortschatzarbeit und ihr Ablauf vorgestellt. Kapitel 10 wendet sich der empirischen Untersuchung zu, für deren Überprüfung die Wortschatzarbeit angefertigt und durchgeführt wurde. Hier wird die Fragestellung entfaltet und die Stichprobe beschrieben. Schließlich werden die Auswertungsmethoden erläutert und in Kapitel 12 die Ergebnisse der Untersuchung dargestellt.

8 Wortschatz, Rechtschreibung und Textverfassen: Vorüberlegungen zur Konzeption

Wortschatzübungen sind nur dann sinnvoll, wenn sie zu einer Erweiterung des passiven und schließlich aktiven Wortschatzes beitragen sowie zusätzlich die Orthographie unterstützen. Ein in diesem Sinne vielversprechendes Konzept entsteht, wenn bei der Vermittlung von Wortschatz die Struktur des mentalen Lexikons beachtet wird und die Aufgabenformate entsprechend ausgewählt werden. Das mentale Lexikon ist ein netzartig, dreidimensional, räumlich gegliedertes System, bei dem die einzelnen Einträge (Knoten) auf verschiedenen Ebenen über Kanten miteinander verbunden, dabei aber doch offen, flexibel und ständig in Veränderung sind (vgl. Köster 2000, Bohn 1999). Das Lernkonzept muss der Modularität und dem Aufbau des mentalen Lexikons Rechnung tragen, und zusätzlich genügend Zeit einplanen, damit alle Wissensstrukturen ausreichend ausgeprägt sind.
Die Konzeption der Wortschatzarbeit beruht auf sprachwissenschaftlichen und sprachdidaktischen Erfahrungen. In die Überlegungen zum Aufbau und zur Struktur der Wortschatzarbeit sind zusätzlich neben den Erkenntnissen aus der (kognitiven) Linguistik auch Einsichten aus der Psychologie eingeflossen. So wird die Wahl des Alters der Probanden durch Beurteilungen der Entwicklungspsychologie gestützt, die angibt, dass sich gerade für die Bereiche des sprachlichen Gedächtnisses deutliche Performanzsteigerungen bis in das späte Jugendalter nachweisen lassen, was auf andere Bereiche des

Gedächtnisses – wie zum Beispiel das visuell räumliche Gedächtnis – nicht zutrifft (vgl. Schneider& Büttner 2002).

Eine daraus resultierende Schwachstelle der Untersuchung hätte jedoch sein können, dass die Probanden aus der 5. und 6. Jahrgangsstufe der Hauptschule nicht über ausreichende Gedächtnisleistungen für ein Wortschatztraining verfügen, so dass die Studie, beeinflusst durch diese Störvariable, zu einem falschen Ergebnis kommt. Jedoch ist Lernen ein eigenaktiver Prozess, bei dem die Güte des Vorwissens einen entscheidenden Einfluss auf die Lernleistung hat, wie von Chi (1978) nachgewiesen werden konnte. Dieses wiederum wird beeinflusst durch die Intensität der Beschäftigung mit einem Gegenstandsbereich, die ihrerseits nicht von kognitiven, sondern motivationalen Faktoren abhängt. Die Gedächtnisleistung ist also weniger von allgemeinen intellektuellen Fähigkeiten und den damit verbundenen strategischen Leistungen abhängig als vom Vorwissen, welches sich wiederum aus der Anzahl der motivierten Übungen speist. Dieser Befund in Verbindung mit den Ergebnissen aus Untersuchungen zur Gedächtnisleistung (vgl. Schneider& Büttner 2002) hat dazu geführt, in der Konzeption der Stunden häufig Phasen einzubauen, in denen motivierende Wiederholungen stattfinden.

Zusätzlich basiert die Wortschatzarbeit auch auf kognitionspsychologischen Grundlagen einer Verbindung von Wissen und Können, wie sie Klieme (2007) in der
Entwicklung der nationalen Bildungsstandards angibt[37]. Oft wird Wissen gleichgesetzt mit Können und davon ausgegangen, dass es reicht, wenn Schüler Fakten, die in Lehrplänen niedergeschrieben sind, wiedergeben können. Doch selbst wenn es Schülern gelingt, dieses Wissen aufzunehmen und in einer entsprechenden Situation als Antwort auf eine Frage wiederzugeben, bleibt das Wissen oft "träge". Das heißt, es kann außerhalb der Lernsituation nicht angewendet werden. Anders verhält es sich mit Können, bei dem die Gedankenfolgen automatisch verfügbar sind.

---

[37] Klieme geht in der *Entwicklung der nationalen Bildungsstandards* von Theorien über den Zusammenhang von Wissen und Können aus, wie sie in den letzten zehn Jahren in der empirischen Pädagogik und in der Kognitionswissenschaft ausgearbeitet und empirisch überprüft wurden. Können wird zunächst als deklaratives Wissen (explizites, verbalisierbares Wissen über Sachverhalte) erworben, muss aber dann durch häufiges Üben und Wiederholen zunehmend "prozeduralisiert" werden, das heißt, wie auch schon an anderer Stelle in der Arbeit beschrieben wurde, das deklarative Wissen wird in automatisch zugängliche Verknüpfungen und Abläufe überführt. Wissen geht dann in Können über. Prozeduralisiertes Wissen muss nicht in jedem Anwendungsfall explizit und bewusst rekonstruiert werden, sondern ist wie eingeschliffene Bewegungsmuster und Gedankenfolgen automatisch verfügbar (vgl. Klieme 2007:78ff.).

8.1 Wortschatz

8.1.1 Warum eine Wortschatzarbeit zur Unterstützung der Leistungen im Texteverfassen?

Die Begründung für eine Intervention, die sich das Ziel setzt, die Leistungen im Texteverfassen zu verbessern, in der Wortschatz angeboten wird, wurde bereits an anderer Stelle gegeben. Hier wird das Gesagte nur kurz in drei Punkten rekapituliert:
1.) Wörter sind die Bauteile unserer Sprache; an das Besitzen und Verfügen von Semantik sind kognitive und emotive Strukturen gebunden (vgl. Ehlich 2005). Sprache ist eine Voraussetzung für mentale Prozesse, da sie in intellektuell anspruchsvollen Situationen zum Einsatz kommt, in denen Sie zum Werkzeug von gedanklichen Problemlösungen wird. Hier wird deutlich, dass nur Sprache eine Botschaft tragen kann und keine kontextuellen Informationen (vgl. Cummins 1978:397).
2.) Im schulischen Kontext ist das Verfügen über Sprache offenkundig. Einen differenzierten Wortschatz zu haben ist nicht nur für die Leistungen im Sprachunterricht elementar, auch für die naturwissenschaftlichen Fächer ist die Bedeutung von Sprache eine Voraussetzung. Für das Verfassen von Texten ist der Wortschatz ein wesentlicher Bestandteil, der die Qualität des Textes bestimmt, denn allein ca. 50% aller Text-Produktionsprobleme sind lexikalisch bedingt (vgl. Krings 1992:58) und die Suche nach einem treffenden Ausdruck bindet viel Arbeitsgedächtniskapazität.
3.) Obwohl dem Verfügen über Wörter eine so große Bedeutung zukommt, herrscht dennoch Handlungsbedarf, da viele Schüler keinen zufriedenstellenden Wortschatz aufweisen, sondern nur einfache Basiswörter zur Verfügung haben (vgl. Deutsch-Englisch-Schülerleistungen-International 2006).

8.1.2 Aufgabenformate zum Wortschatz

Bei der Erstellung der einzelnen Aufgaben habe ich mich neben den Erkenntnissen aus der kognitiven Linguistik und der Modularität des mentalen Lexikons auch der Erfahrungen von Autoren bedient, die über systematische Wortschatzerweiterung in der Schule publiziert haben.
Kielhöfer (1994) hat die Struktur des mentalen Lexikons im Rahmen von Unterricht in der Mutter- und Fremdsprache in Deutsch und Französisch untersucht. Die Grundlage für seine Untersuchungen bilden verschiedene Spiele und Tests, die alle ähnlich den schon erwähnten Primingaufgaben konzipiert sind. Die Untersuchungen werden im Unterricht durchgeführt.
Kielhöfer kommt zu dem Ergebnis, dass jedes Wort unterschiedliche Beziehungen zu anderen Wörtern eingeht. Damit ist es gleichzeitig Element verschiedener Ordnungsklassen.

Die Untersuchung trägt dem Rechnung, indem sie unterschiedliche Übungen anbietet, die die verschiedenen Seiten des mentalen Lexikons ansprechen und zu Vernetzungen beitragen. Denn Wörter werden leichter erworben, wenn man die inhalts- und ausdrucksseitige Struktur des Lexikons beachtet und die Wörter nach Kriterien einführt, die beiden Speicherarten gerecht werden. Dies geschieht beispielsweise einerseits über begriffliche Abgrenzungen und das Ordnen von Synonymen (vgl. Ulrich 2002, zu Unterrichtsvorschlägen vgl. Sucharowski 2002, Rudolph 2002, Nellen 2001, Königs 2000, Röhr 2000; zur Kritik der bisherigen Ansätze vgl. Börner 2000, Bohn & Schreiter 2000) andererseits über Gruppierung der Wörter nach formalen Analogien.

Wolff (2000) spricht sich für folgende sechs Bereiche der muttersprachlichen Wortschatzarbeit aus, von denen besonders die Ideen zur Verbindung von Wortschatz und Textschreiben in den Übungen herrühren:

1) Arbeiten mit reichen authentischen Texten, wobei die Lernenden die neu gefundenen Wörter und ihre Bedeutung schriftlich festhalten.
2) Bedeutung der Wörter erschließen, indem verschiedene Techniken angeboten werden, wie z. B. Inferieren der Wortbedeutung aus dem Kontext auf Grund formaler Merkmale.
3) Arbeiten mit Wörterbüchern.
4) Arbeiten mit dem Wortschatz. Zusammenstellen des Wortschatzes nach unterschiedlichen Kriterien: sinnverwandt, wortverwandt, aus dem gleichen Sachfeld, der gleichen Wortfamilie etc. Dies führt dazu, dass Wörter verschiedenen Systemen im mentalen Lexikon zugeordnet werden, wodurch die Wörter gespeichert, memoriert und abgerufen werden können.
5) Wortschatz aufbereiten. Der neue Wortschatz kann in Kleingruppen in ein gemeinsames Klassenlexikon eingetragen werden. Hier muss ebenfalls ein tieferes Durchdringen des Wortschatzes stattfinden, da Definitionen des Wortes benötigt werden, (Synonyme, Antonyme, verschiedene Beispiele etc.)
6) Wortschatz verfügbar machen, durch das Anfertigen von Texten mit den neuen Wörtern.

Wortschatzarbeit als Werkstattarbeit, in der Handwerkszeug für das Anfertigen von Texten gefunden wird, schlagen bspw. auch Kühn (2001, 2001a) oder Luchtenberg (2001) vor. Auch Honnef-Becker (2000, 2001) befürwortet Wortschatzarbeit als (Schreib-)Werkstattarbeit. Sie geht dabei von einem Dreischritt in der textuellen Wortschatzarbeit aus.

1) Wörter aus einem Text entdecken und schriftlich fixieren.
2) Die gesammelten Wörter werden geordnet in Diagrammen, Mindmaps, etc. Dies dient zur Verankerung im Gedächtnis. Größere Netze können weiter se-

mantisch strukturiert werden, indem kleinere Wortgruppen in Wortnetzen zusammengefasst werden.

3) Die Wörter in einem entsprechenden Kontext verwenden. Hier geht es nicht nur darum, das richtige Wort in einen vorgegebenen Satz einzufügen, sondern eben um den Gebrauch der Wörter beim Anfertigen von Texten.

Voraussetzungen für die gesteuerte Erweiterung des Wortschatzes sind eine systematische Auseinandersetzung mit verschiedenen Wortfeldern. Das beginnt mit Sensibilisierungsübungen beim Lesen und Hören, bei denen Bedeutungsnuancen in Wörtern wahrgenommen werden müssen. "Je differenzierter die Struktur des Lexikons dabei wird, umso mehr legt die Struktur fest, wie neue Einträge ins Lexikon aufgenommen und integriert werden" (Meibauer/Rothweiler 1999:22). Deswegen werden die Wörter der Wortschatzarbeit planmäßig eingeführt und die Übungen bauen kumulativ aufeinander auf.

Ziel ist ein rezeptiver und produktiver Umgang mit Wörtern. Aus einem kognitiven Blickwinkel müssen die neuen Wörter starke Vernetzungen in einem inneren Lexikon bilden.

Der Aufbau und die Struktur der Wörter in der Wortschatzarbeit ist deswegen systematisch über drei Module organisiert, wobei darauf geachtet wird, die Einführung der Wörter in einem System anzubieten, welches der Gliederung des mentalen Lexikons ähnelt (vgl. Schneider 2002, Kochendörfer 2000).

Neben der Bereitstellung von Wörtern trägt die Wortprogression auch zum Aufbau von Bedeutungsbildungen bei. Durch die Abfolge der Wörter und den jeweiligen Kontext, in dem sie angeboten werden, wird die Inhaltsseite der Wörter ausgebildet. Das bedeutet, dass die Schüler keine "Vokabeln" auswendig lernen, sondern sich die (mentalen) Bedeutungen, die mit dem Wort verbunden sind, erschließen und so die erworbenen Wörter auch operational einsetzen können (vgl. Klix 1992, Aitchison 1997).

Das erstellte Wortkorpus, das die Grundlage der Wortschatzarbeit darstellt, spricht über die Auswahl und Struktur des Wortmaterials zusätzlich die formale Seite des mentalen Lexikons an und regt die eigenaktive Analogiebildung, die Basis des Orthographieerwerbs ist, an. Die Schreiber können über die gegebenen Wörter und ihre Einführung Gesetzmäßigkeiten in der Schreibung finden und ihrem orthographischen Lexikon zuführen. Deswegen handelt es sich bei dem Wortschatz auch nicht um eine repräsentative Wortmenge des Deutschen, sondern um strukturiertes Wortmaterial zur Unterstützung der inneren Netzbildung. Gleichwohl ist mit dem angebotenen Wortschatz die Möglichkeit gegeben, Kindern, die über wenige Wörter verfügen, oder Schülern mit Migrationshintergrund eine operative Wortmenge für den täglichen Gebrauch anzubieten.

8.2 Rechtschreibung

8.2.1 Warum Rechtschreibübungen zur Unterstützung der Leistungen im Texteverfassen?

Evidenzen für die der Arbeit zu Grunde liegende These liefern die schon erwähnten Studien von Fayol, Largy und Lemaire (1994) oder Largy, Chanqoy und Dedeyan (2004), die hier nicht mehr expliziert werden sollen. Zum direkten Zusammenhang zwischen Rechtschreibung und Textkompetenz existieren für das Deutsche Untersuchungen von May. Er ist an der Korrelation von der HSP mit Textkompetenzen interessiert und führt auf der Grundlage von Daten aus zwei großen Hamburger Längsschnittstudien Sekundäranalysen durch. Für die Grundschule zieht er die Ergebnisse heran, die im Rahmen des Hamburger Projektes PLUS (Projekt Lesen und Schreiben für alle) (vgl. May 2001c) entstanden sind, und für die Sekundarstufe bedient er sich der Daten aus dem Projekt "Aspekte der Lernausgangslage und Lernentwicklung" (vgl. Lehmann et al. 1996). Die Tabelle zeigt die Korrelationen.

Klasse	Art der Aufgabe für die Erfassung der Textkompetenz	Korrelation mit HSP
1	Bild- und Textaufgabe: Ein Stück Fell	.52
2	Bild- und Textaufgabe: Der geheimnisvolle Koffer	.43
3	Bild- und Textaufgabe: Phantasieaufgabe	.52
4	Bild- und Textaufgabe: Senecio	.44
5	Bild- und Textaufgabe: Senecio	.49
9	Reklamationsbrief schreiben	.37

Abb. 22: Korrelation zwischen den HSP-Ergebnissen und dem Textverfassen,. May (2001b:77)

Zu erkennen ist, dass Textverfassen und Rechtschreibung einen deutlichen Zusammenhang aufweisen. Die Leistungen in der HSP und beim Textschreiben korrelieren hoch signifikant miteinander, wobei sie in Klasse 9 die geringste Korrelation aufweisen. Dies interpretiert May wie folgt: In Klasse 9 wird zum Textverfassen eine formale Aufgabe gestellt; die Schüler sollen einen Reklamationsbrief schreiben. Bei Textsorten, die einen formalisierten Aufbau haben, hängen die Möglichkeiten des Gelingens stärker mit oberflächlichen Phänomen der Textproduktion und der Rekonstruktion eines Textmusters zusammen als bei den freien Schreibaufgaben, bei denen der Schreiber viele Überlegungen zur Ideenfindung, Linearisierung und zum Aufbau der Geschichte investieren muss. Daraus schließt May, dass beim Textverfassen gerade das Ideenabrufen, -verbinden und -wiedergeben eine kognitive Belastung darstellt, weswegen beim (Re-)Produzieren eines formalen Textes die Korrelationen zwischen Rechtschreibleistung und Textkompetenz geringer ausfallen. Dabei ist ein guter Rechtschreiber nicht zwangsläufig ein guter Textverfasser, da das Textverfassen weitaus komplexere Fähigkeiten erfordert als nur die Beherrschung der Orthographie. Allerdings ist ein schwacher Rechtschreiber beim Verfassen von Texten stärker behindert, alle Arbeitsgedächtnisressourcen dem Erstellen des Textes zur Verfügung zu stellen, da er zumindest implizit auch mit den richtigen Schreibungen für ein Wort beschäftigt ist. Bei einem Rechtschreibtest kann sich der Schreiber ganz auf die Rechtschreibung konzentrieren. Er braucht nicht an semantische Inhalte zu denken, da diese vorgegeben sind. "Solange die Rechtschreibung nicht zum großen Teil automatisiert ist, bindet deren gezielte Bearbeitung einen großen Teil der Aufmerksamkeit. Dadurch wird die weitergehende textuelle Planungstätigkeit eingeschränkt. Das kann dazu führen, dass die Kinder während des Hinschreibens eines Satzes vergessen, was sie als nächstes schreiben wollten, so dass sie den Faden verlieren. Auch verlieren schwache Schüler häufig die Übersicht und lassen dann Buchstaben, Wörter oder Satzteile aus, so dass ihre Texte teilweise sehr schwer verständlich werden. Die 'schreibtechnischen' Fertigkeiten reichen dann noch nicht aus, die Komplexität des Textschreibens zu bewältigen" (May 2001b:77).

8.2.2 Warum die Rechtschreibung über eine Wortschatzarbeit unterstützen?

Gerade beim Übergang in die weiterführende Schule, insbesondere bei Hauptschülern, liegen häufig noch gravierende rechtschreibliche Mängel im elementaren Bereich vor, wie das vorangegangene Kapitel zeigen konnte. Offenbar hat der Regelunterricht bei den Kindern nicht zu einem erwünschten Ergebnis geführt, so dass die Suche nach Alternativen berechtigt ist. Im Folgenden werden die Theorien, die als Alternative zum bestehenden Rechtschreibunterricht in dieser Arbeit entwickelt und überprüft wurden, in sechs Punkten zusammengefasst und erklärt, warum der Orthographieerwerb in der Intervention über eine Wortschatzarbeit auf Basis der Silbe erfolgt. Damit fassen die sechs Punkte die Aussagen des Orthographiekapitels zusammen.

1.) Der Erwerb der Orthographie ist ein wissensbasierter Prozess, der nicht über explizite Regeln stattfindet, sondern über implizite Schematismen, die automatisch ausgeführt werden.

2.) Zum Schreiben eines Wortes existieren verschiedene mentale Wege, die aus jeweils anderen Zugriffsmöglichkeiten auf das Lexikon resultieren. Evidenz dafür liefern Untersuchungen mit Aphasikern (vgl. Blanken 1991). Hier gibt es Probanden, die bei Diktatschreibungen viele Fehler machen, wenn sie lexikalische Wörter schreiben, jedoch Pseudowörter schreiben können. Andere wiederum haben Schwierigkeiten Wörter semantisch einzuordnen und danach zu schreiben. Eine dritte Gruppe kann fehlerfrei lexikalische Wörter schreiben, jedoch keine Pseudowörter. Wie im Modell von Morton[38]

---

[38] Das Logogenmodell von Morton (1979) wird im Orthographiekapitel ausführlich vorgestellt.

(vgl. Morton 1979) dargestellt, können Wörter sowohl als Ganzheit direkt aus dem Lexikon abgerufen und hingeschrieben als auch über G-P-K-Regeln erzeugt werden. Zu Beginn des Lernprozesses steht der indirekte Weg, bei dem Wörter über G-P-K-Korrespondenzen erzeugt werden. Im weiteren Verlauf gewinnt jedoch der direkte Weg zunehmend an Bedeutung, gespeicherte Muster und entdeckte Regelmäßigkeiten werden zu gespeicherten Schreibprozeduren, nach denen ein Wort direkt abgerufen und geschrieben wird. Voraussetzung dafür ist die Arbeit an geschriebenem Wortmaterial.

3.) Schüler erwerben die richtige Schreibung aus Geschriebenem. Sie erkennen Muster und bilden implizite Prozeduren, nach denen sie weiterhin schreiben. Der Erwerb der richtigen Schreibung findet eigenaktiv und individuell unterschiedlich statt. Allen Lernern gemeinsam ist jedoch der Versuch, Muster und Regelmäßigkeiten in der geschriebenen Sprache zu entdecken und diese über Analogiebildungen in eigenen Schreibungen weiter zu verwenden (vgl. Eichler 1992, Löffler 2002). Wichtig ist deswegen, beim Orthographieerwerb darauf zu achten, dass sich das angebotene Wortmaterial eignet, um daran Muster auszubilden. Der Wortschatz des Trainings setzt sich entsprechend zusammen. Ein Teil der ausgewählten Wörter sind Prototypen für Schreibungen, an ihnen können Muster gefunden und in Analogien auf andere Schreibungen geschlossen werden.

4.) Um den für den Orthographieerwerb zusätzlich zu unterstützen, kann man sich eine Einheit vorstellen, die den Kindern hilft, Automatismen auszubauen. Sie darf dabei aber keinen Regelcharakter haben, der aufgesagt und auswendig gelernt werden muss, jedoch selten bis nie handlungsunterstützend wird. Die Silbe setzt an dieser Stelle an. Sie ist einerseits eine Größe, die den Kindern intuitiv zugänglich ist und über geschriebenes Wortmaterial nahegebracht werden kann. Sie muss nicht geübt werden, sondern kann aus dem geschriebenen, in Silben gegliederten Wortmaterial entnommen werden. Zusätzlich unterschreitet sie mit einer Länge von maximal sieben Lauten die Kapazitätsgrenze des Kurzzeitgedächtnisses, welches 7 +/- 2 Einheiten aufnehmen kann.

5.) Als kleine Einheit, die das Arbeitsgedächtnis nicht überfordert, würde sich neben der Silbe das Morphem anbieten, jedoch ist es keine intuitiv zugängliche Größe. Die Silbe hingegen entspricht allen oben angesprochenen Punkten, die durchaus auch in der Unterstufe (– nicht nur für Hauptschüler –) noch von Bedeutung sind. Der schematisierte Bau der betonten Silbe liefert Einsichten in Schreibungen und bietet den Schülern starke Unterstützung im Bereich der Dopplungsschreibung, die gerade in Klasse 5 und 6 der Hauptschule häufig noch ein Problem darstellt. Auch die Dehnungsschreibung kann man mit der Silbe behandeln, hier müssen jedoch von Seiten der Lehrkraft Zusatzinformationen gegeben werden.

6.) Die Silbe bietet den für den Erwerb der Orthographie so wichtigen subjektbezogenen Zugang zu Schreibungen, ohne dabei den objektbezogenen Zugang zu vernachlässigen (vgl. Ossner 1996, 2001). Das heißt, einerseits lassen sich über einen analytischen Silbenbegriff aus der CV-Phonologie Schreibungen systematisieren, so dass die These der Andersschreibung des Deutschen ungültig wird, andererseits haben die Schüler einen intuitiven Zugang zur Silbe, können also den systematischen Zugang nutzen, ohne sich dessen theoretisch bewusst sein zu müssen und diesen kompliziert zu erlernen. Die Wörter aus dem Korpus sind deswegen in Silben gegliedert.

8.2.3 Aufgabenformate zur Rechtschreibung

Aus lernpsychologischer Sicht soll Lernstoff auf kleine Einheiten verteilt, dafür aber häufig wiederholt werden. Dabei soll kumulativ neues Wissen zu altem geführt werden. Die Übungsdauer, die ohne Abgelenktsein absolviert werden kann, ist individuell sehr unterschiedlich. So sollte die Übungsdauer einer Einheit insgesamt eher kürzer sein, denn wenn zu viele Wörter in einer Einheit hintereinander geübt werden, wird die Wahrscheinlichkeit erhöht, dass die ersten geübten Wörter erneut fehleranfällig sind (vgl. Bryant 1981). Neben einer geringen Anzahl an gemeinsam geübten Wörtern in einer Lerneinheit sollten auch die Lernmethoden nicht variiert werden. Zwar wird häufig in der Literatur empfohlen, die Übungsformen zu verändern (vgl. Bartnitzky & Valtin 1984), jedoch hat noch niemand den empirischen Nachweis erbracht, dass Abwechslung in den Übungsformen tatsächlich lernförderlich ist. Vielmehr sprechen sich Klicpera und Gasteiger Klicpera (1995) gegen einen häufigen Übungsformwechsel aus, da gerade für schwache Schüler die neue Übungsform zusätzliche kognitive Anforderungen stellt und den Lerner vom Behalten der Inhalte ablenkt. Für den Lernerfolg wichtig ist, dass Schreiber Hinweise auf schwierige Stellen in Wörtern erhalten, so dass kognitive Strategien ausgebildet werden können, die später auch beim Schreiben von unbekannten und schweren Wörtern zum Einsatz kommen. Gerade das Erkennen von Tiefenstrukturen in den Schreibungen und das Einüben der Struktur erzielen die besten Ergebnisse beim Aufbau der Orthographie (vgl. Klicpera & Gasteiger Klicpera 1995:326ff.).

An diesen Punkten orientieren sich die Wörter aus dem Grundwortschatz. Sie folgen einem systematischen Aufbau, der mit der Silbenstruktur der Wörter einhergeht. Über die Silbenstruktur können die Kinder Tiefenstrukturen der geschrieben Sprache entdecken und diese als kognitive Strategie speichern. Damit es zu keiner Überforderung der Schüler kommt, werden in den einzelnen Stunden nur wenige neu zu erkennende Strukturen bearbeitet, die zu einem späteren Zeitpunkt wiederholt werden. Methodisch wird so vorgegangen, dass die Wörter zuerst in einer Pilotsprache in Silben gegliedert werden und daraufhin die einzelnen Silben geschrieben werden. Gemäß dem im vorangehenden Teil der Niederschrift angegebenem Algorithmus der Silbifizierung von Ossner (1996) kann es bei einigen Wörtern zu einem Zwischenschritt kommen, bei dem das zu schreibende Wort verlängert werden muss. Dadurch wird die Auslautverhärtung oder ein mögliches Silbengelenk hörbar gemacht.

Rechtschreibtrainings, die mit einer Pilotsprache arbeiten, die die Kinder zuerst das Wort langsam, deutlich und in Silben gegliedert vorsprechen lässt, führen zu einer besseren Wortschreibung, wie Betz & Breuninger (1987) zeigen können. Die Autoren geben den Effekt der Pilotsprache damit an, dass phonematische und orthographische Informationen stärker verbunden werden können.

Vor der Durchführung der Studie ist darauf hinzuweisen, dass May (vgl. 2001c) in der Hamburger PLUS Studie für die Verbesserung der Rechtschreibleistungen in der Grundschule darauf hinweist, dass Grundwortschätze, wenn sie schon ab der ersten Klasse im Unterricht eingesetzt werden, deutlich zur Verbesserung der Rechtschreibung über die gesamte Grundschulzeit beitragen. Wird jedoch erst in höheren Jahrgangsstufen ein Grundwortschatz eingeführt, so zeigt sich kein positiver Lernerfolg bei der Rechtschreibung (Vgl. May 2001c:181). Dieser Befund darf nicht ignoriert werden, er stellt aber dennoch kein hinreichendes Argument gegen die Arbeit mit einem Grundwortschatz in der 5. und 6. Hauptschulklasse dar, wie er im Rahmen der Studie eingesetzt werden soll. Aus den Angaben von May ist nicht zu entnehmen, wann die Grundwortschätze eingeführt wurden und wie lange mit ihnen gearbeitet wurde. Außerdem fehlen Angaben darüber, ob der Wortschatz eine systematische Struktur hatte. Eine unsystematische Wortsammlung dient in einer höheren Klassenstufe nur noch dazu, dass die einzelnen Wörter auswendig gelernt werden müssen. Auf diese Weise kann ein Grundwortschatz nicht mehr zu einer insgesamten Verbesserung der Orthographie beitragen. Mays Befunde sprechen deswegen – meiner Ansicht nach – keineswegs gegen eine Wortschatzarbeit in der Unterstufe, wie sie im Rahmen der Studie durchgeführt wird.

9 Konzeption der Wortschatzarbeit

Nachdem nun die Hintergründe der Wortschatzarbeit vorgestellt und das didaktische Vorgehen sowie die Wahl der Methode begründet wurden, wird das zweite Kapitel die Konzeption der Wortschatzarbeit sowie ihre Durchführung vorstellen. Es werden das Lernmaterial in Aufbau und Form beschrieben, die thematischen Inhalte aufgeführt und schließlich das Wortschatzkorpus, welches Grundlage der Intervention ist, vorgestellt und seine Entstehung und Zusammensetzung vertieft.

9.1 Durchführung

Die Wortschatzarbeit ist eine von mir erstellte Lernthekenarbeit, die aus 15 Schulstunden besteht und 15 Wochen umfasst. Wöchentlich wird je eine Schulstunde in den normalen Deutschunterricht integriert. Das Training ist in drei Einheiten zu je 5 Stunden gegliedert.

Durch die Methode der Lernthekenarbeit kann die Untersuchung größtmögliche Durchführungsobjektivität bieten. Da alle Schüler die gleichen Materialien mit den gleichen Anweisungen erhalten, kann die Lehrervariable weitestgehend ausgeschaltet werden.

Damit gewährleistet ist, dass alle Schüler die gleichen Hinweise erhalten, wurden die teilnehmenden Lehrer in *didaktischen Handreichungen*[39] über die einzelnen Punkte der Untersuchung umfassend informiert. Zusätzlich fanden während der Intervention regelmäßige Treffen mit den Lehrkräften statt.

Die Einheiten haben folgenden Aufbau:

Einheit 1: Aufbau von Strukturen im mentalen Lexikon und Kennenlernen der Silbe.

Einheit 2: Spielanleitungen schreiben, Spiele spielen und die Kenntnisse zur Silbe vertiefen.

Einheit 3: Aufbau und Anfertigung von Vorgangsbeschreibungen, Silbe und Lernwörter.

9.1.1 Einführung in die Intervention und Ablauf

Im Prätest vor Beginn der Wortschatzarbeit wird eine HSP und eine Bedienungsanleitung zu einer Stoppuhr geschrieben. Zum Anfertigen der Bedienungsanleitung erhält jeder Schüler eine Stoppuhr. Die Funktionen der Stoppuhr werden zuerst in Übungen in Kleingruppen vertieft. Die Bedienung der Uhr wird den Lehrern durch die Bedienungsanleitung mitgeteilt, so dass diese den Schülern helfen können, die Funktionen der Stoppuhr zu verstehen. Anschließend soll der Stoppvorgang in kleinen Aufgaben geübt werden.

Die Lernthekenarbeit wird eingeleitet durch einen Brief an die Schüler[40], in dem – jeden einzelnem – mitgeteilt wird, dass nun für die nächsten 15 Wochen je eine Stunde wöchentlich eine besondere Deutschstunde stattfinden wird. Der Brief enthält Informationen zum Ablauf der nächsten 15 Stunden im Allgemeinen und der nächsten 5 Stunden im Besonderen. Zu Beginn der nächsten thematischen Einheit, 5 Wochen später, wird den Schülern erneut in Briefform mitgeteilt, welche Inhalte sie nun erwarten und ihnen gedankt für die bisher stattgefundene, motivierte Mitarbeit. Zur letzten thematischen Einheit werden die Schüler nochmals angeschrieben. Es wird zusammengefasst, was sie bisher alles gelernt haben und sie werden zu einem Endspurt motiviert. Dabei

---

[39] Die di*daktischen Handreichungen* sind im Anhang abgedruckt und lassen sich dort einsehen.
[40] Briefe im Anhang abgedruckt.

wird darauf hingewiesen, dass am Ende der Wortschatzarbeit erneut eine HSP geschrieben wird, aus deren Ergebnissen der "Rechtschreibprofi" in Gold, Silber und Bronze ermittelt wird. Die Briefe haben den Zweck, die Schüler über den Verlauf der Stunden zu orientieren und ihnen den momentanen Lernstand mitzuteilen. Damit erfolgt eine Rekapitulierung, die zur Erinnerung und zur Metakognition über die bisherigen Lernstände anregen kann. Die Briefe, sowie die restlichen Materialien der Wortschatzarbeit sind aus Gründen der Motivation ansprechend und farbig gestaltet.

9.1.2 Vorstellung des Lernmaterials

Die einzelnen Stunden der Wortschatzarbeit sind als Lernthekenarbeit organisiert[41]. Sie bestehen in der Anfangsphase aus drei Stationen und einer Plusstation (+). Im weiteren Verlauf der Wortschatzübung, wird auf Grund der Rückmeldungen der teilnehmenden Lehrer die Stationenanzahl erhöht, da das Material sonst nicht für 45 Minuten ausreichend gewesen wäre. Die Arbeitsblätter werden an einem festen Platz im Klassenzimmer ausgelegt. Darüber befinden sich die Stationenschilder. Die Schüler beginnen gleichzeitig mit Station 1 und holen sich selbstständig nach Fertigstellung und Korrektur der ersten Station das Arbeitsblatt der Station 2 (und so weiter). Dadurch wird eine quantitative Differenzierung ermöglicht. Jede Station ist fertig bearbeitet, sobald die Schüler sowohl die Aufgaben auf dem Arbeitsblatt gelöst als auch eine Korrektur des Arbeitsblattes durchgeführt haben. Zu diesem Zweck gibt es zu jeder Station mehrere Lösungsblätter, die im Klassenraum ausgelegt werden. Jeder Schüler korrigiert seine Aufgaben eigenständig in grüner Farbe. Dabei ist ihnen bewusst, dass es kein Problem darstellt, wenn Aufgaben falsch gelöst wurden. Wichtig ist, dass beim Korrekturdurchgang die Aufgaben richtig korrigiert werden. Zweck der Selbstkorrektur ist es, eine Bewusstheit für persönliche Fehlerschwerpunkte zu erlangen. Jedes vom Schüler bearbeitete und korrigierte Arbeitsblatt wird an die Lehrkraft abgegeben. Die gesammelten Stationen werden von mir abgeholt und korrigiert, so dass die Schüler eine Rückmeldung über ihre Korrekturgenauigkeit erhalten.

Zu jedem Wortschatzarbeitstag bekommt jeder Schüler eine Abhakliste. Auf dieser hält er neben seinem Namen die Stationen fest, die er bearbeitet hat.

Damit eine effektive Arbeit durch die Schüler gewährleistet werden kann, sind Absprachen notwendig. Diese betreffen die Arbeitsatmosphäre und die Lautstärke. Die Schüler müssen vor Beginn der Wortschatzarbeit organisatorisch für Lernthekenarbeit vorbereitet werden. Hinweise und Regeln für die Schüler werden den Lehrern in den *didaktischen Handreichungen* gegeben. Zusätzlich enthält das Wortschatzmaterial lami-

---

[41] Das Material der Lernthekenarbeit befindet sich im Anhang.

nierte Regelblätter, welche im Klassenraum ausgestellt und in die Wortschatzarbeit einbezogen werden sollen.[42].

Die Stationen der Wortschatzarbeit werden, sofern sie nicht im Klassenraum fertiggestellt sind, zur Hausaufgabe.

Bei ausgewählten Stunden findet eine gemeinsame Reflexion der Stunde im Stuhlkreis statt. Hier sollten die Schülerinnen und Schüler Stellung zu den Aufgaben beziehen und kurz angeben, was ihnen schwerfällt, welche Aufgaben ihnen Probleme bereiten und welche leicht ausgeführt werden können. Auch in Stunden, in denen Texte zu verfassen sind, werden diese anschließend gemeinsam im Stuhlkreis vorgelesen.

9.2. Thematische Inhalte der Wortschatzarbeit

9.2.1 Textarbeit

Die thematischen Inhalte der Wortschatzarbeit bauen sowohl bei der Textarbeit als auch bei der Orthographie aufeinander auf, wobei auf einen kumulativen Schwierigkeitszuwachs geachtet wurde.

Um die Ausbildung von Vernetzungen zu gewährleisten, setzt Einheit 1 mit einer Stunde ein, in der die Stoppuhr im Mittelpunkt steht. Ihr Verwendungszusammenhang wird geklärt, sie wird beschriftet und es werden Wörter abgeschrieben, die die abgebildete Stoppuhr beschreiben. Als Plusstation kann eine Situation gemalt oder beschrieben werden, in der eine Stoppuhr eingesetzt werden kann. Ziel ist der Aufbau von mentalen Vernetzungen durch die vertiefte Auseinandersetzung mit einer Stoppuhr und der Verwendung von neu eingeführten Fachwörtern. Durch den Aufbau von mentalen Netzen wird der Gegenstand bedeutsam, sodass er bei Produktionsaufgaben eingesetzt werden kann.

Nach der Wortschatzarbeit in Stunde 4 wird eine Beschreibung erstellt. Hier wird ein Fahrradcomputer beschrieben, wozu zuerst ein Merkmalkatalog aufgestellt wird. Dabei werden auch Leser als Adressaten des Schreibens einbezogen: Mitschüler ordnen den vorgelesenen Beschreibungen Abbildungen zu. Dies kann auch als Lernkontrolle angesehen werden.

Die Adressatenorientierung als zentraler Punkt eines Textes wird in der zweiten Einheit verstärkt. Nun ist nicht mehr die Stoppuhr das zentrale Thema, sondern es sind Spiele und Spielanleitungen, bei denen der Aspekt der Leserorientierung den meisten Schülern sogar gut vertraut sein wird. Über die Notwendigkeit, dass man seinen Freunden, um mit ihnen spielen zu können, ein Spiel erst genau erklären muss, wird die Adressatenorientierung deutlich. Spielanleitungen bestehen neben einem Beschreibungsteil

---

[42] Die Hinweise für die Durchführung sind im Dokument *didaktische Handreichungen* im Anhang einzusehen.

des Spielmaterials aus Beschreibungen des Spielvorgangs, also beinhalten Teile einer Vorgangsbeschreibung. Zudem haben Spielanleitungen einen motivierenden Aspekt: Jedes Kind spielt gerne.

In der letzten Einheit wird der Fokus auf Vorgangsbeschreibungen verengt. In Form von Bedienungsanleitungen werden Vorgänge beschrieben oder Handlungen ausgeführt. Erneut wird der Leser als Instanz deutlich, der die beschriebenen Vorgänge verstehen muss, damit er sie ausführen kann. Im Gegensatz zu Spielanleitungen sind Vorgangsbeschreibungen, hier speziell die Bedienungsanleitung, abstrakter. Viele Bedienschritte müssen in einer festgelegten Reihenfolge ausgeführt werden. Andere Handlungen sind fakultativ und stehen parallel zu weiteren Optionen des Gerätes. Für den Schreiber bedeutet dies, dass er ein gedankliches Ordnungsmuster aufbauen muss, damit der Leser die Handlungen verstehen und ausführen kann. Auch in Einheit 3 werden technische Gegenstände wie das Handy besprochen. Diese Themen sind besonders für die normalerweise in der Rechtschreibung schwächeren Jungen motivierend. Die starke Zuwendung zu technischen Themen und Sachtextmustern spielt ebenfalls bei der Förderung der Ausbildungsreife eine Rolle. Gerade die Textsorten wie Beschreibung, Vorgangsbeschreibung etc., die insbesondere in handwerklichen und technischen Ausbildungen eine wichtige Rolle spielen, werden in dem Training vertieft eingeübt und ein spezieller Wortschatz dazu angelegt.

9.2.2 Orthographie

Der Rechtschreibteil setzt auf kumulativen Wissensgewinn. Das Training geht induktiv vor, die Schüler begegnen der Silbe bereits in der ersten Stunde, ohne dass diese besonders thematisiert wird. Ab Stunde zwei wird die Silbe expliziert. Nach einer kurzen Einführung, was die Silbe ist, sollen in Silben gegliederte Worte nachgesprochen und abgeschrieben werden. Die folgenden Stunden setzen ebenfalls auf induktives Vorgehen. Die Schüler sehen in Silben gegliederte Wörter, schreiben sie ab und ordnen den einzelnen Positionen in der Silbe Kategorien zu, um eine implizite Struktur für die Silbe aufzubauen. Da die Silbe aus der gesprochenen Sprache kommt, werden die Schüler ab Stunde drei mit der "Robotersprache" arbeiten. Hierbei werden sie vorgegebene Wörter selbst gliedern, um die Anzahl der Silben oder lang bzw. kurz gesprochene Vokale festzustellen. Robotersprache ist ein langsames und monotones Sprechen, bei dem besonders auf die Aussprache geachtet werden kann. Ab Stunde fünf in Einheit 1 werden die Schüler auf besondere Wortendungen achten und bekommen über die Silbe Möglichkeiten angeboten, um schwierige Wortendungen zu erkennen.

Das gesamte Wortmaterial ist ausgewählt und wurde von mehreren Experten geprüft[43]. Die Wörter bauen in einer festgelegten Progression aufeinander auf. Dies trägt zum Erkennen von Regelmäßigkeiten in der Schreibung bei. Die Schüler können über die Regelmäßigkeiten der Silbenstruktur implizite Muster aufbauen, die die Rechtschreibung unterstützen.

Einheit 2 setzt das systematische Vorgehen von Einheit 1 fort. Dazu gehört auch die langsame Einführung von Lernwörtern. Das sind Wörter, die keine Regelmäßigkeiten in der Laut-Buchstaben-Zuordnung haben (zum Beispiel Wörter mit v, da ein f gesprochen wird; Wörter mit ai usw.). Bei Lernwörtern wird mit Methoden aus der Gedächtnispsychologie zu einer besseren Memorierung beigetragen. Wichtig ist – neben dem Erkennen von Lernwörtern – dass sie den Schülern in zyklischen Wiederholungsschleifen begegnen, wodurch sich Schreibungen nachhaltig einprägen. Die in Einheit 2 eingeführten Methoden werden in Einheit 3 verstärkt fortgesetzt. Hier wird der bisher implizit angelegte Algorithmus für regelgeleitete Schreibungen erneut zum Thema der Stunden, wobei das Vorgehen expliziert wird, so dass es verbalisiert werden könnte. Der Algorithmus zur Schreibung von Wörtern unterstützt Schüler dabei auf Besonderheiten in der Schreibung zu achten und Lernwörter zu entdecken.

9.2.3 Zusammenstellung des Wortkorpus

Das Wortkorpus, aus dem die Wörter der 15-wöchigen Wortschatzarbeit stammen, wurde von mir erstellt. Mit dem Korpus werden verschiedene Zwecke verfolgt. Einerseits trägt es zum Auf- und Ausbau eines Basiswortschatzes bei. Deswegen stellt es eine repräsentative Wortmenge des Deutschen dar und beinhaltet Wörter, die typisch für die deutsche Sprache sind, gemessen an unterschiedlichen Häufigkeitswörterbüchern (vgl. Augst 1984, Bamberger und Vanecek 1984, Hesse/Wagner 1985, Kaeding 1898, Naumann 1989, Richter 2002). Die Wörterbücher und Wortlisten wurden jeweils von mir durchgesehen, die häufigsten Wörter entnommen und in meiner Liste zusammengestellt.

Andererseits sollen die Wörter nicht nur produktiv in den allgemeinen Texten der Schüler Verwendung finden, sondern insbesondere auch in den Texten der beiden Erhebungszeitpunkte. Da in der Interventionsstudie Bedienungsanleitungen geschrieben werden, enthält das Korpus auch Wörter, die ausschließlich in Bedienungsanleitungen zu Stoppuhren Verwendung finden (Beispiel: Weckzeitfunktion, Datumseinstellung, Stoppuhrfunktion)[44]. Die Wörter wurden aus den Bedienungsanleitungstexten in Becker-Mrotzek (1997) ermittelt und zusammenhängend in meine Liste überführt.

---

[43] Ich danke Ute Fischer und Jakob Ossner für die Durchsicht des Wortmaterials. Ute Fischer danke ich auch für die genaue Durchsicht der Aufgabengestaltung und der Struktur der Wortschatzarbeit.

[44] Für die Überprüfung eignen sich spezielle Fachwörter zur Bedienung eines Gerätes besonders gut, da diese nicht aus dem Sprachgebrauch von Jugendlichen stammen.

Drittens soll die Wortschatzarbeit die Orthographie unterstützen. Häufig ist das Problem von Wortlisten jedoch, dass in ihnen nur Wörter auftreten, die kaum fehlerträchtig sind oder sie nur Grundformen (Verben im Infinitiv, Nomen im Substantiv) beinhalten, die keinerlei Schwierigkeiten beim Schreiben bereiten. Deswegen beinhaltet mein Wortkorpus auch Wörter, die häufig falsch geschrieben werden, schwere Flexionsformen (vgl. Menzel 1985:34f.) und Ausnahmeschreibungen im Dehnungsbereich. Die folgende Aufzählung stellt die Zusammensetzung des Wortkorpus dar.

Das Wortkorpus enthält[45]:
1) Wörter zum Schreiben einer Bedienungsanleitung: Spezifische Wörter aus dem Bereich Bedienungsanleitung für eine Stoppuhr. Die Wörter wurden aus dem Textkorpus in Becker Mrotzek (1997) ermittelt.
2) Wörter mit hoher Fehlererwartbarkeit: Alle Wörter, die in der Untersuchung von Menzel (1985) eine hohe Fehlerhaftigkeit aufweisen und von ihm mit hoher Fehlererwartbarkeit belegt werden.
3) Häufige Wörter: Die 100 häufigsten Kaeding-Wörter, die 300 häufigsten Wörter aus Bamberger und Vanecek (1984), die 100 häufigsten aus Richter (2002) und die 100 häufigsten aus einer Zusammenstellung der Wortschätze von Naumann (1989), Augst (1984), Hesse/Wagner (1985)
4) Schwere Flexionsformen, weil diese unregelmäßig und dadurch oft fehlerträchtig sind (essen – aß, kommen – kam, haben – hatte – hat) (vgl. Menzel 1985:34f.)
5) Ausnahmen im Dehnungsbereich: Wörter mit Vokal-h (wenn es nicht silbenöffnend ist), <i:> wenn als i((e)h) verschriftet und Doppelvokal.

Die Wörter sind jeweils nach Inhalts- und Funktionswörtern (vgl. Augst 1987) eingeteilt. Über dem Wortkorpus liegt eine Matrix, die die Wörter in Übungswörter gruppiert, die jeweils in einem Merkmal übereinstimmen.
1. Regelgeleitet: G-P-K auf der Grundlage der Silbe
2. Regelgeleitet plus eine Anwendung: Formen von Wörtern bleiben konstant.
    a) verlängern
    b) Grundform bilden
3. Keine G-P-K auf der Grundlage der Silbe

---

[45] Das vollständige Wortkorpus befindet sich im Anhang.

10 Daten der Untersuchung

Auf den kommenden Seiten werden die empirische Studie vorgestellt, die Fragestellung dargelegt und die Stichprobe erläutert.

10.1 Fragestellung

Das Verfassen von Bedienungsanleitungen bringt den Schreiber in eine komplexe Entscheidungssituation, die hohe Anforderungen an sein Organisationsvermögen stellt, wie bereits in den vorangegangenen Teilen dieser Ausarbeitung gezeigt. Die vielen zu lösenden Schreibprobleme und dazugehörigen -handlungen und Prozesse können sich hinderlich auf die Qualität der Texte auswirken. Ob die Produktion von komplexen Texten von kognitiven Entlastungsprozessen profitiert, die sich in einer Verbesserung der Qualität der Schreibprodukte zeigt, ist eine übergeordnete Frage der Arbeit, der durch die vorliegende Untersuchung in einem kleinen Ausschnitt explorativ begegnet wird. Untersucht wird, ob sich Bedienungsanleitungstexte von Hauptschülern aus Klasse 5 und 6 durch eine Lerntheknarbeit wie der bereits vorgestellten Wortschatzarbeit verändern lassen.

Um einen empirischen Zugang zu dieser Frage zu gewinnen, ist die vorliegende Untersuchung als Intervention konzipiert.

Die übergeordnete Fragestellung der Arbeit ist:
1.) Verändern sich die Textprodukte zum zweiten Erhebungszeitpunkt?
    1a) Verbessern sie sich?
    1b) Verschlechtern sie sich?

Vorausgesetzt, es tritt eine Veränderung in den Textprodukten auf, wird dieser Erkenntnis folgend ermittelt:
2.) Können auftretende Veränderungen aus der durchgeführten Intervention resultieren?
    2a) Welche positiven Veränderungen können aus der Intervention resultieren?
    2b) Welche negativen Veränderungen können aus der Intervention resultieren?

Da die Verbesserung der Orthographie ein wichtiger Baustein der Wortschatzarbeit ist, werden möglicherweise stattfindende Verbesserungen in der Orthographie durch die Hamburger-Schreib-Probe (HSP) ermittelt.
3.) Verändern sich die Schülerleistungen in der Hamburger-Schreib-Probe?
    3a) Verbessern sie sich?
    3b) Verschlechtern sie sich?

10.2 Vorstellung der Stichprobe

An der Untersuchung nehmen 62 Schüler aus den Jahrgangsstufen 5 und 6 der Hauptschule teil. Die Probanden der Untersuchung stammen aus dem oberschwäbischen Raum und verteilen sich auf fünf Klassen, drei Klassen aus Klasse 5 (34 Schüler) und zwei Klassen aus Klasse 6 (28 Schüler) aus insgesamt drei Schulen. Das heißt, wenn Klasse 5 und 6 an der Untersuchung teilnehmen, so stammten die Untersuchungsklassen aus der gleichen Schule. Die Schulen liegen in unterschiedlich urbanen Gegenden. Unter den 62 Probanden sind 26 Schülerinnen, 12 aus Klasse 5, 14 aus Klasse 6, und entsprechend 36 Schreiber, 24 aus Klasse 5 und 14 aus Klasse 6, mit unterschiedlichen Erstsprachen und verschieden langer Aufenthaltsdauer in der Bundesrepublik, so dass man von einer durchschnittlichen Stichprobe mit einer für Hauptschulklassen alltäglichen Klassenzusammensetzung ausgehen kann.

Klasse	Mädchen	Jungen	Gesamt Klasse
5.1	7	6	13
5.2	1	8	9
5.3	4	8	12
6.1	6	8	14
6.2	8	6	14
Gesamt Probanden	26	36	62

Abb. 23: Zusammensetzung der Stichprobe

Bei der Darstellung der Ergebnisse sind die Namen der Probanden durch Ziffern anonymisiert, das Geschlecht des Schreibers wird jeweils durch ein w für weiblich und m für männlich hinter der Ziffer gekennzeichnet. Bei der Anonymisierung durch Ziffern entfällt die Möglichkeit, anhand des Namens auf einen eventuellen Migrationshintergrund des Schülers schließen zu können. Dies geschieht bewusst, da man nicht immer anhand des Vornamens auf die tatsächliche Herkunft eines Schülers schließen kann. Erstens geben viele Namen hier keinen deutlichen Hinweis und zweitens sagt ein nichtdeutscher Vorname nichts darüber aus, welche Muttersprache das Kind spricht oder wie stark seine Fähigkeiten in der Zweitsprache Deutsch ausgeprägt sind.
Das Untersuchungsmaterial besteht pro Schüler aus zwei Bedienungsanleitungen zu einer Stoppuhr und zwei Hamburger-Schreib-Proben (HSP) jeweils vom ersten (T1) und zweiten (T2) Erhebungszeitraum. In das Korpus sind jeweils nur die Dokumente der Schüler gekommen, von denen je zwei Texte und zwei HSPs vorliegen. Obwohl drei 5. und zwei 6. Klassen die Untersuchungsgruppe bilden, handelt es sich mit einer Datenmenge von N= 124 Texten und 124 HSPs um eine kleine Stichprobe. Aus untersuchungstechnischen Gründen gestaltete es sich schwer, die Stichprobe zu vergrößern.

Einerseits war es schwierig, Lehrer zu finden, die bereit waren, über 15 Wochen an einer Studie wie dieser teilzunehmen. Es sagte vielen nicht zu, so viele Unterrichtsstunden zu investieren. Die Lehrer verwiesen dabei auf die – ihrem Gefühl nach – ohnehin zu geringe Anzahl an Unterrichtsstunden, um den geforderten Unterrichtsstoff zu vermitteln. Andererseits ist die Klassenstärke der teilnehmenden Klassen gering, Klassen mit 15-19 Schülern sind keine Seltenheit. Wenn nun von jedem Schüler vier Dokumente vorliegen müssen, damit seine Texte in das Untersuchungskorpus einfließen können, so verringert sich die Zahl der Probanden zusätzlich durch Abwesenheit eines Schülers (beispielsweise Orts-, Schul- oder Stufenwechsel) oder Krankheit an einem der vier Erhebungsstichtage. Die Fluktuation war unerwartet groß. Für eine künftige Studie dieser Art muss die Mobilität der Schüler stärker bedacht und einbezogen werden. Im Rahmen der stattgefundenen Studie hätte die Untersuchungsgruppe jedoch kaum mehr als fünf Klassen umfassen dürfen, da alle Klassen von mir während der Durchführung regelmäßig besucht und betreut wurden und ebenso die Zahl an Korrekturen und späteren Auswertungen die Summe an Daten überschritten hätte, die im Rahmen dieser Dissertation hätte ausgewertet werden können.

Zusätzlich muss an dieser Stelle darauf hingewiesen werden, dass sich aufgrund der Größe der Stichprobe die Ergebnisse nur als erster Untersuchungsschritt eignen, aus dem Hypothesen generiert werden können. Die Gültigkeit dieser Hypothesen müsste in einer zweiten Untersuchung an einer deutlich größeren Stichprobe bestätigt werden.

Die Studie ist als eine Interventionsstudie konzipiert, die nur aus einer Untersuchungsgruppe besteht. Dieses Design ist im Hinblick auf das Erkenntnisinteresse der Studie ausgewählt worden, da die Fragestellung der Arbeit nicht auf die Qualität der Intervention abzielt, sondern eine Frage nach mentalen Prozessen ist, auf welche gegebenenfalls eingewirkt werden kann. Für die Feststellung der Qualität von neuen Unterrichtsmaterialien ist ein direkter Vergleich zwischen einer Untersuchungs- und Kontrollgruppe Voraussetzung. In der vorliegenden Arbeit wird jedoch untersucht, ob und wenn ja, inwieweit man durch Unterrichtsmaterialien auf mentale Prozesse von Schülern einwirken kann. Die zu gewinnende Erkenntnis beschränkt sich auf einen kleinen qualitativen Ausschnitt, der aus den Texten und HSPs ermittelt werden soll. Für diese Arbeit ist also ein Vergleich mit einer Kontrollgruppe nicht nötig.

11 Methodisches Vorgehen

Kapitel elf beschäftigt sich mit methodischen Fragen. Zuerst werden die Schritte dargelegt, die bei der Auswertung gegangen wurden, bevor der selbst erstellte Kriteriensatz vorgestellt wird, mit dem die Texte ausgewertet werden. Dabei werden sein Aufbau sowie seine Konzeption erklärt und theoretisch begründet. Danach werden die Auswertung demonstriert und die einzelnen, dabei vollzogenen Schritte erläutert, bevor die Hamburger-Schreib-Probe samt ihrer Auswertung vorgestellt wird.

11.1 Operationalisierung der forschungsleitenden Fragen

Zur Beantwortung der forschungsleitenden Fragen eins und zwei werden jeweils zwei Textprodukte, nämlich Bedienungsanleitungen zu einer Stoppuhr, untersucht. Dabei wird ermittelt, ob zwischen den Textprodukten vom ersten und zweiten Erhebungszeitpunkt eine Veränderung zu erkennen ist. Die dritte Frage wird über die Auswertung der Hamburger-Schreib-Probe beantwortet.

Die Probanden verfassen im Prä- und Posttest jeweils eine Bedienungsanleitung zu einer Stoppuhr. Bedienungsanleitungen sind eine grundlegende Textsorte während einer betrieblichen Ausbildung und müssen sowohl im Betrieb als auch in der Berufsschule rezipiert und produziert werden (vgl. Knapp, Pfaff, Werner 2007). Dabei trägt ihre Produktion alle Merkmale der Komplexität. Weitere Begründungen, weshalb in der Studie Bedienungsanleitungen zu Stoppuhren angefertigt werden, wurde bereits an anderer Stelle im Text ausführlich gegeben. An dieser Stelle sollen die Grenzen der Methode betrachtet werden: Da die Produktion von Bedienungsanleitungen so komplex ist, kann im Posttest keine analoge Aufgabe gestellt werden, die mit dem Prätest vergleichbar wäre. Um die Vergleichbarkeit dennoch zu gewährleisten, wird in Kauf genommen, dass die Schüler innerhalb von 15 Schulwochen zweimal den gleichen Text mit den gleichen Stoppuhren schreiben. Dieses Vorgehen kann riskant sein. Es kann einerseits zu schlechteren Ergebnissen zum zweiten Erhebungszeitpunkt führen, weil die Probanden von der Aufgabenstellung gelangweilt sind und nur noch wenig Motivation zum Schreiben haben. Andererseits könnten sich die Bekanntheit der Schreibaufgabe auch zu positiv auf die Ergebnisse auswirken, weil überdurchschnittlich gute Texte entstehen. Dennoch gibt es keine Alternativen zu diesem Vorgehen. Veränderungsmessungen basieren darauf, dass nur auf eine Variable Einfluss genommen und diese überprüft wird, so dass zum zweiten Erhebungszeitpunkt kein anderer Text verfasst werden darf, wenn das Ziel der Untersuchung ist, den qualitativen Zugewinn, der durch die Wortschatzarbeit entstanden ist, zu erheben. Gerade bei Bedienungsanleitungen stellt sich die Komplexität des zu erklärenden Gegenstandes als eine Schwierigkeit beim Strukturieren und Verfassen des Textes, so dass ein Wechsel des zu erklärenden Gerätes nicht zu validen Ergebnissen geführt hätte. Ebenso wäre ein Wechsel der Stichprobe nicht sinnvoll gewesen.

Zur Ermittlung der Veränderungen in den Textprodukten wird mit einem kombinierten Auswahlverfahren gearbeitet[46], das aus einem gemischten System aus analytischen, dichotom bewerteten Merkmalen und holistischen Globalurteilen zu den Texten besteht, die über Benchmarking an Mustertexten verankert werden. Globalurteile zu Texten sind ein verlässliches Maß, welches eine hohe Gesamtvarianz der Texte zulässt, jedoch sind die Beurteilerübereinstimmungen bei holistischen Gesamturteilen eher gering. Hier eignet sich eine analytische Kodierung der Texte hinsichtlich des Auftretens verschiedener Merkmale im Text, die dichotom ausgeprägt sind, besser. Jedoch lassen solche Kodierungen oft nur wenig Varianz in den Merkmalen zu. Deswegen bietet die Kombination beider Verfahren eine gute Möglichkeit der differenzierten Leistungserfassung.

Die Beantwortung der drei Fragekomplexe beruht auf Textmerkmalen, die die folgende Tabelle zeigt:

1.) Verändern sich die Textprodukte zum zweiten Erhebungszeitpunkt? Wird ermittelt durch=>   Veränderung der inhaltlichen Angemessenheit

2.) Können auftretende Veränderungen aus der durchgeführten Intervention resultieren?
Wird ermittelt durch=>
    Die Übernahme von Fachwörtern aus dem Training
    Eine verbesserte Rechtschreibung bei der Textarbeit insgesamt
    Eine verbesserte Rechtschreibung an Signalwörtern mit Silbengelenk
    Eine stärkere Leserorientierung

3.) Verändern sich die Schülerleistungen in der Hamburger-Schreib-Probe? Wird ermittelt durch=>   Auswertung der Hamburger-Schreib-Probe

Abb. 24: Textmerkmal auf denen die Beantwortung der Fragekomplexe beruht

Zur Beantwortung von Frage eins werden insbesondere die Veränderung der inhaltlichen Angemessenheit genutzt, die in vier Kategorien kodiert wird.

Die Beantwortung von Frage zwei beruht auf der Ermittlung von Indikatoren in den Texten, deren Anwesenheit auf eine Übernahme von Trainingsteilen aus der Intervention schließen lässt.

Frage drei wird beantwortet durch den Vergleich der Schülerleistungen zum ersten und zweiten Erhebungszeitpunkt.

---

[46] Das Auswahlverfahren beruht auf der Arbeit mit einem differenzierten Kriteriensatz, der von mir erstellt wurde. Das Werkzeug sowie seine Entstehung werden im folgenden Kapitel erläutert.

Die Indikatoren, die zur Beantwortung von Frage 2 dienen, sowie das bei der Ermittlung stattgefundene Auswahlverfahren, werden im Folgenden expliziert:

Die Indikatoren sind:
- Die Übernahme von Fachwörtern aus dem Training
- Eine verbesserte Rechtschreibung bei der Textarbeit insgesamt
- Eine verbesserte Rechtschreibung an Signalwörtern mit Silbengelenk
- Eine stärkere Leserorientierung

Die Indikatoren werden in verschiedenen, getrennt voneinander ausgeführten Kodierungen ermittelt. Aus der sprachsystematischen Kodierung werden die Fragen beantwortet, ob Fachwörter aus dem Training übernommen werden, ob eine insgesamt verbesserte Rechtschreibung in den Texten vorliegt und ob es eine Verbesserung der Rechtschreibung an Signalwörtern mit Silbengelenk gibt.

Bei der Prüfung, ob Fachwörter aus dem Training übernommen werden, werden alle Wörter, die das Wortschatzkorpus der Übung beinhaltet, im Text gesucht. Besonders wichtig sind bei dieser Suche Komposita, die als Fachwörter gelten, die normalerweise nicht aus dem Sprachgebrauch von Jugendlichen stammen, wie *Datumseinstellung, Weckuhrfunktion, Stoppuhrfunktion, Digitalanzeige*. Werden mehr als drei Fachwörter im Text verwendet, wird der Text kodiert als "Fachwörter sind im Text enthalten".

Die Verbesserung der Rechtschreibung insgesamt wird durch den Fehlerquotienten festgestellt. Ob sich eine Veränderung der Rechtschreibung, die durch das Training bedingt sein könnte, feststellen lässt, wird an Signalwörtern mit Silbengelenk geprüft, die induktiv aus den Texten gewonnen wurden. Es sind: Veränderungen bei der Schreibung von *Stopp, einstellen*. Hier wird jeweils das Silbengelenk zum zweiten Zeitpunkt beachtet. Außerdem Veränderungen bei der Schreibung von *mann* hin zu *man*. Hier wurde eine Schreibung mit Silbengelenk aufgegeben.

Eine Veränderung der Texte hin zu einer stärkeren Leserorientierung kann sich in vielen Punkten zeigen, nicht zuletzt auch in einer verbesserten inhaltlichen und sprachsystematischen Angemessenheit, weil diese die Verständlichkeit des Textes für den Leser erhöhen. Sucht man jedoch nach einer varianten Spezifizierung des Konstrukts, die einerseits unabhängig von anderen Variablen zu erheben ist und gleichzeitig auch in inhaltlich und sprachsystematisch schwachen Texten auftreten kann, so ist man deutlich eingeschränkter. Um diesen Einschränkungen Rechnung zu tragen, wurde der Begriff stärkere Leserorientierung im Rahmen der Studie operationalisiert in:

1.) einen veränderten Satzbau und

2.) eine veränderte Textstruktur.

Die Veränderung im Satzbau hin zu einer stärkeren Leserorientierung zeigt sich

1.) an einem stichwortartigen Satzbau, der bei technischen Texten die Verständlichkeit erhöht,

2.) an einem besseren Ausdruck, der dem Leser die Möglichkeit bietet, die auszuführenden Handlungen besser nachzuvollziehen,

3.) an einem Perspektivwechsel, der angibt, dass der Schreiber beim Schreiben an die Perspektive des Lesers denkt und diese mit einbezieht und

4.) an einer Veränderung der Syntax weg von einer Beschreibung hin zu einer *wenn-dann*-Struktur. Die Übernahme einer Konditionalstruktur stellt auch im Korpus von Becker-Mrotzek (1997) einen wichtigen Entwicklungsschritt dar.

Veränderungen im Textaufbau, die auf eine neue Leserorientierung hindeuten, sind

1.) ein hierarchischer Textaufbau, der meist mit einer stichwortartigen Darstellung einhergeht,

2.) eine Beschreibung des Aussehens der Uhr und

3.) eine Beschriftung der Abbildung der Uhr auf den ausgeteilten Bögen. Auch Becker-Mrotzek (1997) nutzt diese drei Punkte, um an ihnen Entwicklungsfortschritte aufzuzeigen.

Im Rahmen der Studie wird die stärkere Leserorientierung als Veränderung gewertet, an der gezeigt wird, dass sich die Verbesserung der Textprodukte auf die Intervention zurückführen lässt. Dabei ist es für das Forschungsinteresse der Studie unerheblich, ob man die stärkere Leserorientierung als einen Hinweis auf eine generelle Verbesserung der Textprodukte betrachtet oder sie als speziell durch die Lernthekenarbeit initiiert sieht. Vielmehr wird dieser Zuwachs in der Untersuchung als eine positive Entwicklung gewertet, die eintreten konnte, weil die Schreiber ihre Aufmerksamkeit nicht mehr auf hierarchieniedrige Prozesse verwenden müssen, sondern Kapazitäten frei werden, die dazu beitragen, dass die Schüler jetzt den Leser als neue Größe in den Blick nehmen können und sich beim Erstellen ihrer Texte an seinen Bedürfnissen orientieren.

Ob sich die Texte hin zu einer stärkeren Leserorientierung entwickelt haben, wird schließlich in einem kombinierten Verfahren ermittelt. Zuerst wird analytisch die semantisch/pragmatische Qualität der Texte in Bezug auf ihre funktionale und ästhetische Angemessenheit auf der Grundlage des Kriteriensatzes erhoben, dann wird ein holistisches Gesamturteil zur Qualität der Texte abgegeben. Die Kombination beider Ergebnisse ermöglicht schließlich differenziert die Erfassung der Leistungen.

```
                                • **Veränderter Satzbau**
                                  stichwortartiger Satzbau,      =>      Funktionale
                                  besserer Ausdruck,                     und
                                  Perspektivwechsel,              <=     ästhetische
                                  Veränderung der Syntax                 Kodierung
   ┌──────────────┐                                              wird
   │   stärkere   │ =                                          ermittelt    +
   │Leserorientie-│                                               über
   │    rung      │
   └──────────────┘              • **Veränderter**
                                    **Textaufbau**
                                  hierachischer Textaufbau,
                                  stichwortartige                <=      holistisches
                                  Darstellung,                   =>      Gesamturteil
                                  Beschreibung des
                                  Aussehens der Uhr,
                                  Beschriftung der
                                  Abbildung der Uhr
```

Abb. 25: Spezifizierung des Konstrukts stärkere Leserorientierung

11.2 Kriteriensatz und Methodik der Auswertung

11.2.1 Vorstellung des Kriteriensatzes zur Textauswertung

Das gesammelte Datenmaterial ist durch Hauptschüler der Klasse 5 und 6 entstanden. Die Kriterien, nach denen die erhobenen Texte ausgewertet werden, müssen die Aufgabenstellung und die Fähigkeiten der Zielgruppe berücksichtigen, weswegen ich gezwungen war, einen eigenen Kriteriensatz zu erstellen, der im Folgenden vorgestellt wird.

Beurteilungskriterien für Texte zu finden ist in der gegenwärtigen Schreibdidaktik, in der der Schreibprozess in den Mittelpunkt gerückt ist, zu einem zentralen Anliegen geworden. In neueren Veröffentlichungen befassen sich Baurmann/Dehn (2004) mit dieser Aufgabe. Ebenfalls orientieren sich Beurteilungskriterien an Kompetenzmodellen wie dem von Ossner (2006). Neben Kriterien, die an analytisch vorgehenden Modellen orientiert sind, wurde durch die großen Schulleistungsstudien die Entwicklung von empirisch validierten Kriterien in den Blickpunkt gerückt. Die Modellierung von Textkompetenz anhand der Daten aus DESI und LAU 11/ULME[47] hat Neumann (2007) geleistet, Textkompetenz in der Grundschule wurde in Augst et al. (2007) empirisch erho-

---

[47] DESI steht für die schon oft erwähnte Deutsch Englisch Schülerleistungen International Studie (2003/2004 durchgeführt). LAU ist das Akronym für die Lernausgangslagenuntersuchung, die in Hamburg zwischen 1996-2004 in den Klassen 5,7,9,10 und 13 durchgeführt wurde (http://www.hamburger-bildungsserver.de) und ULME ist eine Hamburger Untersuchung von Leistung, Motivation und Einstellungen der Schülerinnen und Schüler in Berufs- und Fachschulen (http://fhh.hamburg.de/stadt/aktuell/pressemeldungen/2006/mai/12/2006-05-12-bss-ulme-ii.html).

ben und Blatt/Voss/Matthießen (2005) entwickelten Bewertungskriterien, die für die Erfassung der Textqualitäten des Länderkooperationsprojekts Lernstand 6 (2008) (Blatt/Ramm/Voss 2009) benutzt wurden.

Bei der Erstellung meines Kriteriensatzes habe ich mich einführend an der oben genannten Literatur orientiert und mich im Folgenden an den bestehenden Kriterienkatalogen für Aufsatzbewertung von Fix und Melenk (2002), dem Züricher Analyseraster (Nussbaumer 1991) und dem Kriteriensatz von Grzesik & Fischer (1984) gerichtet, wobei ich für mein weiteres Vorgehen besonders auf die beiden zuletzt genannten zurückgegriffen haben.

Das Züricher Textanalyseraster ist ein Textbenennungsinstrument, das Dimensionen eines Textes benennt, die durch den Einsatz des Instrumentes gefunden und kritisch analysiert werden können. Zur Analyse wird getrennt in: 0) Bezugsgrößen, 1.) sprachsystematische, 2.) funktionale und 3.) ästhetische Angemessenheit. Die Dimensionen des Rasters sind aus der Analyse von Texten gewonnen und können zur Beurteilung eingesetzt werden. Eine weniger komplexe Version, mit der die Untersuchung von Schülertexten besser gelingt, ist mit Nussbaumer/Sieber (1994) entstanden.

Der Kriteriensatz von Grzesik & Fischer stellt ein Kondensat aus Kriterien zur Aufsatzbeurteilung aus der Literatur dar. Die Autoren haben 17 Kriterien gesammelt, auf ihre Brauchbarkeit hin untersucht und im Anschluss einen "kleinen Kriteriensatz" zusammengestellt, bei dem die Bewertungsqualität fast identisch zu dem großen Kriterienkatalog ausfällt[48].

Obwohl Lehmann (1990) die Zuverlässigkeit und Generalisierbarkeit von Aufsatzbeurteilungen auch auf der Basis eines Kriteriensatzes kritisch diskutiert, werden die in der empirischen Studie erhobenen Daten auf der Basis eines Kriteriensatzes analysiert, der die Vorgehensweise aus dem Züricher Analyseraster übernimmt, indem er verschiedene Dimensionen eines Textes isoliert und diese kritisch beurteilt. Zusätzlich sind Ansätze aus dem Kriteriensatz von Grzesik& Fischer (1984) in die Analyse miteingeflossen, um die Gesamtqualität des Textes zu beurteilen, wie beispielsweise den Text daraufhin anzuschauen, ob er sich überhaupt auf das Thema bezieht, ob er zu einer großen Zahl an Aussagen kommt, ob dem Text gefolgt werden kann und ob der Text widerspruchsfrei ist. So entsteht ein kombiniertes Verfahren, ähnlich denen in der DESI-Studie verwendeten (vgl. Neumann 2006). Dabei werden meine zu untersuchenden Texte einerseits nach sprach-systematischen Aspekten und andererseits nach inhaltlichen sowie

---

[48] Die Autoren haben herausgefunden, dass die Arbeit mit einem großen Kriteriensatz nur zu einem unstabilen Urteil beiträgt, da die einzelnen Übereinstimmungen bei den unterschiedlichen Bewertern recht gering sind. Selbst bei einzelnen Bewertern, die nach einem gewissen Zeitpunkt erneut zur selben Situation befragt wurden, schwankt das Urteil um bis zu 49%. Der Grund hierfür liegt wohl in der subjektiven Füllung der Kriterien. Die Autoren erstellen deshalb einen kleinen Kriterienkatalog, dessen Güte besser ist.

nach semantisch/pragmatischen Aspekten kodiert, so dass jeder Text nach drei verschiedenen Aspekten analysiert wird.

Nachdem die Struktur des Kriteriensatzes gefunden ist, müssen die einzelnen Dimensionen mit Fragen gefüllt werden, die sich für die Beurteilung von Bedienungsanleitungstexten eignen. Da die Texte von Hauptschülern aus Jahrgangsstufe 5 und 6 stammen, mussten Fragen gefunden werden, die auch zur Analyse von Bedienungsanleitungstexten eingesetzt werden können und Varianzen in den Texten aufzeigen, die nicht von elaborierten Schreibern stammen. Vielmehr ist davon auszugehen, dass die Schreiber nach der Schreibentwicklungsforschung von Bereiter (1980) noch nicht dem kommunikativen Schreiben zugeordnet werden können, einem Schreiben, welches sich an einen potentiellen Leser richtet. Wahrscheinlicher ist eine Einordnung in das performative Schreiben, bei dem der Schreiber versucht sich an schulischen Normen zu orientieren, aber noch stark an seiner Sicht der Sachverhalte festhält (vgl. Bereiter 1980).

Fragen, die sich trotz der oben aufgestellten Einschränkungen für die Untersuchung eignen, habe ich schließlich aus den weitreichenden Analysen von Becker-Mrotzek (1997) gewonnen, der 164 Bedienungsanleitungen zu Stoppuhren von Schülern aus Klasse 4 bis zu technischen Redakteuren auf ihre Schreibentwicklung hin untersucht. In meinen Kriteriensatz sind die Analyseaspekte als Fragen an den Text aufgenommen wurden, die Becker-Mrotzek für die Entwicklungsstadien 0 bis beginnend 2 aufgestellt hat. Altersmäßig handelt es sich bei Stadium 0 um eine vierte Klasse. Stadium 1 wird in der sechsten Klasse Gymnasium erreicht und Stadium 2 in Klasse sieben Gymnasium.

Da ich die Möglichkeit hatte, auf diese bereits bestehende analytische Arbeit zurückzugreifen, bedeutet es für die Qualität meiner Analysen, dass das Messinstrument den Anforderungen der empirischen Sozialwissenschaften gerecht wird. Das Messinstrument ist unabhängig von den auszuwertenden Daten entstanden und wird deduktiv angewandt; es kann genau und verlässlich die Veränderungen in den Texten messen.

Das kombinierte Auswertungsverfahren wird im Weiteren vorgestellt, getrennt in sprachsystematische, inhaltliche sowie semantisch/pragmatische Aspekte.

Die sprachsystematische Kodierung bezieht sich auf folgende Bereiche:

✏ 1.) Bezugsgrößen und sprachsystematische Richtigkeit			
Wie viele Wörter hat der Text?	Wie viele orthographische Fehler hat der Text?	Wie viele Fachwörter gibt es im Text?	Welche Fachwörter? (Beispiele)
Wie viele Sätze?	Wie viele Nebensätze enthält der Text?	Welche Konjunktionen leiten die Nebensätze ein?	
Wie viele syntaktische Fehler hat der Text?	(Anzahl und Beispiel) Im Kasus?	(Anzahl und Beispiel) Bei den Flexionsendungen?	(Anzahl und Beispiel) Bei der Pluralbildung?

Abb. 26: Kodierung der sprachsystematischen Richtigkeit in der Studie

Bei der Beurteilung des Inhaltes wurde grundlegend an die schon erwähnten Überlegungen aus Grzesik & Fischer (1984) angeknüpft und nach Fragen gesucht, anhand derer die Gesamtqualität der Texte eingestuft werden kann. Gefunden wurden sie in den folgenden vier Kriterien aus den Untersuchungen von Becker-Mrotzek (1997), die für verschiedene Schreibentwicklungsniveaus stehen.

⊠ 2.) Inhaltliche Angemessenheit			
Merkmal	trifft zu /Beispiel	Merkmal	trifft zu/Beispiel
1 Einzelne Aktionen sind nicht nachvollziehbar, einzelne Aktionen sind falsch, sprachlich sehr unvollständig		2 Einzelne Versatzstücke, einzelne Aktionen sind nachvollziehbar, einzelne Aktionen sind richtig, sprachlich unvollständig	

3 Einzelne Funktionen sind zusammenhängend dargestellt, weisen aber noch nicht an und sind nur durch blindes Nachmachen nachvollziehbar.		4 Einzelne Funktionen aus dem Anleitungskern leiten erkennbar zur Bedienung an, Bedienaktion und Resultat bilden die Bezugspunkte	

Abb. 27: Kodierung der inhaltlichen Angemessenheit in der Studie

Kategorie 1 existiert nicht bei Becker-Mrotzek (1997), jedoch dient sie in meiner Untersuchung als Sammelkategorie für alle Texte, die schlechter als die Textrudimente bei Becker-Mrotzek sind. Kategorie 1 entspricht der Beschreibung der Textfragmente, Kategorie 2 der Textrudimente, die beiden Niveau 0 angehören. Kategorie 4 entspricht Entwicklungsniveau 1, den bedienlogischen Anleitungskernen, die Becker-Mrotzek (1997) erst in den Texten aus Klasse sechs Gymnasium vorgefunden hat.

Die semantisch/pragmatischen Aspekte wurden wie beim Züricher Textanalyseinstrument als Textbenennungsinstrument entworfen. Sie stellen mögliche Fragen an die Texte, die beantwortet werden können, indem man entsprechende Teile in den Schülertexten entdeckt und infolgedessen analysiert. Wie bei allen Fragenkatalogen müssen jedoch nicht alle Fragen beantwortet werden, vielmehr stellt das Analyseinstrument potentielle Fragen auf verschiedenen Schreibniveaus, die in keinem Text umfassend beantwortet werden können.

☒ 2.) Funktionale und ästhetische Angemessenheit			
Merkmal	**trifft zu /Beispiel**	**Merkmal**	**trifft zu/Beispiel**
Abbildung der Uhr wird einbezogen, aber nicht beschriftet. (S1.1) 5		Die Abbildungen sind beschriftet und nehmen eine Funktion ein. (S1.2 teilweise, wenn elaboriert S2) 5a	
Nach Überschrift folgt unmittelbar die erste Anweisung. Es gibt keine Einleitung (S1.1) 6		Nach Überschrift folgt nicht unmittelbar die erste Anweisung, sondern es gibt eine Einleitung (S1.2) 6a	
Erster Uhrmodus wird nicht erklärt, sondern vorausgesetzt. (S 1.1) 7		Erster Uhrmodus wird erklärt.(S1.2 Jedoch nicht so wichtig für 1.2) 7a	
Bedienaktion und Ziel der Aktion werden aneinandergehängt.(S1.1) (Wenn die Uhr auf 0.00 ist, dann drücken sie) 8		Gewisse Loslösung von der unmittelbaren und konkreten Bedientätigkeit. (S1.2. Wichtiges Kennzeichen für 1.2) 8a	
Jeweils erreichter Uhrzustand wird zum Ausgangspunkt für die nächste Anleitung.(S1.1) 9		Handlung des Lesers steht im Vordergrund. Es kommen mentale Elemente wie Handlungen und Ziele hinzu. (S1.2) 9a	

Bedienung der Uhr ist eine Folge von Zustandsänderungen der Uhr. (S1.1) Bei jedem Bedienschritt wird zuerst der Uhrzustand und dann erst die Tätigkeit angegeben. (Wenn die Uhr auf 0.00 ist, drücken sie…) 10		Bedienung der Uhr ist keine Folge von Zustandsänderungen mehr, es werden zuerst die Tätigkeiten angegeben und dann die Uhrzustände. (S1.2) (Wenn sie drücken, dann startet die Uhr) 10a	
Bedienziele sind nicht/kaum erkennbar. 11		Bedienziele rücken zunehmend in den Vordergrund. 11a	
Viele erklärende Elemente, wenig begründete Anleitungen.(S1.1) 12		Mehr begründete Anleitungen.(S1.2) 12a	
Es fehlen strukturierende Elemente, wie Zwischenüberschriften. (S1.1) 13		Mehr Zwischenüberschriften und strukturierende Elemente.(S1.2) 13a	
Wenn, dann Struktur des Textes (wenn sie … tun, pasiert …) (S1.1) 14		Konditionalsatzstruktur. (Es hört auf, wenn…; Die Uhr startet, wenn…)(S1.2) 14a	
dann, ..dann Struktur des Textes. Chronologische Textabfolge. (Dann machen sie das und dann machen sie das.)(S1.1) 15		Tätigkeitsresultate sind in Sätze vorangestellt (Die Uhr stoppt, sobald…; Die Zwischenzeit kann man nehmen, indem…)(S1.2) 15a	

Köhäsion (Oberflächenstruktur des Textes): Dann, wieder, jetzt (S1.1) 16			
verwendete Symbolfeld ausdrücke sind umgangssprachlich (die Uhr ist auf, die Uhr fängt an, draufdrücken, loslassen, 0:00) (S1.1) 17		Verwendete Symbolfeld ausdrücke weisen anderes Sprachregister aus (Zwischenzeit, Funktion, Modus, Taste statt Knopf, Null statt 0:00) (S1.2) 17a	
Text wird nicht mit Blick auf den Leser strukturiert. 18		Text wird zunehmend mit Blick auf den Leser strukturiert. 18a	
Der Text ist in Du-Form geschrieben. 19		Der Text ist in Sie-Form geschrieben bzw. der Leser wird gar nicht angesprochen. 19a	
Werbende Elemente sind nicht vorhanden.(S1) 20		Werbende Elemente sind vorhanden. (S2) 20a	
Ankündigungen sind nicht vorhanden. (S1) 21		Ankündigungen sind vorhanden.(S2) 21a	
Übersichten sind nicht vorhanden. (S1) 22		Übersichten sind vorhanden.(S2) 22a	
Fachbegriffe sind nicht vorhanden. (S1) 23		Fachbegriffe sind vorhanden.(S2) 23a	
Eigene abstrakte Begriffe werden nicht gebildet.(S1) 24		Eigene abstrakte Begriffe werden gebildet.(S2) 24a	

Tätigkeitsverben werden nicht Nominalisiert.(S1) 25		Tätigkeitsverben werden Nominalisiert.(S2) 25a	
sonstige Anmerkungen		sonstige Anmerkungen	

Abb. 28: Kodierung der funktionalen und ästhetischen Angemessenheit in der Studie

Wie aus der Tabelle ersichtlich wird, liegen die Kategorien der linken Spalte in der Schreibentwicklung unter denen in der rechten Spalten, so dass alle Kategoriennummern mit a eine jeweils höhere Schreibentwicklung angeben als die vergleichbare Ziffer ohne Buchstaben. In der obigen Tabelle ist das Entwicklungsniveau der jeweiligen Frage mit einem Buchstaben und einer Ziffer gekennzeichnet, beispielsweise S 1.1. Dabei steht S für Stufe und die Ziffer kennzeichnet das Entwicklungsstadium:
S 1 bezieht sich darauf, dass die Texte der ersten Entwicklungsstufe aus Becker-Mrotzek (1997) zuzurechnen sind,
S 1.1 steht für nicht anleitende Scheintexte,
S1.2 signalisiert das nächst höhere Entwicklungsniveau, die bedienlogischen Anleitungskerne.
S2 steht für Textteile, die im Textkorpus von Becker-Mrotzek erst in Klasse 7 auftreten, sie zeigen eine leserorientierte Schreibentwicklung an.
Einige Elemente am Schluss des Kriteriensatzes sind mit S1 versehen. Diese Angabe steht für eine Textqualität, die schlechter als die leserorientierte Anleitung ist, also sowohl den bedienlogischen Anleitungskernen als auch den nicht anleitenden Scheintexten angehören können.

11.2.1.1 Methodisches Vorgehen bei der Textauswertung

Jeder Text wurde von zwei unabhängigen Ratern ausgewertet. Dies geschah, indem in die oben abgebildeten Kriterienkataloge jeweils die Spalte trifft zu/Beispiel mit einer Aussage oder einem Beispiel versehen wurde, wenn die Aussage zutraf, so dass schließlich zu jedem Text ein mehrseitiger Auswertungsbogen vorlag. Dabei wurden die Texte getrennt nach ihrer sprachsystematischen Richtigkeit, ihrem Gesamtinhalt und ihrer semantischen/pragmatischen Aspekten kodiert.
Die Abweichungen zwischen den Ratern sind minimal, sie wurden in einem mathematischen Skalierungsverfahren korrigiert. So kann davon ausgegangen werden, dass die erhaltenen Daten objektiv und reliabel sind.
Anschließend wurde für jeden Schüler eine Zusammenfassung erstellt. Hier wurden zu Zwecken der Auswertung die Ergebnisse des Prä- und des Posttest auf einem Analyse-

bogen zusammengeführt, wobei die Ergebnisse des Prätests in rot und die des Posttests in schwarz eingetragen wurden. Auf der Grundlage dieser Zusammenfassung konnte abgelesen werden, in welchen Kategorien die Texte sich beim Posttest verbessert oder verschlechtert haben.

Diese Veränderungen wurden in einer Klassentabelle zusammengestellt. Die Klassentabellen sammeln die Ergebnisse jedes einzelnen Schülers einer Klasse und bilden die Grundlage für die Gesamtauswertung.

Nach der Erstellung der Klassentabellen wurden die Texte erneut durchgesehen, wobei diesmal der Blick auf der Beantwortung eines globalen Urteils der Texte zu der Frage lag, ob sich die Texte im Hinblick auf eine Leserorientierung verändert haben.

Zusätzlich wird gesondert die Orthographie in den Texten betrachtet und beurteilt, ob es einen Fehlerschwerpunkt gibt, der sich durch die Wortschatzarbeit in den Texten zum zweiten Zeitpunkt verändert hat.

Die Ergebnisse der globalen Untersuchung werden ebenfalls in der Klassentabelle eingetragen und gehen von dort als gesonderter Punkt in die Gesamtauswertung ein.

11.2.2 Vorstellung des Testinstrumentes: Hamburger Schreib Probe (HSP)

Die HSP ist ein geeichtes Testinstrument zur Erfassung des orthographischen Strukturwissens und der grundlegenden Rechtschreibstrategien von Schülern. Sie ist als diagnostisches Instrument entwickelt worden, welches ebenfalls zur schnellen Ermittlung des Rechtschreibwissens einer Klasse eingesetzt werden kann.

In der HSP, die in verschiedenen Versionen ab der ersten Grundschulklasse bis zum Ende der Sekundarstufe I vorliegt, findet neben der Auswertung der richtig geschriebenen Wörter auch eine Auswertung der Graphemtreffer statt. Dadurch gelingt es den HSP- Versionen über die Schreibung von wenigen Einzelwörtern und vereinzelten Sätzen (in der HSP beispielsweise 4/5 17 Wörter und 5 Sätze) ein breites Feld des Rechtschreibkönnens zu erheben.

Eines der größten Probleme von Rechtschreibtests, die nur Wortschreibungen auswerten und danach das ganze Wort als richtig oder falsch beurteilen, liegt darin, dass diese Tests nicht genügend differenzieren und nur über eine Vielzahl an Wörtern Rechtschreibleistungen erheben können. Außerdem werden bei der Methode die Wörter nur nach richtig oder falsch zu klassifizieren alle Falschschreibungen gleich behandelt, ohne die qualitativen Unterschiede in den Schreibungen zu beachten. Jedoch verläuft der Rechtschreiberwerb in schrittweiser Annäherung an die richtigen Schreibungen, so dass mancher Fehler vielmehr ein wichtiger und notwendiger Entwicklungsfortschritt ist. Wenn Graphemtreffer ausgewertet werden, so lassen sich verschiedene Lernstände unterscheiden, die in unterschiedlichen Schreibweisen zum Ausdruck kommen.

Die ersten HSP-Versionen stammen von 1984, jedoch ist das Prinzip der Auswertung nach Graphemtreffern, wodurch der Blick auf die Lernstände des Kindes frei wird, schon deutlich älter. In Hamburg werden seit dem Schuljahr 1985/86 alle Grundschüler, die für eine besondere Förderung der Rechtschreibung in Frage kommen, nach diesem Verfahren ausgesucht. Die neuen Formen der HSP liegen seit 1994 vor und werden beständig weiterentwickelt. Dass den HSP-Versionen zugrundeliegende Wortmaterial ist dabei so ausgesucht, dass ein Wort meistens mehrere orthographische Strategien abdeckt, so dass daran Lernfortschritte deutlich werden. Es stammt aus einem groß angelegten Forschungsprojekt, in dem Wortschreibungen von 10.000 Schülern aus elf Bundesländern ausgewertet wurden. Die Untersuchung fand als Längsschnitterhebung zu vier Zeitpunkten statt und begleitete die Klassenstufen 1 bis 9 (vgl. May 1998a).

Zur Diagnose und Förderung der Schüler arbeitet die HSP mit einem Strategieprofil. Mithilfe verschiedener Merkmale an den Wortschreibungen (sogenannten Lupenstellen) können Zugriffsweisen von Schülern auf Schrift schnell und sicher ermittelt werden. Dabei schließt May durch die Lupenstellen in den Wörtern auf die folgenden vier Strategien und gibt darüber hinaus zwei weitere Arten von Fehlern an, die Aufschluss über orthographische Zugriffsweisen zulassen:

1. Strategie:	Alphabetische	Phonographische Schreibung nach dem Prinzip: Schreibe wie du sprichst
2. Strategie:	Orthographische	Hier fließen zusätzliche orthographische Regelkenntnisse in die Schreibungen mit ein, so dass die Schreibungen nicht mehr (ausschließlich) der eigenen Artikulation entsprechen.
3. Strategie:	Morphematische	Bei den Schreibungen werden morphematische Strukturen beachtet.
4. Strategie:	Wortübergreifende	Beachtung der Hinweise, die für Schreibungen gebraucht werden, die über ein Einzelwort hinausgehen, wie beispielsweise für die Groß- und Kleinschreibung oder Getrennt- und Zusammenschreibung nötig.
1. Fehlerart:	Überflüssige orthographische Elemente	Als Hinweis auf Übernahmen von orthographischen Elementen an den falschen Stellen. Überflüssige orthographische Elemente können auf die Übergeneralisierung einer gebildeten Regel hindeuten.
2. Fehlerart:	Oberzeichenfehler	Diese Fehler bringen die Sorgfalt, mit der die Rechtschreibung ausgeübt wird, zum Ausdruck (vgl. May 1998).

Die HSP-Versionen sind als ein diagnostisches Instrument entwickelt worden, sie können als Einzel- oder Gruppentest eingesetzt werden. Zu jeder Jahrgangsstufe existieren bundesweite Vergleichsstichproben, so dass über die Ergebnisse auch auf die Leistungen der Schüler im Bundesvergleich geschlossen werden kann.

4.2.2.1 Methodisches Vorgehen bei der HSP-Auswertung

Auch die Hamburger-Schreib-Proben wurden von zwei unabhängigen Ratern ausgewertet. Dies geschah entsprechend dem Weg, den die HSP zur Auswertung angibt. Zwischen den Ratern entstanden dabei minimale Abweichungen, die gelöst wurden, indem die entsprechenden HSP-Bögen erneut von den Ratern, diesmal aber gemeinsam, ausgewertet wurden, so dass schließlich ein Ergebnis vorlag. Da die HSP ein geeichter Test ist, kann auch hier davon ausgegangen werden, dass die erhaltenen Daten objektiv und reliabel sind.

Anschließend wurden die Ergebnisse des Prä- und Posttests in Klassentabellen gesammelt, die im Anschluss gegenüber gestellt und verglichen wurden, um das Gesamtergebnis zu erhalten.

12 Ergebnisse

Das kommende Kapitel stellt die Ergebnisse der Untersuchung dar, welche sowohl im Fließtext als auch tabellarisch vorliegen. Da das tiefere Untersuchungsinteresse meiner Studie das an kognitiven Prozessen ist, sollen die Ergebnisse der Forschungsfragen differenziert dargestellt werden. Zur Auswertung der Datenlage der Studie habe ich mich deskriptiv statistischer Verfahren bedient, die gleichzeitig an Beispielen und Einzelfällen illustriert werden. Diese Beispiele werden ausführlich erläutert. Dieses Vorgehen ist um so wichtiger, wenn man den geringen Umfang der Datenbasis berücksichtigt, der es verbietet, aus den Ergebnissen allgemein gültige, inferenzstatistische Aussagen zu ziehen. Deswegen stehen hier Klassenergebnisse mit illustrierenden Textbeispielen vor Daten in tabellarischer Form und statistischen Zahlen.

Dazu ist das Kapitel wie folgt gegliedert: Einführend werden die Gesamtergebnisse dargestellt, die einen kurzen, zusammenfassenden Überblick geben, der anschließend in den Teilgesamtergebnissen aus Klasse 5 und Klasse 6 ausführlicher dargestellt wird und neben statistischen Angaben in Tabellenform auch Textbeispiele enthält.

Zwei Textbeispiele aus dem Korpus

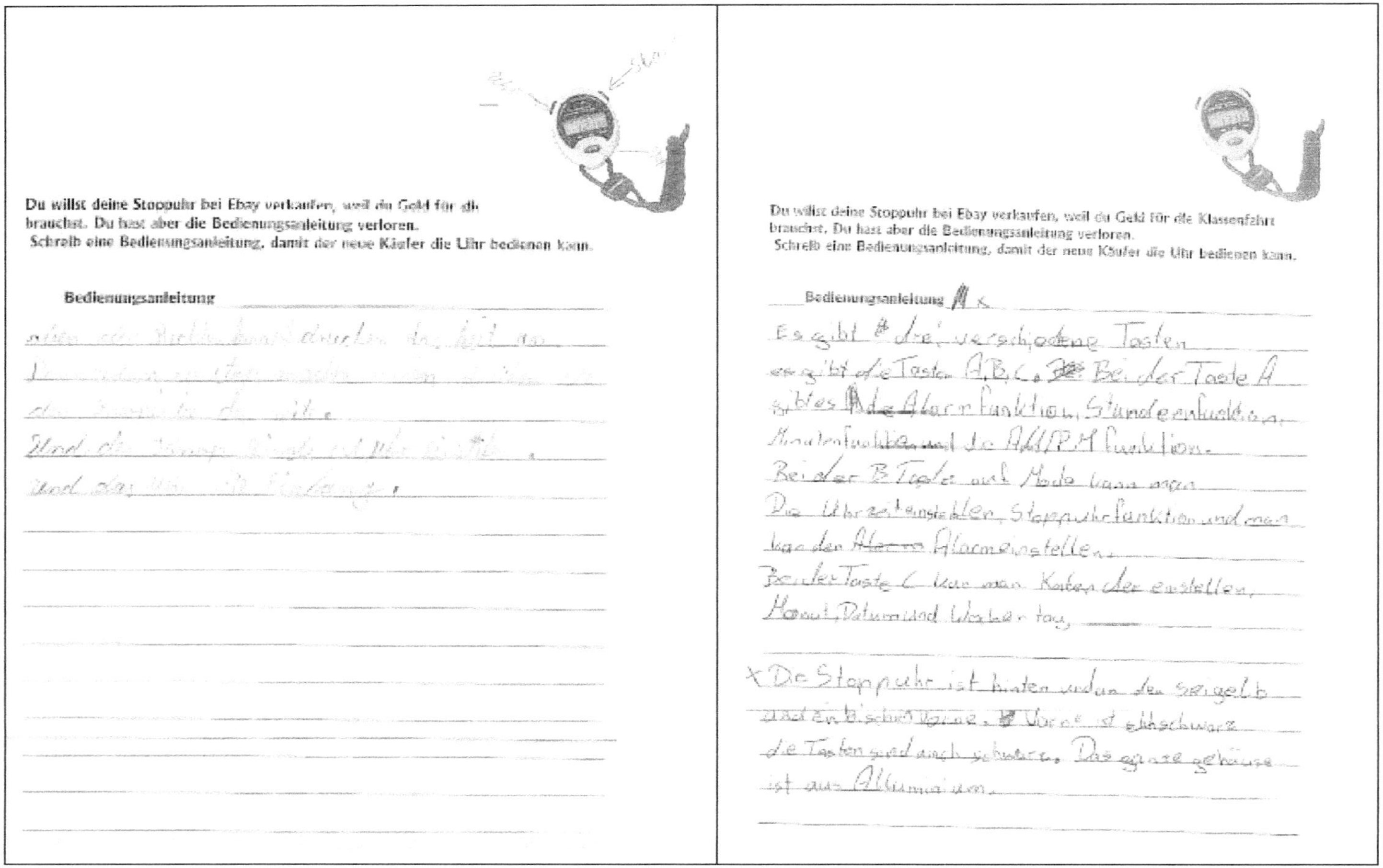
Du willst deine Stoppuhr bei Ebay verkaufen, weil du Geld für di brauchst. Du hast aber die Bedienungsanleitung verloren.
Schreib eine Bedienungsanleitung, damit der neue Käufer die Uhr bedienen kann.

Bedienungsanleitung

Du willst deine Stoppuhr bei Ebay verkaufen, weil du Geld für die Klassenfahrt brauchst. Du hast aber die Bedienungsanleitung verloren.
Schreib eine Bedienungsanleitung, damit der neue Käufer die Uhr bedienen kann.

Bedienungsanleitung

Es gibt drei verschiedene Tasten

Abb. 29: Beispielabbildungen von den Textprodukten

12.1 Gesamtergebnis

Die Datengrundlage der Untersuchung bilden 124 Texte. Das sind 62 Bedienungsanleitungen von jedem Erhebungszeitpunkt, jeweils 34 aus Jahrgang 5 und 28 aus Jahrgang 6.

	T1	T2	Insgesamt Texte
Jahrgang 5 Texte	34	34	68
Jahrgang 6 Texte	28	28	56
Insgesamt	62	62	124

Abb. 30: Zusammensetzung der Textprodukte

Die Einzelergebnisse zusammenfassend zeigt sich bei den Texten insgesamt eine Veränderung der Textprodukte zum zweiten Erhebungszeitpunkt, die durch das Training bedingt sind. Von 62 Texten, die die Datenbasis des zweiten Erhebungszeitpunktes bilden, haben sich 55 Texte verändert. 48 Texte davon verbesserten sich im Rahmen des erstellten Bewertungskriteriensatzes, 7 Texte verschlechterten sich. Die verbleibenden 7 Texte zeigen keine Veränderungen in den Texten zwischen den Erhebungszeitpunkten.

62 Texte (T2)	**48 Verbesserung**	78%
	7 Verschlechterung	11%
	7 Unverändert	11%

Abb. 31: Tabellarische Beantwortung von Frage 1

Bei einem prozentualen Anstieg verbesserter Texte von 78% kann man sagen, dass eine deutliche Verbesserung der Textprodukte zum zweiten Erhebungszeitpunkt stattgefunden hat (Frage 1b).

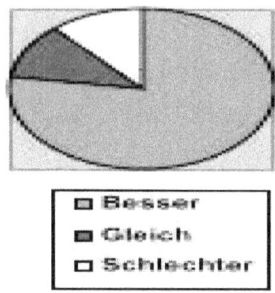

Abb. 32: Zusammensetzung der Veränderungen der Texte zum zweiten Erhebungszeitpunkt (absolute Zahlen)

Resultieren die Verbesserungen aus der Wortschatzarbeit (Frage 2a)? Diese Frage möchte ich getrennt nach den einzelnen Indikatoren beantworten, die dieses Resultat anzeigen:

62 Texte (T2)	36 Texte beinhalten Fachwörter	58%
	43 Verbesserung bei Rechtschreibung im Text	69%
	17 Verbesserung bei Rechtschreibung an Silbenstellen	27%
	Leserorientierung 31 Veränderungen im Satzbau 33 Veränderungen im Textbau	Zusammengefasst ca. 50%

Abb. 33: Tabellarische Zusammensetzung der Indikatoren zur Beantwortung von Frage 2

Eine Übernahme von Fachwörtern aus dem Training fand in 36 Texten statt. Die Übernahme von Fachwörtern wird als solche kodiert, sobald mehr als drei spezifische Komposita, die speziell für die Bedienung der Uhr wichtig und in der Wortschatzübung aufgetreten sind, vorliegen[49]. Dabei handelt es sich um Wörter wie *Weckuhrfunktion, Digitalanzeige, Datumseinstellung* etc.. 58% der Texte zu T2 beinhalten diese Fachwörter, somit kann man sagen, dass die Schüler haben mehrheitlich die Wörter aus dem Training verwendet haben[50].
Die Rechtschreibung in den Texten verbesserte sich in 43 Texten (69%), was ebenfalls als eine klare Verbesserung gesehen werden kann.
Die Rechtschreibung an markanten Silbenstellen hat sich in 17 Fällen verändert.
Das Kriterium der Leserorientierung stellt sich wie folgt dar: 31 Veränderungen im Satzbau und 33 Veränderungen im Textbau lassen sich im Textkorpus finden. Die Ver-

---

[49] Die vollständige Wortliste kann im Anhang eingesehen werden.
[50] Hier zeigt sich eine starke Binnendifferenz, die in der Darstellung der Teilergebnisse sichtbar wird.

änderungen im Satz- und Textaufbau liegen um die 50%, so dass wir hier nur von einer verbesserten Tendenz, die über den Zufall hinausgeht, sprechen können.

Die Abbildung zeigt die Gewichtung der Zusammensetzung der Indikatoren, auf deren Grundlage Frage 2 beantwortet wurde:

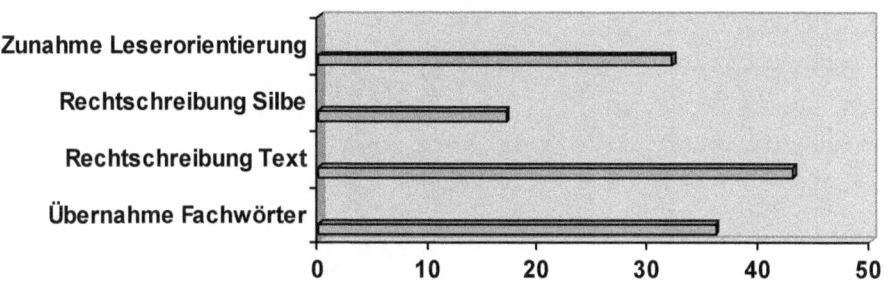

Abb. 34: Gewichtung der Zusammensetzung der Indikatoren zur Beantwortung von Frage 2 (absolute Zahlen)

Es muss an dieser Stelle insgesamt erwähnt werden, dass große Unterschiede in den Ergebnissen zwischen den Klassen vorliegen, die in der folgenden Tabelle dargelegt werden:

	Fachwörter	Rechtschreibung Text	Rechtschreibung Silbe	Leserorientierung	
				Satz	Text
5.1	11	10	0	9	7
5.2	8	6	4	8	8
5.3	5	10	8	5	6
6.1	8	8	3	3	5
6.2	4	9	2	6	7
Summe Zusammensetzung Leserorientierung				31	33
Gesamt	36	43	17	32	

Abb. 35: Zusammensetzung der Indikatoren zur Beantwortung von Frage 2 nach Jahrgangsstufen

Die Schülerleistungen in der Hamburger-Schreib-Probe (HSP) sehen wie folgt aus:
45 Schüler verbessern sich zum zweiten Erhebungszeitpunkt, 13 erzielen schlechtere Ergebnisse und vier Schülern verändern ihre Leistungen nicht. Damit haben 72% der Probanden ihre Leistungen in der HSP verbessert (Frage 3a).

62 Texte (T2)	**45 Verbesserung**	**73%**
	13 Verschlechterung	20%
	4 Unverändert	7%

Abb. 36: Ergebnisse Frage 3

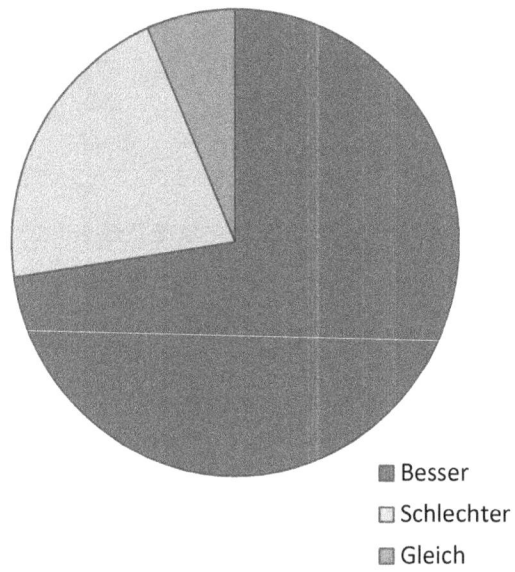

Abb. 37: Zusammensetzung der Veränderungen in der HSP (absolute Zahlen)

Zusammenfassend lässt sich sagen, dass deutliche Veränderungen in den Textprodukten zum zweiten Zeitpunkt vorliegen, die auf die Wortschatzarbeit zurückzuführen sind.
Die hier nur kurz zusammengefassten Ergebnisse werden in den folgenden Kapiteln detailliert und ausführlicher wiedergegeben.

12.2 Ergebnisse Klassen 5

12.2.1 Beantwortung Frage 1

Beschreibung der Texte zum Erhebungszeitpunkt 1

Im Bereich der inhaltlichen Angemessenheit befinden sich zum ersten Erhebungszeitpunkt (T1: Mitte Januar 2008) 12 der 34 Texte in Kategorie 1. Dies sind prozentual die meisten Texte aus Jahrgang 5. Diese Texte sind dem Wesen nach noch keine Bedienungsanleitung. Sie sind dadurch gekennzeichnet, dass sie meist keinen Anleitungscharakter haben, sondern das Äußere der Uhr oder beispielsweise ihre Funktionen beschreiben, wie hier im Beispiel von 3w.

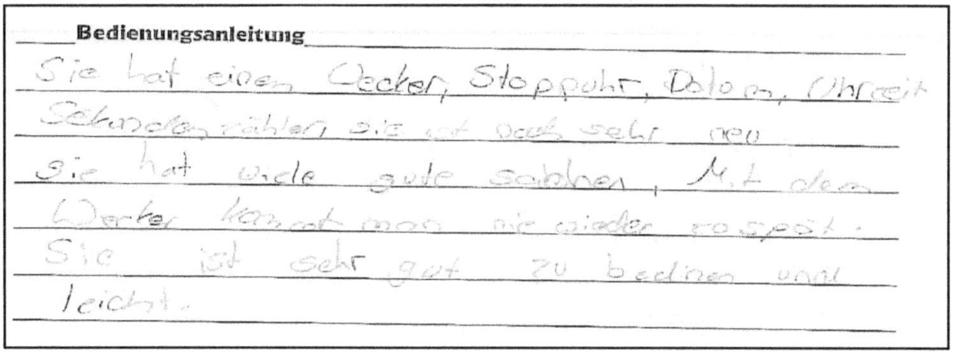

Abb. 38:   Textbeispiel aus Kategorie 1

Wenn die Texte Bedienaktionen angeben, sind diese oft falsch oder nicht nachvollziehbar und gleichzeitig sprachlich unvollständig. Das folgende Beispiel charakterisiert falsche und nicht nachvollziehbare Bedienaktionen bei gleichzeitiger sprachsystematischer Schwäche.

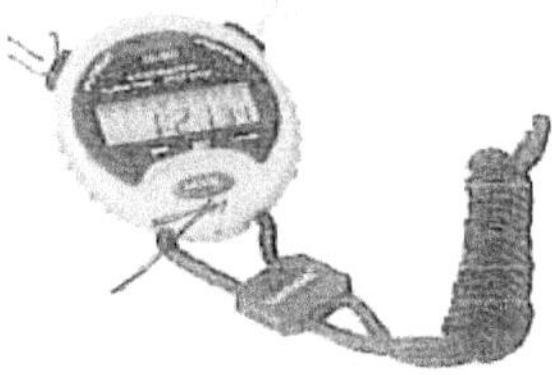

Bedienungsanleitung

Von dam knopf oban links delegiren
Sie die daten.
Auf den Knopf Ober Rechts.
Macht mann die Uhr.
Der knopf inder mitte ist die stopuhr.
Der knopf heist mode er startet immer.

Abb. 39: Textbeispiel aus Kategorie 1 mit falschen Bedienaktionen

Der Anteil an Textfragmenten und Textrudimenten (Kategorie 2 und 3) aus dem Korpus beträgt zusammen 18 Texte (je Kategorie 9). Diese Texte bestehen aus Versatzstücken, die jeweils nur einzelne Bedienhandlungen wiedergeben. Das Beispiel unten zeigt einen Text von 2m zum ersten Erhebungszeitpunkt, der auf den ersten Blick gut erscheint, jedoch nur vereinzelte Aktionen richtig wiedergibt.

Bedienungsanleitung

Die Stopuhr hat einen Resetknopf, Startknopf und Mode.
Auf reset stopt man die Zeit.
Auf start kann ich die Uhrzeit wechseln.
Auf Mode kann ich die Zeit auf null machen.
Wenn man start und Mode drückt kommt die
Uhrzeit.

Abb. 40: Textbeispiel aus Kategorie 2, Textfragmente

Dabei unterscheiden sich Textrudimente von Textfragmenten dahingehend, dass Textrudimente schon Aktionen aus dem Kernbereich der Uhr angeben und sprachlich vollständiger sind, wie im Text von 2m zum zweiten Erhebungszeitpunkt.

oder die Stoppuhr Um die Stoppuhr zu machen muss man den rechten Knopf start drücken. Wenn du sie stoppen willst must du wieder den rechten Knopf drücken, Und bei den linken kann man

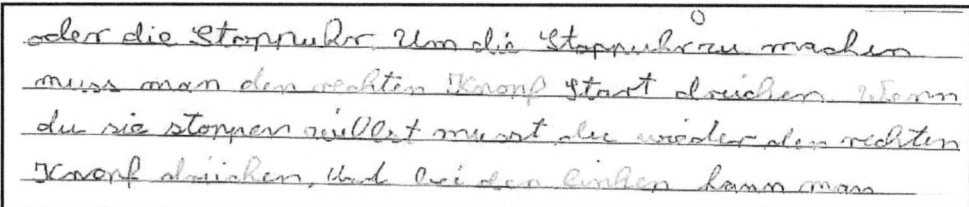

Abb. 41: Textbeispiel aus Kategorie 3, Textrudimente

Dennoch ist sprachliche Vollständigkeit kein wichtiges Bewertungskriterium für die Qualität der Texte, da die Schüler aus Jahrgangsstufe 5 hier generell Schwierigkeiten haben.

Insgesamt sieht die Verteilung der inhaltlichen Angemessenheit der Texte auf die vier Kategorien der inhaltlichen Angemessenheit[51] wie folgt aus:

12	Texte aus der Klasse sind zu T1 in Kategorie 1
9	Texte aus der Klasse sind zu T1 in Kategorie 2
9	Texte aus der Klasse sind zu T1 in Kategorie 3
4	Texte aus der Klasse sind zu T1 in Kategorie 4

Abb. 42: Verteilung der Texte auf die vier Kategorien der inhaltlichen Angemessenheit zum ersten Erhebungszeitpunkt

Beschreibung der Texte zum Erhebungszeitpunkt 2

Zum zweiten Erhebungszeitraum (15 Unterrichtswochen später) hat sich die konzeptionelle Qualität der Texte deutlich verbessert (Frage 1). Es liegen mehrheitlich Texte vor, die sich konzeptionell den Textrudimenten oder den bedienlogischen Anleitungskernen zurechnen lassen (Kategorien 3 und 4).

[51] Die Kodierung der inhaltlichen Angemessenheit ist in der Tabelle auf S. 161 nachzulesen.

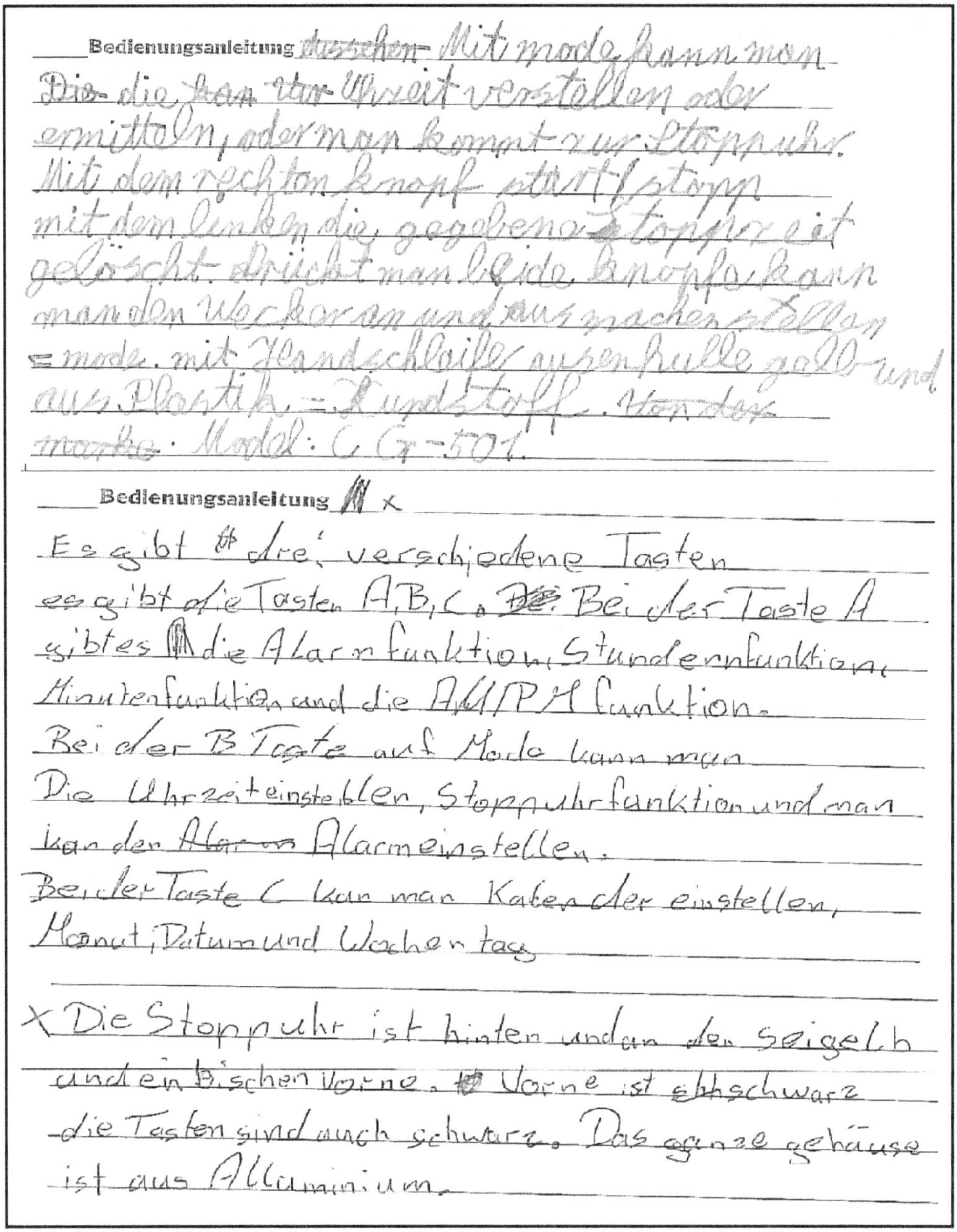

> **Bedienungsanleitung** ~~ausehen~~ Mit mode kann man
> ~~Die die kan~~ ~~Uhr~~ Uhrzeit verstellen oder
> ermitteln, oder man kommt zur Stoppuhr.
> Mit dem rechten knopf start/stop
> mit dem linken die gegebene ~~Stoppuhr~~ ist
> gelöscht. Drückt man beide knopfe, kann
> man den Wecker an und aus machen stellen
> = mode. mit Handschleife aussenhülle gold und
> aus Plastik. = Kunststoff. Von der
> marke. Model: CG-501.

> **Bedienungsanleitung** /// x
>
> Es gibt ~~of~~ drei verschiedene Tasten
> ~~es gibt die Tasten~~ A, B, C. ~~Be~~ Bei der Taste A
> gibtes /// die Alarmfunktion, Stundenfunktion,
> Minutenfunktion und die AM/PM funktion.
> Bei der B Taste auf Mode kann man
> Die Uhrzeit einstellen, Stoppuhrfunktion und man
> kan der ~~Alarm~~ Alarm einstellen.
> Bei der Taste C kan man Kalender einstellen,
> Monat, Datum und Wochentag.
>
> x Die Stoppuhr ist hinten und an der seigelh
> und ein bischen Vorne. Vorne ist ehtschwarz
> die Tasten sind auch schwarz. Das ganze gehäuse
> ist aus Aluminium.

Abb. 43: Textbeispiele aus Kategorie 3, Textrudimente, Beispiel oben und Kategorie 4, bedienlogischen Anleitungskernen, Beispiel unten.

Die Verteilung der Texte auf die vier Kategorien sieht zum zweiten Erhebungszeitpunkt wie folgt aus.

4	Texte aus der Klasse sind zu T2 in Kategorie 1
8	Texte aus der Klasse sind zu T2 in Kategorie 2
11	Texte aus der Klasse sind zu T2 in Kategorie 3
11	Texte aus der Klasse sind zu T2 in Kategorie 4

Abb. 44: Verteilung der Texte auf die vier Kategorien zum zweiten Erhebungszeitpunkt

T1	T2
12 Texte in Kategorie 1	4 Texte in Kategorie 1
9 Texte in Kategorie 2	8 Texte in Kategorie 2
9 Texte in Kategorie 3	11 Texte in Kategorie 3
4 Texte in Kategorie 4	11 Texte in Kategorie 4

Abb. 45: Vergleich der Verteilung der Texte auf die vier Kategorien erster und zweiter Erhebungszeitpunkt

Die Gegenüberstellung in der Tabelle verdeutlicht, was ebenfalls grafisch in der folgenden Abbildung dargestellt wird: Die Textprodukte sind mehrheitlich besser geworden. Es befinden sich deutlich mehr Texte in Kategorie 3 und 4.

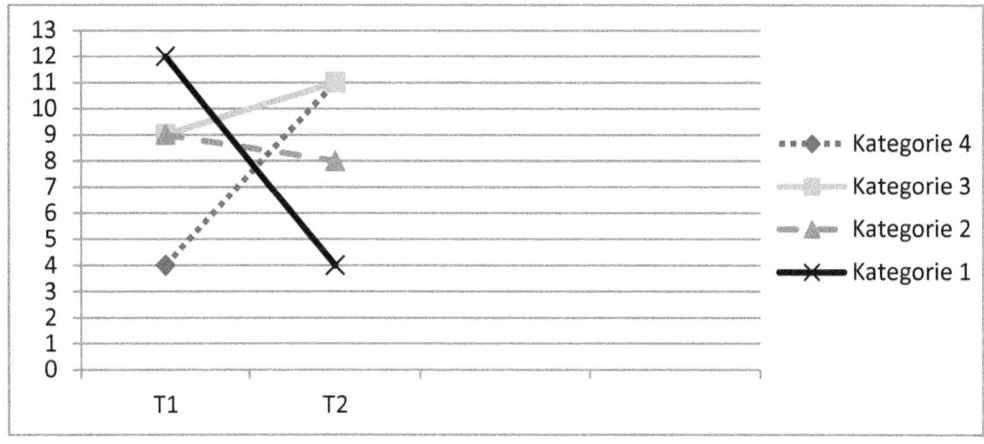

Abb. 46: Veränderung in der Qualität der Texte in der inhaltlichen Angemessenheit von T1 zu T2

Damit lässt sich Frage eins eindeutig beantworten: Es liegt eine Veränderung der Textprodukte vor, sie haben sich verbessert (Frage 1b).

12.2.2 Veränderungen durch die Intervention?

Ob die Veränderungen der Intervention zuzurechnen sind (Frage 2), wird im Folgenden geklärt. Dazu werden zunächst die Ergebnisse der Prüfung der jeweiligen Indikatoren vorgestellt, deren Anwesenheit auf eine Veränderung, die durch das Training bedingt ist, hindeuten lässt.

- Fachwörter
  Zum zweiten Erhebungszeitpunkt wird der neue Wortschatz, der in der Intervention eingeführt wurde, in 24 Texten verwendet, das sind 70,5 %.
- Rechtschreibung im Text
  26 Texte (76,5%) haben sich zum zweiten Zeitpunkt in der Rechtschreibung verbessert.
- Rechtschreibung bei der Silbe
  In 12 Texten kann man eine Veränderung in der Rechtschreibung erkennen, die auf die Kenntnis einer Silbenstruktur hinweist. Elf Veränderungen treten beim Schreiben des Doppelkonsonanten in *Stopp* auf.

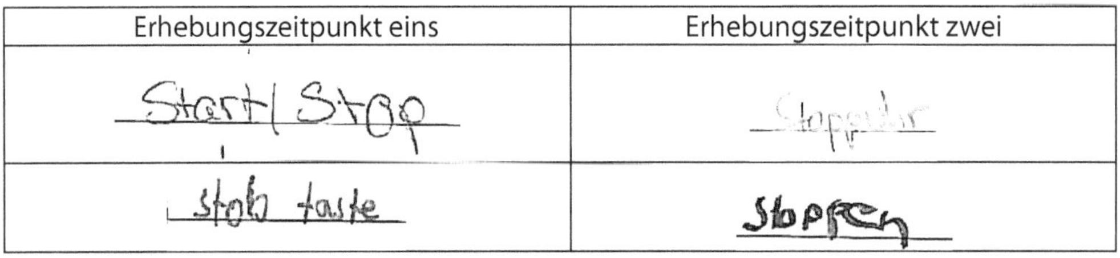

Erhebungszeitpunkt eins	Erhebungszeitpunkt zwei
Start Stop	Stoppen
stob taste	Stoppen

Abb. 47: Veränderungen bei den Schreibungen des Doppelkonsonanten in Stopp, aus Klasse 5 zu T2

Weitere drei Schreiber realisieren jetzt das Silbengelenk in *einstellen*, welches zum ersten Zeitpunkt fehlte

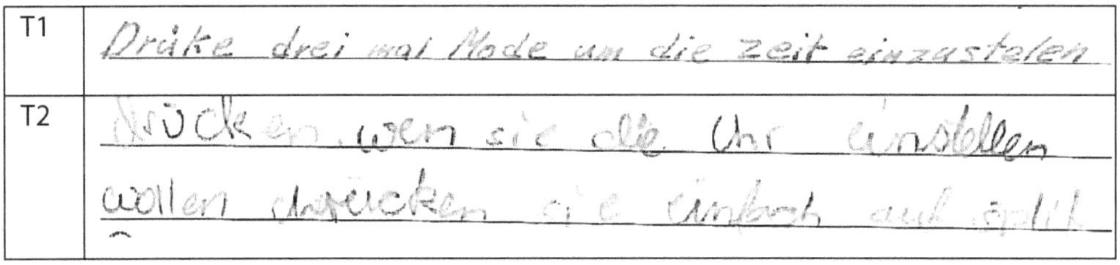

| T1 | Drüke drei mal Mode um die Zeit einzustelen |
| T2 | Drücken, wen sie die Uhr einstellen wollen drücken sie einfach auf split |

Abb. 48: Veränderungen bei den Schreibungen des Doppelkonsonanten bei einstellen, aus Klasse 5 zu T2

und eine Schreiberin erkennt, dass *man* sich nicht von *Männer* herleiten lässt und schreibt zu T2 nur noch ein n.

- Leserorientierung
  Das Gesamtergebnis zur Leserorientierung, bestehend aus dem analytischen und holistischen Ergebnis, zeigt, dass sich eine Verbesserung des Satzbaus mit Kennzeichen einer Leserorientierung in 22 Texten finden lässt (64,7%). 21 Texte weisen einen anderen Textaufbau auf (61,7%). Eine holistische Darstellung der Leserorientierung in den Texten wird im folgenden Kapitel gegeben.

Die Texte der fünften Jahrgangsstufe erzielen zur Frage 2 gute Ergebnisse. Dies spricht dafür, dass die Veränderungen durch das Training bedingt sind. Besondere Bedeutung möchte ich den orthographischen Veränderungen an den Silbengelenken beimessen. Statistisch verbessern sich zwar nur 35% der Texte in der Schreibung von Silbengelenken, jedoch möchte ich der Tatsache, dass es zu sichtbaren Veränderungen an den Silbengelenken kommt, als deutlichen Erfolg werten. Insgesamt kann man deswegen sagen, dass sich die Textprodukte dieser Teildatenbasis auf allen untersuchten Ebenen deutlich verbessern.

12.2.2.1 Beschreibung der Leserorientierung

Da die vorausgehenden Angaben zur Leserorientierung nicht nur auf analytischen Kodierungen beruhen, sondern auch holistische Gesamturteile in die Ergebnisse eingeflossen sind, sollen letztere zur besseren Veranschaulichung im Folgenden expliziert und mit Beispielen belegt werden. Die Texte aus dem Teilkorpus Klasse 5 sind zum ersten Erhebungszeitpunkt Mitte Januar 2008 häufig Beschreibungen der Uhr oder ihrer Funktionen. Unmittelbar nach der Überschrift folgen die ersten anweisenden Textelemente, dabei wird der erste Uhrmodus nicht erklärt, sondern vorausgesetzt. Charakteristisch für die Texte ist die fehlende Textstruktur, die sich auch in der Wiedergabe der Bedienelemente zeigt, die in keine bedienlogische Ordnung gebracht werden. Zusätzlich verstärken die mangelnde Syntax sowie die Defizite in der Orthographie und Grammatik den Eindruck der Strukturlosigkeit.

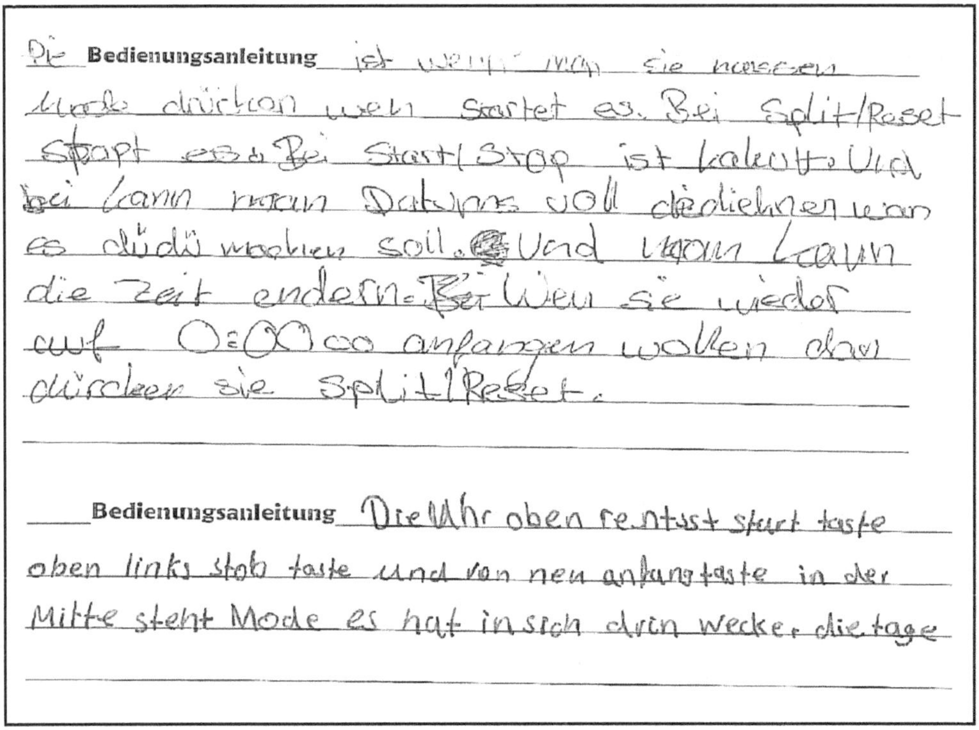

> **Die Bedienungsanleitung** ist wenn man sie nicht
> mehr drücken wen startet es. Bei Split/Reset
> stopt es. Bei Start/Stop ist kaputt. Und
> bei kann man Datum voll die lehnen wan
> es dudu machen soll. Und man kann
> die Zeit endern. Wen sie wieder
> auf 0:00:00 anfangen wollen dan
> dürken sie Split/Reset.
>
> **Bedienungsanleitung** Die Uhr oben rentist start taste
> oben links stob taste und von neu anfang taste in der
> Mitte steht Mode es hat in sich dren wecker die tage

Abb. 49: Textbeispiele für Texte aus Klasse 5 zu T1

Zum zweiten Zeitpunkt verändert sich der Aufbau der Texte. 79% der Texte gewinnen in ihren konzeptionellen Qualitäten, gemessen an den Verbesserungen nach Schreibniveaus. Dieses Ergebnis zeigt sich aber auch in der stärker werdenden Leserorientierung, die sich in einer zunehmenden textuellen und bedienlogischen Strukturierung niederschlägt. Es findet zunehmend eine gewisse Loslösung von den unmittelbaren und konkreten Bedientätigkeiten statt, wodurch die Bedienaktionen nicht mehr so stark aneinandergehängt werden und der jeweils erreichte Uhrzustand zum Ausgangspunkt für die neue Anleitung wird. Häufig wird der Text über die drei Tasten strukturiert, so dass zu jeder Taste jetzt ihr Ort und ihre Funktionen nacheinander aufgezählt werden.

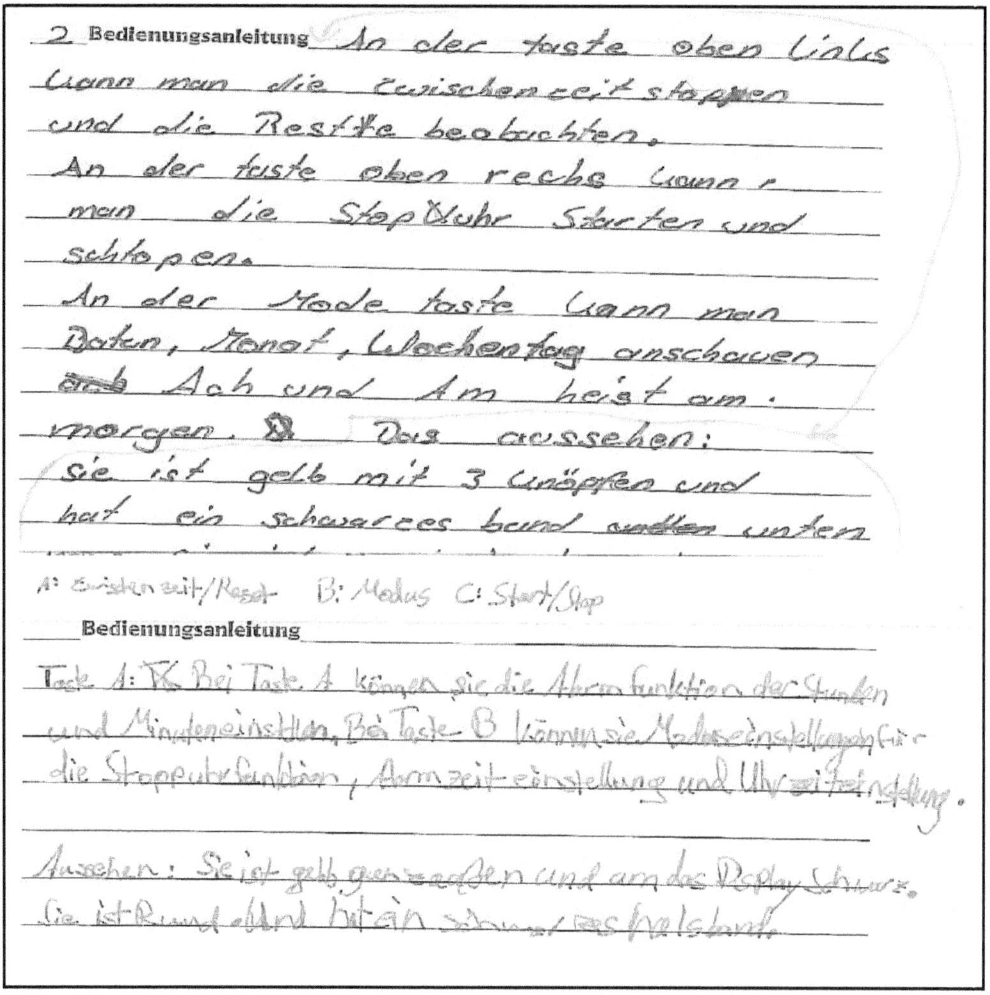

> **2. Bedienungsanleitung** An der taste oben links
> kann man die zwischenzeit stoppen
> und die Restte beobachten.
> An der taste oben rechts kann
> man die Stopuhr starten und
> schtopen.
> An der Mode taste kann man
> Daten, Monat, Wochentag anschauen
> Ach und Am heist am
> morgen. Das aussehen:
> sie ist gelb mit 3 knöpfen und
> hat ein schwarces band unten
>
> A: Zwischenzeit/Reset B: Modus C: Start/Stop
>
> **Bedienungsanleitung**
>
> Taste A: Bei Taste A können sie die Uhrenfunktion der Stunden
> und Minuteneinstellen. Bei Taste B können sie Moduseinstellungen für
> die Stoppuhrfunktion, Armzeiteinstellung und Uhrzeiteinstellung.
>
> Aussehen: Sie ist gelb geworden und am das Replay schwarz.
> Sie ist Rund und hat ein schwarzes Halsband.

Abb. 50: Textbeispiele für Texte aus Klasse 5 zu T2 mit neuer Textstruktur

Dabei verändern sich Textstruktur und Satzbau hin zu einem stichwortartigen Satzbau bei gleichzeitiger (zunehmender) Veränderung der Textstruktur über Absätze in jeweils elf Texten.

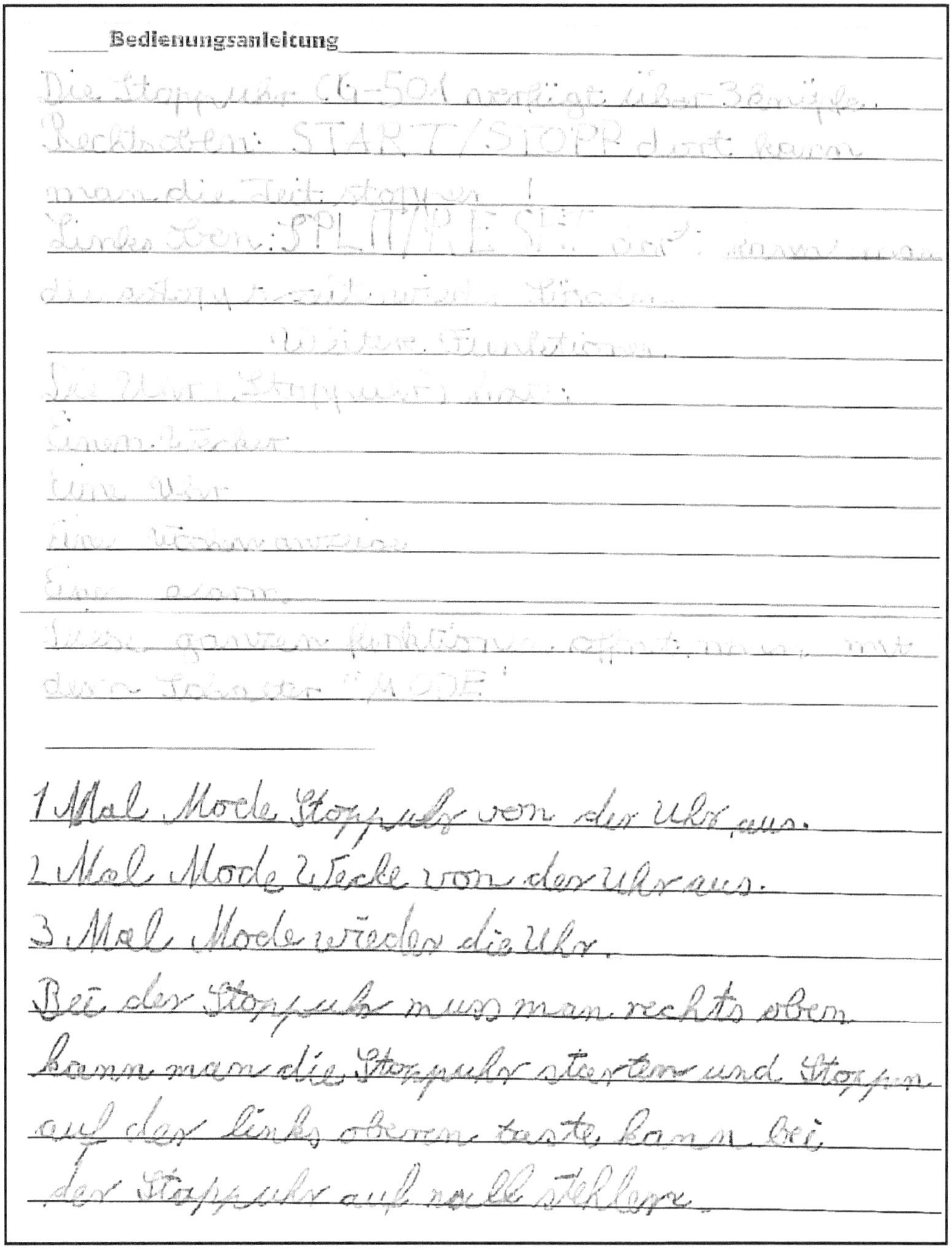

> **Bedienungsanleitung**
>
> Die Stoppuhr CG-50 verfügt über 3 Knöpfe.
> Rechtsoben: START/STOPP dort kann man die Zeit stoppen.
> Links oben: SPLIT/RESET dort kann man die Stoppuhr weiter nicht ... [unleserlich]
> Weitere Funktionen.
> Die Uhr (Stoppuhr) hat:
> einen Wecker
> eine Uhr
> eine Stoppanzeige
> eine Alarm
> Diese ganzen Funktionen öffnet man mit dem Taste der "MODE".
>
> ---
>
> 1.Mal Mode Stoppuhr von der Uhr aus.
> 2.Mal Mode Wecke von der Uhr aus.
> 3.Mal Mode wieder die Uhr.
> Bei der Stoppuhr muss man rechts oben kann man die Stoppuhr starten und Stoppen auf der links oberen taste, kann bei der Stoppuhr auf null stellen.

Abb. 51: Textbeispiele für Texte aus Klasse 5 zu T2 mit stichwortartigem Satzbau und Strukturierung über Absätze.

Die neue Struktur bietet: 1. Übersichtlichkeit, 2. Abstraktion und 3. das in den Vordergrund stellen von Handlungsabsichten für den Leser durch die Bildung von Fachbegriffen, die Tätigkeitsresultate wiedergeben. Die Texte verlieren jedoch eine explizite Nennung, dass *man auf diese Taste drücken muss, um die Handlung auszuführen*, was eventuell auch im Fehlen von Verben begründet liegt.

Insgesamt weisen 22 Texte eine Veränderung im Satzbau auf, die als zunehmende Leserorientierung gewertet wird, und 21 Texte sind in ihrer Textstruktur verändert. Neben der Stichwortstruktur (siehe in den Beispielen oben) verbessern sich fünf Texte im Ausdruck oder in der Kohäsion des Textes. Zehn Texte beschreiben jetzt auch das Aussehen der Uhr (siehe Beispiele oben) und fünf beschriften die Abbildung der Uhr (folgendes Beispiel).

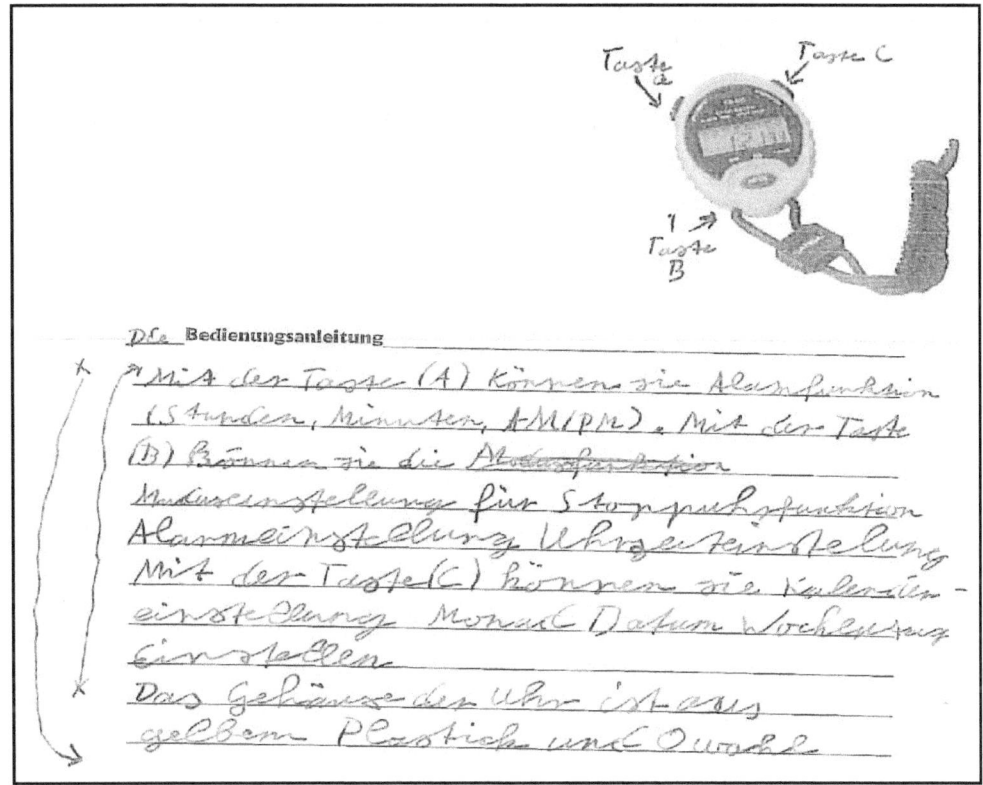

Abb. 52: Textbeispiele für Texte aus Klasse 5 zu T2 mit Beschriftung der Abbildung

Sprachsystematisch sind die Texte zu beiden Zeitpunkten stark fehlerhaft. Insbesondere die Groß- und Kleinschreibung (GKS) und die Getrennt- und Zusammenschreibung (GZS) stellen die Fehlerschwerpunkte dar, es existieren darüber hinaus auch viele weitere Fehler.

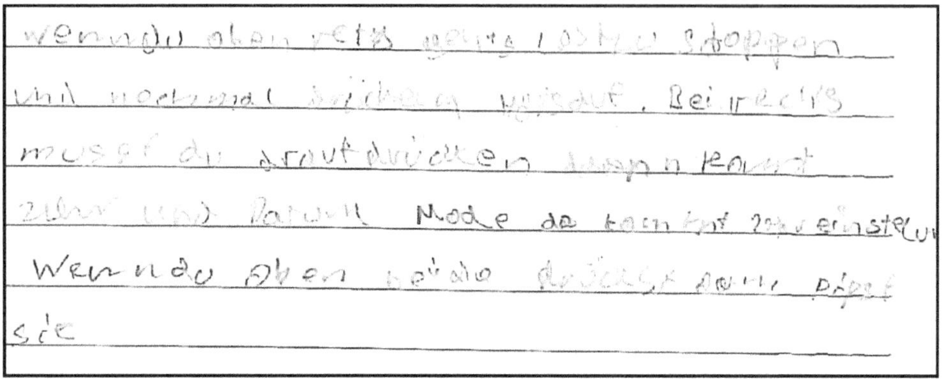

> wenn du oben reits genug [...] stoppen
> und nochmal [...] wenaus. Bei rects
> must du [...] drücken [...]
> [...] und [...] Mode da kom [...] einstell
> Wenn du oben [...]
> sie

Abb. 53: Textbeispiele für sprachsystematische Fehlerhaftigkeit, aus Klasse 5 zu T2

Neben der Orthographie weisen die Texte deutliche Schwächen in der Syntax und damit einhergehend in der Interpunktion auf. Punkte werden nur vereinzelt gesetzt, noch unregelmäßiger verwenden die Schreiber Kommata.

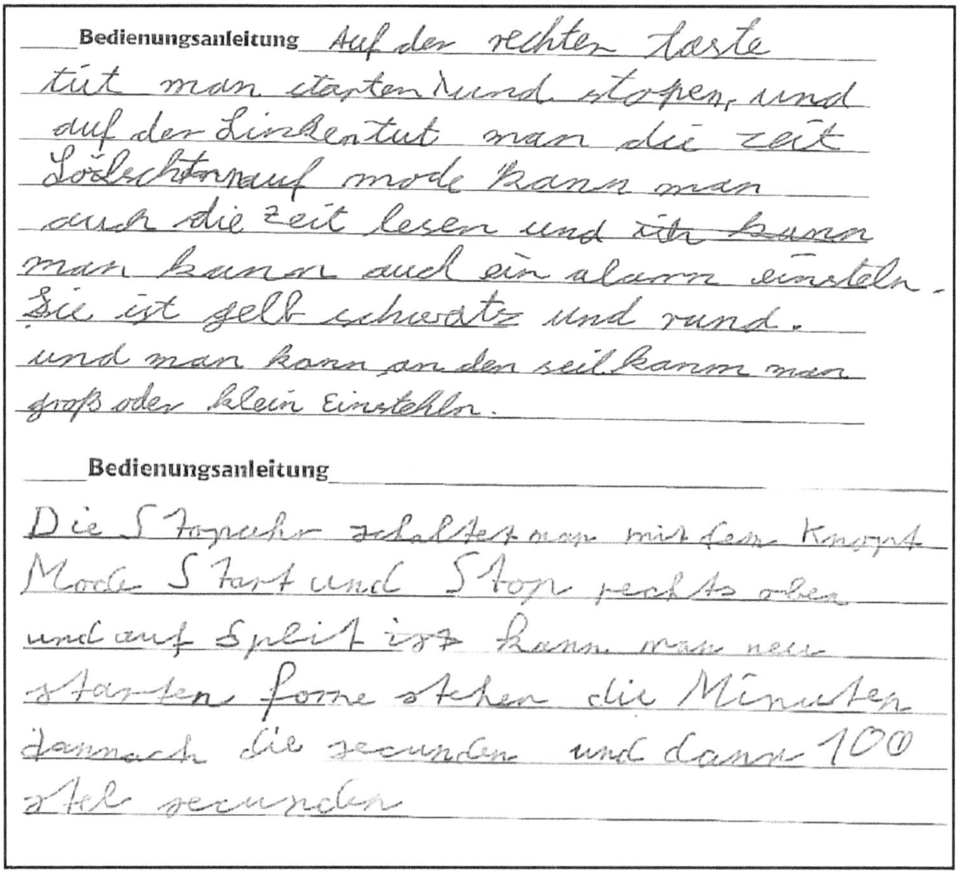

> **Bedienungsanleitung** Auf der rechten Taste
> tut man starten und stopen, und
> auf der Linkentut man die Zeit
> Löschtenrauf mode kann man
> auch die Zeit lesen und ich kann
> man kann auch ein alarm einteln.
> Sie ist gelt schwatz und rund.
> und man kann an den seit kann man
> groß oder klein Einstehlen.
>
> **Bedienungsanleitung**
>
> Die Stopuhr schaltet man mit dem Knopf
> Mode Start und Stop rechts oben
> und auf Split irst kann man neu
> Starten vorne stehen die Minuten
> danach die secunden und dann 100
> stel secunden

Abb. 54: Textbeispiele für sprachsystematische Fehlerhaftigkeit im Bereich Syntax, aus Klasse 5 zu T2

Das mangelnde Gefühl der Schreiber für die Syntax könnte eine Ursache dafür darstellen, dass die Texte zum zweiten Zeitpunkt verstärkt in Stichworten abgefasst werden. Neben der Syntax enthalten die Texte auch viele grammatische Fehler beispielsweise bei den Flektionsendungen und der Pluralbildung. In vielen Texten fehlen darüber hinaus Teilsätze:

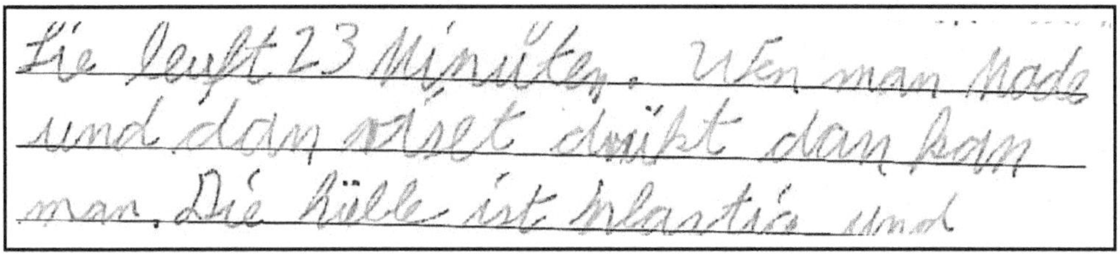

> Sie leuft 23 Minuten. Wen man Nade und dan wiset drükt dan kom man. Die hülle ist plastik und

Abb. 55: Textbeispiel für sprachsystematische Fehlerhaftigkeit in der Grammatik, aus Klasse 5 zu T2

Oder es fehlen – wie im folgenden Beispiel – Wörter, diese sind meist Verben:

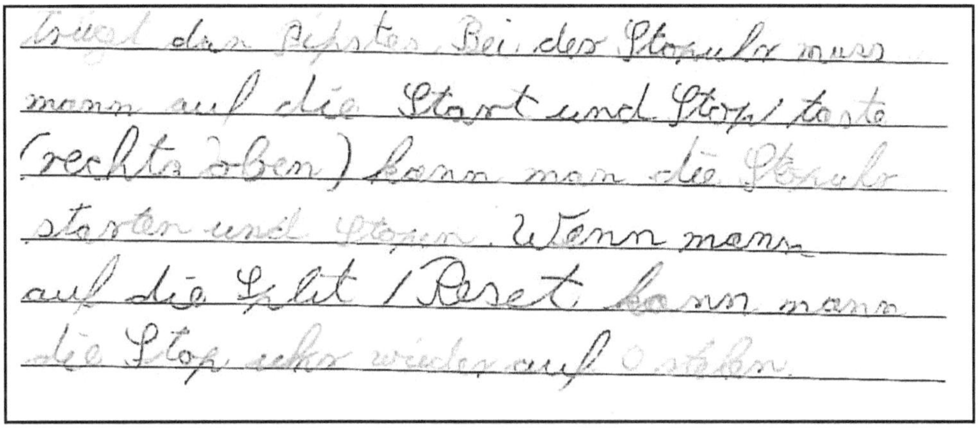

> trügt den Pepstes. Bei der Stopuhr muss mann auf die Start und Stopptaste (rechts oben) kann man die Stopuhr starten und stoppen. Wenn mann auf die Split / Reset kann mann die Stop uhr wieder auf 0 stehn.

Abb. 56: Textbeispiel für fehlende Verben, aus Klasse 5 zu T2

Der beste Text aus dem Gesamtkorpus stammt aus Klasse 6 und ist keineswegs sprachsystematisch einwandfrei. Da alle Texte sprachsystematische Defizite aufweisen, wurde die sprachliche Vollkommenheit bei der Beurteilung der Texte außer Acht gelassen. Die Texte werden zur Auswertung ihrer funktionalen und ästhetischen Angemessenheit betrachtet als ob sie in fehlerfreier sprach-systematischer Form vorlägen. Auf ein Abschreiben der Texte vor der Analyse wurde aus zeitökonomischen Gründen allerdings verzichtet.

12.2.3 Hamburger-Schreib-Probe

25 Schüler wurden in der HSP zum zweiten Zeitpunkt besser, fünf schlechter und vier Schüler blieben in ihren Leistungen gleich. Mit einem prozentualen Anteil von 73,5 % zeigt sich auch in der Orthographie, dass eine deutliche Verbesserung durch das Training eingetreten ist.

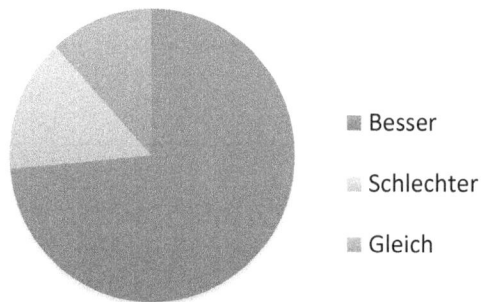

Abb. 57: Zusammensetzung der Veränderung der Ergebnisse in der HSP aus Klasse 5 zu T2

12.2.4 Tabellarische Gesamtauswertung Klasse 5

Die detaillierten Ergebnisse werden im Folgenden tabellarisch dargestellt.
Begonnen wird mit der Wiedergabe von Frage 1, Verändern sich die Textprodukte zum zweiten Erhebungszeitpunkt?

1) Texte insgesamt	34	- 5.1: 13 - 5.2: 9 - 5.3: 12
2) Schlechtere Texte	6 17,6%	1. 5.1:1 (9m) 2. 5.2: 3 (14m, 19m, 21m) 3. 5.3: 2 (30w, 27m)
3) Identische Qualität	1 3%	5.1:0 5.2:1 5.3:0
4) Bessere Textergebnisse	27 79,4 %	- 5.1: 12 - 5.2: 5 - 5.3: 10
4.1) In den Kategorien 1-4 besser	23 67,6%	- 5.1: 9 - 5.2: 4 - 5.3: 10
4.1a) 1 Kategorie besser	18 52,94%	• 5.1: 8 (5m, 8w, 13w, 1w, 12w, 11w, 4m, 2m) • 5.2: 4 (22m, 20m, 16m, 17w) • 5.3: 6 (26m, 33m, 23w, 28m, 29m, 24w)

4.1b) 2 Kategorien besser	5 14,7%	• 5.1: 1 (3w) • 5.2: 1 (15m) • 5.3: 3 (25m, 32m, 34w)
4.1c) 3 Kategorien besser	0	2. 5.1: 0 3. 5.2: 0 4. 5.3: 0
4.2) In gleicher Kategorie geblieben	5 14,7%	5. 5.1: 3 (10m, 6w, 7m) 6. 5.2: 1 (18m) 7. 5.3: 1 (31m)

Abb. 58: Tabellarische Darstellung der Ergebnisse von Frage 1, Jahrgangsstufe 5

Verbesserung nach Schreibniveaus

Die Verbesserung der Textprodukte wird in der untenstehenden Tabelle aufgegliedert, es wird dargestellt, aus welcher Kategorie in welche Kategorie sich die 27 Texte, die Verbesserungen aufweisen, verändert haben.

Verbesserung der Texte zu *Textfragmenten* (1-2):	7 20,6%	5.1: 7 (5m, 8w, 13w, 1w, 12w, 11w, 4m) 5.2: 0 5.3: 0
Verbesserung von *Textfragmenten* zu *Textrudimenten* (2-3)	4 11,7%	5.1: 1 (2m) 5.2: 1 (22m) 5.3: 2 (26m, 23w)
Verbesserung von *Textrudimenten* zu *Bedienlogische Anweisungen* (3-4):	5 14,7%	5.1: 0 5.2: 1 (20m) 5.3: 4 (33m, 28m, 29m, 24w)
Verbesserung von *Bedienlogische Anweisungskerne* Niveau 1 in Niveau 2 (4,1-4,2):	2 5,9%	5.1: 0 5.2: 2 (16m, 17w) 5.3: 0
Verbesserung von Nichts zu *Textrudimenten* (1-3):	2 5,9%	5.1: 0 5.2: 0 5.3: 2 (34w, 32m)
Verbesserung von *Textfragmenten* zu *Bedienlogische Anleitungskerne*: (2-4)	3 8,8%	5.1: 1 (3w) 5.2: 1 (15m) 5.3: 1 (25m)

In *Textrudimenten* geblieben: (3)	2 5,9%	5.1: 1 (10m) 5.2: 0 5.3: 1 (31m)
In *Textfragmenten* geblieben: (2)	0	5.1: 0 5.2: 0 5.3: 0
In nichts geblieben: (1)	2 5,9%	5.1: 2 (7m, 6w) 5.2: 0 5.3: 0

Abb. 59: Tabellarische Darstellung der Verbesserung der Textprodukte, Jahrgangsstufe 5

Frage 2
Die folgenden drei Tabellen beantworten Frage 2 und geben an, ob die Veränderungen aus der Intervention resultieren können.

1.) neuen Wortschatz benutzt	24 <u>70,5%</u>	1. 5.1: 11 (5m, 10m, 13w, 7m, 6w, 1w, 12w, 9m, 3w, 2m, 4m) 2. 5.2: 8 (17w, 16m, 14m, 20m, 15m, 19m, 18m, 21m) 3. 5.3: 5 (23w, 33m, 29m, 32m, 25m)
2.1) In der Rs zu t2 besser	26 76,5%	• 5.1: 10 (2m, 4m, 9m, 11w, 12w, 1w, 13w, 10m, 8w, 5m) • 5.2: 6 (21m, 18m, 15m, 22m, 14m, 20m) • 5.3: 10 (25m, 34w, 30w, 24w, 32m, 29m, 28m, 23m, 26m, 33m)
2.2) In der Rs zu t2 verschlechtert	8 23,5%	1.) 5.1: 3 (3w, 7m, 6w) (davon 2 in der gleichen Auswertungskategorie geblieben:, 7m, 6w) 2.) 5.2: 3 (17w, 16m, 19m) (17w und 16m sind die besten Texte zu T2)) 3.) 5.3: 2 (27m, 31m) (27m in den Kategorien schlechter)

Abb. 60: Tabellarische Darstellung der Ergebnisse von Frage 2, zu Wortschatz und Rechtschreibung, Jahrgangsstufe 5

Rechtschreibung

Die folgende Tabelle zeigt die Zuwächse bei den Rechtschreibleistungen im Einzelnen jeweils ab einem Zuwachs von mehr als 1,5 Wörtern pro Fehler Zugewinn.

Klasse	+ 1,5 – 2,4	+ 2,5 – 3,4	+ 3,5 - 4,4	+ 4,5 -	Schlechter
5.3 9 Besser, 4 besser als 1,5:	30w: 1,6		28m: 4	23w: 5 29m: 7	Insg. 3 Schlechter als -1,5 27m: -3,3 31m: – 1,9
5.1 10 Besser, 9 mehr als 1,5	5m: 1,5	13w: 2,5	12w: 3,7 9m: 3,9	8w: 4,8 2m: 42	Insg. 3 Schlechter als -1,5 3w: -3,1
5.2 6 Besser, 5 mehr als 1,5	22m: 1,7 21m: 1,8	14m: 4 15m: 3,5		18m: 15,8	Insg. 3 Schlechter als -1,5 17w: -2,4 16m: -10

Abb. 61: Tabellarische Darstellung des Zugewinns in der Rechtschreibung ab einem Zuwachs von mehr als 1,5 Fehler pro Wort, Jahrgangsstufe 5

Leserorientierung

Die Tabelle stellt die Ergebnisse zur Veränderungen in der Leserorientierung differenziert vor.

1) Texte insgesamt		34	- 5.1: 13 - 5.2: 9 - 5.3: 12
2) Sätze mit Kennzeichen einer zunehmenden Leserorientierung		22 64,7 %	4. 5.1:9 (5m, 13w, 1w, 12w, 11w, 9m, 3w, 2m, 4m) 5. 5.2: 8 (16m, 17w, 14m, 19m, 15m, 22m, 18m, 20m) 6. 5.3 : 5 (28m, 29m, 32m, 24w, 34w)
	Stichworte	11	5.1: 1 (12w) 5.2:6 (17w, 14m, 19m, 15m, 22m, 18m) 5.3:4 (34w, 29m, 28m, 24w)
	Besserer Ausdruck	5	- 5.1: 3 (1w, 11w ,9m) - 5.2: 2 (16m, 20m) - 5.3: 0

	Perspektivwechsel	2	▪ 5.1: 2 (1w(doppelt Nennung), 2m) ▪ 5.2: 0 ▪ 5.3: 0
	Beschreibung -> wenn dann (Einstieg)	3	• 5.1: 2 (3w, 4m) • 5.2: 0 • 5.3: 1 (32m)
3) Textstruktur mit zunehmender Leserorientierung		21 61,7 %	• 5.1: 7 (5m, 8m, 10m, 6w, 7m, 12w, 11w) • 5.2: 8 (16m, 17w, 20m, 14m, 19m, 15m, 22m, 18m) • 5.3: 6 (28m, 29m, 31m, 24w, 34w, 25m)
	Hierarchischer Textaufbau	11	• 5.1: 0 • 5.2: 7 (16m, 20m, 17w, 14m, 19m, 15m, 22m) • 5.3: 4 (28m, 29m, 24w, 34w)
	Beschreibung des Aussehens der Uhr	10	8. 5.1: 4 (10m, 6w, 7m, 12w) 9. 5.2: 4 (20m, 14m, 15m, 18m) 10. 5.3: 2 (31m, 25m)
	Beschriftung der Abbildung	5	4. 5.1: 3 (5m, 8m, 11w,) 5. 5.2: 2 (17w, 15m) 6. 5.3: 0
4) Veränderungen in der Rechtschreibung, die durch das Training bedingt sein können (Silbengelenke)		12 35 %	• 5.1: 0 • 5.2: 4 (17w, 20m, 14m, 15m) • 5.3: 8 (26m, 33m, 23w, 28m, 29m, 32m, 24w, 30w)
	Veränderungen bei Sto**pp**	11	4.) 5.1: 0 5.) 5.2: 4 (17w, 20m, 14m, 15m) 6.) 5.3: 7 (26m, 33m, 23w, 28m, 29m, 32m, 24w,)
	Veränderungen bei einste**ll**en	3	5.1: 0 5.2: 0 5.3: 3 (29m, 32m, 30w)
	Veränderungen bei ma**nn** -> man	1	5.1: 0 5.2: 0 5.3: 1 (30w)

Abb. 62: Tabellarische Darstellung der Veränderungen in der Leserorientierung, Jahrgangsstufe 5

HSP-Ergebnisse

Die letzte Tabelle beantwortet Frage 3 nach den Schülerleistungen in der Hamburger-Schreib-Probe.

	Besser	Schlechter	Gleich
5.1 (13)	5	5	3
5.2 (9)	8		1
5.3 (12)	12		
Gesamt	25	5	4

Abb. 63: Tabellarische Darstellung der Leistungen in den Hamburger-Schreib-Proben, Jahrgangsstufe 5

12.3 Ergebnisse Klassen 6

12.3.1 Beantwortung Frage 1

Beschreibung der Texte zum Erhebungszeitpunkt eins

Die 28 Texte aus Klasse 6 stammen aus zwei Klassen. Hier lässt sich zwischen den Klassen ein deutlicher Unterschied in der konzeptionellen Qualität der Texte feststellen. Zum ersten Erhebungszeitpunkt (Mitte Januar 2008) liegen die Texte aus Klasse 6.2 mehrheitlich in Kategorie 1 und 2 (4 Texte in Kategorie 1, 5 Texte in Kategorie 2 und 5 in Kategorie 3) Der größere Teil der Texte aus Klasse 6.1 befindet sich allerdings bereits in Kategorie 3 und 4 (1 Text in Kategorie 1, 5 Texte in Kategorie 2, 6 in Kategorie 3 und 2 Texte in Kategorie 4).

Ähnlich den Texten aus dem Teilkorpus der 5. Jahrgangsstufe gibt eine Vielzahl der Texte aus Kategorie 1 nur wenig Bedienaktionen wieder, die außerdem falsch oder nicht nachvollziehbar sind. Das folgende Beispiel charakterisiert falsche und nicht nachvollziehbare Bedienaktionen in den Texten aus Klasse 6.

Die Bedienungsanleitung von der Stoppuhr
Sie müssen zuerst die Stoppuhr
auspacken, und den müssen sie
so eine platt Batterie rein
machen. Den sie einschalten den
funktioniert sie eigentlich
alles. Wenn sie fragen haben
wenden sie sich bei mir. Man kann
die Stoppuhr überall mit nehmen
Die Uhr hat alles was sie zum
braucht. Viel spaß mit der
Stoppuhr wünsche ich Ihnen.

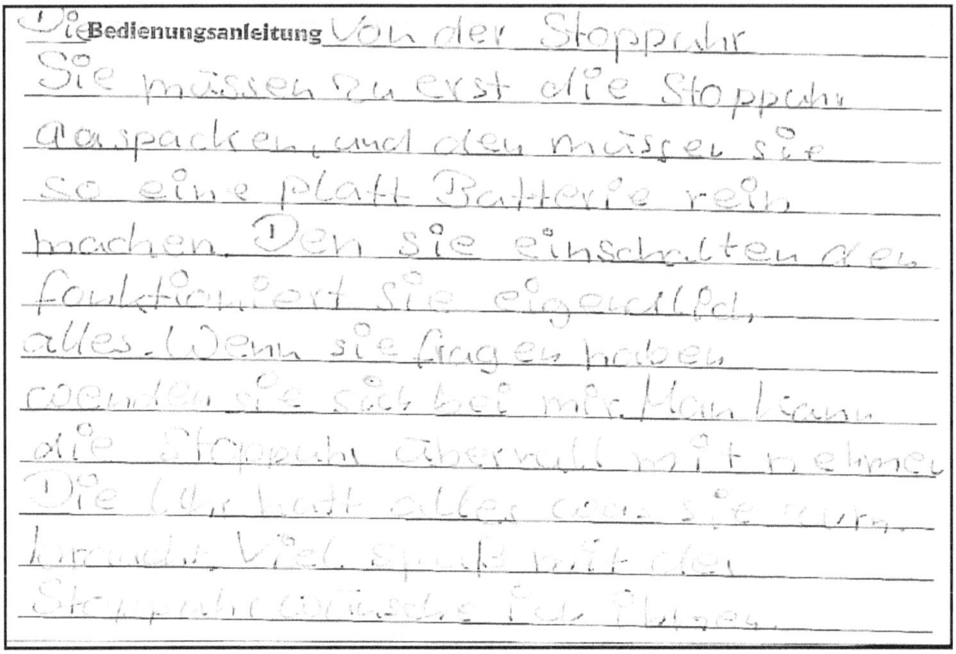

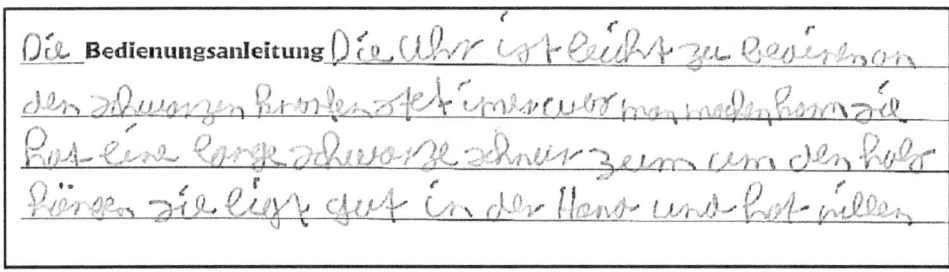

Abb. 64: Textbeispiel aus Kategorie 1 aus Klasse 6 zu T1

Ebenso gibt es Texte, die keinerlei Bedienaktionen angeben, bei gleichzeitiger sprachsystematischer Schwäche.

Die Bedienungsanleitung Die Uhr ist leicht zu bedienen an
den schwarzen knopfen steht immer was man machen kann sie
hat eine lange schwarze schnur zum um den hals
hängen sie liegt gut in der Hand und hat vielen

Abb. 65: Textbeispiele für Texte aus Klasse 6 zu T1 mit sprachsystematischer Fehlerhaftigkeit und fehlenden Bedienaktionen

Der Anteil an Textfragmenten und Textrudimenten (Kategorie 2 und 3) beträgt 22 Texte. Diese Texte bestehen aus Versatzstücken, die jeweils nur einzelne Bedienhandlungen richtig wiedergeben. Meistens werden, wie im folgenden Beispiel, die Knöpfe genannt ohne eine Aufforderung, welche Handlung man ausführen muss, um ein Ziel zu erreichen. Die Texte scheinen mehr das Äußere der Uhr zu erklären, ihnen fehlt ein anweisender Charakter. Wenn Bedienhandlungen angegeben werden, so sind sie unvermittelt und ziellos. Ein Beispiel ist unten im Text zu finden: "Wenn man die Uhr umstellen möchte muss man zu Mode 2 mal drücken."

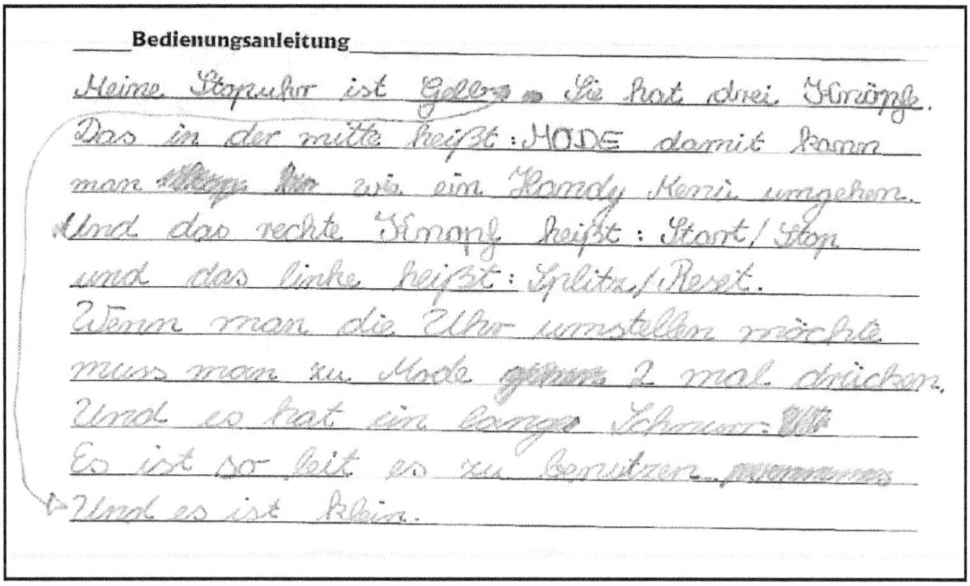

> **Bedienungsanleitung**
>
> Meine Stopuhr ist gelb. Sie hat drei Knöpfe. Das in der mitte heißt: MODE damit kann man ~~...~~ wie ein Handy Menü umgehen. Und das rechte Knopf heißt: Start/Stop und das linke heißt: Splitz/Reset. Wenn man die Uhr umstellen möchte muss man zu Mode ~~...~~ 2 mal drücken. Und es hat ein langer Schnur. Es ist so leit es zu benutzen. ~~...~~
> Und es ist klein.

Abb. 66: Textbeispiel aus Kategorie 2, Textfragmente

Dabei unterscheiden sich Textrudimente von Textfragmenten dahingehend, dass Textrudimente schon Aktionen aus dem Kernbereich der Uhr angeben. Häufig abstrahieren die Texte zum ersten Erhebungszeitpunkt jedoch nicht von den Bedientätigkeiten, so dass die auszuführenden Aktionen nur durch blindes Nachmachen ausgeführt werden können. Ohne die Kenntnis der Uhr hingegen sind die Aktionen nicht nachvollziehbar.

Auch bei den Texten aus Klasse 6 können noch einige Defizite in der sprachlichen Vollständigkeit festgestellt werden. Jedoch zeigt sich, im Vergleich mit den Texten aus den 5. Klassen, eine Verbesserung in der Syntax. Die Schreiber haben die Tendenz, Sätze mit mindestens Satzschlusszeichen zu setzen:

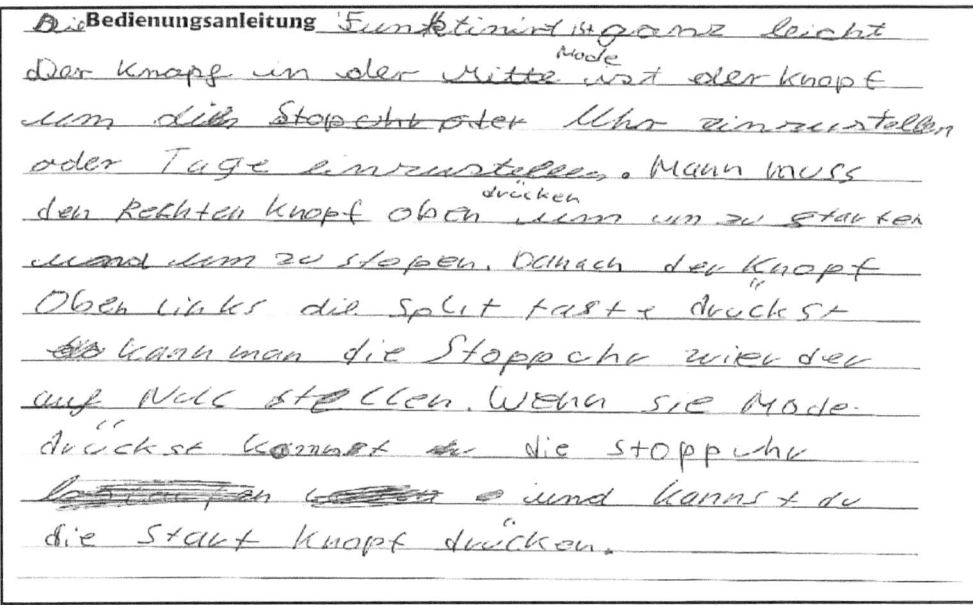

Abb. 67: Textbeispiel für Sprachsystematik im Bereich Syntax, aus Klasse 6 zu T1

Da Defizite in der Sprachsystematik vorliegen, stellt auch bei diesem Teilkorpus die sprachliche Vollständigkeit kein wichtiges Bewertungskriterium für die Qualität der Texte dar.

Die Verteilung der inhaltlichen Angemessenheit der Texte sieht zum ersten Erhebungszeitpunkt wie folgt aus:

5	Texte aus der Klasse sind zu T1 in Kategorie 1
10	Texte aus der Klasse sind zu T1 in Kategorie 2
11	Texte aus der Klasse sind zu T1 in Kategorie 3
2	Texte aus der Klasse sind zu T1 in Kategorie 4

Abb. 68: Verteilung der Texte auf die vier Kategorien zum ersten Erhebungszeitpunkt

Beschreibung der Texte zum Erhebungszeitpunkt 2
Im zweiten Erhebungszeitraum, (15 Unterrichtswochen später) hat sich die konzeptionelle Qualität der Texte deutlich verbessert und jetzt stärker aneinander angenähert. Aus beiden Klassen liegt die Mehrzahl der Texte in Kategorie 3. Insgesamt liegen damit mehrheitlich Texte vor, die sich konzeptionell den Textrudimenten oder den bedienlogischen Anleitungskernen zurechnen lassen.

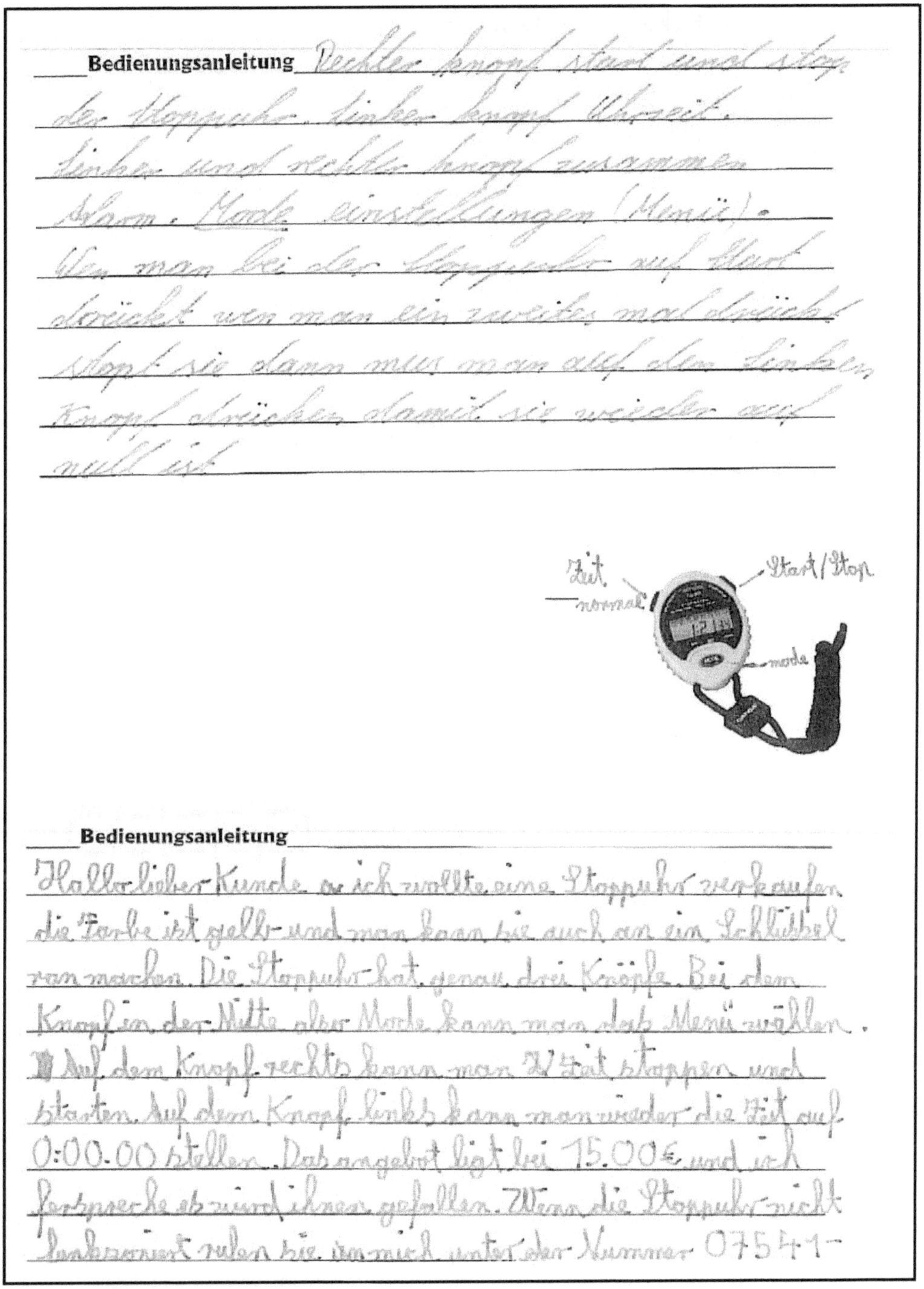

Bedienungsanleitung Rechter knopf start und stop der Stoppuhr. linker knopf Uhrzeit. linker und rechter knopf zusammen drum Mode einstellungen (Menü). Wen man bei der Stoppuhr auf Start drückt wen man ein zweites mal drückt stopt sie dann muss man auf den linken Knopf drücken damit sie wieder auf null ist

Bedienungsanleitung Hallo lieber Kunde, ich wollte eine Stoppuhr verkaufen die Farbe ist gelb und man kann sie auch an ein Schlüssel ran machen. Die Stoppuhr hat genau drei Knöpfe. Bei dem Knopf in der Mitte oder Mode kann man das Menü wählen. Auf dem Knopf rechts kann man Zeit stoppen und starten. Auf dem Knopf links kann man wieder die Zeit auf 0:00.00 stellen. Das angebot liegt bei 15.00€ und ich verspreche es wird ihnen gefallen. Wenn die Stoppuhr nicht funktioniert rufen sie an mich unter der Nummer 07541-

Abb. 69: Textbeispiele aus Kategorie 3, Textrudimente, Beispiel oben und Kategorie 4, bedienlogischen Anleitungskernen, Beispiel unten

Die Verteilung der Texte auf die vier Kategorien zum zweiten Erhebungszeitraum stellt sich wie folgt dar:

2	Texte aus der Klasse sind zu T2 in Kategorie 1
4	Texte aus der Klasse sind zu T2 in Kategorie 2
13	Texte aus der Klasse sind zu T2 in Kategorie 3
9	Texte aus der Klasse sind zu T2 in Kategorie 4

Abb. 70: Verteilung der Texte auf die vier Kategorien der inhaltlichen Angemessenheit zum zweiten Erhebungszeitpunkt

Ein Vergleich der Textqualitäten der beiden Erhebungszeitpunkte zeigt, dass die Textprodukte mehrheitlich besser geworden sind.

T1	T2
5 Texte in Kategorie 1	2 Texte in Kategorie 1
10 Texte in Kategorie 2	4 Texte in Kategorie 2
11 Texte in Kategorie 3	13 Texte in Kategorie 3
2 Texte in Kategorie 4	9 Texte in Kategorie 4

Abb. 71: Veränderung in der Qualität der Texte in der inhaltlichen Angemessenheit von T1 zu T2, tabellarisch

Die folgende Abbildung stellt den Zuwachs dar:

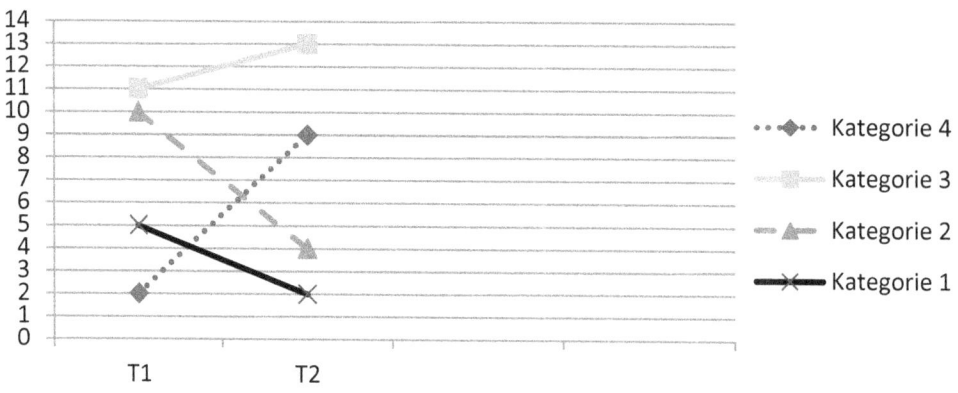

Abb. 72: Veränderung in der Qualität der Texte in der inhaltlichen Angemessenheit von T1 zu T2

12.3.2 Veränderungen durch die Intervention?

Ob die Veränderungen der Intervention zuzurechnen sind (Frage 2), wird auch bei den sechsten Klassen für jeden Indikator einzeln geklärt:

- Fachwörter
  Zum zweiten Erhebungszeitpunkt wird der Wortschatz aus der Wortschatzarbeit in 12 Texten verwendet, das sind 42,8 %. Diese Zahlen sind deutlich nied-

riger als in Jahrgang 5. Zudem ist die Verteilung höchst unterschiedlich. Während der neue Wortschatz in Klasse 6.2 viermal verwendet wird, ist er in Klasse 6.1 in doppelt soviel Texten vorhanden.

- Rechtschreibung im Text

  17 Texte (60,7%) haben sich zum zweiten Zeitpunkt in der Rechtschreibung verbessert.

- Rechtschreibung bei der Silbe

  In nur vier Texten kann man eine Veränderung in der Rechtschreibung erkennen, die auf die Kenntnis einer Silbenstruktur hinweist, hier am Beispiel von *Stoppuhr* aus dem Text von 43m.

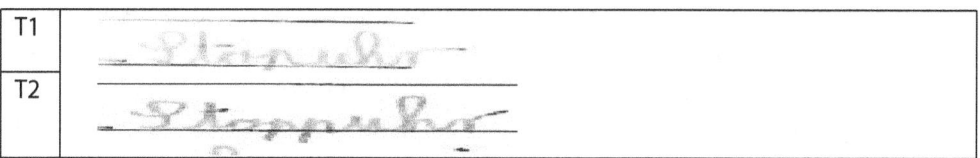

Abb. 73: Veränderungen bei den Schreibungen des Doppelkonsonanten in Stoppuhr, aus Klasse6 zu T2

- Leserorientierung

  Eine Verbesserung des Satzbaus mit Kennzeichen einer Leserorientierung lässt sich in 9 Texten finden (32,1%). 12 Texte weisen einen anderen Textaufbau auf (42,9%).

Die Ergebnisse aus dem Jahrgang 6 spiegeln nicht den deutlichen Erfolg des Trainings wider, den der Jahrgang 5 erzielt hat. Nur in der Rechtschreibung in den Bedienungsanleitungstexten ist zum zweiten Zeitpunkt ein deutlicher Fortschritt erkennbar, alle anderen Untersuchungspunkte erreichen nur Effekte um 42% beziehungsweise 32 %. Ich möchte deswegen nicht von einem Erfolg sprechen, der über eine zufällige Verteilung hinausgeht.

Dennoch haben sich die Texte in ihrem Aufbau deutlich verändert (Ergebnisse von Frage 1). Möglicherweise sind die Veränderungen in den ausgesuchten Merkmalen von Frage 2 nicht an der Textoberfläche zu erkennen, da die gewählten Indikatoren für die Texte aus Klasse 6 keine Bedeutung mehr haben. Hinzu kommt, dass der Datensatz klein ist. Eine der beiden Untersuchungsklassen erbrachte zu T1 bereits Texte, die eine hohe Leserorientierung aufweisen, so dass die Leistung nur bedingt gesteigert werden kann. Zusätzlich haben die wenigsten Schreiber aus der 6. Klasse Schwierigkeiten mit der Schreibung des Silbengelenks, so dass es – außer in den vier Fällen, die sich zum zweiten Zeitpunkt verbessert haben, – keine weiteren Fehler in der Schreibung zum ersten Erhebungszeitpunkt gibt. Deswegen möchte ich für diesen Teildatensatz sagen, dass Frage 2 in Tendenzen positiv beantwortet wird.

12.3.2.1 Beschreibung der Leserorientierung

Auch bei den Texten aus den 6. Klassen sollen zur besseren Veranschaulichung der Ergebnisse der holistischen Untersuchung die Angaben zur Leserorientierung expliziert werden. Dies bietet zusätzlich die Möglichkeit, die Qualität der Texte zu T1 einschätzen zu können und auf dieser Basis eventuell einen Zugewinn in den Texten zu T2 zu erkennen, der nicht über die analytische Kodierung erfasst werden kann.

Die Texte aus dem Teilkorpus Klasse 6 sind – wie bereits erwähnt – zum ersten Erhebungszeitpunkt Mitte Januar 2008 sehr unterschiedlich in ihrer Konzeption. Texte aus Klasse 6.2 liegen mehrheitlich in Kategorie 1 und 2 vor, die Texte von Klasse 6.1 befinden sich stärker in Kategorie 3 und 4. Gemeinsam ist allen Texten aus Klasse 6 die Tendenz, die Anleitung in einem Fließtext zu verfassen. Dabei herrscht in Klasse 6.2 eine Textstruktur vor, die über die Orte der Tasten den Aufbau des Textes strukturiert. Ähnlich einer Bildbeschreibung wird die Uhr von oben nach unten oder von rechts nach links etc. beschrieben, dabei werden die Positionen der Knöpfe genannt und welche Handlung man dort ausführen kann.

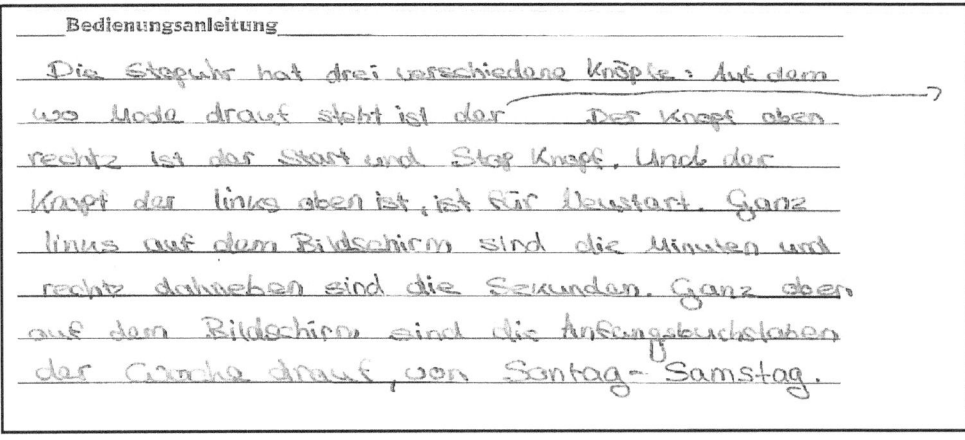

Abb. 74: Textbeispiel für Strukturierung des Textes über die Tasten der Uhr aus Klasse 6.2 zu T1

In den Texten sind nur wenige Wenn-dann-Muster zu finden, das heißt, dass nicht die Bedienziele und die dazu gehörigen Handlungen im Vordergrund stehen (Bsp.: Wenn man die Stoppuhr anhalten will, dann drückt man auf Stopp). Ohne eine Wenn-dann- oder Um-zu-Nebensatzstruktur kann ein Fließtext keine Bedienhandlungen und -ziele darstellen.

Auch im Korpus aus Klasse 6.1 findet man Texte, die ähnlich dem obigen Beispiel aufgebaut sind, jedoch ist der Satzbau bei den Texten aus dem Korpus insgesamt abwechslungsreicher, neben Ortsangaben wie beispielsweise *Der Knopf oben rechts...*findet man auch Konditional- und Konsekutivsätze. Im Folgenden wird mit dem Text von 62m ein Beispiel gegeben. An dem Text kann man zusätzlich erkennen, dass auch in Jahrgangsstufe 6 eine fehlerhafte Sprachsystematik vorliegt. Beim Schreiber aus dem Beispieltext hängt dies mit einer kurzen Aufenthaltsdauer in Deutschland zusammen.

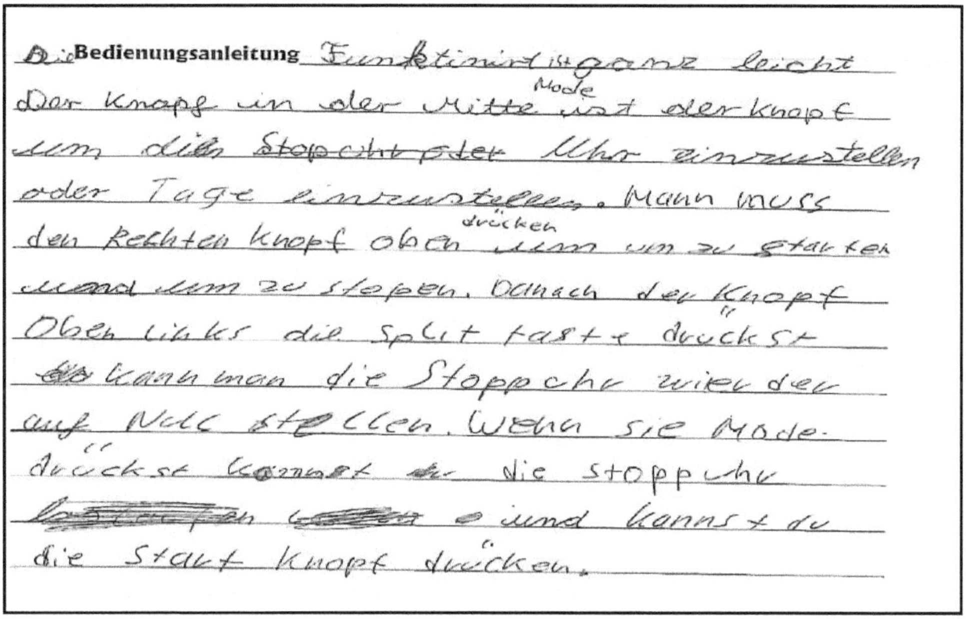

> **Bedienungsanleitung** Funktinirt is ganz leicht. Der Knopf in der Mitte ist der Knopf (Mode) um die Stopuhr oder Uhr einzustellen oder Tage einzustellen. Mann muss den Rechten knopf oben drücken um zu starten und um zu stopen. Danach der Knopf Oben links die Split taste drückst kann man die Stoppchr wieder auf Null stellen. Wenn sie Mode drückst kommst du die stoppuhr und kannst du die start knopf drücken.

Abb. 75: Textbeispiel aus Klasse 6.1 mit abwechslungsreichem Syntax aber Schwierigkeiten in der Sprachsystematik

Die Texte aus Klasse 6.1 enthalten auch zu T1 schon erste Begrüßungsformeln oder werbende Elemente. Sie sind im Fließtext verfasst und folgen meistens einem Textaufbau, der zuerst eine einleitende Beschreibung des Äußeren der Uhr gibt und schließlich Angaben zu ihrer Bedienung macht. Das Beispiel unten von 43m zeigt nur den Anfang seines Textes mit der Begrüßung des Lesers und einem werbenden Element, das zweite Beispiel von 37w beinhaltet eine weitere Möglichkeit, die häufig im Korpus zu finden ist, nämlich den Leser zu verabschieden.

Abb. 76: Textbeispiele für Leseranrede in Form von Grußbotschaften aus Klasse 6.1 zu T1

Im Gegensatz zu den Texten aus Jahrgangsstufe 5 beschriften die 6. Klassen – mit wenigen Ausnahmen – die Abbildung der Uhr nicht.

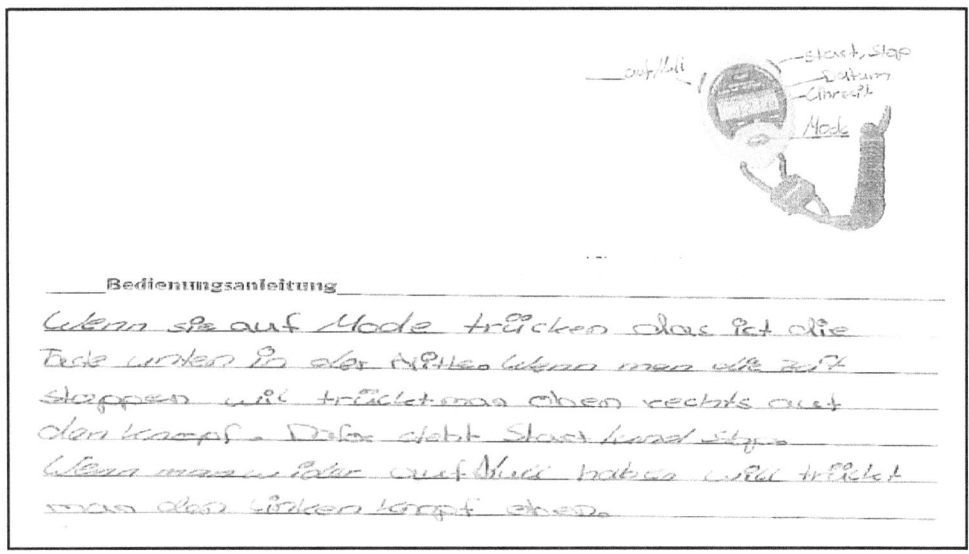

Abb. 77: Textbeispiel für eine Beschriftung der Abbildung, aus Klasse 6 zu T1

Häufiger geben sie die Orte der Tasten mit oben links oder oben rechts an. Klasse 6.1 beschreibt die Modefunktionen häufig anhand eines Handymenüs, wodurch eine gelungene Anschaulichkeit entsteht (44w).

> **Bedienungsanleitung**
>
> Meine Stopuhr ist gelbrs. Sie hat drei Knöpfe.
> Das in der Mitte heißt: MODE damit kann
> man wie ein Handy Menü umgehen.
> Und das rechte Knopf heißt: Start/Stop
> und das linke heißt: Splitx/Reset.
> Wenn man die Uhr umstellen möchte
> muss man zu Mode gehen 2 mal drücken.
> Und es hat ein langes Schnur.
> Es ist so leit es zu benutzen.
> Und es ist klein.

Abb. 78: Textbeispiel für eine Erklärung des Modeknopfes, aus Klasse 6.1 zu T1

Zum zweiten Zeitpunkt hat sich die konzeptionelle Qualität der Texte stärker angenähert. Dennoch bleiben gewisse konzeptionelle Neigungen in den Texten. So reden die Texte aus 6.1 die Leser weiterhin verstärkt an, verabschieden sich oder enthalten werbende Elemente, so dass jeder Text über mindestens eine werbende Kleinigkeit verfügt (im Beispiel unten die Neue Stoppuhr).

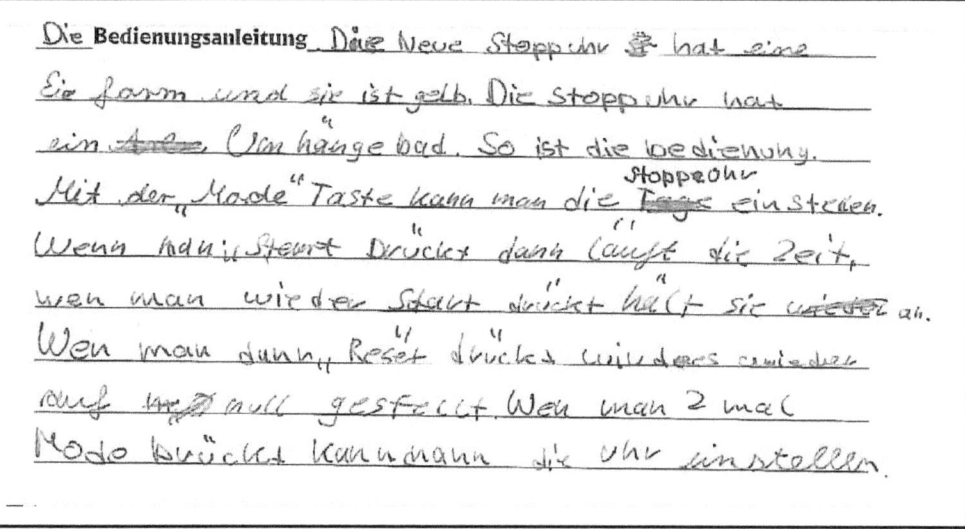

Abb. 79: Textbeispiel für werbende Elemente, aus Klasse 6.1 zu T2

Auch die 6.2 Texte fangen zum zweiten Zeitpunkt an, den Leser anzureden, hier gezeigt an einem orthographisch und inhaltlich fehlerhaftem Beispiel (Die *Bedienungsanleitung (Bedienung) ist ganz *lieht (leicht)).

Die Bedienungsanleitung ist ganz lieht
Mehmen sie den modeknopf für die einzeln

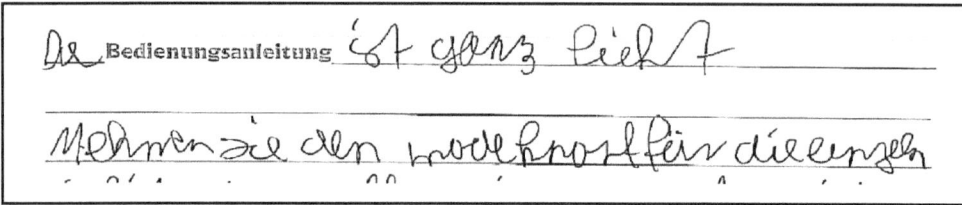

Abb. 80: Textbeispiel für werbende Elemente, aus Klasse 6.2 zu T2

Viele Schreiber aus Klasse 6.1 erwähnen zudem, dass man eine Stoppuhr *für den Sport* oder *zum Joggen* nutzen kann, wodurch deutlich wird, dass sie anfangen Handlungsabsichten aufzustellen und Bedienziele für den Leser anzugeben.

Hallo.
Das ist meine Stoppuhr. Sie ist
Gelb hat eine lange Schwarz Schnur,
und es hat 3 Knöpfe. Und es kostet
14.90 €
Damit kann man die Uhr Stoppen z.B.
wenn man Jogen will. es hat einen
Ko Knopf die heißt: ~~MODE. Und wenn~~

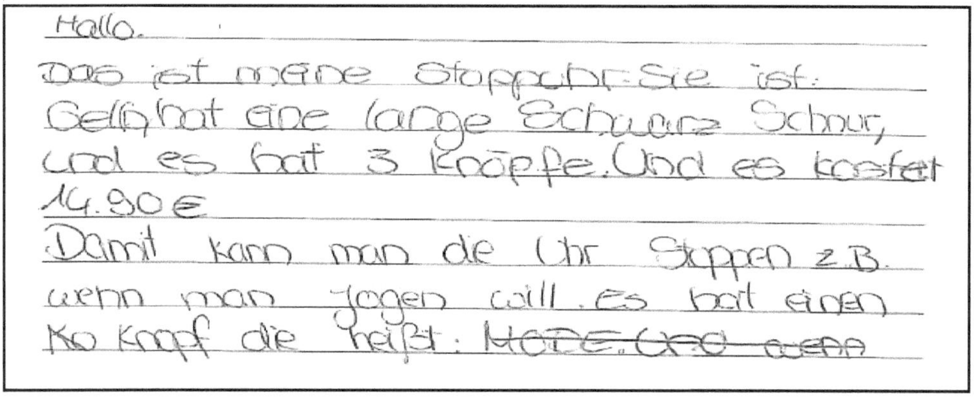

Abb. 81: Textbeispiel für Bedienziele, aus Klasse 6.1 zu T2

Die Texte aus 6.2 verändern sich insbesondere dadurch, dass sie jetzt einen kohärenteren Textaufbau haben. Die Bedienaktionen werden in eine bedienlogische Form gebracht (im Beispiel wird der Text von 35w zum ersten und zweiten Erhebungszeitpunkt gezeigt).

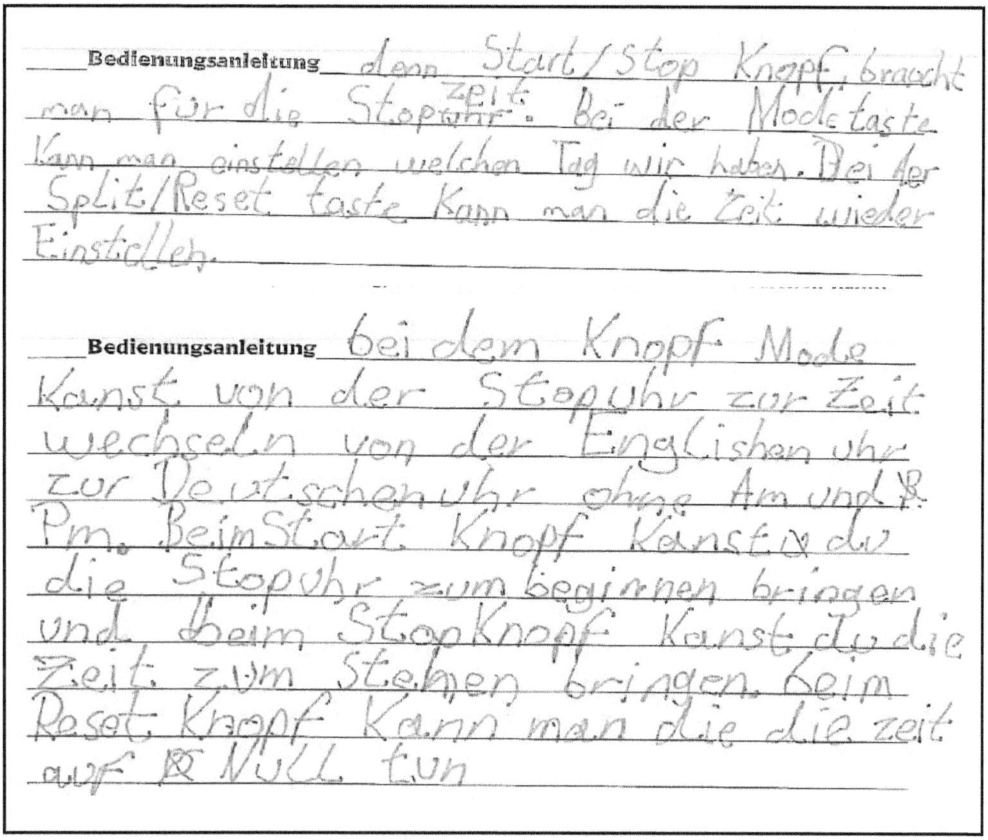

> **Bedienungsanleitung** denn Start/Stop Knopf, braucht man für die Stopuhr Zeit. Bei der Mode taste kann man einstellen welchen Tag wir haben. Bei der Split/Reset taste kann man die Zeit wieder Einstellen.
>
> **Bedienungsanleitung** bei dem Knopf Mode kanst von der Stopuhr zur Zeit wechseln von der Englishen uhr zur Deutschen uhr ohne Am und Pm. Beim Start Knopf kanst du die Stopuhr zum beginnen bringen und beim Stop Knopf kanst du die Zeit zum Stehen bringen. Beim Reset Knopf kann man die die zeit auf Null tun

Abb. 82: Textbeispiel für kohärenteren Textaufbau zwischen T1 (oben) und T2 (unten)

Und insgesamt sind die Texte jetzt an einen Leser gerichtet, der die Handlungen nachvollziehen kann.

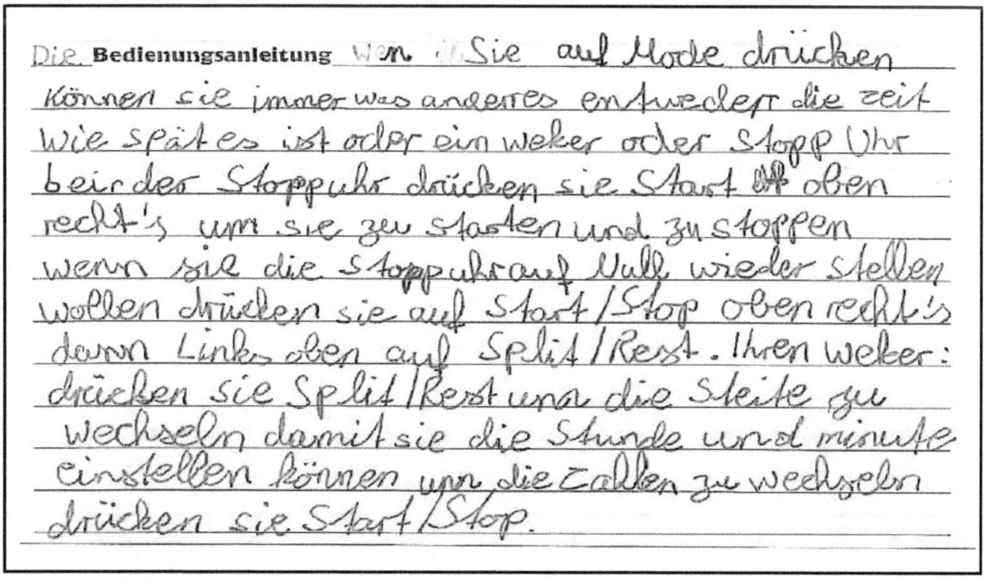

> Die **Bedienungsanleitung** Wen Sie auf Mode drücken können sie immer was anderes entweder die zeit wie spät es ist oder ein weker oder Stopp Uhr bei der Stoppuhr drücken sie Start of oben rechts um sie zu starten und zu stoppen wenn sie die Stoppuhr auf Null wieder stellen wollen drücken sie auf Start/Stop oben rechts denn Links oben auf Split/Rest. Ihren weker: drücken sie Split/Rest um die Seite zu wechseln damit sie die Stunde und minute einstellen können um die zallen zu wechseln drücken sie Start/Stop.

> Die Bedienungsanleitung
> Es gibt drei verschiedene Knöpfe. Der echte
> Knopf wo start/stop steht können sie
> die Zeit starten oder stoppen.
> Der Knopf auf der linken Seite oben
> ist für den Neustart. Der letzte Knopf
> unten wo MODE drauf steht ist bedeutet
> Zeitendstellung. Wo min, sec und 1/100s
> steht, das ist die Einheit.

Abb. 83: Textbeispiele für stärkere Leserorientierung, aus Klasse 6 zu T2

Insgesamt weisen neun Texte aus dem Teilkorpus der 6. Klassen eine Veränderung im Satzbau auf, die als zunehmende Leserorientierung gewertet wird, und 12 Texte sind in ihrem Textaufbau verändert. In Klasse 6 lässt sich die Stichwortstruktur jedoch nicht mehr so stark finden, die in Klasse 5 als Leserorientierung galt. Aus dem Korpus der 6. Klassen weisen nur vier Texte zu T2 einen stichwortartigen Satzbau auf. Stärker wird die zunehmende Leserorientierung an einer Leseranrede und werbenden Elementen deutlich. Der Satzbau verändert sich in den Anleitungen dahingehend, dass viele Schreiber den Text nicht mehr in Form einer Beschreibung im Sinne von *rechts oben ..., links oben ...* aufbauen, sondern vielfältige Satzkonstruktionen verwenden, unter denen neben Konditionalsätzen auch schon erweiterte Infinitive zu finden sind. Durch diesen Satzbau werden neben den Handlungen auch die Bedienziele angegeben.

> Bedienungsanleitung Diese Uhr ist Gelb-Schwarz mit
> 3 Knöpfen: Split/Reset, Start/Stop und Mod.
> Das Ei ist eiförmig mit einer schwarzen Sehne.
> Mit dieser Uhr kann man stoppen, und wie viel
> Uhr es ist. Bei Mod drückt man um auf
> Zeit, Stoppuhr, Einstellungen, zu kommen.
> Zum Beispiel wenn 5 Aufen auf dem
> Bildschirm sind drückt man die den Knopf
> Start/Stop und man kann sehen das die Zeit
> anfängt zu messen. Wenn sie nun wieder
> die Zeit stoppen wollen drücken sie wieder
> Start/Stop und die Zeit bleibt stehen.

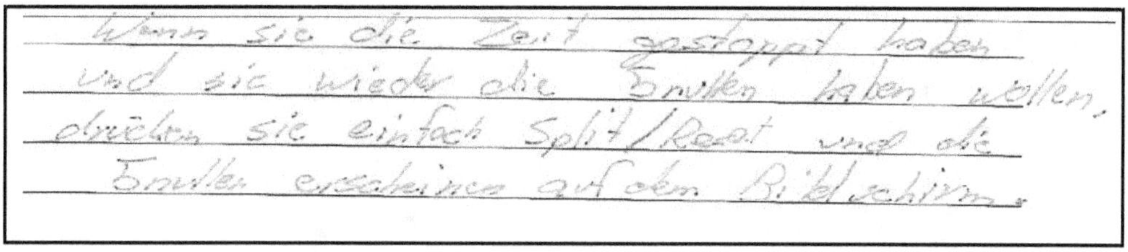
Wenn sie die Zeit gestoppt haben
und sie wieder die Smilen haben wollen,
drücken sie einfach Split/Reset und die
Smilen erscheinen auf dem Bildschirm.

Abb. 84: Textbeispiel für veränderte Satzkonstruktionen mit um zu Formen, aus Klasse 6 zu T2

Außerdem verbessern sich die Texte im Ausdruck und insbesondere in Klasse 6.2 in der Kohäsion des Textes. Die Texte aus dem Korpus 6.2 liegen zu T1 häufig in einer vom Gegenstand her gesehenen unlogischen Form vor. Dort wird beispielsweise nach der Beschreibung der Knöpfe das Thema gewechselt um im abschließenden Satz erneut auf die Knöpfe zurück zu kommen. Zum zweiten Zeitpunkt verändern sich 8 Texte hin zu einer bedienlogischeren Form (siehe Beispiel oben von 35w).
Der Textaufbau wird in sechs Fällen aus dem Teilkorpus der 6. Klassen beginnend strukturiert geordnet. Kein Text kann diese Ordnung jedoch systematisch beibehalten, meistens weisen nur einzelne Elemente auf die neue Orientierung hin. Zwei Texte beziehen die Abbildung zum zweiten Zeitpunkt mit ein. Auch hier kann ein deutlicher Unterschied in der Anzahl zu den beschrifteten Abbildungen aus dem Teilkorpus der 5. Klassen festgestellt werden.
Neu in den Texten aus Klasse 6 sind Zwischenüberschriften. Sie sind in vier Texten zu finden, wobei ihre Ausprägung unterschiedlich weit reicht. Zwischenüberschriften können sowohl komplett in den Fließtext eingebettet und damit verborgen sein als auch farblich hervorgehoben sein und auf einer neuen Zeile stehen.

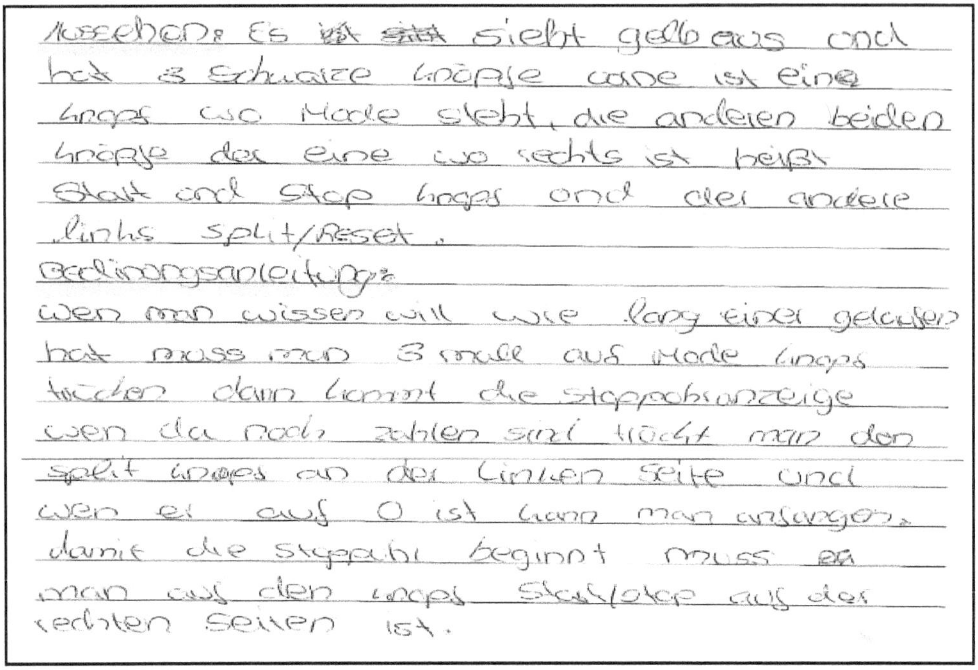

> Aussehen: Es ist sieht gelb aus und hat 3 schwarze Knöpfe. Ware ist eine Knopf wo Mode steht, die anderen beiden Knöpfe der eine wo rechts ist heißt Start und Stop lingas und der andere links split/reset.
> Bedinongsanleitung:
> Wen man wissen will wie lang einer gelaufen hat muss man 3 mall auf Mode lingas trüden dann komt die Stoppahanzeige wen da noch zahlen sind trückt man den split knopf an der linken Seite und wen er auf 0 ist kann man anfangen. damit die stoppuhr beginnt muss es man auf den knopf Start/stop auf der rechten Seiten ist.

Abb. 85: Textbeispiel für Zwischenüberschriften, aus Klasse 6 zu T2

Zwischenüberschriften geben ebenso wie ein strukturierter Textaufbau eine Gliederungsmöglichkeit für den Leser, der von den 6. Klassen bevorzugt wird.

Sprachsystematisch sind auch die Texte aus der 6. Jahrgangsstufe zu beiden Zeitpunkten fehlerhaft. Neben der Orthographie weisen die Texte immer noch teilweise Schwächen in Syntax und damit einhergehend in der Interpunktion auf. Die Texte enthalten auch viele grammatische Fehler oder es fehlen Wörter, wie ebenfalls in den bisher gegebenen Beispielen deutlich wird.

Der beste Text aus dem Gesamtkorpus stammt aus Klasse 6 und ist – wie bereits an anderer Stelle erwähnt – keineswegs sprachsystematisch einwandfrei, was die Beurteilung der Texte nicht beeinflusst, sie in ihrer funktionalen und ästhetischen Angemessenheit betrachtet werden, als ob sie in fehlerfreier sprachsystematischer Form vorlägen.

12.3.3 Hamburger-Schreib-Probe

20 Schüler wurden in der HSP zum zweiten Zeitpunkt besser, acht Schüler haben sich verschlechtert. Mit einem prozentualen Anteil von 71,4 % zeigt sich, dass sich die Orthographie durch das Training deutlich verbessert hat.

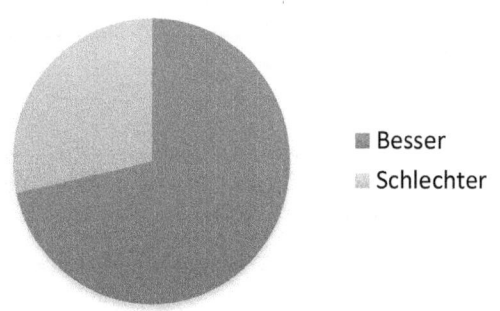

Abb. 86:   Zusammensetzung der Veränderung der Ergebnisse in der HSP aus Klasse 6 zu T2

12.3.4 Tabellarische Gesamtauswertung Klasse 6

Auch die Ergebnisse der sechsten Klasse werden im Folgenden differenziert und zur besseren Übersichtlichkeit tabellarisch dargestellt.

Begonnen wird mit der Wiedergabe von Frage 1, Verändern sich die Textprodukte zum zweiten Erhebungszeitpunkt?

1) Texte insgesamt	28	▪	6.1: 14
		▪	6.2: 14
2) Schlechtere Texte	1 3,6%	7. 8.	6.1: 0 6.2: 1 (50m, gleiche Kat. 1)
3) Identische Qualität	6 21 %	2. 3.	6.1: 5 (41m, 35w, 36m, 38m, 48m) 6.2: 1 (60w)
4) Bessere Textergebnisse insg.	21 75%	▪ ▪	6.1: 9 6.2: 12
4.1) In den Kategorien 1-4 besser	16 57%	▪ ▪	6.1: 7 6.2: 9
4.1a)1 Kategorie besser	13 46,4%	• •	6.1: 5 (40w, 42m, 37w, 45w, 39w) 6.2: 8 (53m, 49w, 56w, 59w, 55w, 57w, 51w, 61m)

4.1b) 2 Kategorien besser	3 10,7%	• 6.1: 2 (46m, 43m) • 6.2: 1 Schüler: (54m)
4.1c) 3 Kategorien besser	0	11. 6.1: 0 12. 6.2: o
4.2) In gleicher Kategorie geblieben	6 21,4%	• 6.1: 3 Schüler: (47w(3), 44w (2), 36m (1)) • 6.2: 3 (58m, 62m(1), 52w (3))

Abb. 87: Tabellarische Darstellung der Ergebnisse von Frage 1, Jahrgangsstufe 6

Verbesserung nach Schreibniveaus

Die Verbesserung der Textprodukte wird in der untenstehenden Tabelle aufgegliedert, es wird dargestellt, aus welcher Kategorie in welche Kategorie sich die 27 Texte, die Verbesserungen aufweisen, verändert haben.

Verbesserung der Texte zu Textfragmenten (1-2):	1 3,6%	6.1: 0 6.2: 1 (59w)
Verbesserung von Textfragmenten zu Textrudimenten (2-3)	6 21,5%	6.1: 2 (45w, 39w) 6.2: 4 (61m, 57w, 51w, 55w)
Verbesserung von Textrudimenten zu Bedienlogische Anweisungen (3-4):	6 21,5%	6.1: 3 (37w, 40w, 42m) 6.2: 3 (53m, 49w, 56w)
Verbesserung von Bedienlogische Anweisungskerne Niveau 1 in Niveau 2 (4,1-4,2):	0	6.1: 0 6.2: 0
Verbesserung von Nichts zu Textrudimenten (1-3):	2 7,1 %	6.1: 1 46m 6.2: 1 (54m)
Verbesserung von Textfragmenten zu Bedienlogische Anleitungskerne: (2-4)	1 3,6 %	6.1: 1 (43m) 6.2: 0
In Bedienlogische Anweisungskerne geblieben: (4)	2 7,1%	6.1: 2 (41m, 35w) 6.2: 0

In Textrudimente geblieben: (3)	5 17,8 %	6.1: 3 (47w, 36m, 38m) 6.2:2 (60w, 52w)
In Textfragmenten geblieben: (2)	2 7,1%	6.1: 1 (48m, 44w) 6.2:1 (50m)
In nichts geblieben: (1)	2 7%	6.1: 0 6.2: 2 (58m, 62m)

Abb. 88: Tabellarische Darstellung der Verbesserung der Textprodukte, Jahrgangsstufe 6

Frage 2
Die folgenden drei Tabellen beantworten Frage 2 und geben an, ob die Veränderungen aus der Intervention resultieren können.

1) neuen Wortschatz benutzt	12 <u>42,8%</u>	7. 6.1: 8 (47w, 35w, 36m, 43m, 37w, 45w, 39w, 38m) 8. 6.2: 4 (49w, 58m, 57w, 59w)
2.1) In der Rs zu t2 besser	17 60,7%	• 6.1: 8 (44w, 46m, 42m, 43m, 37w, 45m, 38m, 48m) • 6.2: 9 (60w, 49w, 56w, 52w, 57w, 59w, 50m, 62m, 55w)
2.2) In der Rs zu t2 verschlechtert	9 32,1%	7.) 6.1: 5 (41m, 47w, 35w, 36m, 39w) 8.) 6.2: 4 (58m, 54m, 61m, 51w)

Abb. 89: Tabellarische Darstellung der Ergebnisse von Frage 2, zu Wortschatz und Rechtschreibung, Jahrgangsstufe 6

Rechtschreibung
Die folgende Tabelle zeigt die Zuwächse bei den Rechtschreibleistungen im Einzelnen jeweils ab einem Zuwachs von mehr als 1,5 Wörtern pro Fehler Zugewinn.

Klasse	+ 1,5 - 2,4	+ 2,5 - 3,4	+ 3,5 - 4,4	+ 4,5 -	Schlechter
6.1 8 Besser, 4 mehr als 1,5 --- 1 gleich			38m: 3,7 45w: 4,2 42m: 4,5	43m: 13,2	Insg. 4 Schlechter als -1,5
6.2 9 Besser, 7 mehr als 1,5 --- 1 gleich	60w: 2,3	50m: 2,5	59w: 4,3 55w: 4,3	49w: 31,2 56w: 6,2 57w: 5	Insg. 4 Schlechter als -1,5 58m: -3 51w: -7,7

Abb. 90: Tabellarische Darstellung des Zugewinns in der Rechtschreibung ab einem Zuwachs von mehr als 1,5 Fehler pro Wort, Jahrgangsstufe 6

Leserorientierung

Die Tabelle stellt die Ergebnisse zur Veränderungen in der Leserorientierung differenziert vor.

1) Texte insgesamt		28	▪ 6.1: 14 ▪ 6.2: 14
2) Sätze mit Kennzeichen einer zunehmenden Leserorientierung		9 32,1 %	9. 6.1:3 (42m 37w, 48m) 10. 6.2: 6 (49w, 56w, 58m, 61m, 53m, 51w)
	Stichworte	4	6.1: 1 (37w) 6.2:3 (49w, 56w, 51w)
	Besserer Ausdruck	2	▪ 6.1: 0 ▪ 6.2: 2 (58m, 53m)
	Perspektivwechsel	0	▪ 6.1: 0 ▪ 6.2: 0
	Beschreibung -> wenn dann/Um zu	3	• 6.1: 2 (42m, 48m) • 6.2: 1 (61m)
	Leseranrede	4	• 6.1: 3 (42m,47w,48m, 41m) • 6.2: 1 (58m)

3) Textstruktur mit zunehmender Leserorientierung		12 42,9%	• 6.1: 5 (41m, 36m, 40w, 37w, 45w) • 6.2: 7 (53m, 49w, 56w, 61m, 57w, 62m, 55w)
	Hierarchischer Textaufbau	4	• 6.1: 1 (37w) • 6.2: 3 (49w, 56w,)
	Beschreibung des Aussehens der Uhr	4	13. 6.1: 2 (41m, 40w) 14. 6.2:2 (62m, 57w)
	Beschriftung der Abbildung	2	9. 6.1: 0 10. 6.2: 2 (61m, 55w)
	Zwischenüberschriften	6	11. 6.1: 4 (41m, 40w, 36m, 45w) 12. 6.2: 2 (53m, 56w)
4) Veränderungen in der Rechtschreibung, die durch das Training bedingt sein können (Silbengelenke)		5 17,9 %	• 6.1: 3 (44w, 40w, 43m) • 6.2: 2 (56w, 49w)
	Veränderungen bei Sto<u>pp</u>	5	9.) 6.1: 3 (44w, 40w, 43m) Alle anderen Schreiber hatten Stopp schon bei T1 richtig. 10.) 6.2: 2 (56w, 49w)
	Veränderungen bei einste<u>ll</u>en	0	6.1:0 6.2:0
	Veränderungen bei ma<u>nn</u> -> man	0	6.1:0 6.2:0

Abb. 91: Tabellarische Darstellung der Veränderungen in der Leserorientierung, Jahrgangsstufen 6

HSP-Ergebnisse

Die folgende Tabelle beantwortet Frage 3 nach den Schülerleistungen in der Hamburger-Schreib-Probe.

	Besser	Schlechter	Gleich
6.1 (14)	11	3	
6.2 (14)	9	5	
Gesamt	20	8	

Abb. 92: Tabellarische Darstellung der Leistungen in den Hamburger-Schreib-Proben, Jahrgangsstufen 6

Vierter Teil

Diskussion und Didaktische Konsequenzen

Nachdem sich das letzte Kapitel der empirischen Untersuchung und der Darstellung der Ergebnisse gewidmet hat, werden hier nun die Texte in ihrer Gesamtheit betrachtet und diskutiert, bevor auf dieser Grundlage didaktische Konsequenzen eruiert werden. Dazu werden im Folgenden zunächst allgemeine Beobachtungen zum Untersuchungsmaterial geäußert und schließlich dargelegt inwieweit die Texte der vorliegenden Studie mit denen aus der Untersuchung von Becker-Mrotzek (1997) vergleichbar sind. Das folgende Kapitel diskutiert die Zugewinne im Untersuchungsmaterial, bevor die Wirkungen der Intervention erörtert und in einer These formuliert werden. Schließlich mündet der vierte Teil in didaktischen Konsequenzen, die aus der Studie gezogen werden können.

13 Allgemeine Beobachtungen zu den Texten

13.1 Hinweise zum Untersuchungsmaterial

Betrachtet man das Untersuchungsmaterial genauer, so zeigt sich, dass die zu T2 entstandenen Texte sehr heterogen sind. Die Differenzen sind nicht nur zwischen den Texten aus Klasse 5 und Klasse 6 deutlich sichtbar; selbst die Texte innerhalb einer Klassenstufe variieren stark in Inhalt und Form. Ein anderes Bild ergibt sich, wenn man die Texte jeweils im Klassensatz betrachtet. Hier ist zwar eine Binnendifferenzierung zu erkennen, jedoch sind die Texte im Textaufbau und in der Form ähnlich. So hat Klasse 5.1 zu beiden Zeitpunkten die kürzesten und am wenigsten elaborierten Beschreibungen, Klasse 5.2 hingegen hat besonders zum zweiten Zeitpunkt eine starke Tendenz zu einem strukturierten Textaufbau mit Absätzen und einem stichwortartigen Satzbau unter Verwendung von Fachwörtern. Zusätzlich wird jetzt in fast jedem Text kurz das Äußere der Uhr beschrieben. Die Texte aus Klasse 5.3 werden entweder längere Fließtexte mit einem schwachen Versuch der grafischen Strukturierung oder es liegt ebenfalls eine stichwortartige Syntax vor. Auch Klasse 5.3 verwendet Fachwörter und beschreibt das Äußere der Uhr nun vermehrt.

Die Texte aus Klasse 6.1 sind zum zweiten Erhebungszeitpunkt insgesamt die längsten Texte aus dem Korpus. Die Schreiber beschreiben die Vorgänge und das Äußere ausführlicher. Die Texte enthalten Leseranreden, Verabschiedungen des Lesers oder werbende Elemente. Klasse 6.2 hingegen hat auch zum zweiten Zeitpunkt kaum Leserbezug in Form von Anrede oder Werbung. Die Texte aus den sechsten Klassen sind Fließtexte, die nicht die Form der Aufzählung wählen und einen zunehmend elaborierten Satzbau haben. Zusätzlich verwenden die sechsten Klassen deutlich weniger Fachwörter aus dem Training.

Versucht man die Differenzen zu deuten, so muss man den Lehrer als starke Variable, selbst in einem Setting, welches im Bereich der Intervention ohne Lehrer auskommt, anerkennen. Andererseits ist einzuwenden, dass der Lehrer jeden Tag unterrichtet, also deutlich mehr Einfluss auf die Schüler und ihre Leistungen hat, als eine Wortschatzarbeit, die nur eine Stunde in der Woche stattfindet.

Obwohl in allen Texten ein deutlicher Einfluss der jeweiligen Klasse zu erkennen ist, lassen sich dennoch ein paar größere Veränderungstendenzen jenseits der Klassenzugehörigkeit ermitteln. So unterschiedlich die Texte aus den fünften Klassen zum ersten Erhebungszeitpunkt sind, weisen sie im zweiten Durchgang eine Tendenz auf, sich stärker an einen potentiellen Leser zu richten. Auch die Texte aus Klasse 6 zeigen zum zweiten Erhebungszeitpunkt eine deutlichere Leserorientierung, die sich hier größtenteils in werbenden Elementen und Leseranreden offenbart.

Selbst wenn die Texte eine große Homogenität im Klassensatz, jedoch ein hohes Maß an Heterogenität in ihrer Gesamtheit aufweisen, so muss doch für die Texte insgesamt gesagt werden, dass sich alle Texte zum zweiten Zeitpunkt verbessert haben. Zwar wird hiervon ihre insgesamte Heterogenität nicht geringer, jedoch kann man erkennen, dass jeder Schreiber in mindestens einem Punkt besser geworden ist, also eine Verbesserung vorliegt.

Abschließend möchte ich eine letzte Beobachtung zum Untersuchungsmaterial äußern, dessen Evidenz in einer Folgeuntersuchung systematisch nachgegangen werden müsste. Die erhobenen Daten weisen sprachsystematische Schwierigkeiten auf, die in vielen Fällen darauf schließen lassen, dass der Schreiber Deutsch weder als Erstsprache noch als elaborierte Zweitsprache zur Verfügung hat. Mit dem Terminus von Cummins (1978:397) gesprochen, kann man in vielen Texten erkennen, dass die Schreiber nur über BISC, jedoch nicht über CALP[52] verfügen. Zusätzlich ist mir in vielen Texten aufgefallen, dass die Schreiber Wörter auslassen, jedoch nicht irgendwelche Wörter, sondern Verben. Aus dem Spracherwerb wissen wir, dass ein wichtiger Meilenstein in der sprachlichen Entwicklung des Kindes dann vorliegt, wenn das Kind ein richtig flektiertes Verb an die entsprechende Satzposition bringt, nämlich weg von der Infinitivstellung am Satzende hin zu einem flektierten Verb in V2-Position (vgl. Tracy 1995). Aus meinen Textsichtungen möchte ich die These aufstellen, dass Verben auch im höheren

---

[52] BISC: Basic interpersonal communicative skills, Sprachfähigkeit, die eine alltägliche Kommunikation ermöglicht, CALP: cognitive academic language proficiency, kognitiv/akademische Sprachbeherrschung

Alter und hier gerade in der Schriftsprache einen Indikator für das Sprachbeherrschung des Einzelnen darstellen.

13.2 Vergleich des Untersuchungsmaterials mit den Texten aus Becker-Mrotzek (1997)

Untersucht man Hauptschultexte aus Klasse 5 und 6 mit Kriterien, die auf der Basis von Grundschultexten Klasse 4, Gymnasium Klasse 6, 7 und höheren Klassenstufen entstanden sind, so stellt sich früh die Frage, ob die Kriterien fein genug messen für die erwartete Qualität der erhaltenen Schülertexte. Gerade die Texte, die in Jahrgang 5 in der Hauptschule entstanden sind, könnten in ihrer Qualität deutlich unter denen in Becker-Mrotzek (1997) abgebildeten Texten aus Klasse 4 Grundschule liegen. Insbesondere wenn man davon ausgeht, dass sich in dem Grundschulkorpus von Becker-Mrotzek keine oder nur sehr wenige potentielle Hauptschüler befanden, befürchtet man schnell, dass seine Grundschultexte qualitativ über meinen Hauptschultexten liegen könnten. In dem Falle ließen sich die aufgestellten Kriterien nicht auf die erhobenen Texte anwenden. Diese Befürchtung bewahrheitete sich nicht. Ich konnte nicht nur die Texte mit seinen Kriterien untersuchen, sondern auch auf weitergehende Kategorien zurückgreifen als nur auf die Einteilungen der Grundschultexte, was generell für ein hohes Niveau der Hauptschultexte spricht. Es gibt aber auch Abweichungen zwischen den beiden Korpora, die im Weiteren ausführlich dargestellt werden sollen.

Die Texte, die ich im Rahmen meiner Studie erhalten habe, sind zu beiden Zeitpunkten durchschnittlich kürzer als die aus dem Textkorpus von Becker-Mrotzek (1997)[53]. Sie bestehen oft nur aus ein bis zwei Sätzen, in denen sich die Schreiber hauptsächlich auf das Geben von Anweisungen aus dem Anweisungskern fokussieren. Deswegen wird ausschließlich der Stoppvorgang nachvollziehbar beschrieben, kein Text erklärt darüber hinaus auch das Stellen der Uhr oder des Weckers etc. ausführlich und korrekt. Wenn in den Texten meiner Studie[54] diese Elemente vorhanden sind, so sind die auszuführenden Bedienhandlungen zu den Aktionen nur rudimentär oder fragmentarisch ausgeführt.

Die Tatsache, dass man mit einer Stoppuhr die Zeit stoppt, lässt viele Schreiber offenbar vergessen, dass die Uhr zusätzlich einige weitere Funktionen hat. Sie beziehen sich bei der Anfertigung ihrer Bedienungsanleitung ausschließlich auf den Stoppvorgang, der durchaus in zwei Sätzen nachvollziehbar beschrieben werden kann.

---

[53] Wenn im Folgenden von dem Textkorpus von Becker-Mrotzek (1997) gesprochen wird, so sind damit die Texte gemeint, die von Schreibern entstanden sind, die im Alter, der Klassenstufe oder der zu erwartenden Qualität meinen Probanden ähnlich sind, also Klasse vier, sechs und sieben.

[54] Die untersuchten Texte werden im Folgenden auch Hauptschultexte genannt.

Längere Texte werden besonders in Klasse 6.1 produziert. Diese Texte enthalten viel werbende Floskeln oder Vorschläge, in welchen Situationen die Uhr benutzt werden kann, jedoch auch nur selten weitere Anweisungen, die über den Kern hinausgehen.

Eine mögliche Erklärung dafür, dass sich im Korpus nur Texte mit nachvollziehbaren Anweisungen zum Stoppvorgang befinden, könnte darin liegen, dass sich die Schüler, als sie sich vor dem Schreiben der Bedienungsanleitung mit den Funktionen der Uhr vertraut machten, sich schwerpunktmäßig mit dem Stoppvorgang befassten. Auf diese mögliche Fehlerquelle müsste in einer weiteren Untersuchung deutlicher geachtet werden.

Im Gegensatz zu den Texten, die Becker-Mrotzek erhoben hat, enthalten meine Texte schon in den unteren Kategorien eine gewisse Anschaulichkeit. Die Schreiber bemühen sich eine Nachvollziehbarkeit für den Leser zu erreichen, die sich weniger in der Ausführlichkeit der Texte zeigt, als mehr im Grad der benutzten Ikonizität. In den Texten lässt sich ein Einbezug der Abbildung feststellen, indem die Abbildung der Uhr beschriftet, mit Pfeilen versehen oder der Fließtext über Symbole strukturiert wird, die sich an der Abbildung der Tasten orientiert. Die Hauptschulschreiber aus Klasse 5 verwenden diese Leserzuwendung in sechs Texten zum ersten Zeitpunkt und fünfmal zum zweiten Zeitpunkt. In Klasse 6 wird zweimal zu T1 und siebenmal zu T2 Bezug auf die Abbildung genommen. Diese Elemente treten im Korpus von Becker-Mrotzek erst vereinzelt in den Texten auf Niveau 1, Klasse 6 Gymnasium, auf.

Zusätzlich erklären einige Texte aus meinem Korpus auch schon in Klasse 5 den ersten Uhrmodus, der in den Texten von Becker-Mrotzek erst Ende Klasse 6 beschrieben wird. Die Erläuterung des ersten Uhrmodus ist ein wichtiger Punkt in der Leserorientierung, da der Leser die Uhr nur aus dieser Ausgangsstellung heraus bedienen kann. Häufig werden in meinen Texten zum zweiten Erhebungszeitpunkt auch schon stärkere leserorientierende Elemente eingefügt, die jedoch keiner umfassenden Orientierung nah kommen. Vielmehr handelt es sich um eine beginnende Textstrukturierung durch Absätze, Zwischenüberschriften und grafische Hervorhebungen, obwohl die Gesamtqualität der Texte noch nicht dem Niveau 2 von Becker-Mrotzek entspricht, den leserorientierenden Anweisungen, die in seinem Korpus ab Klasse 7 Gymnasium auftreten.

Eine mögliche Erklärung dafür, dass sich die Texte meiner Untersuchung schon früh durch grafische Elemente und Hervorhebungen im Text an den Leser wenden, könnte lauten, dass meine Untersuchung mehr als zehn Jahre nach seiner angesiedelt ist und die Schüler durch den verstärkten Umgang mit technischen Geräten, wie zum Beispiel dem PC und Spielekonsolen, mehr Bewusstsein für technische Texte und Gegenstände sowie den entsprechenden Leserhinführungen haben.

Unter einem anderen Aspekt unterscheiden sich die Texte meiner Untersuchung deutlich in negativer Hinsicht von den Texten aus der Untersuchung von Becker-Mrotzek: Sie sind auf einem generell niedrigen sprachlichen und formal orthographischen Niveau, welches sogar noch unter dem der Grundschultexte von 1997 liegt. Hierbei ist jedoch erneut der schon eingangs formulierte Aspekt zu beachten, dass in meiner Untersuchung ausschließlich Hauptschultexte untersucht werden. Die Leistungen der Schüler in der Hamburger-Schreib-Probe zeigen jedoch keine besondere Schwäche der Probanden in der Sprachsystematik. Ihre Ergebnisse liegen, gemessen an den jeweiligen Bezugsstichproben, jeweils sogar im guten und oberen Mittelfeld, so dass nicht von einer ungewöhnlichen Leistungsschwäche gesprochen werden kann. Allerdings ist bei diesen Angaben zu bedenken, dass die Hamburger-Schreib-Probe überwiegend Schreibungen von Einzelwörtern und wenigen Sätzen abprüft und keine freien Schreibungen in Schülertexten untersucht.

Durch die schwache Sprachsystematik in den Texten meiner Untersuchung muss bei vielen Texten Rekonstruktionsarbeit geleistet werden, um dem Inhalt folgen zu können, da der Text andernfalls in seiner grammatisch und orthographischen Form nicht ohne Weiteres hätte verstanden werden können.

Da dieser Punkt auf alle Texte der Untersuchung zutrifft und ihr Gegenstand Hauptschultexte und deren Verbesserungsmöglichkeiten ist, wurde die Beachtung der Sprachsystematik als Vergleichskriterium nur im Bereich Bezugsgrößen und sprachsystematische Richtigkeit herangezogen. Hier wurde erhoben, inwieweit sich die Texte in diesem Punkt zum zweiten Erhebungszeitpunkt verbessert haben. Die Einhaltung der Sprachsystematik war aber kein Kriterium in den Bereichen der inhaltlichen und formal-ästhetischen Angemessenheit, da andernfalls die Texte meiner Untersuchung unter diesen Aspekten nicht hätten ausgewertet werden können. Becker-Mrotzek hingegen legt in seiner Untersuchung viel Wert auf die Einhaltung einer korrekten Sprachsystematik. Sein Untersuchungskorpus enthält jedoch auch – soweit einsehbar – zumeist formal korrekte Texte.

14   Diskussion der Zugewinne im Untersuchungsmaterial

Wie lässt sich die Heterogenität im Zugewinn in den Texten zum zweiten Zeitpunkt erklären? Die Texte haben sich mehrheitlich verbessert, dennoch sind sie in ihrer Qualität immer noch äußerst heterogen. Die stattgefundenen Veränderungen kann man jedoch als eine Form der Verbesserung in der *Zone der nächsten Entwicklung* ansehen. Dieser Terminus stammt vom russischen Entwicklungspsychologen Vygotskij, der für die Entwicklung des (Klein-)Kindes beobachtet, dass sich jedes Kind durch das Spiel, den Austausch mit der Umwelt, Freunden oder Erwachsenen immer nur in dem Bereich entwickelt, in dem seine Zone der nächsten Entwicklung liegt. Das heißt, das Kind setzt nicht alle Einflüsse aus der Umwelt in neue Verhaltensweisen um, sondern nur bestimmte. Diese Verhaltensweisen entsprechen dem Kenntnisstand des Kindes und regen es an, auf diese Weise weitere Entwicklungsschritte zu erreichen (vgl. Vygotskij 2002).

Diese *Zone der nächsten Entwicklung* ist gerade für das Lehren nicht zu unterschätzen, da Kinder auch beim Lernen – denken wir beispielsweise an den Schriftspracherwerb – nicht alles gleichzeitig aufnehmen können, sondern sie Schriftsprache nur erwerben, wenn ihnen diese in ihrer *Zone der nächsten Entwicklung* beigebracht wird. Das Kind darf also beim Erwerb weder über- noch unterfordert werden, sondern es bedarf differenzierten Lernmaterials und ausgewählter Förderung seinem Leistungsstand entsprechend.

Aus Vygotskijs Beobachtungen über das Lernen von Kleinkindern kann man für den Schulunterricht ableiten, dass es auch und gerade in der Schule förderlich ist, wenn die Lernatmosphäre anregend ist. Die Schüler müssen ausreichende und auf die unterschiedlichen Lerntypen abgestimmte Lerninhalte und -methoden erfahren, so dass der Unterricht der Entwicklung der Schüler ein kleines Stück vorauseilt, um die Schüler auf diese Weise in die Zone der nächsten Entwicklung zu bringen. Jedoch ist gerade hier auch Vorsicht angebracht, denn sobald man einen Lerner überfordert und der Lernzuwachs oberhalb seiner Zone der nächsten Entwicklung liegt, stellt sich kein Lernzuwachs ein.

Evidenzen für die Bedeutung des Lernens in der Zone der nächsten Entwicklung hat Rijlaarsdam für das Textverfassen erbracht. Er hat in verschiedenen Arbeiten überprüft, was Schüler veranlasst, bessere Texte zu schreiben. In einer Untersuchung (2005, 2005a) widmet er sich dem Überarbeiten und ermittelt, von welcher Art der Besprechung eines Textes der einzelne Schüler mehr gewinnt und in der Folge bessere Texte verfasst: von einer Besprechung mit gleichstarken, besseren oder schlechteren Schreibern oder einer Rückmeldung durch den Lehrer. Das Ergebnis zeigt, dass es eine große Heterogenität zwischen den Schülern in der Untersuchung gibt. Während gute Schreiber von den Rückmeldungen starker Schüler am meisten profitieren, ziehen schwächere Schreiber am meisten Nutzen aus den Gesprächen mit gleichstarken oder schwächeren Textschreibern. Rückmeldungen von guten Schreibern oder dem Lehrer bringen sie kaum in ihrer Qualitätsentwicklung voran. Eine Erklärung für dieses Ergebnis liefern die Theorien von Vygotski. Auch hier kann die Ursache für die Heterogenität darin gesehen werden, dass sich die schwachen Schüler eine gemeinsame *Zone der nächsten Entwicklung* teilen und sich deswegen gegenseitig in ihrem Lernen weiterbringen können, als es im Austausch mit stärken Schülern der Fall ist, die bereits in einer anderen *Zone der nächsten Entwicklung* sind.

Auch in der hier vorliegenden Untersuchung haben sich die Schüler jeweils in der Zone der nächsten Entwicklung verbessert, wodurch sich die Heterogenität der Schülerleistungen bei gleichzeitigem Zugewinn in der Qualität aller Texte erklären lässt. Dabei lässt sich die *Zone der nächsten Entwicklung*, die die Schüler betreten haben, ausformulieren als das Ziel, den Leser einzubeziehen. Alle Bedienungsanleitungstexte wenden sich in ihren Formulierungen, ihrem Satz- und Textbau und dem Grad der Abstraktion des Textes zum zweiten Zeitpunkt stärker an einen potentiellen Leser.

Dieses Ziel lässt sich einerseits induktiv aus meinen Daten ablesen, andererseits ließe es sich aber auch deduktiv anhand der Daten aus der Untersuchung von Becker-Mrotzek setzen. Er gibt als nächsten Entwicklungsschritt in seinen Texten die Leserorientierung an, die er in seinem Korpus ab Klasse 7 Gymnasium findet.

Dass es der Wortschatzarbeit gelungen ist, die Texte von allen Schreibern – unabhängig vom ersten Leistungsstand – zu verbessern, also die *Zonen der nächsten Entwicklung* zu treffen, wodurch alle Schüler angesprochen und weitergebracht wurden, möchte ich als großen Erfolg werten, der auf verschiedene Punkte zurückzuführen ist: 1.) Die Lerntheke setzt auf kumulativen Lernzuwachs, so dass alle Schüler die Möglichkeit haben, ihr Wissen in ihrem Tempo zu erweitern.

2.) Ein wichtiger weiterer Punkt ist die Methode der Wortschatzarbeit: Es handelt sich um eine Lernthekenarbeit, die den Schülern unterschiedliche Möglichkeiten der Differenzierung bietet. Jeder Schüler kann bei einer Lernthekenarbeit in seinem Tempo arbeiten und dadurch ungestört vom Lernzuwachs der Mitschüler sein Wissen erweitern.

3.) Durch die Binnendifferenzierungmittel in Form von Zusatzblättern ist nicht jeder Schüler gezwungen, alle Aufgaben zu lösen, so dass kein lernhinderlicher Druck entsteht.

4.) Die Lerninhalte sind so angeordnet, dass sie einen Aufbau von Wissensnetzen fördern. Ohne einen geeigneten mentalen Rahmen, ein Netz, in das Inhalte eingeordnet werden können, können Sachinformationen nicht gespeichert werden, sondern sie gehen sehr schnell wieder verloren.

5.) Wenn Wissensnetze erstmal aufgebaut sind, können sie im Weiteren ausgebaut werden.

6.) Den letzten Aspekt stellt die Arbeit mit der Silbe als kleine, handhabbare Größe dar. Sie bietet die Unterstützung, die die Schüler für den Orthographieerwerb benötigen.

15 Textverfassen und Arbeitsgedächtniskapazitäten

Kann das schulische Textverfassen von Lernmethoden profitieren, die auf eine Verringerung von Arbeitsgedächtnisbelastungen setzen, indem sie Teile des Schreibprozesses prozeduralisieren? Welche Hinweise dafür liefert uns die durchgeführte Studie? Betrachtet man die Ergebnisse der Untersuchung, so zeigt sich eine allgemeine Verbesserung der Texte bei gleichzeitig großer Heterogenität in ihrer Qualität. Es finden positive Veränderungen auf verschiedenen Ebenen statt. Neben der Orthographie, die einen deutlichen Zugewinn durch das Silbentraining erfährt, verbessern sich die Texte im Satz- und Textbau hin zu einer größeren Leserorientierung. Diese stellt sich bei den einzelnen Texten jedoch unterschiedlich dar. Es kann also nicht davon gesprochen werden, dass die Lernthekenarbeit ein bestimmtes Muster bei den Probanden trainiert hat, welches die Schüler schließlich zum zweiten Erhebungszeitpunkt anwenden und dadurch ihre Textqualität verbessern. Bei einem Untersuchungsaufbau, der so verfährt, müssten die Ergebnisse eine stärker ausgeprägte Homogenität, zumindest in Textteilen, aufzeigen. Doch gerade die Heterogenität der Ergebnisse gibt Auskunft darüber, dass sich in den Texten einiges bewegt hat, was auf einen veränderten Schreibprozess bei den jeweiligen Schülern schließen lässt. Da im Rahmen der Arbeit – so wie bei Arbeiten, die kognitive Schreibprozesse untersuchen, üblich – alle Momente des Schreibprozesses sowohl als eine Bedingung als auch eine Herausforderung des Herstellungsprozesses angesehen werden, scheinen sich die Herausforderungen der Produktion für die Schüler minimiert zu haben. Die Texte erfahren in ihrer Qualität einen Zugewinn, ein Kennzeichen für einen stattgefundenen Prozeduralisierungprozess.

> These: Durch die Methoden der Wortschatzarbeit wurde ein Prozeduralisierungsprozess initiiert. Durch die eingetretene Kompilierung haben sich die Kapazitäten, die das Arbeitsgedächtnis bisher beim Textverfassen zu verarbeiten hatte, reduziert. Die freigewordenen Fassungskräfte konnten sich bei den kommenden Schreibaufgaben stärker auf höherrangige Denkprozesse beziehen, wie die Verbesserung der Orthographie oder einen veränderten Satz- und Textbau, der sich an den Interessen des Lesers orientiert.

Das höherrangige Erkenntnisinteresse der Studie, welches sich in der Frage nach veränderten kognitiven Prozessen äußert, soll außer mit dem oben gegebenen Globalurteil auch mit auffälligen Details in den Schülertexten beantwortet werden. Gibt es individuelle Merkmale in den Texten, die auf Automatisierungsprozesse schließen lassen?

Im Untersuchungsmaterial lassen sich folgende Punkte ausmachen:
Die Rechtschreibung der Probanden verbessert sich. In den Hamburger-Schreib-Proben zeigen 72 % der Probanden einen Zugewinn, so dass man von einem allgemeinen Zugewinn sprechen kann. Hier liegt eine Verbesserung in der Einzelwortschreibung vor, die durch einen validen Test gemessen wurde. Diese Verbesserungen in der Orthographie könnten auch durch die zeitliche Komponente entstanden sein, da zwischen dem ersten und zweiten Messzeitpunkt 15 Unterrichtswochen liegen. Dieser Einwand ist nicht von der Hand zu weisen, zumal keine untrainierte Vergleichsgruppe besteht, deren Ergebnisse zum Vergleich herangezogen werden könnten. Gegen diese

denkbare Kritik spricht jedoch, dass sich die Orthographie vieler Probanden beim Textverfassen auffällig an Silbengelenken verändert hat, so dass von einem Zugewinn in der Orthographie durch das Training gesprochen werden kann.

Die richtige Schreibung im Diktat oder bei Einzelwörtern gibt allerdings nur wenig Auskunft über eine tatsächlich stattgefundene Prozeduralisierung. Entscheidend hierfür ist, dass die richtige Schreibung auch bei kognitiv aufwändigeren Prozessen wie dem Textverfassen vorliegt, denn dies bietet einen Hinweis darauf, dass der Schreiber nicht seine gesamte Konzentration in Überlegungen nach der richtigen Schreibung investiert hat. Wenn gleichzeitig eine inhaltliche Verbesserung vorliegt, so ist eine naheliegende Interpretation, dass Prozeduralisierungsprozesse in der Orthographie stattgefunden haben, die nun mehr kognitive Kapazitäten für höherrangige Prozesse frei werden lässt. Das untersuchte Textmaterial hat sich sowohl sprachsystematisch (69% der Probanden haben sich zum zweiten Zeitpunkt positiv entwickelt) als auch inhaltlich verbessert.

Die Schüler verwenden in den Bedienungsanleitungstexten mehrheitlich die Fachwörter, die in der Lernthekenarbeit eingesetzt wurden (58%).
An dieser Stelle ist einzuwenden, dass es sich um auswendig gelernte Wörter handeln könnte, so dass der Einsatz der Ausdrücke im Text wenig über kognitive Entlastungsprozesse aussagt. Jedoch verwendet jeder Schreiber andere Wörter, was gegen ein antrainiertes Lernen von Wortlisten spricht. Die Wahl der verschiedenen Äußerungen lässt eher darauf schließen, dass jeder Proband andere Wörter in seine bereits bestehenden oder sich im Aufbau befindlichen kognitiven Netze übernimmt, was ebenfalls für einen späteren automatischen Einsatz der Wörter bei der Textarbeit spricht. Die Schreiber sind nun nicht mehr gezwungen, viele kognitive Kapazitäten in die Suche nach entsprechendem Wortmaterial zu investieren, wodurch die inhaltliche Qualität der Texte gewinnt, wie im Untersuchungsmaterial sichtbar.

Beide Punkte bestätigen die oben aufgestellte These, dass die Lernthekenarbeit zum Aufbau von Prozeduren beigetragen hat.

Kann durch bestimmte Auffälligkeiten in den Texten darauf geschlossen werden, dass der Schreibprozess (insbesondere zum ersten Erhebungszeitpunkt) grundsätzlich Schwierigkeiten ausgesetzt ist, die auf Überbelastungen bei den Schreibern hindeuten?
Zur Beantwortung dieser Frage werden alle Formmerkmale der Texte interessant, also gerade auch die an der Textoberfläche nicht gelungenen.

Beispielsweise existieren zum ersten Erhebungszeitpunkt viele Texte mit chaotischen Satzzusammenhängen, fehlenden Teilsätzen oder Wörtern, in denen sich die Belastungen zeigen.

Dieses Bild ist deutlich an den Texten, die im dritten Teil der Arbeit abgebildet sind, ablesbar. An dieser Stelle soll stellvertretend für viele andere Beispiele nur ein Text aus der fünften Klasse stehen:

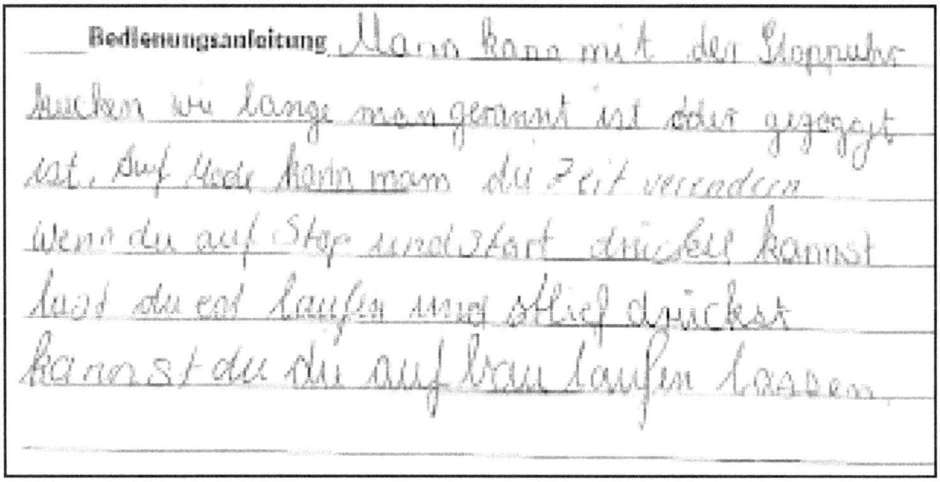

Abb. 93: Textbeispiel für einen chaotischen Satzbau und fehlende Wörter

Neben dem inhaltlichen Aspekt lassen auch grafische Elemente auf eine nachlassende Konzentration schließen (vgl. Hasert 1998). Im Beispiel unten wird sichtbar, wie ein Schreiber nach einer inhaltlich und grafisch elaborierten Einleitung immer stärker zu einem entgleitenden Schriftbild in Verbindung mit unangemessenen Inhalten neigt.

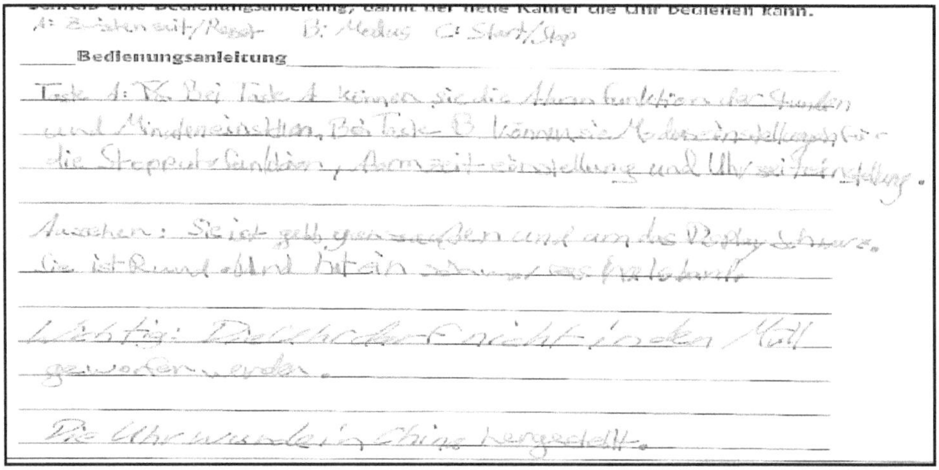

Abb. 94: Textbeispiel für Veränderungen im Schriftbild

Kann weiterhin durch Formmerkmale darauf geschlossen werden, dass Prozeduralisierungen stattgefunden haben, so dass mehr Kapazitäten für höherrangige Teilprozesse des Schreibens zur Verfügung stehen, was sich in der Qualität oder der Gestaltung der Textprodukte bemerkbar macht?

In einigen Texten aus den fünften Klassen wird zum zweiten Erhebungszeitpunkt der Einleitungssatz oder eine Beschreibung des Gerätes zeitlich nach dem ersten Satz geschrieben. Die Schreiber fügen ein Zeichen in die erste Zeile ein und schreiben die fehlenden Textteile als letzten Satz unter den fertigen Text (siehe Beispiel unten). Dieses Verhalten lässt darauf schließen, dass den Schreibern nach dem Durchlesen des Textes aufgefallen ist, dass ein einleitender Satz fehlt, den sie nachträglich hinzugefügt haben. Diese Erkenntnis am Ende des Schreibprozesses zu haben, zeugt davon, dass die Schreiber zu diesem Zeitpunkt noch die Kapazitäten hatten, den formalen Aufbau eines Textes zu überprüfen. Schreiber, die beim Verfassen von Texten am oberen Ende ihrer Gedächtniskapazitäten rangieren, neigen dazu, den Text nach einer elaborierten Einleitung abbrechen zu lassen oder ihn nur rudimentär fortzuführen (vgl. die Texte aus Knapp 1997).

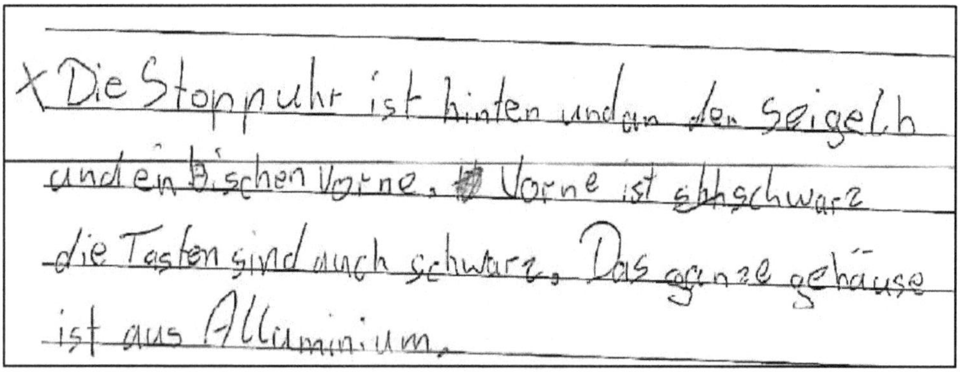
X Die Stoppuhr ist hinten und an den seigelh
und ein Bischen Vorne. Vorne ist sie schwarz
die Tasten sind auch schwarz. Das ganze gehäuse
ist aus Alluminium.

Abb. 95: Textbeispiel für nachträgliche Veränderungen im Textaufbau I

Bei diesem Beispiel wurde mit farbigen Markierungen gearbeitet.

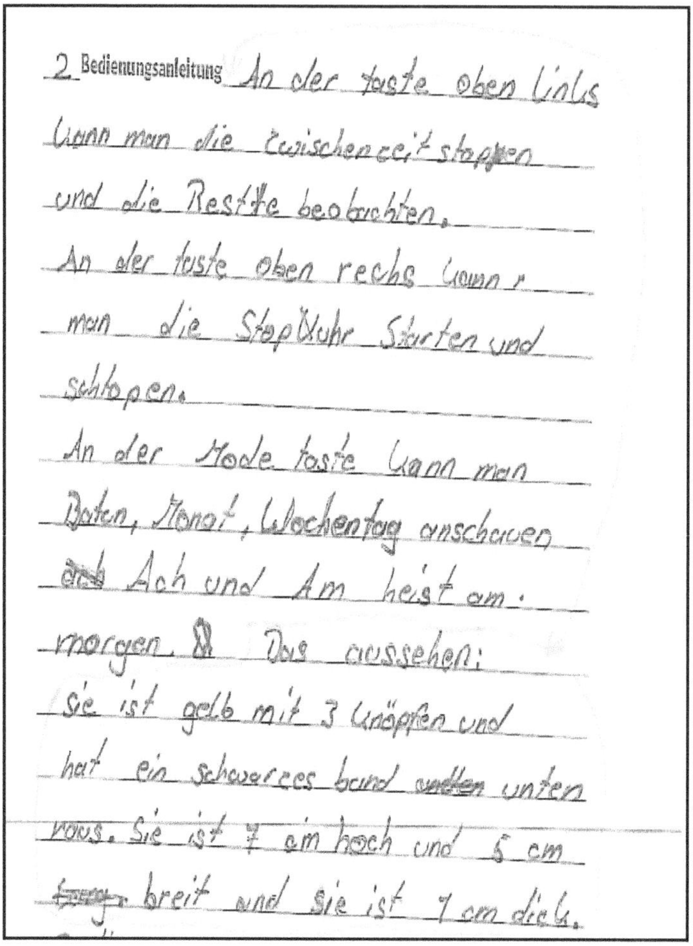

> 2 Bedienungsanleitung An der taste oben links
> kann man die zwischenzeit stoppen
> und die Restte beobachten.
> An der taste oben rechs kann
> man die StopUhr Starten und
> stopen.
> An der Mode taste kann man
> Daten, Monat, Wochentag anschauen
> Ach und Am heist am.
> morgen. Das aussehen:
> sie ist gelb mit 3 Knöpfen und
> hat ein schwarzes band unten
> raus. Sie ist 7 cm hoch und 5 cm
> breit und sie ist 1 cm dick.

Abb. 96: Textbeispiel für nachträgliche Veränderungen im Textaufbau II

Die dargestellten Formmerkmale und Veränderungen in den Texten lassen sich mit Hilfe der Prozeduralisierungsthese erklären. Dabei muss an dieser Stelle darauf hingewiesen werden, dass die durchgeführte Studie hier nur exemplarisch als Argumentationsstütze gesehen werden kann, jedoch nicht als Grundlage, wenn man nach Ressourcen des Arbeitsgedächtnisses fragt.

Abschließend ist ein weiterer Punkt zu beachten, der dafür spricht, dass durch eine stattgefundene Prozeduralisierung den Schreibern Erleichterungen im Schreibprozess entstanden sein könnten. Dabei handelt es sich um den Aspekt der Komplexität, den das Schreiben einer vielschichtigen Textsorte wie der Bedienungsanleitung mit sich bringt. Beim Verfassen einer Bedienungsanleitung ist der Schreiber nicht nur mit der Komplexität konfrontiert, die das Textverfassen generell an ihn stellt. Er muss darüber hinaus im Besonderen den Herausforderungen gewachsen sein, die das Formulieren einer Bedienungsanleitung von ihm fordert. Deswegen ist davon auszugehen, dass die stärkere Leserorientierung in den Texten zum zweiten Zeitpunkt nicht nur durch eine verbesserte Fähigkeit der Schreiber, mit Texten umzugehen, entstanden ist. Vielmehr treten die Schreiber beim Verfassen einer Anweisung vielschichtigen Informationen gegenüber, die sie alle verarbeiten müssen, um einen kohärenten Text zu erstellen. Sich stärker an einen Leser zu wenden heißt dann auch, über ausreichende kognitive Kapazitäten für die Leserorientierung zu verfügen, währenddessen umfassende Informationen über den zu erstellenden Text, aber auch über das zu bedienende Gerät verarbeitet werden. Wenn es den Schreibern, wie in der hier vorliegenden Studie, gelingt, die neu hinzu gekommenen, umfangreichen Informationen parallel zu verarbeiten, spricht dies dafür, dass an anderer Stelle Kapazitäten frei wurden, also Prozeduren eingetreten sind. Ein kleiner Einblick in die Anforderungen wird im Folgenden gegeben: Um einen Text verfassen zu können, der die Bedienung eines Gerätes wiedergibt, welches über verzweigte Bedienelemente verfügt, muss der Schreiber zuerst das Gerät und seine Bedienung verstanden haben. Als nächstes wird vom Verfasser gefordert, diese neu erworbenen Kenntnisse mittels eines Textes an eine weitere Person zu vermitteln. Der Schreiber muss die vom Leser und Bediener auszuführenden Handlungsschritte in eine Sprache bringen, die dem Leser eine Vorstellung über den Gegenstand und die Phänomene seiner Bedienung ermöglicht. Das heißt, der Schreiber muss sich eines differenzierten Begriffsinventars bedienen. Gerade in Bedienungsanleitungen wird eine besondere Lexik verwendet, welche sich aus Fachwörtern speist.

In professionellen Anleitungen werden Verben, bedingt durch die Satzstruktur des fehlenden Agens, häufig im Infinitiv verwendet. Daneben gibt es Sätze, bei denen sowohl das Agens als auch eine infinite oder finite Verbform fehlen *(Sicherungsknopf nach oben-auf)*, eine elliptische Satzkonstruktion vorliegt *(Gerät betreiben, Netzstecker ziehen, Frischwasserbehälter füllen)* oder ein Präpositionalgefüge verwandt wird *(während des Betriebs, vor der Zubereitung, beim Entkalken)* (vgl. Pelka 1982). Diese Elemente dienen in Anweisungen zur Sicherung der Leserorientierung und des Textverständnisses, wichtige Hürden, die ebenfalls von den Schreibern aus der Studie bezwungen werden müssen. Da professionelle Bedienungsanleitungen häufig Satzstrukturen aufweisen, die vom standardisierten Aufbau eines deutschen Hauptsatzes abweichen, wurden auch die elliptischen Satzkonstruktionen in den Schülertexten nicht als genereller Mängel gewertet.

Um sicherzustellen, dass das ausgewählte Begriffsinventar verstanden wird, sind die (Vor-)Wissenselemente des Rezipienten wie des Produzenten des Textes wichtig. Der Schreiber muss sich Wörter bedienen, bei denen er davon ausgehen kann, dass sie von einem universalen Leser verstanden werden. Letztendlich verstanden wird die Bedienungsanleitung jedoch nur dann, wenn der Text einer Tiefenstruktur[55] folgt und der Leser die gedankliche Ordnung des Textes und seine Struktur nachvollziehen kann. Bauen Leser und Schreiber die gleichen frames auf, gelingt es dem Leser nach der Lektüre des Textes Bedienhandlungen auszuführen (vgl. Vater 2001).

Diese Vorüberlegungen muss ein Schreiber vollziehen, wenn er eine Anweisung formuliert, die sich an einen Leser wendet. Dass es sich hierbei um eine "umfassende Entscheidungssituation" (Dörner 1989:61) handelt, die der Schreiber nur über die "Bildung von Superzeichen" (Dörner 1989:63) (Prozeduren) beherrschen kann, wird deutlich.

16 Didaktische Konsequenzen

Die Arbeit abschließend möchte ich aus den Ergebnissen der Studie zuerst allgemeine (fach-)didaktische Konsequenzen, die Kompetenzorientierung betreffend, ziehen, bevor ich im Weiteren den Fokus speziell auf das Texteverfassen richte und abschließend vier didaktische Konsequenzen ziehen.

Mit der PISA-Studie ist eine Trendwende in der Didaktik eingetreten der Output steht im Vordergrund des Interesses. Schüler sollen in die Lage versetzt werden, bestimmte Leistungen zu erbringen. Dem Unterricht kommt die Aufgabe zu, die Schüler zu befähigen, einen Output zu erbringen. Dazu sind spezielle, individuelle Fördermaßnahmen für jeden einzelnen Schüler Voraussetzung. Differenzierung und das hierzu nötige Material werden gebraucht. Gerade der Fachdidaktik wird damit ein Feld eröffnet, Möglichkeiten zum Diagnostizieren und Fördern zu entwickeln und den Schulfächern zur Verfügung zu stellen. An dieser Stelle ist – wie an keiner anderen – das Sach- und Fachwissen der Fachdidaktik gefordert! Damit kann gewährleistet werden, dass die Materialien eine Qualität aufweisen, auf der Schüler tatsächlich anwendungsbezogen und prozessorientiert in ihrem Lernen unterstützt werden und keiner monotonen "Materialschlacht" ausgesetzt sind, die sie zwar beschäftigt, aber nicht zum kumulativen Lernzuwachs beiträgt.

Die vorliegende Untersuchung geht den Weg, Schüler prozessorientiert zu fördern, so dass ein Produkt entsteht, welches einen Qualitätszuwachs beinhaltet. Im Sinne der Kompetenzorientierung können aus der Studie drei Konsequenzen gezogen werden:

- Die Studie beleuchtet, inwieweit anwendungsbezogenes Üben, was zu einer Proceduralisierung führt, eine Bedingung und eine Voraussetzung für den

---

[55] Die Tiefenstruktur ist die Kohärenz des Textes das "Gewebe" des Textes (lat. textus – der Faden, das Gewebe; cohaerre – zusammenhängend). Der Text soll zusammenhängend sein, einen roten Faden haben und er soll eine durchgängige inhaltlich semantische Seite haben, die eine bestimmte mentale Repräsentation erschafft (Vater 2001:54).

Lernprozess ist. Dazu muss einerseits die Zeit zum Üben im Unterricht zur Verfügung stehen, andererseits muss das Üben intelligent aufbereitet werden, so dass die Schüler davon profitieren.

- Dazu muss die Bedeutung von kumulativem Wissenszugewinn deutlicher erforscht und beachtet werden. Üben alleine ist solange nicht förderlich, wie die Lerninhalte nicht aufeinander aufbauen.

- Die Entwicklung von Materialien, die im Unterricht sinnvoll eingesetzt werden können, und den genannten Punkten Rechnung tragen, ist ein weiterer sehr wichtiger Teilschritt. Die Lerntherkenarbeit, die im Rahmen der Untersuchung durchgeführt wurde, stellt hierfür eine Basis dar.

Folgende Konsequenzen können aus der durchgeführten Studie gezogen werden.

1) Für einen erfolgreichen Unterricht zum Textverfassen muss beachtet werden, dass das Verfassen von Texten eine komplexe Tätigkeit ist, bei der der Schreiber mit seinen Ressourcen im Mittelpunkt der Aufmerksamkeit steht. Wird der Schreiber überfordert, zeigt sich dies in der Qualität des Textproduktes. Deswegen sind alle Methoden, die dem Schreiber Entlastungen bringen, zu befürworten. Diese können, gerade bei schwachen Textverfassern und Kindern, die nur über geringe Deutschkenntnisse verfügen, darin bestehen, zuerst nur Teilaufgaben des Schreibens zu verlangen, wie zum Beispiel die Orientierung oder den Schluss.

2) Entlastungen können dem Schreiber auch gegeben werden, indem wichtige Teilbereiche des Textverfassen, wie der Wortschatz und die Orthographie, isoliert geübt werden, damit beim Schreiben eines Textes die gesamte Energie des Schreibers auf den Text, seinen Inhalt sowie seine Struktur gerichtet bleibt und keine zusätzlichen Überlegungen in die Wortwahl und die richtige Schreibung investiert werden müssen. Bei solchen isolierten Übungen ist jedoch immer darauf zu achten, dass sie handlungsleitend sind und zu einer erfolgreichen Übernahme der Wörter in den aktiven Wortschatz beitragen, indem sie sich beispielsweise an Vernetzungen des mentalen Gedächtnisses orientieren.

3) Die beiden vorangegangenen Punkte sprechen bereits an, dass es Ziel eines guten Schreibunterrichts sein muss, den Lerner möglichst viele Teilprozesse des Textverfassens prozeduralisieren zu lassen, damit er den jeweiligen spezifischen Anforderungen der Schreibaufgabe gewachsen ist. Das automatische Ausführen einer Teilhandlung ist der Schlüssel hierfür. Die Voraussetzung, um dies zu erreichen, ist auf der Grundlage von deklarativem Wissen in immer wiederkehrenden Einheiten eine Handlung auszuführen, sie zu üben, bis sie schließlich schnell und verlässlich ohne Arbeitsgedächtnis-

kapazitäten ausgeführt wird. Ein kontinuierliches Üben der Teilhandlung ist der Weg zu diesem Ziel, weswegen diesem ein bedeutender Raum im Unterricht zukommen muss.

4) Eine Voraussetzung hierfür ist es, Wissen nicht ausschließlich als Folge von Lernprozessen zu sehen, sondern es auch als eine Voraussetzung für den Lernprozess zu betrachten, der im Folgenden zu routinisieren versucht wird. In der empirischen Forschung hat sich gezeigt, dass Schüler, die über bestimmte Kenntnisse verfügen, diese nicht automatisch ausführen können. "Das prozedurale Wissen, also die Fähigkeit, Verarbeitungsprozesse in effektiver Weise zu benutzen, entwickelt sich offenbar nicht simultan mit den entsprechenden Wissensstrukturen" (Schwarz 1992:127). Vielmehr ist Automatizität eine unabhängige Leistung, die gesondert gespeichert und gesondert abgerufen wird. Infolgedessen muss Automatizität auch unabhängig erworben werden, indem die Handlung fortlaufend wiederholt, also geübt wird (vgl. Spelke et al. 1976).

Literatur

Aebli, Hans (1980): Denken: Das Ordnen des Tuns. Bd. 1 Kognitive Aspekte der Handlungstheorie. Stuttgart: Klett.

Afflerbach, Sabine (1997): Zur Ontogenese der Kommasetzung vom 7. bis zum 17. Lebensjahr : eine empirische Studie. - Frankfurt am Main: Lang.

Aitichson, Jean (1997): Wörter im Kopf. Tübingen: Niemeyer.

Anderson, John (2001): Kognitive Psychologie. Heidelberg: Spektrum Verlag.

Augst, Gerhard (1977): Grundwortschatz und Ideolekt. Tübingen: Niemeyer.

Augst, Gerhard (1983): Rechtschreibgrundwortschatz - ja oder nein? Überlegungen aus Sicht der Linguistik. In: Deutsche Sprache 4, S. 341-356.

Augst, Gerhard (1984): Kinderwort. Der aktive Kinderwortschatz nach Sachgebieten geordnet, mit einem alphabetischen Register. Frankfurt am Main: Lang.

Augst, Gerhard (1987): Ist die degressive Struktur des Wortgebrauchs ein Argument für den Rechtschreibgrundwortschatz? In: Wagner (Hrsg.), Wortschatz-Erwerb. Bern: Lang.

Augst, Gerhard (1989): Schriftwortschatz. Theorie und Vermittlung der Sprache 10. Frankfurt.

Augst, Gerhard (1994): Linguistische und psycholinguistische Modellierung einer orthographischen Kompetenz. In: Werner (Hrsg.), Probleme der Graphie. Tübingen: Narr.

Augst, Gerhard (2006): Zwischen Silbengelenk und Quantitätsmarkierung – der Doppelkonsonantenbuchstabe im Deutschen. In: Zeitschrift für Germanistische Linguistik. Band 33, Heft 2-3, S. 289–305.

Augst, Gerhard; Dehn, Mechthild (2002): Rechtschreibung und Rechtschreibunterricht Können-Lehren-Lernen.

Augst, Gerhard; Disselhoff, K.; Henrich, A.; Pohl, Thorsten; Völzing, P.L. (2007): Text-Sorten-Kompetenz: Eine echte Longitudinalstudie zur Entwicklung der Textkompetenz im Grundschulalter. Verlag/Ort

Baddeley, Alan (1986): Working Memory. Oxford: Clarendon.

Baireuther, Peter (1990): Konkreter Mathematikunterricht. Bad Salzdetfurth: Franzbecker.

Balhorn, Heiko (1985): Zur Diskussion um den GWS im Rechtschreibunterricht der Primarstufe. In: Barnitzky, Christiani (Hrsg.), Grundwortschätze. CVK.

Balhorn, Heiko (1985a): Fehleranalyse- Ein versuch, ausschnitte des regelbildungsprozesses, in dem lerner sich das ortografische system rekonstruieren, zu rekonstruieren. In: Augst (Hrsg.), Graphematik und Orthographie. Frankfurt: Lang , S. 206-243.

Balhorn, Heiko; Vieluf, Jürgen (1984): Erhebung des Grundwortschatzes in Schulaufsätzen. MS-Druck: Hamburg.

Bamberger, Richard; Vanecek, Erich (1984): Lesen- verstehen-lernen-schreiben. Wien: Jugend und Volk.

Bartnitzky, Horst; Valtin, Renate (1984): Richtig üben – einige Prinzipien für den Rechtschreibunterricht. In: Naegele, I. & Valtin, R. (Hrsg.), Rechtschreibunterricht in den Klassen 1-6. Frankfurt: AK Grundschule, S. 52-57.

Bates, Elizabeth; Marchmann, Virginia; Thal, Donna; Fenson, Larry; Dale, Phillip; Reznik, Steve; Reilly, Judy; Hartung, Jeff (1994): Developmental and stylistic variation in the composition of early vocabulary. In: Journal of Child Language 21, S. 85-121.

Baurmann, Jürgen (1995): Schreiben in der Schule: Orientierung am Schreibprozess. In Baurmann, Weingarten (hrsg.), Schreiben, Prozesse, Prozeduren und Produkte. Opladen: Westdeutscher Verlag.

Baurmann, Jürgen; Dehn, Mechthild (2004): Beurteilen im Deutschunterricht. Praxis Deutsch 31 (184), S. 6-13.

Baurmann, Jürgen; Gier, Eva und Meyer, M. (1987): Schreibprozesse bei Kindern – eine Einzelfallstudie und einige Folgerungen. In: Osnabrücker Beiträge zur Sprachtheorie 36, S. 81-109.

Baurmann, Jürgen; Ludwig, Otto (1996): Schreiben: Texte und Formulierungen überarbeiten. In: Praxis Deutsch, 23, H. 137, S. 13-21.

Beaugrande, Robert de (1984): Text production. Norwood: Ablex.

Beck, Bärbel; Klieme, Eckhard (2007): Einleitung. In: Beck, Klieme (Hrsg.), Sprachliche Kompetenzen. Konzepte und Messungen. Weinheim: Beltz, S. 1-9.

Becker-Mrotzek, Michael (1994): Wie entsteht eine Bedienungsanleitung? In: Ehlich/Noack (Hrsg.), Instruktionen durch Text und Diskurs. Westdeutscher Verlag.

Becker-Mrotzek, Michael (1997): Schreibentwicklung und Textproduktion. Der Erwerb der Schreibfertigkeiten am Beispiel der Bedienungsanleitung. Radolfzell: Verlag für Gesprächsforschung.

Becker, Tabea (2002): Mündliches und schriftliches Erzählen. Ein Vergleich unter entwicklungstheoretischen Gesichtspunkten. In: Didaktik Deutsch 12, S. 23-28.

Belke, Eva (2007): Constructing a (Second) Language: Grammatikalisierung im Sprachwandel und Spracherwerb. In: Osnabrücker Beiträge zur Sprachtheorie 73, S. 15-35.

Belke, Gerlinde (1999): Mehrsprachigkeit im Deutschunterricht. Baltmannsweiler: Schneider.

Bereiter, Carl (1980): Development in writing. In: Gregg/Steinberg (Hrsg.), Cognitive Process in Writing. Erlbaum:Hilsdale, S. 73-93.

Berkemeyer, Anne (2007): Zur Bedeutung der Silbe in der neueren rechtschreibdidaktischen Diskussion: Versuch einer Synopse. In: Osnabrücker Beiträge zur Sprachtheorie 73, S. 81-96.

Betz, Dieter; Breuninger, Helga (1987): Teufelskreis Lernstörungen: Theoretische Grundlegung und Standardprogramm. München: Urban & Schwarzenberg.

Bierwisch, Manfred (1972): Schriftkultur und Phonologie. In. Probleme und Ergebnisse der Psychologie, H. 43, S. 21-44.

Blanken, Gerhard (1991): Die kognitive Neurolinguistik des Schreibens. In: Blanken (Hrsg.), Einführung in die linguistische Aphasiologie: Theorie und Praxis. Freiburg: Hochschulverlag, S. 287-329.

Blatt, Inge; Ramm, Gesa; Voss; Andreas (2009): Modellierung und Messung der Textkompetenz im Rahmen einer Lernstandserhebung in Klasse 6.In: Didaktik Deutsch 26; S. 54-81.

Blatt, Inge; Voss, Andreas; Matthießen, (2005): Kinder schreiben Briefe aus der Zukunft. Qualitative Analyse von Kindertexten und fachdidaktische Diskussion. In: Bos et al (Hrsg.), IGLU. Vertiefende Analysen zu Leseverständnis, Rahmenbedingungen und Zusatzstudien. Münster: Waxmann. S. 109-157.

Bock, Michael; Hagenschneider Klaus & Schweer, Alfred (1989): Zur Funktion der Groß- und Kleinschreibung beim Lesen deutscher, englischer und niederländischer Texte. In: Eisenberg (Hrsg.), Schriftsystem und Orthographie. Tübingen: Niemeyer, S. 23-56.

Bohn, Rainer (1999): Probleme der Wortschatzarbeit. München: Goethe Institut.

Bohn, Rainer; Schreiter, Ina (2000):	Wortschatzarbeit in den Sprachlehrwerken Deutsch als Fremdsprache: Bestandsaufnahme und Kritik. In: Germanistische Linguistik 155-156, Kühn (Hrsg.), Wortschatzarbeit in der Diskussion. Studien Deutsch als Fremdsprache V. Hildesheim, Zürich, New York, S. 57-99.
Böhnisch, Martin (2008):	Diskussionslinien innerhalb der Kompetenzdebatte. Ein Strukturierungsversuch. In. Didaktik Deutsch, Sonderheft 2, S. 5-20.
Börner, Wolfgang (2000):	Didaktik und Methodik der Wortschatzarbeit: Bestandsaufnahme und Perspektiven. In: Germanistische Linguistik 155-156, Kühn (Hrsg.), Wortschatzarbeit in der Diskussion. Studien Deutsch als Fremdsprache V. Hildesheim, Zürich, New York, S. 29-57.
Brügelmann, Hans (1984):	Die Schrift entdecken. Beobachtungshilfen und methodische Ideen für einen offenen Anfangsunterricht. Konstanz.
Bundesagentur für Arbeit (2006):.	Nationaler Pakt für Ausbildung und Fachkräftenachwuchs in Deutschland. http://www.bda-online.de/www/bdaonline.nsf/id/5C6257924FE85449C 12571460042AD96/$file/Ausbildungsreife.pdf. Zugriff: 6.11.2006.
Buschmann, Heidi (1986):	Kompensatorische LRS-Förderung: Basistraining Rechtschreibung. Vortrag auf dem Fachkongress Legasthenie gehalten.
Butt, Mathias; Eisenberg, Peter (1990):	Schreibsilbe und Sprechsilbe. In: Stetter (Hrsg.), Zu einer Theorie der Orthographie. S. 33-65. Tübingen: Niemeyer.
Chi, Michelle (1978):	Knowledge structure and memory development. In: R. Siegler, (Hrsg.) Children's thinking: What develops? Erlbaum: Hillsdale, S. 73–96.
Christmann, Ursula; Groeben, Norbert (2001):	Psychologie des Lesens. In Franzmann (Hrsg.) Handbuch Lesen, S. 145-223.
Clark, Eve (1973):	What´s in a word? On the child´s acquisition of semantics in his first language. In: Moore (Hrsg.), Cognitive development and the acquisition of language. New York: Academic Press.
Collins, A. M. ; Quillan M. R. (1969):	Retrieval time from semantic memory. In: Journal of Verbal learning and Verbal Behavior, 8, S. 240-270.
Craik, Kenneth (1943):	The nature of explanation. Cambridge: University Press.
Crais, Robert (1992):	Fast-mapping: A new look at word learning. In: Chapman (Hrsg.), Processes in Language Acquisition and Disorders. St. Louis: Mosby, S. 159-185.

Cummins, John (1978): Educational implications of mother tongue maintenance in minority language groups.In: The Canadian Modern Language Review, vol. 34,3, S. 395-416.

Dehn, Mechthild (1978): Strategien beim Erwerb der Schriftsprache. In: Grundschule 10, H. 7, S. 308-310.

Dehn, Mechthild (1983): Vom Verschriften zum Schreiben. In: Grundschule 15, H. 81, S. 25-51.

Dehn, Mechthild (1999): Texte und Kontexte. Schreiben als kulturelle Tätigkeit in der Grundschule. Berlin.

DESI (2006): Unterricht und Kompetenzerwerb in Deutsch und Englisch. http://www.dipf.de/desi/DESI_Zentrale_Befunde.pdf. Zugriff 10.11.06.

Dimter, Matthias (1981): Textklassenkonzepte heutiger Alltagssprache: Kommunikationssituation, Textfunktion und Textinhalt als Kategorien alltagssprachlicher Textklassifikation. Tübigen: Niemeyer.

DIN 8418 (1974): Angaben in Gebrauchsanleitungen und Betriebsanleitungen. Berlin.

Donlan, Chris; Crown, Richard; Newton, Elizabeth; Lloyd, Delyth (2007): The role of language in mathematical development: Evidence from children with specific language impairments. In: Cognition 103, S. 23-33.

Donth Schäfer, Cornelia; Hundertmark, Gisela; Kollatz-Block, Stephanie (2007): Piri 1. Stuttgart: Klett.

Dörner, Dietrich (1976): Problemlösen als Informationsverarbeitung. Stuttgart: Kohlhammer.

Dörner, Dietrich (1989): Die Logik des Misslingens. Strategisches Denken in komplexen Situationen. Reinbek: Rowohlt.

Duden Redaktion: Duden. Band 1 Rechtschreibung und deutsche Sprache. Mannheim.

Ehlich, Konrad (1994): Funktion und Struktur schriftlicher Kommunikation. In: Günther &Ludwig (Hrsg.) Schrift und Schriftlichkeit. Writing and ist Use. Ein interdisziplinäres Handbuch internationaler Forschung. S. 18-41.

Ehlich, Konrad (1994): Verweisung und Kohärenz in Bedienungsanleitungen. Einige Aspekte der Verständlichkeit von Texten. ? In: Ehlich/Noack (Hrsg.), Instruktionen durch Text und Diskurs. Westdeutscher Verlag.

Ehlich, Konrad (2005):	Sprachaneignung und ihre Feststellung bei Kindern mit und ohne Migrationshintergrund. In: BMBF (Hrsg.), Anforderungen an Verfahren der regelmäßigen Sprachstandsfeststellung als Grundlage für die frühe und individuelle Förderung von Kindern mit und ohne Migrationshintergrund.
Eichler, Wolfgang (1983):	Kreative Schreibirrtümer. Zur Auseinandersetzung des Schülers mit dem Verhältnis Laut-Schrift und den Rechtschreibregeln. In: Diskussion Deutsch 74, S. 629-640.
Eichler, Wolfgang (1985):	Rechtschreiblernen in und mit Regeln und als regelgeleitetes Verhalten. In: Augst (Hrsg.), Graphematik und Orthographie. Frankfurt: Lang.
Eichler, Wolfgang (1991):	Nachdenken über das richtige Schreiben. Innere Regelbildung und Regelfehlbildung im Orthographieerwerb. In: Diskussion Deutsch 22, H 117, S. 34-44.
Eichler, Wolfgang (1992):	Schreibenlernen: Schreiben – Rechtschreiben – Texte verfassen. Bochum: Kamp.
Eichler, Wolfgang (2004):	Sprachbewusstheit und Orthographieerwerb. In: Bremerich-Vos, Löffler, Herne (Hrsg.), Neue Beiträge zur Rechtschreibtheorie und -didaktik. Freiburg: Fillibach, S.179-191.
Eigler, Günther (1985):	Textverarbeiten und Textproduzieren. Entwicklungstendenzen angewandter kognitiver Wissenschaften. In: Unterrichtswissenschaft 13, S. 301-318.
Eigler, Günther; Jechle, Thomas; Merziger, Gabriele; Winter, Alexander (1990):	Wissen und Textproduzieren. Tübingen: Narr.
Eisenberg, Peter (1988):	Die Grapheme des Deutschen und ihre Beziehung zu den Phonemen. In: Baurmann et al. (Hrsg.), Aspekte der Schrift und Schriftlichkeit. Germanistische Linguistik 93-94, S. 139-154.
Eisenberg, Peter (1989):	Die Schreibsilbe im Deutschen. In: Eisenberg, Günther (Hrsg.), Schriftsystem und Orthographie. S. 57-85. Tübingen: Niemeyer.
Eisenberg, Peter (1993):	Linguistische Fundierung orthographischer Regeln. Eine Fundierung der Wortgraphematik des Deutschen. In: Baurmann, Günther, Knoop (Hrsg.), homo scribens. Perspektiven der Schriftlichkeitsforschung. Tübingen: Niemeyer.
Eisenberg, Peter (1994):	Sprachliche Aspekte von Schrift und Schriftlichkeit. In: Günther (Hrsg.), Schrift und Schriftlichkeit : ein interdisziplinäres Handbuch internationaler Forschung. (HSK 10,2). - Berlin: de Gruyter.

Eisenberg, Peter (1995): Der Laut und die Lautstruktur des Wortes. In: Duden-Grammatik, S. 56-84.

Eisenberg, Peter (1997): Die besondere Kennzeichnung der kurzen Vokale In: Augst (Hrsg.), Zur Neuregelung der Orthographie. Tübingen: Niemeyer.

Eisenberg, Peter (1997): Die besondere Kennzeichnung der kurzen Vokale – Vergleich und Bewertung der Neuregelung. In: Augst (Hrsg.), Zur Neuregelung der deutschen Orthographie. Begründung und Kritik. Tübingen: Niemeyer, S. 323-336.

Eisenberg, Peter; Spitta, Gudrun; Voigt, Gerhard (1994): Schreiben: Rechtschreiben. In: Praxis Deutsch 124. S. 14-25.

Ender, Andrea (2007): Wortschatzerwerb und Strategieeinsatz bei mehrsprachigen Lernern. Schneider: Hohengehren.

Engelkamp, Johannes ; Pechmann, Thomas (1993): Kritische Anmerkungen zum Begriff der mentalen Repräsentation. In: Engelkamp; Pechmann (Hrsg.), Mentale Repräsentationen. Hans Huber: Göttingen.

Engelkamp, Johannes; Rummer, Ralf (1999): Die Architektur des mentalen Lexikons. In: Frederici (Hrsg.), Sprachrezeption. Enzyklopädie der Psychologie, Bd. 3,2, S. 155-201.

Fayol, Henri (1999): From online management problems to strategies in written composition. In: Torrance, M und Jeffery, G (Hrsg.) The cognitive demands of writing., S. 13-25, Amsterdam: university press.

Feilke, Helmuth; Augst, Gerhard (1989): Zur Ontogenese der Schreibkompetenz. In: Antos, Krings (Hrsg.), Textproduktion, Tübingen: Niemeyer, S. 297-327.

Fickermann , Ingeborg (1994): Mündliche und schriftliche Instruktionen. In: Ehlich/Noack (Hrsg.), Instruktionen durch Text und Diskurs. Westdeutscher Verlag.

Finke, Wolfgang (1986): Rechtschreibunterricht und Grundwortschatz. Frankfurt: Diesterweg.

Fischer, Ute (2012): Leseförderung im Anfangsunterricht. Universitätsverlag Rhein-Ruhr.

Fix, Martin (2000): Textrevision in der Schule. Prozessorientierte Schreibdidaktik zwischen Instruktion und Selbststeuerung. Empirische Untersuchung. Baltmannsweiler.

Fix, Martin (2006): Texte schreiben. Schreibprozesse im Deutschunterricht. Paderborn: Schöningh.

Fix, Martin; Melenk, Hartmut (2002): Schreiben zu Texten. Schreiben zu Bildimpulsen. Schneider: Hohengehren.

Fix, Martin; Melenk, Hartmut (2002): Schreiben zu Texten – Schreiben zu Bildimpulsen. Das Ludwigsburger Aufsatzkorpus. Baltmannsweiler: Schneider.

Flower, Linda; Hayes, John (1980): The dynamics of composing: Making Plans and juggling constrains. In: Gregg,L.W./Steinberg, E.R. (Hrsg.): Cognitive Process in writing. Hillsdale: Erlbaum S. 31-50.

Flower, Linda; Hayes, John (1981): A cognitive process theory of writing. In: College Composition and Communication 32, S. 365-387.

Friedrich, Bodo (1994): Aspekte und Probleme des Schreibunterrichts: Rechtschreiben. In: Günther (Hrsg.), Schrift und Schriftlichkeit : ein interdisziplinäres Handbuch internationaler Forschung. (HSK 10,2). - Berlin: de Gruyter, S. 1249-1260.

Frith, Uta (1986): Psychologische Aspekte des orthographischen Wissens. Entwicklung und Entwicklungsstörungen. In: Augst (Hrsg.), New trends in graphemics and orthography. Berlin: de Gruyter, S. 218-233.

Funke, Reinold (2000): Wann ist grammatisches Wissen in Funktion? In: Der Deutschunterricht 52, H. 4.

Funke, Reinold (2005): Sprachliches im Blickfeld des Wissens. Grammatische Kenntnisse von Schülerinnen und Schülern. Tübingen: Niemeyer.

Füssenich, Iris; Löffler, Cordula (2005): Schriftspracherwerb. Reinhardt Verlag: Basel.

Gallin, Peter; Ruf, Urs (1995): Schüler schreiben Textaufgaben. Lesen durch Schreiben. In: Mathematik lehren, 68, S. 16-22.

Gasteiger-Klicpera, Barbara; Fischer, Ute (2008): Der Tobi-Lesetest (TLT). Berlin: Cornelsen.

Gasteiger-Klicpera, Barbara; Fischer, Ute (2008a): Evidenzbasierte Förderung bei Lese-Rechtschreibschwierigkeiten. In: Fingerle, Ellinger (Hrsg.), Sonderpädagogische Förderung – Förderkonzepte auf dem Prüfstand. Stuttgart: Kohlhammer.

Gathercole, Susan E.; Baddeley, Alan D. (1993): Working Memory and language. London: Erlbaum.

Gelmann, Susan A.; Markmann, Ellen (1986): Categories and introduction in young children. In: Cognition 23, S. 183-209.

Grimm, Hannelore (1998): Sprachentwicklung – allgemeintheoretisch und differentiell betrachtet. In: Oerter & Montada (Hrsg.), Entwicklungspsychologie. Weinheim: Psychologie Verlags Union.

Grimm, Hannelore (1999): Störungen der Sprachentwicklung. Göttingen: Hogrefe.

Grimm, Hannelore (2000): Sprachentwicklung. Enzyklopädie der Psychologie, Themenbereich C, Serie 3 Sprache, Göttingen: Hogrefe.

Grimm, Hannelore; Engelkamp, Johannes (1981): Sprachpsychologie. Berlin: Schmidt Verlag.

Grzesik, Jürgen; Fischer, Michael (1984): Was leisten Kriterien für die Aufsatzbeurteilung? Opladen: Westdeutscher Verlag.

Grzesik, Jürgen; Fischer, Michael (1984): Was leisten Kriterien für die Aufsatzbeurteilung? Opladen: Westdeutscher Verlag.

Günther, Hartmut (1988): Sprachsystem, Schriftsystem, Lexikon. Bemerkungen zu einem Beitrag von Richard Wiese. In: Deutsche Sprache 16, S. 271-281.

Günther, Hartmut (1993): Erziehung zur Schriftlichkeit. In: Eisenberg, Klotz (Hrsg.), Sprache gebrauchen – Sprachwissen erwerben. Stuttgart: Klett, S. 85-96.

Günther, Hartmut (1995): Die Schrift als Modell der Lautsprache. In: Osnabrücker Beiträge zur Sprachtheorie 51, S. 15-32.

Günther, Hartmut (1998): Die Sprache des Kindes und die Schrift der Erwachsenen. In: Huber, Kegel, Speck (Hrsg.), Einblicke in den Schriftspracherwerb. Braunschweig: Westermann. S.21-30.

Günther, Klaus B. (1986): Ein Stufenmodell der Entwicklung kindlicher Lese- und Schreibstrategien. In: Brügelmann (Hrsg.), ABC und Schriftsprache. Konstanz.

Günther, Klaus B. (1995): Ein Stufenmodell der Entwicklung kindlicher Lese- und Schreibstrategien. In: Balhorn, Brügelmann (Hrsg.), Rätsel des Schriftspracherwerbs. Neue Sichtweisen aus der Forschung. Lengwil: Libelle S. 98-121.

Günther, Udo (1993): Texte planen – Texte produzieren. Kognitive Prozesse der schriftlichen Textproduktion. Opladen: Westdeutscher Verlag.

Handt, Rosemarie, Kuhn, Klaus (2001): ABC der Tiere. Offenburg: Mildenberger.

Harsch, Claudia; Neumann, Astrid; Lehmann, Rainer; Schröder, Konrad (2007): Schreibfähigkeit. In: Beck, Klieme (Hrsg.), Sprachliche Kompetenzen. Konzepte und Messungen. Weinheim: Beltz. S. 42-63.

Hasert, Jürgen (1998): Schreiben mit der Hand: schreibmotorische Prozesse bei 8-10jährigen Grundschülern. - Frankfurt am Main: Lang.

Hasert, Jürgen (1998a): Fehlermaskierung beim Schreiben. In Osnabrücker Beiträge zur Sprachtheorie (OBST) 56, S. 28-48.

Hayes, John; Flower, Linda (1980): Identifying the organization of writing process. In: Gregg, Steinberg (Hrsg.): Cognitive Process in writing. Hillsdale. S. 3-30.

Herrmann, Theo (2005): Sprache verwenden. Stuttgart: Kohlhammer.

Hesse, Harlinde; Wagner, Klaus L. (1985): Grundwortschatz der Primarstufe. Die 500 häufigsten Wörter. Dorsten.

Hinney, Gabriele (1997): Neubestimmung von Lerninhalten für den Rechtschreibunterricht. Frankfurt: Lang.

Hinney, Gabriele; Menzel Wolfgang (1998): Didaktik des Rechtschreibens. In: Lange, Neumann, Ziesenis (Hg.), Taschenbuch des Deutschunterrichts. Baltmannsweiler: Schneider, S. 258-304.

Höhle, Barbara; Weisenborn, Jürgen; Schmitz, Michaela und Ischebeck, A. (2000): Discovering word order regularities: The role of prosodic information for early parameter setting. In: Weisenborn, Höhle (Hrsg.), Approaches to bootstrapping, Vol 1, S. 251-265, Amsterdam: Benjamins.

Höhle, Barbara; Weissenborn, Jürgen (2000): Lauter Laute? Lautsegmente und Silben in der Sprachrezeption und im Spracherwerb. In: Thieroff, Tamrat, Fuhrhop, Teuber (Hrsg.), Deutsche Grammatik in Theorie und Praxis, S. 1-11.

Honnef-Becker, Irmgard (2000): Wortschatzarbeit in der Schreibwerkstatt: Plädoyer für eine Textbezogene Wortschatzarbeit. In: In: Germanistische Linguistik 155-156, Kühn (Hrsg.), Wortschatzarbeit in der Diskussion. Studien Deutsch als Fremdsprache V. Hildesheim, Zürich, New York, S. 149-177.

Honnef-Becker, Irmgard (2001): Wortschatzarbeit in der Schreibwerkstatt: In: lernchance 21, S. 43-48.

Huneke, Hans Werner (2000): Intuitiver Zugang von Vorschulkindern zum Silbengelenk. In: Didaktik Deutsch 5, S. 4-18.

Huneke, Hans Werner (2002): Intuitiver Zugang von Kindern zum Silbengelenk. In: Tophinke, Röber-Siekmeyer (Hrsg.), Schärfungsschreibung im Fokus. Schneider: Hohengehren, S. 82-104.

Hutzler, F.; Ziegler, J.C.; Perry, C.; Wimmer, H. & Zorzi, M. (2004): Do current connectionist learning models account for reading development in different languages? Cognition, 91, S. 273-296.

Jessner, Ulrike (1992): Zur Ontogenese von geschlechtsbedingten Sprachmerkmalen. In Grazer linguistische Studien 38, S. 111-135.

Jeuk, Stefan (2003): Erste Schritte in der Zweitsprache Deutsch: eine empirische Untersuchung zum Zweitspracherwerb türkischer Migrantenkinder in Kindertageseinrichtungen. Freiburg im Breisgau: Fillibach.

Johnson, Keith (1996): Language, Teaching and Skill Learning. Oxford.

Kaeding, Friedrich W. (1898): Häufigkeitswörterbuch der deutschen Sprache. Festgestellt durch einen Arbeitsausschuß der deutschen Sprache. Berlin.

Kaeding; Friedrich W. (1898): Häufigkeitswörterbuch der deutschen Sprache: festgestellt durch den Arbeitsausschuß der Deutschen Stenographiesysteme. Steglitz bei Berlin : Mittler.

Karmiloff-Smith, Annette (1993): Beyond Modularity. Bradford: Massachusetts.

Kauschke, Christina (1999): Früher Wortschatzerwerb im Deutschen: eine empirische Studie zum Entwicklungsverlauf und zur Komposition des kindlichen Lexikons. In: Meibauer, Jörg; Rothweiler, Monika (Hrsg.), Das Lexikon im Spracherwerb. Tübingen, S. 128-156.

Kauschke, Christina (2000): Der Erwerb des frühkindlichen Lexikons. Tübingen: Narr.

Keller, Jörg; Leuninger, Helen (2004): Grammatische Strukturen – Kognitive Prozesse. Ein Arbeitsbuch. Tübingen: Narr.

Kellogg, Ronald (1996): A Model of working memory in writing. In: Levy, Ransdell (Hrsg.), The science of writing, S. 57-71. Mahwah: Erlbaum.

Kellogg, Ronald (1999): Components of working memory in Text Production. In: Torrance, Gaynor (Hrsg.), The cognitive demands of writing. Amsterdam: University press.

Kellogg, Ronald (2003): Schriftliche Sprachproduktion. In: Herrmann, Grabowski (Hrsg.), Sprachproduktion, Enzyklopädie der Psychologie, Serie III, Band I.

Kern, Arthur (1966): Rechtschreiben in organisch ganzheitlicher Schau. Braunschweig: Westermann.

Keseling, Günther (1995): Pausen und Pausenorte in schriftlichen Wegbeschreibungen. In: Baurmann, Weingarten (Hrsg.),Schreiben, Prozesse, Produkte und Prozeduren. Opladen: Westdeutscher Verlag, S. 201-220.

Kielhöfer, Bernd (1994): Wörter lernen, behalten, erinnern. In: Neusprachliche Mitteilungen, Jg 47, Heft 4.

Klann-Delius, Gisela (1980): Welchen Einfluß hat die Geschlechtszugehörigkeit auf den Spracherwerb des Kindes. In Linguistische Berichte 70, S. 63-87.

Klann-Delius, Gisela (1999): Spracherwerb. Metzler.

Klein, Monika; Leuninger, Helen (1990): Gestörtes und nicht gestörtes Sprachverhalten: Zur Analyse lautlicher Fehlleistungen im Rahmen nicht-linearer phonologischer Theorien. FLF8, S. 1-7.

Klicpera, Christian; Gasteiger Klicpera, Barbara (1995): Psychologie der Lese- und Schreibschwierigkeiten. Weinheim: Psychologie Verlagsunion.

Klieme, Eckhardt (2006): Zusammenfassung zentraler Ergebnisse der DESI-Studie. Frankfurt: DIPF.

Klieme, Eckhardt (2007): Zur Entwicklung nationaler Bildungsstandards. Expertise. In: BMBF (Hrsg.), Bildungsforschung Band1. Bonn. http://www.bmbf.de/pub/zur_entwicklung_nationaler_bildungsstandards.pdf. 15.12.2008.

Kliewer, Heinz J. & Pohl, Inge (2006): Lexikon Deutschdidaktik. Baltmannsweiler: Schneider.

Klix, Friedhart (1992): Die Natur des Verstandes. Göttingen: Hogrefe.

Knapp, Werner (1997): Schriftliches Erzählen in der Zweitsprache. Tübingen: Niemeyer.

Knapp, Werner (1998): situationsorientiert – gesteuert, kommunikationsorientiert – systematisch, funktional – formal und induktiv – deduktiv: Wieder vermeintliche Antithesen im Grammatikunterricht. In: Deutsch lernen 23, H. 3, 228-252.

Knapp, Werner (1999): Verdeckte Sprachschwierigkeiten. In: Grundschule 5/1999, S. 30-34.

Knapp, Werner (2001): Alltägliche Argumentation – mathematische Argumentation. Analyse von Dialogen zur Lösung von mathematischen Knobelaufgaben. In: Wirkendes Wort, 51. Jg., H. 1, S. 93-118.

Knapp, Werner (2003): Sprachunterricht als Unterrichtsprinzip und Unterrichtsfach. In: Bredel, Günther, Klotz, Ossner & Sieber-Ott (Hrsg.), Didaktik der deutschen Sprache. Paderborn u.a.: Ferdinand Schöningh.

Knapp, Werner (2006): Language and learning disadvantages of learners with a migrant background in Germany. www.coe.int/lang. Zugriff 6.11.2006.

Knapp, Werner; Pfaff, Harald; Werner, Sybille (2007): Kompetenzen von Hauptschülerinnen und Hauptschülern für die Ausbildung – eine Befragung von Handwerksmeistern. In: Schlemmer, Gerstberger (Hrsg.); Ausbildungsfähigkeit im Spannungsfeld zwischen Wissenschaft, Politik und Praxis. Wiesbaden: Verlag für Sozialwissenschaften, S. 191-207.

Koch, Peter; Österreicher, Wulf (1994): Schriftlichkeit und Sprache. In: Günther, Ludwig (Hrsg.), Schrift und Schriftlichkeit. Writing and ist Use. Ein interdisziplinäres Handbuch internationaler Forschung. 1. Halbband. Berlin. S. 587-603.

Kochendörfer, Günther (2000): Simulation neuronaler Strukturen der Sprache. Tübingen:Narr.

Königs, Frank (2000): Wortschatzarbeit rezeptiv-produktiv? In: Germanistische Linguistik 155-156, Kühn (Hrsg.), Wortschatzarbeit in der Diskussion. Studien Deutsch als Fremdsprache V. Hildesheim, Zürich, New York, S. 125-149.

Köster, Lutz (2000): Wort-Erklärungen und Semantisierungsprozesse. In: Germanistische Linguistik 155-156, Kühn (Hrsg.), Wortschatzarbeit in der Diskussion. Studien Deutsch als Fremdsprache V. Hildesheim, Zürich, New York.
S. 195-209.

Krings, Hans P. (1992): Empirische Untersuchung zu fremdsprachlichen Schreibprozessen – Ein Forschungsüberblick. In: Börner/Vogel (Hrsg.), Schreiben in der Fremdsprache. Prozeß und Text, Lehren und Lernen. Bochum.

Krings, Hans Peter (1992): Empirische Untersuchungen zu fremdsprachlichen Schreibprozessen – Ein Forschungsüberblick. In: Börner/Vogel (Hrsg.), Schreiben in der Fremdsprache. Prozeß und Text, Lehren und Lernen. Bochum.

Krings, Hans Peter (1992a): Schwarze Spuren auf weißem Grund-Fragen, Methoden und Ergebnisse der empirischen Schreibprozessforschung im Überblick. In: Krings & Ludwig (Hrsg.), Textproduktion.. Trier.

Kühn, Peter (2001): Die Wörterbuchwerkstatt. In: Praxis Deutsch 165, S. 21-24.

Kühn, Peter (2001a): Informationen suchen, sammeln, bewerten. In: Lernchance 21, S. 12.

Kühn, Peter (2006): Interkulturelle Semantik. Nordhausen: Traugott Bautz.

Kühn, Peter (2007): Rezeptive und produktive Wortschatzkompetenzen. In: Willenberg (Hrsg.), Kompetenzhandbuch für den Deutschunterricht. Baltmannsweiler: Schneider. S. 159-167.

Küster, Rainer (1982): Pragmalinguistische Aspekte von Anweisungen. In: Grosse/Mentrup (Hrsg.), Anweisungstexte. Tübingen: Narr, S.104-134.

Landerl, Karl (2000): Influences of orthographic consistency and reading instruction on the development of nonword reading skills. European Journal of Psychology of Education, 15, S. 239 – 257.

Landerl, Karl; Wimmer, Hermann (1998): Lesenlernen bei deutsch- und englischsprachigen Kindern. Normaler und gestörter Leseerwerb. In: Weingarten, Günther (Hrsg.), Schriftspracherwerb. Hohengehren: Schneider, S. 62-81.

Landerl, Karl; Wimmer, Hermann & Moser E. (2006): Salzburger Lese- und Rechtschreibtest (SLRT). Verfahren zur Differentialdiagnose von Störungen des Lesens und Schreibens für die 1. bis 4. Klassenstufe. Bern: Huber.

Largy, Pierre, Chanqoy, Lucile und Dedeyan, Alexandra (2004): Orthographic Revision: the case of subjekt-verb Agreement in french.In: Allal, Chanquoy, Largy (Hrsg.), Revision: Cognitive and Instructional Processes. Amsterdam University press, S. 39-63.

Lehman, Rainer (1990): Aufsatzbeurteilung – Forschungsstand und empirische Daten. In: Ingenkanp & Jäger (Hrsg.), Test und Trends. Jahrbuch des päd. Dialogs. Weinheim, Bd. 8.

Lehmann, Rainer H., Peek, Rainer (1996): Aspekte der Lernausgangslage von Schülerinnen und Schülern der fünften Jahrgangsstufe an Hamburger Schulen. Hamburg: Amt für Schule.

Leuninger, Helen (1986): Mentales Lexikon, Basiskonzepte, Wahrnehmungsalternativen: Neuro- und Psycholinguistische Überlegungen. In: LB 103 S. 224-251.

Levelt, Willem (2001): Spoken words production:A theory of lexical acces. In: PNAS 6, Vol. 98, No. 23, S. 13464.13471.

Levelt, Willem (1989): Speaking. From intention to articulation. Cambridge: Massachussets.
Levy, Michael; Marek, Peter (1999): Testing Components of Kelloggs Multicomponent Model of Working Memory in Writing: The role of the phonological loop. In: Torrance, M und Jeffery, G (Hrsg.) The cognitive demands of writing.Amsterdam: university press, S. 24-43.

Löffler, Cordula (2004): Zum Wissen von Primarstufenlehrerinnen zu Orthographie und Orthographieerwerb – Konsequenzen für die Lehrerausbildung. In: Bremerich-Vos, Albert; Herne, Karl Ludwig; Löffler, Cordula (Hrsg.), Neue Beiträge zur Rechtschreibtheorie und -didaktik. Freiburg, S. 145-161.

Linke, Angelika; Nussbaumer, Markus; Portmann, Paul R. (1996): Studienbuch Linguistik. Tübingen: Niemeyer.

Luchtenberg, Sigrid (2001): Wer suchet der findet? In: Lernchance 21, S. 23-29.

Ludwig, Otto (1983): Der Schreibprozess: Die Vorstellung der Pädagogen. In: Günther & Günther (Hrsg.), Schrift, Schreiben, Schriftlichkeit. Tübingen.

Lyons, John (1968): Einführung in die moderne Linguistik. München: Beck.

Lyons, John (1983): Semantik. Band II. München: Beck.

Maas, Utz (1989): Dehnung und Schärfung in der deutschen Orthographie. In: Eisenberg, Günther (Hrsg.), Schriftsystem und Orthographie. Tübingen: Niemeyer, S. 229-249.

Maas, Utz (1990): Die Rechtschreibung entdecken – am Beispiel von Dehnung und Schärfung. In: Praxis Deutsch 101, S. 9-12.

Maas, Utz (1992): Grundzüge der deutschen Orthographie. Tübingen: Niemeyer.

Mahlstedt, Dagmar (1985): Grundwortschatz und kindliche Schriftsprache. In: Didaktik Deutsch 81, S. 89-95.

Mandl, Heinz; Friedrich, Horst F. (1992): Lern- und Denkstrategien. Göttingen: Hogrefe.

Mandl, Heinz; Friedrich, Horst F. & Hron, Aemilian (1986): Psychologie des Wissenserwerbs. In: Weidemann, Krapp (Hrsg.), Pädagogische Psychologie. Weinheim: pvu, S. 143-218.

Mandl, Heinz; Friedrich, Horst F. & Hron, Aemilian (1988): Theoretische Ansätze zum Wissenserwerb. In: Mandl & Spada (Hrsg.), Wissenspsychologie. München/Weinheim: Psychologie Verlags Union, S. 123-160.

Mann, Christine (1991): Selbstbestimmtes Rechtschreiblernen. Weinheim: Beltz.

Mann, V.; Wimmer, Herrmann (2002): Phoneme awareness and pathways into literacy: A comparison of German and American children. Reading and Writing, 15, S. 653-682.

Mannhaupt, Gerd (1994): Deutschsprachige Studien zur Intervention bei Lese- und Rechtschreibschwierigkeiten: Ein Überblick zu neueren Forschungstrends. In: Zeitschrift für Pädagogische Psychologie (3/4), S. 123-138.

Markmann, Ellen (1989): Categorization and Naming in Children. Cambridge: Bradford Books.

Markmann, Ellen (1990): Constraints children place on word meanings. In: Cognitive Science, 14, 57-77.

May, Peter (1990): Kinder lernen Rechtschreiben: Gemeinsamkeiten und Unterschiede guter und schwacher Lerner. In: Brügelmann et al. (Hrsg.), Das Gehirn, sein Alfabet und andere Geschichten. Konstanz, S. 245-253.

May, Peter (1994): Rechtschreibfähigkeit und Unterricht. Rechtschreibleistungen Hamburger Schüler/innen im vierten Schuljahr im Zusammenhang mit Merkmalen schriftsprachlichen Unterrichts. Ergebnisse der Voruntersuchung zum Projekt Lesen und Schreiben für alle (PLUS). Bericht der wissenschaftlichen Begleitung. Hamburg: Behörde Für Schule, Jugend und Berufsbildung.

May, Peter (1996): Hamburger Leitfaden für die Bewertung von Bild- und Textprodukten (HLBT) zur Erfassung bildnerischer und textualer Gestaltungsfähigkeiten von Kindern. Universität Hamburg: Psychologisches Institut.

May, Peter (1998): Diagnose orthographischer Kompetenz. Zur Erfassung der grundlegenden Rechtschreibstrategien mit der Hamburger Schreib-Probe. Hamburg: vpm.

May, Peter (1998a): HSP- was ist das? In: Wortspiegel Zeitschrift der L.O.S. zur Lese-Rechtschreibschwäche. Berlin: Trainmedia.

May, Peter (2001): Hamburger Schreib-Probe (HSP) 4/5. Hinweise zur Durchführung und Auswertung. Vpm.

May, Peter (2001a): Hamburger Schreib-Probe (HSP) 5-9. Hinweise zur Durchführung und Auswertung. vpm.

May, Peter (2001b): Hamburger Schreib-Probe (HSP) 1-9. Diagnose orthographischer Kompetenz. vpm.

May, Peter (2001c): Lernförderlicher Unterricht. Teil 1: Untersuchung zur Wirksamkeit von Unterricht und Förderunterricht für den schriftsprachlichen Lernerfolg. Frankfurt: Lang.

May, Peter, Vieluf, Ulrich, Malitzky, Volkmar (2001): Hamburger Schreib-Probe (HSP) 5-9. vpm.

May, Peter, Vieluf, Ulrich, Malitzky, Volkmar (2001):	Hamburger Schreib-Probe (HSP) 4/5. vpm.
Mc Luhan, Marshall (1964/1994):	Understanding Media. The extension of man. Corte Madeira: Ginkgo Press.
Meer van der, Elke und Klix, Friedhart (2003):	Die begriffliche Basis der Sprachproduktion. In: Hermann, Grabowski (Hrsg.), Sprachproduktion. Enzyklopädie der Psychologie, Bd 3,1, S. 333-359.
Mehler, Jacques; Segui, Juan; Frauenfelder, Uli (1981):	The role of the syllable in language acquisition and perception. In: Myers, Laver, Anderson (Hrsg.), The cognitive representation of speech. Amsterdam, S. 295-305.
Meibauer, Jörg; Rothweil, Monika (1999):	Das Lexikon im Spracherwerb. Tübingen: Niemeyer.
Menzel, Barbara (2004):	Genuszuweisung im DaF-Erwerb. Psycholinguistische Prozesse und didaktische Implikationen. Berlin: Weißensee Verlag.
Menzel, Wolfgang (1985):	Rechtschreibunterricht. PD Beiheft.
Merz-Grötsch, Jasmin (2000):	Schreiben als System. Band 1: Schreibforschung und Schreibdidaktik. Freiburg: Fillibach.
Miller, Georg (1956):	The magical number seven plus or minus two. In: Psychological Review 63, S. 81-97.
Miller, George (2001):	Wörter. Zweitausendeins.
Miller, George; Galanter, Edward und Pribam, Karl M. (1963):	Plans and the structure of behaviour. New York: Holt, Rinehardt and Winston. (Deutsch: (1973): Strategien des Handelns. Stuttgart: Klett.
Molitor-Lübbert, Sylvie (2003):	Schreiben und Denken. Kognitive Grundlagen des Schreibens. In: Perrin et al. (Hrsg.), Schreiben. Westdeutscher Verlag.
Molitor, Sylvie (1984):	Kognitive Prozesse beim Schreiben. Deutsches Institut für Fernstudien an der Universität Tübingen (DIFF). Forschungsbericht 31.
Morais, Josee (1991):	Phonological awareness: a Bridge between language and literacy. In: Sawyer und Fox hg., Phonological awareness in Reading. The Evolution of current Perspectives, S. 179-191. New York: Springer.

Morton, Joe (1979): Facilitation in word recognition. Experiments causing change in the logogenmodel. In: Kolers, Wrolstad, Bouma (Hrsg.), Processing of visible language. London: Kegan Paul, S. 259-268.

Morton, Joe (1979a): Word recognition. In: Morton & Marshall (Hrsg.), Psycholinguistic Series vol.2: Structures and Processes. London: Elek. S. 107-156.

Naegele, Ingrid (2000): Förderung in der Sekundarstufe. Mit Beispiel aus einem Förderkurs. In: Naegele (Hrsg.), LRS in den Klassen 1-10. Handbuch der Lese-Rechtschreibschwierigkeiten. Band 2: Schulische Förderung und außerschulische Therapie. Weinheim, S. 110-121.

Naegele, Ingrid (2001): Lese-Rechtschreibschwierigkeiten, LRS, Legasthenie. Was Lehrerinnen wissen sollten. In: Praxis Deutsch 166, S. 52-55.

Naumann, Carl Ludwig (1985): Grundwortschatzorientiertes Rechtschreiblernen. In: Augst (Hrsg.), Graphematik und Orthographie. Frankfurt: Lang.

Naumann, Carl Ludwig (1985a): Zu den Prinzipien der Orthographie. In: Augst (Hrsg.), Graphematik und Orthographie. Frankfurt: Lang, S. 105-111.

Naumann, Carl Ludwig (1989): Gesprochenes Deutsch und Orthographie. Frankfurt: Lang.

Naumann, Carl Ludwig (1989a): Plädoyer für die Arbeit mit Grundwortschätzen. In: Naegele, Valtin (Hrsg.), LRS in den Klassen 1-10.

Naumann, Carl Ludwig (1991): Die phonologischen Grundlagen der Orthographie. In: Ossner (Hrsg.), Orthographiereform, Obst 44, S. 96-130.

Naumann, Carl Ludwig (1993): Rechtschreibwörter und Rechtschreibregelungen. Soester Verlagskontor.

Naumann, Carl Ludwig (1999): Orientierungswortschatz. Weinheim: Beltz.

Naumann, Carl Ludwig (2004): Lese-Rechtschreibschwierigkeiten – eine Teilleistungsschwäche? In: Schulte-Markworth (Hrsg.), Aufmerksamkeitsdefizit, Hyperaktivität, Teilleistungsstörungen. Materialien zur Berufsbildung, Bd. 10. Hamburg: Berufsbildungswerk Hamburg, S. 186-200.

Naumann, Carl Ludwig; Schindler, Frank (1988): Wörter für einen Rechtschreib-Grundwortschatz. In: Munske (Hrsg.), Deutscher Wortschatz. De Gruyter.

Nellen, Jörg (2001): Lernzirkel Wortschatzarbeit. In: lernchance 21, S. 32-42.

Nerius, Dieter (1987): Deutsche Orthographie. Leipzig: VEB.

Nerius, Dieter (1988): Zur Geschichte und Funktion des Dudens. In: Hyldgaard (Hrsg.), Symposium of Lexicography IV. Tübingen, S. 249-264.

Nerius, Dieter (2000): Zur Geschichte der deutschen Orthographie im 19. Jahrhundert. In: Nerius (Hrsg.), Beiträge zur deutschen Orthographie. Frankfurt: Lang, S. 117-133.

Neumann, Astrid (2007): Schreiben: Ausgangspunkt für eine kriteriengeleitete Ausbildung in der Schule. In: Willenberg (Hrsg.), Kompetenzhandbuch für den Deutschunterricht. Baltmannsweiler: Schneider. S. 74-84.

Neumann, Astrid (2007): Briefe schreiben in Klasse 9 und 11. Beurteilungskriterien, Messungen, Textstrukturen und Schülerleistungen. Münster: Waxmann.

Neuweg, Georg Hans (2006): Das Schweigen der Könner. Strukturen und Grenzen des Erfahrungswissens. Linz: Trauner Verlag.

Niedersteberg, Ingrid (1998): Aufbau eines Grundwortschatzes Klasse 1 und 2 : Grundwortschatz, Erarbeitung u. Übung, Differenzierung. Frankfurt am Main : Scriptor.

Nold, Günther; Willenberg, Heiner (2007): Lesefähigkeit. In: Beck, Klieme (Hrsg.), Sprachliche Kompetenzen. Konzepte und Messungen. Weinheim: Beltz. S. 23- 42.

Nottbusch, Guido; Weingarten, Rüdiger; Will, Udo (1998): Schreiben mit der Hand und Schreiben mit dem Computer. In: OBST 56, S. 11-27.

Nussbaumer, Markus (1991): Was Texte sind und was sie sein sollen. Tübingen: Niemeyer.

Nussbaumer, Markus; Sieber, Peter (1994): Texte analysieren mit dem Züricher Textanalyseraster. Sprachfähigkeit besser als ihr Ruf und nötiger denn je! Aarau: Sauerland. S. 141-186.

Ong, Walter (1986): Oralität und Literalität. Die Technologisierung des Wortes. Westdeutscher Verlag.

Ortner, Hanspeter (2000): Schreiben und Denken. Tübingen.

Ossner, Jakob (1994): Deutschunterricht für Kinder in der Grundschule. Diesterweg: Frankfurt.

Ossner, Jakob (1995): Prozessorientierte Schreibdidaktik in Lehrplänen. In: Baurmann, Weingarten (Hrsg.), Schreiben, Prozesse, Produkte und Prozeduren. Opladen: Westdeutscher Verlag, S. 51-70.

Ossner, Jakob (1996): Silbifizierung und Orthographie des Deutschen. In: Linguistische Berichte 165, S. 369-400.

Ossner, Jakob (1998): Rechtschreibsprache. Die Modellierung der Orthographie für den eigenaktiven Erwerb. In: Weingarten, Günther (Hrsg.), Schriftspracherwerb. S. 5-18. Schneider: Hohengehren.

Ossner, Jakob (2001): Die alphabetische Schrift begreifen lernen. In: Forschung Frankfurt 4, S. 33-37.

Ossner, Jakob (2001a): Orthographische Formulare. In: Feilke, Klappest (Hrsg.), Grammatikalisierung, Spracherwerb und Schriftlichkeit. Tübingen: Niemeyer, S. 127 – 154.

Ossner, Jakob (2006): Sprachdidaktik Deutsch. Paderborn: Schöningh.

Ossner, Jakob (2006a): Geschichte der Didaktik des Rechtschreibens. In: Bredel et al. (Hrsg.), Didaktik der deutschen Sprache, Bd. 1, S. 355-368.

Ossner, Jakob (2010): Orthographie. System und Didaktik.Standardwissen Lehramt. Stuttgart:UTB.

Ott, Margarete (1997): Deutsch als Zweitsprache. Aspekte des Wortschatzerwerbs. Frankfurt: Lang.

Paule, Gabriela (2002): Der Zahlenteufel von Hans Magnus Enzensberger im Deutsch- und Mathematikunterricht der Orientierungsstufe. In: Abraham/Launer (Hrsg.), Weltwissen erlesen. Literarisches Lernen im fächerverbindenden Unterricht. Baltmannsweiler.

Paule, Gabriela (2002a): Die Verwirrungen des Zöglings Törleß von Robert Musil im Deutsch- und Mathematikunterricht der 11. Jahrgangsstufe. In: Abraham/Launer (Hrsg.), Weltwissen erlesen. Literarisches Lernen im fächerverbindenden Unterricht. Baltmannsweiler.

Paule, Gabriele (2003): Sachtexte lesen und schreiben – Fächerverbindungen nutzen. In: Abraham et al. (Hrsg.), Deutschunterricht und Deutschdidaktik nach PISA. Freiburg: Fillibach.

Pelka, Roland (1982): Sprachliche Aspekte und Bedienungsanleitungen technischer Geräte und Maschinen. In: Grosse/Mentrup (Hrsg.), Anweisungstexte. Tübingen: Narr, S. 74-104.

Penner, Zvi (1998): Sprachentwicklung und Sprachverstehen bei Ausländerkindern. Eine Pilotstudie bei Schulkindern in der deutschen Schweiz. In: Wegener (Hrsg.), Eine zweite Sprache lernen. Tübingen: Narr, S. 241-263.

Penner, Zvi.; Weisenborn, Jürgen, Wymann K. (2000): On the prosody-lexicon interface in learning word order. In: Weisenborn, Höhle (Hrsg.), Approaches to bootstrapping, Vol 1, S. 269-293, Amsterdam: Benjamins.

Penner, Zvi.; Weisenborn, Jürgen; Wermke, K.; Wymann, K. (1999): Prävention, Früherkennung und Frühintervention bei Spracherwerbsstörungen. In: Paediatrica, Vol. 10, S. 19-26.

Pfeffer, J.A. (1964): Grunddeutsch. Basic Spoken German Word List. Engelwood Cliffs.

Piel, Erich (1999): Schlechte Noten für die Schule. Elternbefragung des Instituts für Demoskopie Allensbach. In: GEO Wissen Nr. 1/99, S. 22-24.

Piolat, Annie; Roussey, Jean-Yves; Thierry, Olive und Amada, Murielle (2004): Processing Time and cognitive effort in Revision: effects of Error Type and of working memory capacity. In: Allal, Chanquoy, Largy (Hrsg.), Revision: Cognitive and Instructional Processes. S. 21-39. Amsterdam University press.

Plickat, Hans Heinrich (1983): Deutscher Grundwortschatz. Weinheim: Beltz.

Pregel, Dirk; Rickheit, Gert (1985): Wörterlisten aus dem Braunschweiger Corpus. Hildesheim.

Prinz, Michael; Wiese, Richard (1990): Ein nicht-lineares Modell der Graphem-Phonem-Korrespondenzen. In: Folia Linguistica 14, S. 73-103.

Prinz, Michael; Wiese, Richard (1991): Die Affrikaten des Deutschen und ihre Verschriftung. In: Linguistische Berichte 133, S. 165-190.

Quine, Willard (1960): Word and object. Cambridge: MIT Press.

Ramers, Karl Heinz (1998): Einführung in die Phonologie. Fink: München.

Ramers, Karl Heinz (1999): Vokalquantität als orthographisches Problem: Zur Funktion der Doppelkonsonanzschreibung im Deutschen. In: Linguistische Berichte 177, S. 52-64.

Ramers, Karl Heinz; Vater, Heinz (1995): Einführung in die Phonologie. Köln: Gabel Verlag.

Rau, Cornelia (1993): Revisionen beim Schreiben. Tübingen : Niemeyer.

Richter, Sigrun (2002): Schreibwortschatz von Grundschulkindern. Regensburg: Roderer Verlag.

Rigol, Rosemarie (1998): Alphabet und Silbe. Erfahrungen mit dem Anfang der Schriftlichkeit. In: Weingarten, H. Günther (Hrsg.), Schriftspracherwerb. Schneider: Hohengehren, S. 18-25.

Rijlaarsdam, Gert; Couzijn, Michel (2005): Learning to write ninstructive Text by reader observation and written feedback. In: Rjilaarsdam, Bergh, Couzjin (Hrsg.) Effective Learning and teaching of writing. A Handbook of writing in education. Kluwer academic publishers, S. 209-241.

Rijlaarsdam, Gert; Couzijn, Michel (2005a):	Learning to read and write argumentative Text by observation of peer learners. In: Rjilaarsdam, Bergh, Couzjin (Hrsg.) Effective Learning and teaching of writing. A Handbook of writing in education. Kluwer academic publishers, S. 241-259.
Risel, Heinz (1999):	Können Kinder Wörter problemlos in Silben gliedern? In: Zeitschrift Grundschule, H. 7-8, S. 76-77.
Risel, Heinz (2002):	Zur Silbierkompetenz von Grundschulkindern. In: Tophinke, Röber-Siekmeyer (Hrsg.), Schärfungsschreibung im Fokus. Schneider:Hohengehren, S. 71-84.
Röber-Siekmeyer, Christa (1997):	Die Schriftsprache entdecken. Weinheim:Beltz.
Röber-Siekmeyer, Christa (1998):	Mut zum Abstrahieren. Das Angebot von orthographischen Strukturierungen beim Lesen- und Rechtschreiblernen in der Grundschule und seine Annahme durch Kinder. In: Oomen-Welke (Hrsg.), " ...ich kann da nix!". Mehr Zutrauen im Deutschunterricht. Fillibach: Freiburg. S. 137-159.
Röber-Siekmeyer, Christa (2002):	Prosodisch orientierte Untersuchung zur Wahrnehmung von Schärfungsschreibungen von Kindern am Schulanfang. In: Tophinke, Röber-Siekmeyer (Hrsg.), Schärfungsschreibung im Fokus. Schneider: Hohengehren, S. 106-144.
Roeder, Peter Martin; Schmitz, Bernd (1993):	Schulformwechsel vom Gymnasium in den Klassen 5 bis 10. Berlin: Max Planck-Institut für Bildungsforschung.
Röhr, Gerhard (2000):	Bedeutungserschließung aus dem Kontext. Eine Strategie für Lerner. In: Germanistische Linguistik 155-156, Kühn (Hrsg.), Wortschatzarbeit in der Diskussion. Studien Deutsch als Fremdsprache V. Hildesheim, Zürich, New York, S. 209-233.
Rolf, Eckhardt (1993):	Die Funktion der Gebrauchstextsorten. Berlin.
Rolke, Bettina (2003):	Ein Wort und seine Folgen. In: Gehirn& Geist 1, S. 73-75.
Rosch, Eleanor (1978):	Principles of categorization. In: Rosch (Hrsg.), Cognition and categorization. New York: Wiley.
Rothweiler, Monika; Meibauer, Jörg (1999):	Das Lexikon im Spracherwerb, ein Überblick. In: Meibauer & Rothweiler (Hrsg.), Das Lexikon im Spracherwerb. Tübingen: UTB, S. 9-32.
Rubinstein, Arthur (1973):	Erinnerungen. Die frühen Jahre. Frankfurt: Fischer.
Rudolph, Günter (2002):	Was hat eine Witterungserscheinung mit einem Seil zu tun? In: Deutschunterricht 3, Jg. 55, S. 10-19.

Scheerer-Neumann, Gerheid (1987): Kognitive Prozesse beim Rechtschreiben. In: Eberle, Reis (Hrsg.), Probleme beim Schriftspracherwerb. Heidelberg: Schindele.

Scheerer-Neumann, Gerheid (2004): "Ich red so im Kopf, wie man es schreibt." In: Bremerich-Vos, Herne, Löffler (Hrsg.), Neue Beiträge zur Rechtschreibtheorie und -didaktik. Freiburg: Fillibach. S. 105-125.

Schmid-Barkow, Ingrid (1997): Vom didaktischen Nährwert der Silbe. In: Didaktik Deutsch 2, S. 53-62.

Schneider, Wolfgang (1980): Bedingungsanalysen des Rechtschreibens. Bern: Huber.

Schneider, Wolfgang; Bütner, Gerhard (2002): Entwicklung des Gedächtnisses bei Kindern und Jugendlichen. In: Oerter & Montada (Hrsg.), Entwicklungspsychologie. Weinheim: Beltz.

Schupp, Hans (2003): Variationen über ein mathematisches Thema. Friedrich: Seelze.

Schwarz, Monika (1992): Einführung in die kognitive Linguistik. Tübingen: Francke.

Seymour Ph.; Aro; Erskine, J.M. (2003): Foundation literacy acquisition in European orthographies. British Journal of Psychology, 94, 143–174.

Simmel, Cornelia (2007): Wie erklären sich Schülerinnen und Schüler gegenseitig grammatische Phänomene?. In: Osnabrücker Beiträge zur Sprachtheorie 73, S. 57-81.

Singleton, David (2000): Language and the lexicon. London: Arnold.

Snow, Catherine E.; Juel, Connie: (2006): Teaching Children to Read. What Do We Know about How to Do it. In: Snowling, Hulme (Hrsg.), The Science of Reading: A Handbook. P.

Spada, Hans; Mandl, Heinz (1988): Wissenspsychologie: Einführung. In: Mandl & Spada (Hrsg.), Wissenspsychologie (S.1-15). München, Weinheim: Psychologie Verlags Union.

Spelke, Elizabeth; Hirst, Wolfgang, Neisser, Ulrich (1976): Skills of divided attention. In: Cogniton4, S. 215-230.

Sucharowski, Wolfgang (2002): Vom Ding zum Wort und zurück. In: Deutschunterricht 3, Jg. 55, S. 20-25.

Szagun, Gisela (1996): Sprachentwicklung beim Kind. München: Weinheim.

Szagun, Gisela (2002): Wörter lernen in der Muttersprache. Der ontogenetische Vokabularerwerb. In: Dittmann (Hrsg.), Über Wörter. Freiburg: Rombach, S. 311-335.

Tacke, Gero; Brenzing, Hermann; Schultheiss, Hans (1994): Zur Überwindung von Rechtschreibfehlern in der Grundschule. Können Verstöße gegen die lautgetreue Schreibung und Konsonantenverdoppelungen durch rhythmisch-syllabierendes Mitsprechen behoben werden? In: Psychologie in Erziehung und Unterricht1, S. 13-39.

Thomé, Günther (2006): Entwicklung der basalen Rechtschreibkenntnisse. In: Bredel et al. (Hrsg.), Didaktik der deutschen Sprache, Bd. 1, S.369-379.

Torrance, Mark; Gaynor, Jeffery (1999): Writing processes and cognitive demands. In: Torrance, M. und Jeffery, G (Hrsg.) The cognitive demands of writing, S. 1-13, Amsterdam university press.

Tumat, Alfred (1986): Zweitsprache Deutsch, Schwellenwortschatz: Anregungen zur praxisbezogenen Spracharbeit mit ausländischen Kindern. Baltmannsweiler : Pädagogischer Verlag Burgbücherei Schneider.

Ulrich, Winfried (2002): Begriffe und Bilder. In: Deutschunterricht 3, S. 2-9.

Ulrich, Winfried (2007): Wörter, Wörter, Wörter. Schneider: Hohengehren.

Valtin, Renate; Badel, Isolde; Löffler, Ilona; Meyer-Schepers, Ursula; Voss, Andreas (2003): Orthographische Kompetenzen von Schülerinnen und Schülern der vierten Klasse. In: Bos, Lankes, Prenzel, Schwippert, Walther, Valtin (Hrsg.), Erste Ergebnisse aus IGLU Schülerleistungen am Ende der vierten Jahrgangsstufe im internationalen Vergleich. Münster: Waxman, S. 227-264.

Vater, Heinz (2001): Einführung in die Textlinguistik. München: Fink.

Vennemann, Theo (1982): Zur Silbenstruktur der deutschen Standardsprache. In: Vennemann (Hrsg.), Silben, Segmente, Akzente. S. 261-305. Tübingen: Niemeyer.

Vennemann, Theo (1991): Skizze der deutschen Wortprosodie. In: Zeitschrift für Sprachwissenschaft 10, S. 87-111.

Villiers, Villiers (1992): The acpuisition of verb placement. Dordrecht: Kluwer.

Voss, Andreas; Blatt, Inge; Kowalski, Kerstin (2007): Zur Erfassung orthographischer Kompetenz in IGLU 2006:dargestellt an einem sprachsystematischen Test auf Grundlage von Daten aus der IGLU-Voruntersuchung. In: Didaktik Deutsch 23, S. 15-33.

Vygotskij, Lev (2002): Denken und Sprechen. Hrsg. Lompscher, Rückriem. Weinheim: Beltz.

Wängler, Hans Heinrich (1963): Rangwörterbuch hochdeutscher Umgangssprache. Marburg.

Weiden, Hildegard (1993): Schreiben üben mit dem Rechtschreibwortschatz. In DD 123.

Weinert, Franz E. (2001): Vergleichende Leistungsmessung in Schulen – eine umstrittene Selbstverständlichkeit. In: Weinert (Hrsg.), Leistungsmessung in Schulen. Weinheim: Beltz, S. 17-31.

Weinert, Sabine (1991): Spracherwerb und implizites Lernen. Bern.

Weingarten, Rüdiger (1995): Syntax im Prozess des Schreibens und Sprechens. In: Baurmann, Weingarten (Hrsg.),Schreiben, Prozesse, Produkte und Prozeduren. Opladen: Westdeutscher Verlag, S. 220-243.

Weingarten, Rüdiger (1997): Wortstruktur und Dynamik in der schriftlichen Sprachproduktion. In: Didaktik Deutsch 2, S. 4-10.

Weingarten, Rüdiger (1998): Schreibprozesse im Schriftspracherwerb. In: H. Günther, R. Weingarten hg., Schriftspracherwerb. Baltmannsweiler. S. 62-81.

Weingarten, Rüdiger (2001): Orthographisch-grammatisches Wissen. In: Wichter& Antos (Hrsg.), Wissenstransfer zwischen Experten und Laien. Frankfurt: Lang.

Weingarten, Rüdiger (2001a): Synchronisierung schriftlicher und mündlicher Sprachproduktion. In: Sichelschmidt (Hrsg.), Sprache, Sinn und Situation, S. 173-189.

Weingarten, Rüdiger (2002): Lexikon und Regel: Anforderung an ein kognitives Modell zur Verarbeitung von Schriftsprache.

Weingarten, Rüdiger (2003): Schriftspracherwerb. In: Rickheit, Herrmann (Hrsg.), Handbuch der Psycholinguistik (HSK 24).

Weinhold, Swantje (2000): Text als Herausforderung: Zur Textkompetenz am Schulanfang. Freiburg: Fillibach.

Weinhold, Swantje (2005): Schriftspracherwerb. In: Lange, Weinhold (Hrsg.), Grundlagen der Deutschdidaktik. Sprachdidaktik-Mediendidaktik-Literaturdidaktik. Baltmannsweiler: Schneider, S. 2-33.

Weisenborn, Jürgen (2000): Der Erwerb von Morphologie und Syntax. In: Grimm (Hrsg.), Sprachentwicklung. Enzyklopädie der Psychologie, C, III, 3. Göttingen: Hogrefe.

Weisgerber, Bernd (1985): Zur Fundierung grundwortschatzorientierten Lernens im Rechtschreibunterricht der Primarstufe. In: Barnitzky; Christiani, (Hrsg.), Materialband Grundwortschätze. CVK.

Wender, Karl Friedrich (1990): Wissen und Können ist zweierlei. In: Scheidgen, Strittmacher (Hrsg.), Information ist noch kein Wissen. Weinheim: Beltz, S. 37-55.

Wengener, Heide (2007):	Entwicklungen im heutigen Deutsch- wird Deutsch einfacher? In: Zeitschrift für Theorie und Praxis Dokumentationen 172007, 35. Jahrgang, S. 35-63.
Wiese, Richard (1986):	Zur Theorie der Silbe. In: Studium Linguistik, S. 1-16.
Wiese, Richard (1987):	Laut, Schrift und das Lexikon. In: Deutsche Sprache 15, S. 318-335.
Wiese, Richard (1988):	Silbische und lexikalische Phonologie. Studien zum Chinesischen und Deutschen. Tübingen: Niemeyer.
Wiese, Richard (1991):	Was ist extrasilbisch im Deutschen und warum? In: Zeitschrift für Sprachwissenschaft 10, S. 112-133.
Will, Udo; Weingarten, Rüdiger; Nottbusch, Guido; Albes, Christian (2001):	Linguistische Rahmen und segmentale Information bei der Einzelwortschreibung. Evidenz aus Zeitstrukturen und Fehlerverteilung.
Willenberg, Heiner (2005):	Ein handhabbares System um Textschwierigkeiten einzuschätzen. Vorschläge für eine Textdatenbank. In: Fix, Jost (Hrsg.), Sachtexte im Deutschunterricht. Baltmannsweiler: Schneider.
Willenberg, Heiner (2007):	Der vergessene Wortschatz. In: Willenberg (Hrsg.) Kompetenzhandbuch für den Deutschunterricht. Hohengehren: Schneider. S. 148-157.
Willenberg, Heiner (2007a):	Wortschatz. In: Beck, Klieme (Hrsg.), Sprachliche Kompetenzen. Konzepte und Messungen. Weinheim: Beltz. S. 130-140.
Willenberg, Heiner (2007b):	Kompetenzen. In: Willenberg (Hrsg.) Kompetenzhandbuch für den Deutschunterricht. Hohengehren: Schneider. S. 7-11.
Willenberg, Heiner (2007c):	Lesen. In: Beck, Klieme (Hrsg.), Sprachliche Kompetenzen. Konzepte und Messungen. Weinheim: Beltz. S. 107- 118.
Willenberg, Heiner (2007d):	Die Kompetenztheorie für den Deutschunterricht baut noch kein Haus. In: Didaktik Deutsch 22, S. 13-22.
Wode, Henning (1988):	Einführung in die Psycholinguistik. Ismaning.
Wolff, Dieter (2000):	Wortschatzarbeit im Fremdsprachenunterricht: eine kognitivistisch konstruktivistische Perspektive. In: Germanistische Linguistik, Heft 155.

Wrobel, Arne (1995): Schreiben als Handlung : Überlegungen und Untersuchungen zur Theorie der Textproduktion. - Tübingen : Niemeyer.

Ziesenis, Werner (1990): Taschenbuch des Deutschunterrichts. Band1. Grundlagen-Sprachdidaktik-Mediendidaktik. Hohengehren: Schneider Verlag.

Zirngibl, Micaela (2003): Die fachliche Textsorte Bedienungsanleitung. Sprachliche Untersuchung zu ihrer historischen Entwicklung. Frankfurt: Lang.

ibidem-Verlag

Melchiorstr. 15

D-70439 Stuttgart

info@ibidem-verlag.de

www.ibidem-verlag.de
www.ibidem.eu
www.edition-noema.de
www.autorenbetreuung.de